LES PREROGATIVES DE PUISSANCE PUBLIQUE AU CAMEROUN

La part respective du droit et des perceptions psycho-sociales

Études africaines
Collection dirigée par Denis Pryen

Dernières parutions

Alhassane CHERIF, *La parenté à plaisanterie (le sanakouya). Un atout pour le dialogue et la cohésion sociale en Guinée*, 2014.
Noël Bertrand BOUNDZANGA et Wilson-André NDOMBET (dir.), *Le malentendu Schweitzer*, 2014.
Justin OMOLELA SELEMANI, *Engagement politique et résistance populaire des Maï-Maï du Maniema en R.D.C.*, 2014.
Célestin M'PEYA, *L'alibi colonial se consume*, 2014.
Boureïma N. OUÉDRAOGO, *Droit, démocratie et développement en Afrique*, 2014.
Angèle Christine ONDO, *Mvett Ekang : forme et sens*, 2014.
Clotaire MESSI ME NANG, *Les chantiers forestiers au Gabon. Une histoire sociale des ouvriers africains*, 2014.
Bruno KOFFI EHUI, *Qu'est-ce qu'une O.N.G ?*, 2014.
Roger Mawuto AFAN, *Éléments de psychologie politique africaine, Rite initiatique et socialisation politique*, 2014.
Romaric Franck QUENTIN DE MONGARYAS (dir.), *L'école gabonaise en débat*, 2014.
Patrice MOUNDZA, *Le chemin de fer Congo Océan et le département de la Bouenza*, 2014.
Yassine KERVELLA-MANSARE, *Pulaaku, Le code d'honneur chez les Peuls*, 2014.
Hamadou ADAMA (dir.), *De l'Adamawa à l'Adamaoua, Histoire, enjeux et perspectives*, 2014.
Mahamadé SAVADOGO, *Philosophie de l'action collective*, 2013.
Abou KANATE, *Radiographie du droit foncier en Côte d'Ivoire*, 2013.
Abou KANATE, *Le droit de la promotion immobilière en Côte d'Ivoire*, 2013.
François LAGARDE, *Mémorialistes et témoins rwandais*, 2013.
Gilchrist Anicet NZENGUET IGUEMBA (dir.), *Hommages à Pierre N'Dombi – Université Omar Bongo (Libreville)*, 2013.
Nathalie CASANOVAS, *Une destination pour un autre tourisme pour l'Afrique de l'Ouest*, 2013.
Georgin MBENG NDEMOZOGO, *La protection animale au Gabon*, 2013.

Eric M. NGANGO YOUMBI

LES PREROGATIVES DE PUISSANCE PUBLIQUE AU CAMEROUN

La part respective du droit et des perceptions psycho-sociales

L'Harmattan

Du même auteur :
La légalite administrative au Cameroun –
De l'objectivation à la subjectivation

5-7, rue de l'École-Polytechnique ; 75005 Paris
http://www.harmattan.fr
diffusion.harmattan@wanadoo.fr
harmattan1@wanadoo.fr
ISBN : 978-2-343-02781-4
EAN : 9782343027814

Dédicace au Doyen Valery YOUDOM, qui pendant mon séjour à l'Université de Yaoundé II (Soa) a fait naitre en moi cet intérêt particulier pour le droit administratif, en me comptant avec une minutie qui lui est bien particulière, l'histoire des fondements théoriques du droit administratif français (notamment l'opposition entre l'Ecole de la puissance publique et l'Ecole du service public) et les prouesses scientifiques du regretté professeur Roger Gabriel NLEP –premier administrativiste du Cameroun indépendant.

LISTE DES PRINCIPAUX SIGLES ET ABREVIATIONS

AAU	: Acte administratif unilateral
ACMP	: Autorité chargée des Marchés Publics
ACP	: Afrique Caraïbe et Pacifique
ADD	: Ordonnance, Jugementn ou Arrêt avant dire droit
Aff	: Affaire
AG	: Assemblée Générale
AHJUCAF	: Asso. des Hautes Juridictions de Cass. des Pays francophones
AI	Autorité Indépendante
AJDA	Actualité Juridique de Droit Administratif
Al	Alinéa ou autres
AMR	Avis de Mise en Recouvrement
AN	Assemblée Nationale
AP	Assemblée Plénière (de la Cour Suprême du Cameroun)
Art	Article (s)
Ass ou A	Assemblée
BEF	Bureau Exécutif de la Fécafoot
BICIC	Banque International pour le Commerce et l'Industrie du Cam

C.	Constitution
C/	Contre
CA	Chambre Administrative (de la Cour Suprême du Cameroun)
Cass. belg.	Cour de cassation belge
Cass. Fr.	Cour de cassation française
CAY	Chambre Administrative de Yaoundé (de la CFJ)
CC	Conseil Constitutionnel
CCA	Conseil du Contentieux Administratif
CCAG	Cahier de Clauses Administratives Générales
CCAP	Cahier de Clauses Administratives Particulières
CCJA	Cour Commune de Justice et d'Arbitrage
CE	Conseil d'Etat (français)
CEDEAO	Communauté Economique des Etats de l'Afrique de l'Ouest
CEDH	Cour Européenne des Droits de l'Homme
CEE	Communauté Economique Européenne
CHF	Commission D'homologation de la Fécafoot
CEMAC	Centre de Formation pour Administration Municipale
cf.	Confère
CFJ	Cour Fédérale de Justice
CGI	Code General des Impôts
Chr.	Chronique

Cie	Compagnie
CIMA	Conférence Interafricaine des Marchés d'Assurance
CIPRES	Conférence Interafricaine de la Prévoyance Sociale
CJCE	Cour de Justice des Communautés Européennes
CJUE	Cour de Justice de l'Union Européenne
CMP	Code des Marchés Publics
CNC	Conseil National de la Communication
Concl.	Conclusions
Cour EDH	Cour Européenne des Droits de l'Homme
Cor	Cameroun Oriental
CPP	Code de Procédure Pénale
CPDFP	Conseil Permanent de Discipline de la Fonction Publique
CSFP	Conseil Supérieur de la Fonction Publique
CTD	Collectivité Territoriale Décentralisée
CUY	Communauté Urbaine de Yaoundé
D.	Dalloz
DA	Droits d'assise
DC ou DCC	Décision du Conseil Constitutionnel
DF	Décret Fédéral
DUDH	Déclaration Universelle des Droits de l'Homme
Éd	Editions
EDCE	Etudes et Documents du Conseil d'Etat

ELECAM	Elections Cameroun
EU	European Union
EUE	Editions Universitaires Européennes
EURATOM	Energy Research European Commission
Ets.	Etablissement
Ex.	Exemple ou ancien
Fasc.	Fascicule
FEICOM	Fonds Spécial d'Equipement et d'Intervention Intercommunal
FSJP	Faculté de Sciences Juridiques et Politiques
FSPE	Faculté de Sciences Politiques et Economiques
JCP	Juris- Classeur Périodique
JLMB	Revue de Jurisprudence de Liège, Mons et Bruxelles
JOR	Journal Officiel de la République
Ibid.	Ibidem
IEP	Institut d'Etudes Politiques
IRIC	Institut des Relations Internationales du Cameroun
L.	Livre ou loi
LCCE	Lois Coordonnées sur le Conseil d'Etat (Belgique)
Léb.	Lebon (recueil)
LF	Loi Fédérale
LGDJ	Librairie Générale de Droit et de Jurisprudence

LPF	Livre de Procédure Fiscale
MaO	Maitre d'œuvre
MAETUR	Mission d'Aménagement des Terrains Urbains et Ruraux
MINAT	Ministère de l'Administration Territoriale
MINCOM	Ministère de la Communication
MINEFI	Ministère de l'Economie et des Finances
MINFOPRA	Ministère de la Fonction Publique et de la Réforme Administrative
MINSEC	Ministère de l'Enseignement Secondaire
MINSUP	Ministère de l'Enseignement Supérieur
MO	Maître d'Ouvrage
MOD	Maître d'Ouvrage Délégué
MP	Marché Public
MTPS	Ministère du Travail et de la Prévoyance Sociale
Mr	Monsieur
N °	Numéro
Obs.	Observations
OCAM	Organisation Commune Africaine et Mauricienne
ONDH	Office National des Droits de l'Homme
OCRMP	Organe Chargé de la Régulation des Marchés Publics
OF	Ordonnance Fédérale
OHADA	Organisation pour l'Harmonisation en Afrique du

	Droit des Affaires
OI	Organe Indépendant
OIT	Organisation Internationale du Travail
OMC	Organisation Mondiale de Commerce
ONCPB	Office National de Commercialisation des Produits de Base
ONU	Organisation des Nations-Unies
Op. Cit.	Opus citatum
OSCE	Organisation pour la Sécurité et la Coopération en Europe
OUA	Organisation de l'Unité Africaine
PP	Personne (s) publique (s)
p.ou pp.	Page (s)
PCA	Président de la Chambre Administrative
PCPM	Président de la Commission des Marchés Publics
PIDCP	Pacte International relatif aux Droits Civils et Politiques
PR	Président de la République
PSLD	Parti Socialiste pour la Liberté et la Démocratie
PTOM	Pays et Territoires d'Outre-mer
PUF	Presses Universitaires de France
RDP	Revue de Droit Public
RCD	Revue Camerounaise de Droit
Rec.	Recueil

Réf.	Référence
RE	Représentant de l'Etat
RGP	Recours Gracieux Préalable
RFDA	Revue Française de Droit Administratif
RJA	Revue Juridique Africaine
RJPIC	Revue Juridique et Politique Indépendance et Coopération
s. et ss.	Suivant et suivant(e)s
§	Paragraphe
SADC	Southern African Development Community
SARL	Société Anonyme à Responsabilité Limitée
SCAY	Section de la Chambre Administrative de Yaoundé
SFIC	Société des Fournitures Industrielles du Cameroun
SGFP	Statut Général de la Fonction Publique
Spéc.	Spécial
Sté	Société
UDC	Union Démocratique du Cameroun
UDE	Union Douanière Equatoriale
UDEAC	Union des Etats d'Afrique Centrale
UE	Union Européenne
UEMOA	Union Economique et Monétaire Ouest-Africain
UFDC	Union des Forces Démocratiques du Cameroun
UNDP	Union Nationale pour la Démocratie et le Progrès

ULB	Université Libre de Bruxelles
UPC	Union des Populations du Cameroun
Voy.	Voyons

SOMMAIRE

AVANT-PROPOS

Le problème du droit public en général dans les pays africains est beaucoup plus qu'un problème du droit en vigueur, celui des perceptions psycho-sociales négatives, qui se nourrissent certes des violations quotidiennes des règles de droit par les Administrations, en face desquelles le citoyen assiste parfois désarmé, mais empêchent pourtant d'accéder à l'état réel de l'évolution du droit.

Les prérogatives de puissance publique sont une notion centrale et structurante du droit administratif français. Elles sont de plus en plus contestées par une partie de la doctrine qui les juge en décalage par rapport à l'évolution enregistrée, sous l'impulsion des dynamiques internes et européennes. Ces prérogatives existent-elles au Cameroun ? Quels en seraient les fondements et l'étendue véritable ? Ces questions peuvent paraitre surprenantes et même choquantes ; d'abord pour les partisans du mimétisme juridique qui sacrifient malheureusement à la conclusion hâtive selon laquelle les droits des Etats africains ne seraient que des succédanés du droit public français moderne, une analyse objective de l'ordre juridique de chaque Etat africain considéré dans sa singularité et sa dynamique. Ensuite, elles le sont également devant l'entêtement des faits, tant *la puissance publique* dans les Etats africains plus qu'ailleurs, se raconte, se sent, se voit, se vit ; de l'immeuble qui s'effondre sous les puissants engins communaux, au fonctionnaire dont l'activité est suspendue du fait d'une valse d'humeur de son supérieur hiérarchique, *la puissance publique* est bien réelle en Afrique et au Cameroun –il y'a quelques années d'ailleurs, était bien mal parti celui qui osait mener une réflexion à haute voix sur cette force dont la nature reste encore insuffisamment explorée. Grace soit rendue au libéralisme ! A-t-on jamais songé toutefois à rechercher objectivement et scientifiquement dans les textes et la jurisprudence les fondements de ces actions administratives qui laissent parfois interdits ?

Le présent ouvrage se situe dans la droite ligne de notre thèse de doctorat, nous soulignons à l'occasion que notre vision du droit administratif était qu'il tendît et dût tendre vers la préservation des droits subjectifs des administrés contre les abus et immunités du pouvoir administratif *(la subjectivation)*. Il s'agit maintenant d'oser une interprétation des textes et de la jurisprudence au prix d'une opposition parfois virulente et peu sympathique aux maitres du droit administratif à l'étranger et au Cameroun. Le professeur Louis Paul NGONGO[1] ne dit-il pas que la *« science évolue par assassinat du maitre » ?* L'objectif inavouable de ce projet est plus qu'une gratuite gymnastique intellectuelle, le souci d'aiguillonner les acteurs judiciaires : l'Administration, le juge et surtout le justiciable qui parfois se condamne lui-même aux fourches caudines de l'immobilisme et de la résignation, devant les manifestations spectaculaires de la puissance administrative et développe un trop peu de confiance au juge administratif, soupçonné malgré lui d'être l'allié déguisé et eternel de l'Administration. Ce ne sont pas les dénégations du premier Président de la Cour Suprême du Cameroun lorsqu'il affirme : « *(…) Le contrôle du juge administratif est bien plus audacieux que celui des autres juges. Plus conscient des nécessités de l'action administrative, il est également habilité à prendre la mesure exacte de ce qu'il convient de ne pas tolérer*[2] », qui changeront cette vision retorse de l'opinion commune. L'objectif est peut être aussi d'interpeller l'Administration ou plus exactement ses agents, sur les balises de signalisation posées par les pouvoirs normateurs et le juge sur leurs circuits, qui indiquent jusqu'où ils ne peuvent aller trop loin ! En tout état de cause, il nous semble impérieux chaque fois que l'on parle *des prérogatives de puissance publique* de bien faire la part des choses entre *le droit, le fait et les perceptions psychosociales.* C'est le défi que nous avons pris le parti de relever. Sans prétention aucune, que le lecteur puisse trouver en ces pages, une simple pièce versée au costaud dossier de la recherche juridique contemporaine sur les mutations du droit administratif en Afrique et au Cameroun en particulier.

L'auteur.
Bruxelles, 2013.

---

[1] Louis Paul NGONGO est enseignant à l'Institut des Relations internationales du Cameroun et à l'Université de Yaoundé II (2001-2006), nous avons suivi pendant notre passage à Yaoundé (Soa), ses Cours de *sciences administratives, Histoire des idées politiques* et *Histoire des institutions et des faits sociaux* du Cameroun.

[2] Extraits de discours du Premier Président de la Cour Suprême, *in* « *Justice, procédures juridictionnelles et protection des droits de l'homme en Afrique* », Actes de l'Audience Solennelle de Rentrée et Journée Scientifique de la Cour Suprême du Cameroun du 23 février2012, pp. 4-9. Cité (épigraphe) par KEUTCHA (C), *Précis de contentieux administratif au Cameroun* –aspects de l'évolution récente, l'Harmattan 2012, p. 10.

INTRODUCTION

Il faut toujours nécessairement commencer par résoudre clairement le problème de fixation des concepts qui forment l'armature d'un thème de réflexion, sous peine de discuter dans l'obscurité en vain[3]. Deux notions méritent d'être précisées : *les prérogatives de puissance publique et* la notion de *droit administratif*, car c'est bien cette discipline, dans le contexte français notamment, qui fournit le cadre de compréhension de la première notion. Il n'est dès lors pas inintéressant de consacrer quelques développements à sa définition, d'autant plus que certains auteurs estiment que ces prérogatives seraient l'élément le plus caractéristique du droit administratif. Dans la littérature juridique française, *les prérogatives de puissance publique* sont synonymes de *privilèges exorbitants de droit commun* ou tout simplement de *privilèges juridiques de l'Administration*. Elles sont dès lors associées à l'idée de *privilège* qui dans le commerce juridique en général revêt au moins deux significations :

Le privilège dans un premier sens renvoie à la *privata lex (loi particulière, s'écartant de la loi ordinaire*). Dire du *droit administratif* qu'il est *un droit de prérogatives* équivaudrait selon cette conception, à dire qu'il est *« un droit d'une loi particulière, différente de la loi normale »*. Certains auteurs diront qu'il est un droit qui *« déroge au droit commun » (C'est- à dire au droit privé, civil en particulier, présenté selon cette logique comme constituant le droit commun. Cette conception n'est pas à l'évidence, sans susciter de nombreuses critiques sur lesquelles nous reviendrons)*. C'est à cette idée de *spécialité* que renvoie Yves GAUDEMET[4] lorsqu'il écrit dans un paragraphe intitulé *« l'originalité du système français »* de son Manuel de *droit administratif* : *« A l'opposé du système [anglo-saxon], le système français repose sur l'existence d'un droit spécial, applicable aux rapports où l'administration est engagée, et de tribunaux spéciaux pour juger les litiges où elle est en cause. C'est là que réside l'originalité du système français. »* Nous retiendrons que la première signification du terme *privilège* correspond à l'idée *de spécialité*.

Le second sens du *privilège* correspond à l'idée de protections ou d'avantages particuliers, considérés comme conférant un droit, une faveur ou même un passe-droit à quelqu'un. Dans *l'Ancien Régime* en France, *le privilège* était un droit, un avantage exclusif possédé par un

---

3 EISENMANN (C), *Cours de droit administratif*, tome I, LGDJ, Paris 1982, p.17.

4 GAUDEMET (Y), *Droit administratif*, 18ème éd. LGDJ, 2005, p.12.

individu ou un groupe par concession royale ou par droit de naissance. Cette signification est proche du droit privé, *le créancier privilégié* est préféré aux autres créanciers sur les biens d'un débiteur, il bénéficie d'un avantage. Parler de *privilège* selon cette acception renverrait aux avantages dont disposerait l'Administration. Plus que la première, c'est cette signification proche de l'idée d'*inégalité* qui nous intéressera dans la présente analyse. Dans ce sens, Charles DEBBASCH et Fréderic COLIN écrivent : *« L'application du droit administratif constituant une sorte de privilège pour l'administration, (…) celle-ci perd le bénéfice lorsque son action ne diffère en rien de l'action d'un particulier. (…) Les règles de droit administratif se caractérisent d'abord par l'existence des droits exorbitants reconnus à l'administration, droits qui sont souvent qualifiés de prérogatives de puissance publique. L'administration peut accorder aux particuliers des droits, et surtout mettre à leur charge des obligations*[5]*. »*

Pour nous résumer, dire du *droit administratif* qu'il est un droit *de prérogatives de puissance publique* ou *exorbitant de droit commun* équivaudrait selon une première signification à dire qu'il est *un droit particulier,* qui diffère du droit privé. Selon un second sens, qu'il est un droit qui reconnait au profit de l'Administration des *privilèges ;* un droit *inégalitaire,* dans la mesure où ces *privilèges administratifs* se conçoivent très généralement dans les rapports de l'Administration avec les particuliers. On retrouve ces deux acceptions subsumées sous une belle affirmation de Jean RIVERO[6]: *« Le soupçon de privilège pèse depuis toujours sur le droit administratif : en tant que droit spécial, ne permet-il pas à l'Administration de bénéficier d'un régime de faveur et d'échapper au contrôle du juge ordinaire ? Et des notions telles que "puissance publique", "prérogatives exorbitantes" ou "pouvoir discrétionnaire" ne marquent-elles pas l'inégalité foncière de situation qu'il établit entre l'administration et l'administré? Non seulement l'idée de privilège paraît inhérente à l'existence même du droit administratif, mais encore il ne ferait que renforcer la suprématie administrative en l'exprimant en termes de prérogatives juridiques*[7]. »

S'agissant de la seconde notion *–droit administratif,* la détermination de sa consistancene révèle pas du domaine de l'évidence. Il faut en tout cas préalablement examiner les propositions formulées dans le contexte français avant de vérifier leur transposabilité au contexte camerounais.

---

5 DEBBASCH (C) et COLIN (F), *Droit administratif,* 7ème éd. Economica, p. 34.
6 RIVERO(J), « Existe-t-il un critère du droit administratif ? », RDP, 1953, p. 279 et ss.
7 CHEVALIER (J), « Le droit administratif, droit de privilèges ? » Pouvoirs 1988, n°46, p. 57.

Définition du droit administratif dans le contexte français. En France, la notion de *droit administratif* a été l'objet d'âpres discussions doctrinales, animées par des Ecoles théoriques, servies par beaucoup d'auteurs. Il n'est pas inintéressant de présenter quelques grandes lignes de ces riches contributions, avant de proposer une définition qui tiendrait compte à la fois de ces développements et des particularités liées à l'histoire et la nature de l'ordre juridique camerounais. En *droit public français*[8], disions-nous, la définition du *droit administratif* à la fin du XIXème siècle et au début du XXème siècle, a été au cœur d'une opposition dialectique entre deux Ecoles : *l'Ecole du Service public* du Doyen de la Faculté de droit de Bordeaux. Réinterprétant *l'Arrêt Blanco*[9] et les décisions subséquentes, Léon DUGUIT et Gaston JEZE estimèrent que *le Service public*[10] fût non seulement le critère décisif de définition du *droit administratif*, mais aussi de détermination de la compétence de la juridiction administrative. La jurisprudence s'appropriera cette idée en admettant que cette compétence est liée à la présence d'un *Service public*, qui définit également

---

[8] Il y a, à la base de la recherche d'un *critère* du droit administratif, une double démarche : l'une théorique et doctrinale ; l'autre pragmatique et principalement jurisprudentielle. La première insiste sur la spécificité de ce droit, apparaissant au début du XIXème siècle comme un nouveau venu dans la classification des disciplines juridiques. Certes, l'Ancien Régime avait appliqué à l'Administration royale des règles propres, mais celles-ci n'avaient jamais été systématisées. La distinction entre « les lois civiles » et le droit public est à la base du grand *Traité* que DOMAT a publié en 1777. Dans la partie consacrée au droit public, on n'y trouve toutefois, la moindre référence à l'idée d'un droit propre à l'Administration et à elle seule. L'émergence d'un *droit administratif,* qui s'affirme dès 1804 avec la création, à la Faculté de droit de Paris, d'une Chaire consacrée à celui-ci *(Chaire qui connaîtra, d'ailleurs quelques vicissitudes jusqu'à la Restauration),* posait dès lors inévitablement la question de sa définition. *(Cette réflexion est extraite d'un texte prononcé dans le cadre du Séminaire polonais-français de droit administratif organisé en 1988 par l'Institut de droit et de science administrative à Cracovie, en collaboration avec le Centre de formation postuniversitaire pour les fonctionnaires d'État de l'Université Jagellonne (Varsovie). Reproduit in Ferdinand MELIN- SOUCRAMANIEN (F) et MELLERAY (F), dir., Le professeur Jean RIVERO ou la liberté en action, Dalloz, 2012, P.67).*

[9] Il a été jugé que *« La responsabilité, qui peut incomber à l'Etat pour dommages causés aux particuliers par le fait des personnes qu'il emploie dans le service public, n'est pas régie par les principes établis dans le Code civil pour les rapports entre particuliers : elle n'est ni générale, ni absolue : elle a ses règles spéciales qui varient suivant les besoins du service et la nécessité de concilier les droits de l'Etat avec les droits privés. »* TC, n° 00012, Recueil Lebon M. MERCIER, Rapporteur. M. DAVID *(Commissaire du gouvernement lecture du samedi 8 février 1873).*

[10] Certains auteurs estiment que *l'Arrêt Blanco,* aurait consacré un critère tout à fait autre que *le service public.* Gilles LEBRETON par exemple écrit que c'est *la gestion publique* qui est déterminante en dernière analyse. *Droit administratif général,* 6ème éd. Dalloz 2011, p. 252 et ss.

le droit applicable *(l'Arrêt Terrier du 6 février 1903 rendu par le Conseil d'Etat appliquera les principes de l'Arrêt Blanco à la responsabilité contractuelle des Départements ; l'Arrêt Feutry du 29 février 1908 rendu par le Tribunal des conflits en fera de même en ce qui concerne la responsabilité extra- contractuelle des Départements ; quant à l'Arrêt Thérond du 4 mars 1910 rendu par le Conseil d'Etat, il appliqua le mécanisme de l'Arrêt Blanco à la responsabilité contractuelle de l'Etat. Rappelons que cet Arrêt Blanco ne s'appliquait qu'à la responsabilité extra-contractuelle de l'Etat*[11]*)*. Le critère du *droit administratif* semblait fixé à perpétuelle demeure. On considérait que *« les personnes publiques gèrent les Services publics qui sont de la compétence du juge administratif qui leurs appliquent le droit administratif. »* Les choses semblaient simples et les sons de doctrine paraissaient écrire la même et douce harmonie. Que non ! Deux importants Arrêts remettront en doute cette apparente stabilité, surtout l'idée selon laquelle *le service public* serait le critère du *droit administratif*. *L'Ecole de la puissance publique* écrira sa partition sous l'orchestration de Maurice HAURIOU, Doyen de la Faculté de droit de Toulouse[12]. Le premier Arrêt *(Société des granites porphyroïdes des Vosges, rendu par le Conseil d'Etat le 31 juillet 1912)* se fonde sur la notion de *clause exorbitante du droit commun* pour déterminer la nature administrative d'un contrat. Le Second *(Société commerciale de l'Ouest africain, rendu par le Tribunal des conflits le 22 janvier 1921)* crée le *Service public industriel et commercial*, soumis au *droit privé*, dont le contentieux relève du juge judiciaire. Les choses devinrent plus

---

[11] Cette Ecole influencera la doctrine, Louis ROLLAND par exemple, dans ses *Cours* entre 1934 et 1946, cherchera à systématiser ce qui lui paraissait constituer le noyau des principes qui s'imposent à tout *Service public* –principes que la doctrine postérieure a appelé *lois de Rolland*. Dès les années 1950, la jurisprudence énoncera *le principe d'égalité des usagers devant le Service public (CE, 1948, société du journal l'Aurore, CE 1951, société des concerts du conservatoire, CE 1974, Doneyez et Chorques) ; le principe de continuité du Service public (CE, 1950 Dahaene), le principe de mutabilité du Service public (CE 1961, Vannier)*. La doctrine administrativiste belge sous la plume de Patrick GAUFFAUX a cru bon d'y ajouter une quatrième loi –*le principe de transparence administrative*, qui impose de motiver les décisions administratives. Les auteurs l'abordent toutefois avec des réserves tirées notamment de l'absence d'assises jurisprudentielles solides. GAUFFAUX (P), *Dictionnaire élémentaire de droit administratif*, Bruylant 2006, p. 266.

[12] Notons que c'est pourtant Maurice HAURIOU qui dans un Article paru en 1892 évoqua le premier, la notion de *service public*. Dans ce document qui traite de la formation du droit administratif depuis l'an VIII, paru à la *Revue générale d'administration* de 1892, l'on retrouve des notions absolument clées du droit administratif contemporain, telles *les personnes publiques, le service public, la puissance publique, les actes unilatéraux*. Il jugea toutefois imprécise la notion de *service public* et lui préféra celle de *puissance publique,* plus facilement identifiable et logique selon lui, car *d'une part,* la jurisprudence n'avait jamais abandonné la distinction entre *gestion publique* et *gestion privée (Concl ROMIEU sur l'affaire Terrier) ; d'autre part,* les personnes privées peuvent assumer *le service public administratif*.

complexes et dissonantes avec *l'Arrêt Caisse primaire aide et protection* en 1938. Ce n'était plus *le Service public industriel* qui était en cause, il fallait se résoudre à l'évidence que les Personnes privées[13] pussent gérer des *Services publics administratifs. L'Arrêt Epoux Bertin* en 1956 posait une situation dans laquelle l'acte liant la Personne privée à la Personne publique à propos du *service public* fût un *« contrat verbal »*. Il était en pareille hypothèse inconcevable que l'on parlât de *clauses exorbitantes* comme dans l'Arrêt *société des granites.* L'objet seul du contrat *(service public)* était suffisant pour faire intervenir la compétence du juge administratif. L'enseignement fondamental de ces Arrêts est qu'une personne privée pourrait gérer *un Service public administratif,* tout autant que le contrat de dévolution ou de gestion de ce Service peut n'avoir aucune forme publique *(vu qu'il pourrait être verbal).* Les choses étaient d'autant plus complexes qu'il y avait des hypothèses ou *le Service public administratif* donnait lieu à la compétence du juge judiciaire, et celles inverses où *le Service public industriel* donnait lieu à la compétence du juge administratif. Selon *l'Ecole de la puissance publique*[14], l'Administration dispose *des prérogatives de puissance publique* –moyens de contrainte dont n'ont pas les particuliers dans leurs rapports sociaux. Elles *(les prérogatives)* permettent non seulement de définir le droit applicable, mais aussi la juridiction compétence. Cette vision hélas, ne semblait pas suffire à définir *le droit administratif,* elle donnait lieu à trois critiques essentiellement[15] :

---

[13] Avant cet important Arrêt, c'était toujours *la personne publique* qui soit contrôlait étroitement l'exécution par *une personne privée* du *service public,* soit gérait elle-même selon le droit privé le *service public.* Avec cette jurisprudence, on est en face d'un cas où la personne privée gère un *service public administratif.*

[14]*La prérogative de puissance publique* est présentée généralement comme l'acte de commandement que la personne publique à l'exclusion de la personne privée peut choisir d'utiliser. Cette définition toutefois, ne permettait pas de faire le départ entre *Ecole de la puissance publique* et la distinction bien connue entre *acte de gestion* et *acte d'autorité.* On doit admettre que *la puissance publique* n'est pas seulement constituée des actes de commandement, mais désigne également des procédés exorbitants de droit commun qui ne sont pas à proprement parlé des *actes de commandement* –par exemple, *la clause exorbitante* dans un contrat, qui entraine l'application du *régime administratif (CE 1963 Société coopérative agricole la prospérité fermière –une clause selon laquelle l'Administration peut diriger, contrôler ou surveiller l'exécution du contrat est une clause exorbitante).* Le régime exorbitant du contrat même s'il ne contient pas en lui-même des *clauses exorbitantes* peut entrainer la compétence du juge administratif *(CE, Société d'exploitation électrique de la rivière du Sant).* L'acte d'une personne privée ou publique est considéré comme *un acte administratif* s'il est pris en vertu d une *prérogative de puissance publique (TC 1963, Werling).*

[15]Léon DUGUIT estime que la *puissance publique* rappelle trop *l'Ancien Régime* et l'idée d'un Etat fondé sur *l'imperium,* dont la volonté propre serait supérieure à celle des autres individus.

- Certains moyens utilisés dans les relations privées peuvent être considérés comme *exorbitants de droit commun,* c'est le cas notamment des *contrats d'adhésion.*

- *La puissance publique* ne permet pas de rendre compte de toutes les situations dans lesquelles l'Administration doit être soumise à ce que Valery DUFFAU[16] à la suite de Jean RIVERO appelle *les sujétions de puissance publique*, de telle sorte que sa situation est finalement moins heureuse que celle du particulier.

- Il y a des cas où *l'intérêt général* commande paradoxalement de ne pas utiliser *la puissance publique,* ce que ne semblait pas prendre en compte *l'Ecole de Toulouse.* En outre, ce critère ne rendait pas compte de la *fin* du *service public* qui est *l'intérêt général.*

Marcel WALINE, cherchera un moment dans la notion *d'utilité publique* le critère unificateur du *droit administratif,* avant d'y renoncer implicitement en admettant que *l'utilité publique* justifie dans certaines hypothèses le recours de l'Administration au droit privé. Dans un intéressant article intitulé *« Existe-t-il un critère de définition du droit administratif ? »* Jean RIVERO[17] renvoyait *« dos à dos »* les doyens de Toulouse et de Bordeaux. Le doyen Georges VEDEL[18]essaiera de reprendra en le réadaptant l'héritage du Doyen de Toulouse. Dans la continuité de *l'Ecole de la Puissance,* il commence par démontrer la profonde unité du *droit public* en affirmant que le *droit administratif* trouve ses fondements dans le *droit constitutionnel.* L'Administration se définit selon lui par référence au pouvoir exécutif, elle s'exerce par des *actes de puissance publique* qui procèdent du pouvoir de commander. Ce pouvoir se trouve dans la Constitution.

C'est là précisément dirions-nous, que réside l'apport fondamental de Georges VEDEL, signalons qu'avant ses écrits, c'est dans la jurisprudence et les constructions théoriques que l'on semblait fonder le

---

16 DUFFAU (V), *Les sujétions exorbitantes du droit commun en droit administratif* – l'Administration sous la contrainte, l'Harmattan, 2000.

17 Dans son *Traité élémentaire de droit administratif, vol. 2, Sirey, 1951,* il parle du *« pseudo-critère du service public »,* dans lequel il n'y voit qu'une notion servant à déterminer les situations que régit *le droit administratif* et que juge le Conseil d'État. Il se fonde essentiellement sur la similitude ou non des activités exercées par les autorités publiques avec les activités privées, pour écarter la compétence administrative.

18VEDEL (G), « Les bases constitutionnelles du droit administratif », *EDCE*, 1954, p. 21.

critère de *la puissance publique* comme d'ailleurs celui du *service public.* VEDEL tente de démontrer que *le droit administratif* aurait pour fondement la Constitution. Il serait un corps de règles spéciales applicables à l'activité du pouvoir exécutif, car il use de *la puissance publique.* Si la stabilité de l'Administration française pût être opposée à l'instabilité de ses régimes politiques, c'est parce que les bases constitutionnelles du *droit administratif* issues de l'œuvre de *l'Assemblée constituante* et du *Consulat*[19] eussent toujours été maintenues. Georges VEDEL revendique son affiliation à l'Ecole de Toulouse en mettant au cœur de sa théorie la notion de *puissance publique,* qui *« (…) n'est (…) rien d'autre que la détention de compétences exorbitantes de droit commun ».* L'Administration étant une activité du pouvoir exécutif, elle doit pour avoir le caractère *administratif,* s'exercer par des *procédés de puissance publique.* Ces prérogatives ne sont pas réservées à l'Exécutif, le juge ou le législateur en usent tout autant. Cependant, si le régime de *puissance publique* comporte, par rapport au droit commun, des extensions de compétences, il comporte également des restrictions, la principale étant que l'Administration ne doit agir qu'en vue de *l'intérêt public.* Ce qui comporte un certain nombre de restrictions : recrutement du personnel sur concours, respect de l'affectation des biens du domaine public. Ainsi, la personne publique si elle est un faisceau de compétences étendues, est aussi un ensemble de compétences conditionnées. Si le mode d'action normal du pouvoir exécutif comporte l'emploi de *la puissance publique,* l'Administration n'est pas toujours tenue d'user de ce régime, on en connaît différentes hypothèses : gestion du domaine privé, contrats de droit privé, Services publics industriels et commerciaux.

Le Doyen Georges VEDEL a le mérite de tempérer l'idée de *puissance publique,* en essayant *d'une part,* de la fonder sur la Constitution, c'est-à-dire de la justifier juridiquement ; *d'autre part,* en admettant d'importantes limitations de l'Administration, qui seront autant d'éléments permettant à certains auteurs d'énoncer la thèse des *sujétions exorbitantes de l'Administration.* Ajoutons qu'il distingue *le régime administratif* du *régime de droit privé.* Les clarifications de VEDEL toutefois, n'ont pas été de nature

---

19*Le Consulat* est un régime politique français issu du coup d'État du 18 Brumaire an VIII *(9 novembre 1799),* qui renverse le régime du *Directoire (1795-1799).* La Constitution de l'an VIII établit alors un régime politique autoritaire dirigé par trois Consuls –en réalité par le seul premier Consul –Napoléon Bonaparte, qui deviendra Consul à vie en 1802. *Le Consulat* a duré jusqu'au 18 mai 1804 *(28 floréal an XII),* date de la fin de la Première République française et de la proclamation du Premier Empire.

à fédérer la doctrine administrativiste française.

Dans un Article publié à la *Revue de droit public*, René CHAPUS apportait quelques bémols à la théorie du Doyen VEDEL. Selon lui, *d'une part*, la notion de *service public* permet bel et bien de définir l'Administration, *d'autre part, le service public* permet également de définir *le droit administratif*. Le système juridique applicable à l'Administration française ne relève pas d'un principe unique d'explication. Il faut distinguer entre le régime juridique de l'Administration proprement dit, qui est commandé par l'idée de *service public* et le régime juridique du contentieux administratif qui est commandée par l'idée de *puissance publique*. En conséquence, René CHAPUS demandait l'intervention du législateur afin que ce dernier étendît le champ du *contentieux administratif* à tous les litiges intéressant l'Administration et l'application du *droit administratif*. La réponse de Paul AMSELEK fut immédiate et frontale. La même année, dans une étude parue à *l'Actualité juridique de droit administratif*[20], il critique vigoureusement la position prise par René CHAPUS. Pour AMSELEK, *le service public* ne peut suffire à caractériser l'action administrative, encore moins à expliquer l'ensemble des règles du *droit administratif*. Pendant longtemps, la doctrine française sera polarisée entre ces deux Ecoles.

Charles EISENMANN, dans un Article publié à la *Revue de droit public*[21] en 1972 critique vigoureusement l'approche de Georges VEDEL. Il commence par saluer la démarche visant à apporter au *droit administratif « la base sûre et certaine qui paraît lui faire défaut »* avant de souligner que *la théorie des bases constitutionnelles du droit administratif* ne pourrait malheureusement rendre à cette discipline le service que Georges VEDEL voulut généreusement lui rendre. EISENMANN procède à une sérieuse critique de la théorie de *vedelienne*. Il conteste la notion même de *bases constitutionnelles*, il existe certes des *bases constitutionnelles au droit administratif*, mais elles ne sont pas celles proposées par Georges VEDEL. Les Arrêts *Heyriès et Labonne* cités par VEDEL au renfort de sa théorie ne sont selon lui, qu'une simple exception, car ce sont les lois et les Règlements plutôt que la Constitution, qui sont dans l'immense majorité des cas, les titres de compétence de l'Exécutif en matière d'administration. L'investiture constitutionnelle n'est là que pour pallier les déficiences de la loi ou du Règlement. L'Arrêt *Heyriès* serait

---

20 AMSELEK (P), « Le service public et la puissance publique –*Réflexions autour d'une étude récente* », *AJDA*, 1968, p. 492.

21EISENMANN (C), « La théorie des bases constitutionnelles du droit administratif », RDP, 1972, p. 1345.

simplement la concrétisation du pouvoir créateur du juge administratif, il a créé une règle de nature constitutionnelle plus qu'il ne l'a formulée. La Constitution définit les fonctions de l'Etat, les organes qui en sont chargés, les limites à leur action, elle ne détermine en rien la définition de l'Administration et du *droit administratif*. Charles EISENMANN accepte toutefois l'idée que l'Administration sous les *IIIème et IVème Républiques*, soit définie du point de vue fonctionnel comme une action *d'exécution des lois ;* il critique en revanche l'idée de *régime administratif* qui découlerait des *« bases constitutionnelles »* : *d'une part, la loi constitutionnelle du 25 février 1875,* pas plus que *la Constitution du 27 octobre 1946* ne connaissent le mot *service public*, pas davantage le mot *Administration* ; *d'autre part, la Constitution du 4 octobre 1958* n'emploie le terme *administration que* dans un sens fonctionnel. Ni *les prérogatives*, ni *les sujétions* administratives n'ont une valeur constitutionnelle. *Les prérogatives de l'Administration* dépendraient selon lui du *principe de la séparation des autorités administratives et judiciaires* posé par *la loi des 16* et *24 août 1790*, or, on est en présence d'un texte à valeur *législative*. En ce qui concerne *les sujétions*, la prétendue soumission au *principe de Légalité* ne serait *« qu'un pauvre truisme sans consistance », le principe de la responsabilité administrative* n'étant d'ailleurs mentionné dans aucune Constitution. Ces principes font partie du *droit public* mais non du *droit constitutionnel*, car ils procèdent de la combinaison de règles législatives, réglementaires et jurisprudentielles. Ainsi, l'idée d'un *régime administratif* qui concernerait les notions d'*Administration* et de *droit administratif* n'a pas de valeur propre : rien n'implique d'exclure la gestion privée de l'Administration du droit administratif, ce qui aurait pour conséquence de creuser un fossé entre la notion d'*Administration* au sens organique et la notion d'*administration* au sens fonctionnel.

La discussion entre EISENMANN et VEDEL se poursuivra au fil des publications. Le Conseil constitutionnel dans sa décision dite *Conseil de la concurrence*[22] considère que, conformément à la conception française de *la séparation des pouvoirs,* figure au nombre des principes fondamentaux reconnus par les lois de la République, celui selon lequel, *à l'exception des matières réservées par nature à l'autorité judiciaire, relève en dernier ressort de la compétence de la juridiction administrative, l'annulation ou la réformation des décisions prises dans l'exercice des prérogatives de puissance publique, par les autorités exerçant la pouvoir exécutif, leurs agents, les Collectivités territoriales décentralisées.* Quelques temps avant, au milieu des années 1980, VEDEL se demandait s'il fût *« possible d'écrire un simple précis de droit administratif sans*

[22]Décision n° 86-224 DC du 23 janvier 1987, *Conseil de la concurrence.*

intégrer les textes et la jurisprudence constitutionnels à propos de la décentralisation, du secteur public, de la police, etc. »

Définition du droit administratif dans le contexte camerounais[23]. Les définitions du *droit administratif* ci-dessus proposées, qui se fondent sur des *critères ou Ecoles* sont d'une complexité particulière :

Première observation, elles ne peuvent plus être valables dans le contexte français d'aujourd'hui. Beaucoup d'administrativistes ont renoncé depuis longtemps, à trouver un *critère* unique du *droit administratif.* Toutefois, le vieux débat trouve encore quelque écho favorable auprès de certains auteurs contemporains. C'est faire preuve d'absence de réalisme juridique que de s'arcbouter à une chapelle théorique aujourd'hui et définir *le droit administratif* en fonction de celle-ci. L'intérêt de ces notions finalement a été d'insister sur *la spécificité* de l'action administrative. Le *service public* permettait de mettre en lumière *la finalité* de l'Administration, la doctrine de *la puissance publique* quant- à elle, s'employait à mettre en valeur la spécificité des *moyens* de celle-ci. La majorité d'auteurs s'efforce de dégager, non pas *un critère unique, nécessaire et suffisant,* mais un ensemble de traits propres à caractériser *le droit administratif* par rapport au droit privé. Bien qu'une série de grands Arrêts, à partir de 1956, ait mis au bout du jour la notion de *service public,* il faut reconnaitre que la résurrection de ce *« Lazare juridique »* selon la formule du président LATOURNERIE[24], comporte beaucoup de nuances. Le problème des *Services publics industriels*

---

[23] Dans *les Enseignements* au Cameroun, une définition revient : *le droit administratif* serait constitué de l'ensemble des règles autres que celles de droit constitutionnel et de droit privé, qui régissent l'activité de l'Administration s'exerçant selon des procèdes de droit public. Cette définition est critiquable à deux niveaux : *d'abord* parce qu'elle exclut du champ du *droit administratif* les questions constitutionnelles, elles nous semblent pourtant incontournables, il y a comme le disait le doyen VEDEL, une profonde unité du droit public, *les droits subjectifs des administres* consacrés par la Constitution, *l'exception d'inconstitutionnalité,* sont des questions qui intéressent *le droit administratif.* On ne peut admettre l'existence des *bases constitutionnelles du droit administratif* et exclure dans le même temps de son objet, les questions constitutionnelles *(on devrait reconnaitre toutefois que la Constitution n'est pas l'objet central du droit administratif). Ensuite,* définir *le droit administratif* en référence aux procédés de *droit public* ferait appel à l'idée de *prérogatives exorbitantes* ou *de régime administratif,* que nous tendons justement à remettre en question. Nous ne voyons aucune anomalie à introduire dans l'étude du *droit administratif* l'activité privée de l'Administration publique, qu' il s'agisse des Etablissements du *Secteur public* ayant le caractère de personne morale de droit privé ou des règles relatives au *domaine privé de l'Etat.*

[24] LATOURNERIE (R), « Sur un Lazare juridique ; bulletin de santé de la notion de service public ; agonie, convalescence ou jouvence », *EDCE* 1960.

et commerciaux demeure tout entier. Mêmement, lorsque le juge se trouve en présence d'un *Service public* géré par une personne privée *(le cas est de plus en plus fréquent)*, il ne se reconnaît compétent que si l'acte qui lui est déféré met en œuvre une *prérogative de puissance publique* confiée à l'autorité privée.

La seconde observation, ces notions en droit camerounais *(puissance publique et service public)* n'ont pas la même portée qu'en France, leur reconnaitre un caractère structurant et systématique ne serait en fait que l'expression d'un mimétisme juridique, plus exactement doctrinal. Une telle entreprise ne pourrait en effet dans les textes juridiques et la jurisprudence administrative fournir des assises pertinentes qui la justifieraient. S'agissant du *service public*, il n'a jamais été question de l'ériger en critère d'application du *droit administratif*, encore moins de la compétence de la juridiction administrative. Il y a toutefois dans certains écrits doctrinaux au Cameroun, une transposition par effraction –dirions-nous, de ces critères. Nous avons déjà à l'occasion d'autres publications marqué notre grand désaccord quant à cette interprétation. Citons un exemple qui nous est fourni par un administrativiste sérieux. Commentant le **Jugement n° 48 du 25 mai 1989 Aigle Royal de Dschang «El Pacha» c/ Etat du Cameroun**[25], le regrette professeur Roger Gabriel NLEP soulignera : *« La Chambre Administrative a implicitement affirmé sa compétence pour connaitre des mesures disciplinaires prises par les Fédérations sportives à l'encontre des associations qui en sont membres. Il n y'a rien d'étonnant à cela, car la haute juridiction n'a fait que restituer l'état de droit en réitérant sa compétence pour connaitre des actes des organismes privés qui se trouvent investis d'une mission de service public et qui jouissent des prérogatives de puissance publique*[26]. *»* Nous ne pouvons souscrire à de telles Conclusions. *Le service public* et *la puissance publique* n'ont jamais été des critères de définition du *droit administratif*. *D'une part*, la répartition des compétences est faite par des Ordonnances reprises par les lois. C'est en référence à ces textes que le juge administratif apprécie sa compétence. Certes, la détermination des domaines de compétence tels qu'établis par ces textes inclut des concepts tels *l'acte administratif, le contrat administratif* dont la définition pourrait faire appel au *service public* et *puissance publique*, mais la jurisprudence permet de

---

[25] *KEUTCHA (C), « Les mutations récentes du droit administratif au Cameroun », AFrilex* 2000/1, p. 22.

[26] NLEP (R), note sous *CS/ CA jugement n° 48 du 25 mai 1989, Aigle Royal de Dschang « El Pacha » c/ Etat du Cameroun, Revue juridique et Economique du Sport* n° 21, 1992.

douter *(Nous reviendrons sur cette problématique pour les approfondir dans notre ouvrage intitulé « Essai sur les fondements théoriques du droit administratif au Cameroun », Inédit).*

La notion de *service public* n'est pas étrangère au *droit administratif camerounais,* toutefois cette affirmation est assortie de beaucoup de nuances. Non seulement, cette notion est plus organique que fonctionnelle, en plus, elle trouve son fondement non dans la Constitution mais des textes inferieurs. Toute entreprise intellectuelle tendant à lui reconnaitre un caractère globalisant ne procèderait que d'un *« dol scientifique »,* en ce sens que l'on voudrait nous faire admettre ce que les textes et la jurisprudence n'ont pas admis, du moins dans les proportions qu'on tend à les attribuer. Dans le même ordre d'idées, notons qu'il n y'a pas *d'Arrêt Blanco* en droit camerounais, encore moins de Code administratif. Les lois qui à l'heure actuelle sont les principales sources du *droit administratif* régissent aussi bien les activités de l'Administration que celles des personnes privées. Il existe certes des lois spéciales à des domaines administratifs, toutefois, ni le législateur, ni le juge n'ont jamais sous-entendu que le Code civil ne pourrait s'appliquer à l'Administration.

La notion de *puissance publique* est encore plus problématique et brumeuse dans le contexte camerounais. La Constitution camerounaise *(telle que révisée le 18 janvier 1996 et le 21 avril 2008)* ne consacre pas expressément des *prérogatives* spécialement aménagées au profit de l'Administration. Elle emploie certes à *l'art. 12,* le mot *prérogatives,* en vue toutefois de designer les attributions du Président de la République par rapport au Premier Ministre et non pour fonder au profit de l'Administration des passe-droits. La jurisprudence administrative non plus ne consacre le terme *prérogatives,* servant à déterminer l'application du *droit administratif* ou *le critère de compétence du juge administratif.* On pourrait certes reprendre le raisonnement de Georges VEDEL à ce propos et arriver au même résultat qu'en France, d'autant plus que la filiation des Constitutions camerounaises successives à *la Constitution gaulliste du 04 octobre 1958* ne fait l'objet d'aucun doute. N'oublions pas toutefois que ce n'est pas sans coup férir que les idées de VEDEL à ce sujet se sont imposées, elles semblent d'ailleurs avoir été validées par la jurisprudence *(Décision Conseil de la concurrence –supra),* qu'elles n'en sont découlées. Ce qui traduit tout le malaise de les transposer. Ne perdons pas de vue non plus, les intéressantes critiques d'EISENMANN à propos desquelles, VEDEL a admis beaucoup de concessions. Parler de *puissance publique* au Cameroun ne peut résulter dés lors scientifiquement que d'une construction intellectuelle à partir des textes de valeur non pas constitutionnelle mais règlementaire, notamment des textes sur *l'expropriation pour cause d'utilité publique ou sur la Fonction publique (annexe 6)* et d'une surinterprétation de la jurisprudence, notamment celle relative aux *contrats administratifs* et à *l'acte administratif unilatéral.* Encore qu'on pourrait douter de ce que ces textes comportent la prétendue *puissance publique,* eu égard au changement des sources de la Légalité administrative en marche depuis les années 1990 *(Voy. la première partie de notre ouvrage La Légalité administrative au Cameroun – De l'objectivation à la subjectivation, l'Harmattan 2014).*

Pour faire bref, disons que *le service public* et *la puissance publique* ne permettent pas de définir de manière satisfaisante *le droit administratif* au Cameroun comme d'ailleurs en France[27]. Toute autre question est celle de l'apport de ces notions et leur place en droit administratif camerounais. Pour l'instant, efforçons nous d'oublier au moins provisoirement l'idée de *critères* ou *d'Ecoles,* car elles sont à la fois passionnantes et dangereuses comme un courant d'eau pittoresque attirant le touriste, qui pourtant peut l'enterrer dans ses flots, s'il s'y approche sans prendre toutes les précautions nécessaires.

Comment allons-nous définir *le droit administratif ?* Sur la base de son objet. La première idée qui nous vient en tête : *le droit administratif* comporte l'ensemble des règles juridiques qui s'appliquent à l'Administration publique[28]. Cette idée mérite d'être affinée pour la faire correspondre à la réalité. Trois incertitudes doivent à notre avis être levées : S'agit –il de l'Administration au sens organique ou matériel ? S'agit-il de toute l'activité de l'Administration ? Faut-il exclure de son champ les règles de droit privé, vu que l'Administration selon certaines descriptions, agirait habituellement grâce à deux procédés qui sont autant de régimes ?

---

27 C'est à une véritable *déconstruction –reconstruction* que l'on assiste en France. La construction jurisprudentielle date pour l'essentiel de la fin du XIXème siècle et du début du XXème siècle. Depuis un quart de siècle, l'architecture des sources du droit a considérablement évolué. *D'abord,* les lois fixent de plus en plus les principes qui s'appliquent, par conséquent, la place est de moins en moins laissée au juge. *Ensuite,* le développement du droit communautaire sous l'égide de la Cour de Luxembourg et du droit de la Convention européenne des droits de l'Homme grâce à la Cour de Strasbourg, tend à réduire cette importante place du juge administratif.

28 Pour certains, il ne s'agit que des *règles spéciales,* c'est à dire différentes du droit privé, alors que d'autres y incluent *l'ensemble des règles*, qu'elles soient spéciales ou non.

A la première incertitude, nous dirions que la définition fait référence au sens *organique* de l'Administration, *le droit administratif* s'intéresserait donc à l'organisation administrative des services de l'État, de manière plus générale des Personnes publiques. Il établit par exemple, l'ensemble des règles régissant les pouvoirs publics à tous les niveaux : central, déconcentré et décentralisé. *Administration* s'écrit alors avec un grand (A).

A la seconde incertitude, disons que le *droit administratif* concerne toute l'activité de l'Administration qui aurait des implications juridiques, il ne nous semble pas pertinent de distinguer entre activité matérielle, juridique, politique, juridictionnelle. A partir du moment où cette activité a des implications juridiques évidentes, elle intéresse *le droit administratif.*

A la troisième incertitude, disons que nous ne croyons pas à l'existence du *régime administratif.* Ceux qui le défendent bec et ongles visent implicitement à faire admettre deux idées secondaires : que dans certains domaines, l'Administration viserait la satisfaction de *l'intérêt général (ou du service public)* et userait pour cela des *prérogatives exorbitantes de droit commun (régime administratif)* alors que dans d'autres, elle viserait la satisfaction d'un *intérêt particulier ou propre* et userait en ces circonstances des *procédures de droit commun ;* que le droit administratif se limiterait à l'étude du *régime administratif* et exclurait les procèdes dit « de droit privé » dont use l'Administration *(domaine privé).* Les partisans de l'existence du *régime administratif* veulent nous faire admettre que l'Administration se caractériserait par une espèce de schizophrénie juridique : lorsqu' elle agit pour aliéner ou acquérir des biens de son *domaine privé*, elle ne serait pas dans le sens de *l'intérêt général* ou du *service public* et par le fait même, cesserait d'être un hercule pour devenir un nain. Cette vision nous semble spécieuse. Pourquoi faut-il définir *le droit administratif* en référence au *régime administratif* ou aux *privilèges de l'Administration*, alors même que nous émettons des doutes sur la consistance et l'existence de ces *privilèges.* Pourquoi exclure de l'étude du *droit administratif,* les opérations réalisées sur base du droit privé ou celles qui font appel aux personnes morales de droit privé pour cette seule circonstance, comme si l'Administration n'était plus la même à partir du moment où elle procèderait à de telles opérations ? L'Administration camerounaise agit certes selon deux régimes –on va dire, un régime qui trouve son fondement dans des textes particuliers et un autre qui se fonde essentiellement sur des textes de droit privé. Toutefois, ce ne sont pas comme on le verra, les *prérogatives de puissance publique* qui caractérisent et distinguent par exemple *le domaine public* du *domaine privé*, c'est *l'affectation* à l'usage du public et dans une certaine mesure, l'intensité des *sujétions* imposées à l'Administration qui sont les éléments les plus déterminants. En vue de sauvegarder *l'affectation*, une police peut être aménagée. On ne s'étonnera d'ailleurs pas de constater que cette police existe également en matière de *domaine privé de l'Etat*. Ce premier élément qui servirait à distinguer *le régime administratif* du *régime de droit privé* n'est pas pertinent. Encore l'est moins, le deuxième élément, comment peut-on supposer que l'Administration poursuivrait *l'intérêt général* en matière de domaine public –pour nous en tenir à notre exemple, et viserait *un intérêt propre* en matière de *domaine privé ?* Il faut qu'on nous dise dans ce cas, quel serait cet *intérêt propre ?* Serait-ce l'intérêt des organes administratifs ; de ses agents ? *Le Décret n° 76-167 fixant les modalités de gestion du domaine privé de l'Etat* prévoit qu'un terrain domanial peut être affecté à un Service public par Décret ou peut être aliéné par voie de vente *(par adjudication ou gré à gré) ;* de cession *(aux personnes morales de droit public ou comme attribution en participation au capital des sociétés)* ou d'échange contre les biens des particuliers. Un terrain domanial peut être aussi attribué en jouissance aux personnes physiques et morales qui en font la demande, par voie de baux ordinaires ou emphytéotiques, ou être attribué en jouissance ou en propriété aux organismes internationaux et aux missions diplomatiques ou consulaires. Le régime de ces biens du domaine privé va dépendre de leur *l'affectation* ou *destination*. On notera d'ailleurs que la distinction domaine public/domaine privé fait son apparition dans un contexte particulier. Les révolutionnaires (en France) refusèrent dans un premier temps de consacrer la distinction *domaine public/domaine privé*. C'est au XIXème siècle que la doctrine[29] s'appuya sur *l'art. 538 du C. civ.* qui déclare non susceptible de propriété privée certains biens (: *« sont considérées comme des dépendances du domaine public : les chemins, routes et rues à la charge de l'Etat, les fleuves et rivières navigables ou flottables, les rivages, lais et relais de la mer, les ports, les havres, les rades et généralement toutes les portions du territoire français qui ne sont pas susceptibles d'une propriété privée »)*, pour conclure que ces biens seraient inaliénables et devraient être distingués des autres biens de l'Administration, la distinction sera consacrée par la jurisprudence et par *la loi du 16 juin 1851 sur la propriété en Algérie*. Celle-ci établie, on pouvait concevoir la définition du *domaine public* de deux façons : la méthode

---

29 *Voy.* notamment les œuvres de Victor PROUDHON *(Doyen de la Faculté de droit de Dijon), Traité du domaine public*, 1833-1834 et après lui André BERTHELEMY, Doyen de la Faculté de droit de Paris, *Traité élémentaire de droit administratif*, 13ème éd., 1933.

énumérative et la définition *conceptuelle*. Après que la première eut longtemps prévalu, la définition conceptuelle s'est imposée avec l'invention du droit administratif moderne et surtout s'est établi en adéquation avec le rôle qu'y joue la notion de *service public*. Jusqu'à la fin du XIXème siècle, et au début du XXème siècle, *le domaine public* était relativement restreint. Il se limitait aux biens affectés à l'usage de tous, car on estimait qu'ils étaient les seuls à mériter une protection particulière, se traduisant par leur inaliénabilité et leur imprescriptibilité. Compte tenu de cette conception, l'Administration se bornait à exercer à l'égard du *domaine public* une mission de protection. La conception du *domaine public* va évoluer lorsque l'on considèrera que les biens affectés à l'usage de tous ne sont pas les seuls à mériter une protection particulière. Il en résulte que *le domaine public* s'agrandit considérablement. On notera l'existence en doctrine des réflexions visant des critères réducteurs permettant à faire face à l'hypertrophie de la domanialité publique[30]. L'idée d'*aménagement spécial* a été avancée. Force est de constater toutefois que *l'aménagement spécial* n'a pu correctement remplir la fonction qu'on lui destinait. La distinction et tout ce qu'elle comporte est dès lors essentiellement réversible. La troisième implication –du coup devient tout aussi fragile. Du moment où on ne peut fonder le distinguo *régime administratif / régime de droit privé* sur la dichotomie *prérogatives de puissance publique / intérêt général (service public)* et *procèdes de droit commun/ intérêt propre,* il n'y aurait pas d'incongruité à introduire dans l'étude du *droit administratif,* l'activité privée de l'Administration publique *(qu'il s'agisse par exemple des Etablissements du Secteur public ayant le caractère de Personne morale de droit privé ou du domaine prive)*. La poursuite de *l'intérêt général* n'est pas étrangère à la gestion du domaine privé. Rien ne justifie d'exclure du champ du *droit administratif* des matières dans lesquelles l'Administration use des procédés qualifiés de *droit privé.* Certains auteurs l'ont d'ailleurs implicitement admis, le professeur Joseph OWONA n'examine t'il pas au *chapitre 2* de son récent ouvrage sur l'expropriation et la domanialité publique au Cameroun, *le domaine privé de l'Etat ?*

Pourquoi définirait-on *le droit administratif* en référence au *régime administratif* ? Pourquoi ne le définirait-on pas inversement en référant aux *droits subjectifs des administres*[31] dans leurs rapports avec

[30]MELLERAY (F), « La recherche d'un critère réducteur de la domanialité publique », *AJDA* 2004, p. 490.

[31]*Le droit subjectif* constitue une prérogative individuelle reconnue et sanctionnée par *le droit objectif,* qui permet à son titulaire de faire, d'exiger ou d'interdire quelque chose dans son propre intérêt, et parfois dans l'intérêt d'autrui. *L'Association française pour la recherche*

l'Administration ? Autant de questions qu'une brève réflexion comme celle-ci ne suffirait à épuiser. Pour faire bref, disons que la différence entre *régime administratif* et *régime de droit privé* ne nous semble pas pertinente, sauf si elle aurait pour effet de montrer que dans certains domaines *(en matière de domanialité publique par exemple),* la situation de l'Administration serait moins libre, c'est-à-dire qu'elle serait plus assujettie ; devant respecter les principes du *service public (égalité, destination, etc)* qu'en matière de *régime privé*. Le droit administratif ne peut dès lors pas se définir par rapport au *régime administratif*.

Que retenir finalement de *la définition du droit administratif ?* Disons qu'il vise essentiellement l'étude des règles de droit applicables à l'Administration publique. On ajoutera dans la droite ligne de nos développements que ces règles concernent non seulement l'organisation et le fonctionnement de l'Administration ; ses modalités d'action mais aussi *les droits subjectifs* des administrés dans leurs rapports avec celle-ci[32]. Ces précisions notionnelles effectuées, essayons maintenant de mettre clairement en évidence la problématique centrale de cette contribution – *Les prérogatives de puissance publique au Cameroun.*

Selon la conception classique, l'Administration camerounaise à le pouvoir manier la foudre et le tonnerre, d'arrêter les vents et d'ordonner les tempêtes. Le *droit administratif* prendrait en compte cette irréductible réalité, il serait un droit *inégalitaire, exorbitant.* Citons pour illustrer notre propos, trois auteurs parmi les plus autorisés dans le domaine : le professeur BIPOUN WOUM écrit en 1972 que *« Le droit positif camerounais fait apparaître une certaine préférence pour la défense de l'ordre, sans qu'apparaisse toujours un souci corrélatif de limitation, et donc de contrôle juridictionnel des pouvoirs attribués à l'administration. »* Plus de dix ans après, le professeur Joseph OWONA, concluant son étude sur le *droit administratif*

---

en droit administratif a organisé un Colloque les 10 et 11 juin 2010 sur les *droits publics subjectifs des administres,* les Actes du Colloque sont parus aux éditions Litec en février 2011. Dans le même sens, *voy.* FOULQUIER (N), *Les droits publics subjectifs des administrés* –Emergence d'un concept en droit administratif français du XIXème au XXème siècle, vol. n° 25, éd. Dalloz 2003.

32D'un point de vue académique, le *droit administratif général* s'intéresse aux principes de base de l'organisation et du fonctionnement ; de l'action et du contentieux de l'Administration publique. *Le droit administratif spécial* ou *approfondi* est constitué des règles ci-dessus décrites, qui concernent toutefois un domaine particulier de l'activité administrative : *fiscal, domanial, Marches publics, Environnement, Fonction publique, contentieux administratif, décentralisation, etc.* Ces branches font souvent l'objet d'un Enseignement spécifique au sein des Facultés de droit.

spécial de la République du Cameroun, arrivera à un constat similaire *: « L'étude successive de la Fonction publique, des biens administratifs, de l'expropriation, des marchés publics et du contentieux administratif en droit camerounais amène à une conclusion générale : le Droit administratif au Cameroun reste un droit de la puissance publique mettant toujours en œuvre des procédures exorbitantes du droit commun au nom de l'intérêt général*[33]. » Ecoutons maintenant le professeur Roger Gabriel NLEP, en conclusion à sa célèbre thèse de doctorat d'Etat : *« La philosophie administrative de nos jeunes Etats africains, et en tout cas celle du Cameroun, se ramène (...) à la logique d'une dynamique inexorable, consistant en une dépersonnalisation des unités administratives et en un déséquilibre , au profit de la puissance publique, entre la protection des prérogatives permanentes de cette dernière et la sauvegarde des libertés et droits contingents des citoyens. La marginalisation administrative de la population qui en résulte constitue, par conséquent, l'une des données fondamentales de nos systèmes d'administration publique*[34]. » Peut- on réécrire ces conclusions aujourd'hui sans y apporter d'importantes nuances ? A- t-il d'ailleurs jamais été ainsi ? Quelle est juridiquement la consistance de ce qui est traditionnellement désigné au Cameroun, sous l'énoncé *« prérogatives de puissance publique » ?*

Nous émettons l'hypothèse selon laquelle au plan juridique, celles-ci seraient bien moindre, leur existence procéderait dès lors d'une importante dose de *perceptions psychosociales* qui procèdent elles-mêmes d'une confusion regrettable entre *le droit* et *le fait.* Selon Jean RIVERO, la notion de « *prérogatives exorbitantes de l'Administration* » représente à la fois l'une des notions les plus importantes et les plus controversées du *droit administratif français*, il ajoute, la notion de *prérogatives de puissance publique*[35] *« n'a cessé d'être au cœur de la recherche, tantôt exaltée, tantôt humiliée, jamais abandonnée*[36] *».* Elle est essentielle pour apprécier l'évolution des rapports entre l'Administration et les personnes privées. La réflexion sur les prérogatives ou privilèges juridiques de l'Administration n'est donc pas nouvelle, depuis les travaux de Michel ROUSSET, Georges DUPUIS, Franck MODERNE, René CHAPUS, ou ceux plus récents de Valery DUFFAU et de Fabrice MELLERAY sur *la subjectivation du droit administratif français.* La thématique a donné lieu ces dernières années à au moins deux Colloques : le premier organisé par *l'Institut de droit public de*

---

33 OWONA (J), *Droit administratif spécial de la République du Cameroun*, édicef, 1985, p. 255.
34 NLEP (R), *L'Administration publique camerounais,* LGDJ, 1987, p.376.
35 Entre autres, MODERNE (F), *Recherches sur la Puissance publique et ses prérogatives*, thèse Bordeaux 1960 ; ROUSSET (M), *L'idée de puissance publique en droit administratif*, thèse Grenoble 1960 ; DUPUIS (G), *Les privilèges de l'Administration,* thèse Paris, dact. 1962.
36 RIVERO (J), « *Existe -t'il un critère du droit administratif ?* », *op.cit.*, p. 279.

la Faculté de droit de Poitiers les 11 et 12 décembre 2003 a débouché sur une publication intitulée *l'exorbitance du droit administratif en question(s)*[37]. La conclusion de cet ouvrage est que *l'exorbitance du droit administratif (français), hier surestimée, ne doit pas désormais à l'inverse être sous-estimée voire niée, même si elle est décroissante et très variable suivant les différents chapitres de la matière.* Le second Colloque intitulé *« Vers une démocratie administrative ? Des administrés aux citoyens ».* Les Actes des échanges font l'objet d'un numéro spécial de la *Revue française d'administration publique*[38]. Dans ce contexte, un ouvrage supplémentaire sur *les prérogatives de puissance publique* semble inattendu et son intérêt amoindri. Que non ! Pour deux raisons :

La première est liée à l'angle d'approche. La remise en cause des *prérogatives exorbitantes de l'Administration* a certes connu de grands développements en France, en Belgique, en Espagne, sous des intitulés parfois analogues. On est en réalité en présence de plusieurs grilles de lecture possibles qui méritent des soulignées :

- Les auteurs qui contestent simplement l'idée selon laquelle *le droit administratif* serait dérogatoire au droit commun parce qu'historiquement, il serait apparu avant le Code civil, mais aussi parce que cela laisserait supposer qu'en cas d'interstices du *droit administratif,* c'est ce prétendu droit privé qui trouverait à s'appliquer –ce qui est erroné. Dans ce sens, Francis Paul BENOIT écrit *: « Ni l'histoire, ni le droit positif, ni la raison ne permettent de considérer que le droit civil a ou pourrait avoir le caractère d'un droit commun. Le droit administratif n'est donc pas un droit d'exception par rapport au droit civil, et il n'est même pas concevable qu'il le soit. Ce sont là deux branches du droit différentes, autonomes l'une par rapport à l'autre, et entre lesquelles il n'y a ni filiation, ni subordination, ni indépendance*[39]*. »*

- Les auteurs qui tendent à prouver que *les prérogatives exorbitantes* ne sont pas le propre de l'Administration et que l'on rencontrerait ceux-ci même dans les rapports privés. Il s'agit d'une approche de droit comparé interne.

- Les auteurs qui essaient de comparer objectivement la situation de l'Administration avec celles des personnes privées, pour constater que

---

37 MELLERAY (F), *dir. L'exorbitance du droit administratif en question(s),* éd. Université de Poitiers, 2004.

38 *RFAP,* numéro double 137/138, publié en septembre 2011.

39 BENOIT (F-P), *Le droit administratif français,* Dalloz 1968, p. 67.

celle-ci serait finalement moins favorable que celles-là, l'Administration serait liée selon eux, par des *sujétions exorbitantes.* L'hypothèse centrale de cette grille de lecture serait que *le droit administratif ne comporte pas uniquement des privilèges pour l'Administration. Il fait peser sur elle des obligations spéciales que ne comporte pas le droit privé, en sorte que l'Administration se trouve privée des droits qui sont reconnus aux simples particuliers.* Dans ce contexte, on parle de *sujétions exorbitantes du droit commun.* Le *droit administratif français* en offre de très nombreux exemples, car les Personnes publiques sont en certaines occasions et sous certaines conditions obligées d'accomplir des actes juridiques ou matériels ; d'observer un comportement déterminé, de fournir des prestations. Ces obligations particulières sont beaucoup plus contraignantes que celles que le droit privé fait peser sur les particuliers. C'est pourquoi il arrive que les Administrations essaient d'y échapper en ayant recours aux procédés de droit privé. Ainsi s'explique la transformation de *Services administratifs* en *Services industriels et commerciaux et* l'existence de pseudo-institutions privées pour gérer des *services publics,* précisément parce qu'elles obéissent à un régime plus souple.

- Une dernière approche est constituée par des auteurs qui contestent matériellement, sur le fondement du droit positif, *les privilèges de l'Administration,* elle tend à soutenir que ceux -ci n'existeraient pas, qu'ils ne seraient pas juridiquement fondés, qu'ils procèderaient d'une surinterprétation des compétences administratives ou d'une confusion dommageable entre *le droit* et *le fait.* Cette perspective est qualifiée par certains auteurs d'illogique et irréaliste. En ce sens Valery DUFFAU souligne : *« (…) En aucun cas il ne s'agit de démontrer que le droit administratif est en réalité un droit de soumission intégral et que les prérogatives de puissance publique n'existent pas. Une telle démonstration serait tout –à la fois excessive, illogique et ne correspondrait pas à la réalité*[40]. » C'est pourtant ce sentier que nous entendons emprunter. Il ne faut surtout pas ériger un rideau de fer entre ces quatre approches, car chaque démonstration peut emprunter à l'autre.

La seconde est liée au cadre de notre étude –le Cameroun, du coup, les données du problème sont tout à fait différentes, car renvoyant à un ordre juridique particulier qui a son histoire, ses fondements théoriques et sa logique interne, que les partisans du mimétisme intégral refusent pourtant d'admettre. Toutefois, ne perdons pas de vue que c'est dans le

[40] DUFFAU (V), *Les sujétions exorbitantes de droit commun en droit administratif, op.cit.,* p.14.

contexte français qu'ont été affirmées, construites et contestées (par certains auteurs), *les prérogatives de puissance publique*, le lecteur ne s'étonnera dès lors pas des constantes références à ce droit, il ne s'agit pas de transposer *mutatis mutandis* ce qui a été dit en France, mais de faire appel à des notions ou des théories permettant de mieux comprendre notre thèse centrale. Disons pour faire l'économie des polémiques, deux mots sur les considérations méthodologiques qui présideront à nos développements :

- Notre analyse se situe sur un champ purement *juridique*, nous sommes certes conscients des limites du *droit* et de son incapacité –du moins quand on choisit d' emprunter des ornières purement *positivistes,* à rendre compte objectivement des écarts qu' il peut y avoir entre *le droit positif* et *le fait*, entre les textes et les pratiques de terrain, entre *les perceptions psycho-sociales* des pouvoirs de l'Administration et la consistance matérielle *(juridique)* de ces pouvoirs[41]. Le juriste est –il autorisé à rendre compte des déformations de la norme ; de ses violations ? Question bien complexe qui sort du cadre de notre propos. On pourrait certes rencontrer des objections quant- à l'intérêt d'une étude sur le droit, qui serait trahie par la réalité. *« La société n'a pas plus besoin des lois que de la nécessité de les faire respecter ! »* Rien ne sert d'égrener un chapelet de droits et de libertés si on ne parvient pas à en garantir efficacement la

---

[41]Les perceptions négatives des Administrations publiques en Afrique sont à notre avis imputables à deux phénomènes au moins : *l'héritage colonial* –à l'époque coloniale en effet, l'Administration était véritablement puissante, étant une Administration exercée par des Puissances étrangères *(L'Administration française qui occupe le Cameroun reprendra le paradigme à la mode en Métropole, c'est-à-dire l'idée d'une Administration puissante, inspirée de l'Ancien régime),* d'où la frustration des administrés, confortés par l'idée –du reste erronée de supériorité de l'homme blanc sur l'homme noir. A l'Indépendance, les cadres formés reprendront cet héritage, en créant une césure entre ceux qui s'assimilaient plus aux blancs et occupaient des fonctions administratives et le commun des mortels, c'est-à-dire les populations, parfois analphabètes. A ce propos, le professeur Louis Paul NGONGO raconte une anecdote assez significative : les camerounais instruits, lorsqu'ils se retrouvaient le soir dans un Café ou au Village, afin de frustrer ceux qui n'avaient pas fait des études, suspendaient un stylo sur l'oreille, comme pour dire *« Attention je suis l'intellectuel ! »* Il y'a donc à la base une mauvaise perception de l'Administration, conçue comme instrument de puissance, d'oppression, le « Gomna ». L'autre raison est liée aux *traumatismes de l'époque présidentialiste.* Dans les Etats africains, malgré le processus de démocratisation connu dans les années 1990, on a gardé le souvenir du Président de la République, véritable *alpha et oméga* de la vie politique, autour duquel gravitent toutes les institutions comme les planètes autour du système solaire. Cette caractéristique du régime politique a contribué à fragiliser la confiance des citoyens vis-à-vis de l'Administration et du *droit administratif.*

protection. Pourquoi proposer une logorrhée sur le droit positif plutôt que de proposer des solutions concrètes pour remédier aux problèmes factuels ?

A ces interrogations légitimes, disons qu'une approche d'un phénomène ou d'un problème de société qui se veut complète, doit se faire suivant une perspective pluridisciplinaire, consistant à braquer les projecteurs de plusieurs disciplines sur le même objet. Pour notre part, nous avons choisi de prêcher à partir de notre Chapelle scientifique *(le droit)* et nous n'entendons pas sacrifier devant l'entêtement et la contradiction apparente de la réalité sociologique, à la rigueur méthodologique. Ce qui n'entame pas pour autant l'intérêt de l'analyse, elle pourrait servir de point de départ à la recherche en *sciences administratives* sur un objet analogue. En mettant en lumière l'étendue exacte des *privilèges juridiques de l'Administration* ou leur inexistence, il devient aisé de mesurer par l'observation des pratiques administratives, le décalage qu'il peut exister entre *le droit positif* et *la réalité de terrain* et de déduire ainsi quelles seraient les mesures à prendre pour combler ce décalage. Elle permettrait également aux partenaires de l'Administration de se départir de ces ombres falotes qui les empêchent de penser et d'oser par exemple un procès contre celle-ci. Trop souvent, la puissance administrative n'est que virtuelle, les particuliers doivent impérativement sortir des fourches caudines de l'immobilisme et de l'à-plat-ventrisme juridique où ils semblent souvent se complaire.

- Notre analyse emprunte une certaine *neutralité axiologique,* le mot ne veut rien dire en réalité, car le juriste est toujours influencé, même inconsciemment par son environnement politique et ses convictions profondes, on ne peut comprendre par exemple *la théorie pure du droit* de Hans KELSEN *(souvent présentée comme le guide théorique par excellence en droit),* en faisant abstraction de sa participation aux luttes politiques intenses marquant la fin de l'Empire austro-hongrois. Le célèbre théoricien du droit a été ainsi lié aux dirigeants du Parti social-démocrate, Karl RENNER, Otto BAUER et Max ADLER. En octobre 1918, Karl RENNER, devenu Chancelier, lui confie la préparation d'un projet de Constitution, qui deviendra après des modifications mineures la Constitution définitive de l'Autriche. Quelles seraient alors les motivations inavouables qui sous-tendraient un projet visant à remettre en cause *les prérogatives administratives au Cameroun* ? Nous avons déjà à l'occasion de notre thèse de doctorat exposé notre vision du droit ; du *droit administratif* notamment. Le but des règles et leur interprétation disions-nous, doivent être tournés résolument vers la protection du particulier contre l'Administration. Cette vision n'implique pas forcement que *l'intérêt général (et administratif)* soit bradé, bien au contraire, d'un point de vue politique, lorsque la garantie des droits est assurée, la paix sociale, la légitimité de l'Administration et partant des gouvernants le sont également. La thèse de *la subjectivation du droit administratif* n'est donc pas l'antithèse de *l'intérêt général.* La présente analyse se situe des lors dans le *continuum* de notre réflexion. Il n'est pas question pour nous d'émettre une opinion ou un jugement de valeurs sur *les prérogatives de l'Administration,* de les remettre en cause parce qu'elles seraient bonnes ou mauvaises, mais de voir si celles –ci existent et sont fondées en droit positif.

Dans l'ouvrage collectif ci-dessus cité, Yves GAUDEMET[42] énumère quatre ingrédients qui constituent selon lui, les illustrations de l'exorbitance du *droit administratif français.* Ces propositions seront importantes pour notre démonstration, car l'idée de l'exorbitance du droit administratif camerounais est importée de France :

- La construction du droit administratif s'est faite toute entière historiquement autour du procédé de *l'acte unilatéral (comme le droit privé s'est construit autour du droit des obligations).* Certes, l'acte unilatéral n'est pas inconnu du droit privé, mais il est l'âme du droit administratif, le seul praticable dans beaucoup de domaines de l'action administrative et réintroduit même dans le droit des contrats par la construction jurisprudentielle et doctrinale de *l'acte détachable.* Lié au précédent, *le privilège du préalable,* qui donne plein effet de droit à la volonté unilatérale de l'Administration et place a priori l'administré insatisfait ou lésé dans une situation de défense et de contestation, n'est pas moins un élément d'exorbitance du régime administratif. *Le privilège de juridiction*, consistant en la disposition d'un juge spécial, ayant en principe le monopole de la juridiction sur l'action des personnes publiques, est de toute évidence un élément d'exorbitance ; accentué sans doute, dans le cas français, par le fait que ce juge spécialisé est également un juge « spécial », dans sa configuration, dans son appartenance à l'Administration, dans sa composition et dans son insertion au sein de l'appareil de puissance publique. Enfin *l'autonomie des sources et la maîtrise de celles-ci* à la fois font l'autonomie du régime administratif et caractérisent son exorbitance par rapport au système ordinaire de sources du droit, donnant une vraie prééminence à la loi écrite. Les sources ordinaires du droit ne sont reçues

---

42 GAUDEMET (Y), *L'exorbitance du droit administratif en question(s),* dir. F. Melleray, LGDJ, 2003, p. 3 et ss.

par le droit administratif que sous bénéfice d'inventaire, et selon des méthodes que le juge administratif maîtrise.

Une approche simpliste serait d'examiner tour à tour ces propositions et voir si elles correspondent au contexte camerounais. Une systématisation plus importante toutefois peut être proposée : s'inspirant des travaux de Franck MODERNE, René CHAPUS a élaboré une *summa divisio* des prérogatives de l'Administration en France entre *les prérogatives d'action* et *les prérogatives de protection.* Les premières désignent *« les pouvoirs de décision et d'exécution »* qui modifient unilatéralement des situations juridiques déterminées. Les seconds visent les moyens *« qui font obstacles à certaines actions ou mesures qui seraient défavorables à l'Administration »,* l'empêchant de protéger *l'intérêt général.* Ce *distinguo* est plébiscité par la doctrine française. Notre démonstration est construite autour de cette dualité.

La première partie est consacrée à l'examen de la remise en cause des *prérogatives d'action de l'Administration,* elle nous permettra de voir les évolutions du régime juridique de *l'acte administratif unilatéral* et du *contrat administratif.* Le droit administratif camerounais est marqué par un développement sans précédent des sources de la Légalité, autres qu'administratives[43]. Celles- ci apportent un coup au régime exorbitant de ces deux procédés juridiques. Ils ne peuvent raisonnablement plus être présentés comme l'illustration des *prérogatives d'action de l'Administration.* La seconde partie est consacrée à l'examen des *prérogatives de protection de l'Administration.* Du point de vue substantiel, il faut s'intéresser à la trilogie Administration –particulier ; Administration –juge administratif ; particulier –juge[44]. Nous proposons une réinterprétation des règles du domaine public, des relations pécuniaires entre l'Administration et le particulier. Celles qui concernent précisément ses dettes et ses créances. Du point de vue processuel, nous nous intéressons au *privilège de juridiction* et à la procédure juridictionnelle, particulièrement aux règles présentées comme des *immunités précontentieuses et contentieuses* de l'Administration. L'idée de *prérogatives de protection* comme nous le verrons résulte souvent d'une lecture absolutisante des règles.

---

[43]*Voy.* notre thèse intitule *La Légalité administrative au Cameroun* –de l'objectivation à la subjectivation, Bibliothèque de l'Université de Paris 1 Panthéon-Sorbonne 2013, p. 52 et ss.

[44]Cette trilogie est empruntée au professeur Roger Gabriel NLEP, Discours inaugural intitulé « Le juge de l'Administration face à la protection des libertés au Cameroun », prononcé à l'occasion de la rentrée solennelle 1997, Université de DOUALA, *inédit.*

Partie 1.

REMISE EN CAUSE DES PREROGATIVES D'ACTION

Les prérogatives d'action de l'Administration –rappelons-le, sont définis par la doctrine française comme des *« (...) pouvoirs de décision et d'exécution qui modifient unilatéralement des situations juridiques déterminées »*. Elles s'expriment en principe par des actes juridiques écrits : des *contrats administratifs* et des *actes administratifs unilatéraux*. Dans certains cas toutefois, les actions de l'Administration s'expriment par des agissements, des gestes, des signaux ou de simples paroles[45]. Le lien reste toutefois tenu entre actes *écrits* et *non-écrits,* car les actes *matériels* de l'Administration sont quelques fois la concrétisation des actes *écrits,* ils précèdent souvent ces actes avec lesquels ils ont partie liée. Dans certaines hypothèses, faire précéder un agissement *matériel*, c'est à dire exécuter un acte avant de produire le document *écrit (l'instrumentum)* dont il est l'exécution serait illégal. Il en serait également de certains agissements matériels *parfaits*, c'est à dire qui ne sont intellectuellement rattachés à aucun acte *écrit*, surtout lorsque *l'écrit* est une garantie ou une formalité obligatoire. Il devait normalement en être ainsi dans les régimes administratifs qui se montrent soucieux des intérêts des particuliers, sauf les cas d'impossibilité pour l'Administration, au vue des circonstances, d'élaborer *un écrit.* Comment comprendre qu'un acte *décisoire,* c'est à dire qui affecte les règles et les situations juridiques puisse s'exprimer par de simples agissements ou déclarations orales ? Si cela était admis, on se retrouverait dans la pire des illégalités[46].

Nous nous intéresserons uniquement aux *actes juridiques écrits* à l'exclusion des *agissements matériels.* Selon la doctrine administrativiste française, reprise par des auteurs au Cameroun, *l'acte administratif unilatéral* et *le*

45Au Cameroun plus qu'ailleurs, l'action de l'Administration est faite en partie de simples agissements *matériels,* il en est ainsi lorsqu'elle met en œuvre une politique ou plus simplement, réalise des opérations qui relèvent de son fonctionnement *(transmission d'un document, dégagement d'une route encombrée par un arbre tombé sur la voie ou enclavée par les pluies, déguerpissement des commerçants occupant la chaussée, aménagement des routes).*

46 Soit la notification ferait défaut, soit le particulier n'aurait pas pu exercer ses *droits de la défense.* Une autre difficulté tient à ce que le citoyen évincé ne pourrait déférer un *agissement* devant le juge administratif. Ce qu'il va faire la plupart du temps, c'est d'adresser un RGP à l'Administration qui apportera une réponse. C'est celle-ci qui sera discutée devant le juge administratif. Les règles en matière de contentieux doivent tenir compte de cette réalité qui semble inconciliable avec l'exigence faite au justiciable dans certaines domaines, de produire une copie de la décision attaquée.

contrat administratif sont des illustrations les plus éloquentes du pouvoir de décision unilatérale, mieux, des *« prérogatives exorbitantes de l'Administration »*. Leur régime juridique traduirait *l'inégalité* entre celle-ci et les particuliers, caractéristique *du droit administratif*, cette présentation résulterait selon ces auteurs, des doctrines ci-dessus examinées *(particulièrement l'Ecole de la puissance publique)* et de la jurisprudence. De tels arguments ne peuvent malheureusement prospérer, à tout le moins dans le contexte camerounais d'aujourd'hui. Ils semblent ne pas prendre en compte l'évolution du droit positif, ni les vérifications qui doivent présider à toute transposition de la doctrine française en ces domaines.

S'agissant tout d'abord de *l'acte administratif unilatéral*, une analyse récente du droit permet de remettre sérieusement en cause cette vision régalienne des choses. On peut l'illustrer à deux niveaux : *en premier lieu*, les éléments de la définition de *l'acte administratif unilatéral* ; *ses caractères intrinsèques* ont à la faveur de l'évolution des textes juridiques connu de profondes modifications, dans le sens d'une détérioration de son régime exorbitant. *L'acte administratif unilatéral* ne peut plus dans ce contexte être défini comme l'acte juridique adopté unilatéralement par une autorité administrative en vue de modifier ou refuser de modifier les droits et obligations des administres indépendamment de leur consentement[47]. *En second lieu*, le doyen Maurice HAURIOU a répandu l'idée –du reste largement reprise par la doctrine en France et au Cameroun, selon laquelle l'Administration disposerait de deux privilèges juridiques qui seraient des corollaires de son pouvoir règlementaire ; *ses caractéristiques extrinsèques* : *le privilège du préalable (action directe, exécution par provision)* et le *privilège de l'exécution d'office*[48] *(exécution forcée)*. Il faut constater à la suite de certains auteurs en France et en Belgique que ces privilèges sont inexistants dans le contexte camerounais, à tout le moins, ils ne recouvrent pas l'étendue et la consistance qui leurs sont traditionnellement attribuées.

S'agissant ensuite des *contrats administratifs*, ils connaissent aussi des modifications intéressantes de relever, avec notamment la nouvelle législation sur les Marchés publics. La jurisprudence administrative en

---

47 LEBRETON (G), *Droit administratif général*, 6ème éd. Dalloz 2011, p. 216.

48La doctrine française ne fait pas toujours preuve de rigueur dans l'usage de ces notions, tantôt *le privilège du préalable* est associé au *privilège d'exécution d'office*, tantôt la notion *d'exécution d'office* est utilisée pour renvoyer à *l'exécution forcée*. Dans un sens premier pourtant, *l'exécution d'office* signifie que l'Administration accomplie un acte *muto proprio*, c'est-à-dire de son propre chef *(en utilisant par exemple son propre matériel)*.

matière de *contrats administratifs* semble dès lors être en décalage, le critère de *puissance publique (précisément de « clauses exorbitantes de droit commun »)* habituellement retenu par les auteurs comme critère permettant de caractériser *les contrats administratifs* à l'exclusion des contrats de droit privé perd désormais de l'intérêt. La détérioration des *prérogatives de l'Administration (pour utiliser le vocabulaire classique)* dans les nouvelles législations sur les contrats au Cameroun peut être mesurée à deux niveaux : *en premier lieu,* l'Administration perd en quelque sorte sa marge de manœuvre au stade des opérations que nous qualifierons *d'extra – contractuelles (phase précontractuelle et post-contractuelle).* A la phase précontractuelle, sont ainsi affectées : sa liberté de contracter ou de ne pas contracter, c'est à dire de choisir entre *l'acte administratif* et *le contrat*, le procédé qui serait le mieux adapté à ses finalités ; sa liberté de déterminer les éléments essentiels du contrat. A *la phase post-contractuelle*, le contentieux des *contrats administratifs* échappe désormais à l'Administration. *En second lieu*, à la phase *purement contractuelle,* les pouvoirs traditionnellement reconnus à l'Administration publique camerounaise vont se réduire inexorablement comme une peau de chagrin : *d'une part,* elle n'a plus la marge de manœuvre tant en ce qui concerne *la modification* du contrat *(son action est désormais sérieusement encadrée et limitée)* que *sa résiliation* ; *d' autre part,* son *pouvoir de contrôle* passe désormais à des organismes spécialement aménagés à cet effet. La *sanction* des retards d'exécution, de mauvaise exécution ou d'inexécution est soigneusement encadrée. C'est somme toute le pouvoir de décision unilatérale de l'Administration qui s'en trouve affecté. La présentation de la dégénérescence du régime exorbitant de *l'acte administratif unilatéral (chapitre 1)* précèdera l'analyse de celle du *contrat administratif (chapitre 2).*

Chapitre 1. DECLIN DU REGIME EXORBITANT DE L'AAU

La première mutation qu'il est important de relever concerne –nous l'avons dit plus haut, les caractères intrinsèques de *l'acte administratif unilatéral*, autrement dit, les éléments de la définition. Longtemps défini comme un acte d'autorité ; la manifestation la plus importante du pouvoir de décision unilatérale de l'Administration, *l'acte administratif unilatéral* connait aujourd'hui en droit camerounais, ce que l'on va appeler une *crise d'autorité*[49]. La définition que le juge administratif lui donne dans l'espèce *NGONGANG NJANKE Martin* semble accuser un décalage par rapport à l'évolution générale des textes *(section 1) ;* la seconde mutation est liée aux conséquences, autrement dit, aux privilèges qui classiquement lui sont reconnus *(privilège du préalable, privilège de l'exécution d'office*[50]*)*. Ils sont simplement et purement contestables en droit camerounais [51]*(section 2)*.

Section 1. Déclin des éléments de définition de l'AAU

Selon le doyen Georges VEDEL, c'est l'étude du régime juridique des actes administratifs qui permet d'apprécier *les prérogatives exorbitantes de droit commun* dont dispose l'Administration pour l'exercice de ses multiples activités[52]. *L'acte administratif unilatéral* a reçu pleine consécration en droit camerounais. Elle s'est faite de manière jurisprudentielle. A remarquer que les textes sur le contentieux administratif au Cameroun parlent plutôt de *« décisions administratives »*. Le juge camerounais propose une définition dans l'espèce **NGONGANG NJANKE Martin c/ Etat**

---

49 Pour des développements récents sur le sujet, *voy.* entre autres, l'ouvrage issu de la thèse de Mr MBALLA OWONA (R), *La notion d'acte administratif unilatéral au Cameroun* –Contribution à la théorie générale de la décision administrative, EUE, 13 mai 2011.

50 *« Privilège d'exécution forcée »*, nous restons fidèles au vocabulaire usuel, même s'il est incorrect.

51 Ces privilèges ont été contestés en droit français et belge. C'est le doyen HAURIOU qui a répandu au sein de la doctrine, l'idée selon laquelle *l'acte administratif* disposerait de *privilèges* intrinsèques. Cette thèse du doyen de Toulouse est teintée de grandes confusions autour de la notion d' *« acte exécutoire »*.

52VEDEL (G), *Droit administratif*, Paris, Puf, coll. « Thémis », 1958. p.120 et ss.

du Cameroun rendue en 1968. *L'acte administratif unilatéral* est selon lui : « *un acte juridique unilatéral pris par une autorité administrative dans l'exercice d'un pouvoir administratif et créant des droits et des obligations pour les particuliers*[53]. » De cet énoncé, on retient que l'acte administratif unilatéral est la manifestation d'un pouvoir, d'une faculté d'action ; qu'il est unilatéral ; qu'il affecte l'ordonnancement juridique. On retiendra aussi qu'il est *administratif.* Deux idées forces se dégagent de la synthétisation de ces propositions, à savoir : l'acte administratif est un acte d'*autorité ;* il a le caractère *administratif.* L'examen des sources textuelles et de la jurisprudence consécutifs à *l'Arrêt NJANKE* nous permet d'émettre des réserves à ces suppositions. Il est désormais possible de constater des atteintes, mieux, des inflexions à ces caractéristiques classiques. *L'acte administratif unilatéral* n'est plus à proprement parler un acte *autoritaire (Paragraphe 1).* De même, son caractère *administratif* ne peut plus être affirmé sans de sérieuses nuances *(Paragraphe 2).*

Paragraphe 1. Atteintes au caractère autoritaire de l'AAU

Au Cameroun, *l'acte administratif unilatéral* est présenté comme un acte *autoritaire,* c'est-à-dire *unilatéral (produit de la seule volonté de l'Administration)* ; *décisoire (qui modifie*[54] *l'ordonnancement juridique)* et *exécutoire (qui est susceptible d'exécution forcée).* L'analyse des textes récents permet de remettre en cause le caractère *unilatéral* de l'AAU (A) ; il faut constater aussi que la dotation d'un patrimoine de droit au particulier conduit à poser des balises à son caractère *décisoire,* l'Administration est tenue de respecter les droits des administres, mentionnés dans la Constitution et les textes particuliers, notamment ceux contenus dans le Préambule. Si leur valeur juridique n'est plus contestable depuis les années 1996 à tout le moins, il faut résoudre le problème de leur place et de leur invocabilité, dans la mesure où ils ne pourraient être imposables à l'Administration que si leur supériorité aux normes administratives et leur invocabilité devant le juge fussent certainement affirmées. De même, *la théorie des droits acquis* qui protège les situations juridiques semble s'être imposée avec évidence au Cameroun. Elle participe de la remise en cause du caractère *décisoire* de *l'acte administratif* (B). Disons aussi que le caractère *exécutoire* que la jurisprudence et la doctrine en France tendent à présenter comme *la règle*

---

53 CFJ /AP, Arrêt n°20 du 20 Mars 1968 ; NGONGANG NJANKE Martin c/ Etat du Cameroun.

54 La doctrine belge fait une différence entre *« affecter » et « modifier »* l'ordonnancement juridique. Cette distinction ne nous semble pas pertinente.

fondamentale de droit public[55] est contestable dans le conteste camerounais. L'AAU n'a pas de par son édiction une vertu *exécutoire* (C).

A) Atteintes à l'unilatéralité de l'AAU

Entendons-nous *prima facie* sur le sens de *l'unilatéralité,* il faut dire qu'il n'y a pas une seule, mais plusieurs définitions de *l'unilatéralité.* Certains auteurs en référence aux formes et à la procédure de l'acte, considéraient que c'est le nombre de personnes impliquées à l'opération qui fût déterminant en définitive. L'acte *unilatéral* était considéré comme l'acte *d'une personne,* à l'inverse de l'acte *plurilatéral,* considéré comme l'œuvre de *plusieurs personnes*[56]. Cette conception sera critiquée par Marcel WALINE qui lui, insiste plutôt sur le contenu, le fond, les dispositions posées. Il estime que le caractère *unilatéral* de l'acte administratif ne signifie pas qu'il soit dans tous les cas l'œuvre de la volonté d'un seul homme. Un acte ne cesse pas d'être *unilatéral* parce qu'il a été délibéré au nom d'une personne juridique, du moment où tous les membres de l'assemblée agissent au nom de la même personne, comme constituant globalement un de ses organes[57]. WALINE propose ensuite une définition qui nous semble correcte, en tout cas, conforme à la conception doctrinale et jurisprudentielle de *l'unilatéralité* de l'acte au Cameroun. Avant d'y revenir, examinons la conception de Charles EISENMANN : au terme d'un raisonnement bien élaboré, il arrive à une curieuse définition de *l'unilatéralité.* EISENMANN commence par critiquer les autres conceptions avant de proposer une vision qui lui est propre. Partant de l'étymologie et de la décomposition du mot *unilatéral,* constitué de la racine latine *latus* ; *lateris* qui signifie *côté,* il estime que la distinction entre actes *« pluri – latéraux »* et actes *« uni– latéraux »* est qualitative et non quantitative ; l'acte *unilatéral* serait l'acte d'un *côté,* d'une *partie,* peu importe le nombre des personnes impliquées à l'opération. Il estime *d'une part,* qu'il est possible –et cela est prévu, voire imposé par les textes, qu'un acte soit, pour être valide, signé par plusieurs autorités administratives, l'exemple classique serait celui d'un Arrêté interministériel qui, comme sa dénomination l'indique, est pris par plusieurs Ministres. De même, on peut trouver à l'échelon local, des Arrêtés inter-

55 Arrêt HUGLO, rendu par le Conseil d'Etat réuni en Assemblée, le 2 juillet1982.

56 DUGUIT (L), *Traite de droit constitutionnel,* §. 33 ; ROLLAND (L), *Précis de droit administratif,* Dalloz, n° 61, DELAUBADERE (A), *Traite de droit administratif,* p. 21.

57 WALINE (M), *Droit administratif,* 8^{e}éd. p. 402.

préfectoraux. Deux autorités locales décentralisées peuvent être amenées à prendre un acte commun, qu'il s'agisse par exemple d'un Arrêté relatif à une voie publique limitrophe à deux Communes, ou d'un Arrêté pris par un Président de Conseil général et un Président de Conseil régional, pour une opération concernant un bâtiment dans lequel se trouvent, à la fois, un Collège et un Lycée. *D'autre part,* un acte unilatéral –souligne-t-il, pourrait fort bien être pris par un organe collégial. C'est le cas de toutes les délibérations prises par les assemblées délibérantes locales que sont les Conseils municipaux, les Conseils généraux, les Conseils régionaux. EISENMANN débouche sur des propositions que l'on a véritablement du mal à suivre : « *Les actes plurilatéraux [bilatéraux ou multilatéraux] sont des actes créant des normes qui régissent des rapports mutuels de leurs auteurs, c'est à dire constituant des obligations –droits des uns envers les autres ; en d autre termes ; les actes créant des normes ayant pour sujet leurs auteurs même. Les actes unilatéraux sont :*

Ou bien les actes d'un seul individu

Ou bien les actes de deux ou plusieurs individus qui ne créent pas des normes destinées à régir leurs rapports[58]. »

La conception la plus intéressante est celle qui tient compte à la fois de *la forme, de la procédure et du fond.* La définition que nous retiendrons en tout cas est celle-ci-dessus proposée par Marcel WALINE : *« Un acte est unilatéral, non pas parce qu'il est l'œuvre d'une personne, mais parce qu'il crée des obligations à quelqu' un qui lui, n'avait pas concouru à l'acte*[59]. » C'est l'idée de *consentement* nous semble-t –il, qui est à la base de la définition de l'acte *unilatéral,* il est le produit de la seule volonté de l'Administration. Si on parvient à établir que l'acte administratif échappe à la volonté de l'Administration, soit parce qu'il est le fruit d'une force supérieure *(la loi ou la Constitution),* c'est- à dire des textes fixant de manière tenue le sens dans lequel l'Administration doit aller, soit parce qu'il est le résultat de l'entière volonté du particulier, soit parce qu'il est le résultat *(en dernière hypothèse)* de la commune volonté de l'Administration et du particulier, on peut alors considérer que *l'unilatéralité* est atteinte dans sa substance. Sous le bénéfice de ces observations, disons que *l'unilatéralité* de l'acte administratif est doublement atteinte au Cameroun : en *premier lieu,* l'Administration a perdu toute faculté d'action *(l'acte administratif n'est plus à proprement parler le produit de sa volonté) ;* en second lieu, là où elle garde une faculté d'action, ses décisions revêtent la forme de véritables

---

58 EISENMANN (C), *Cours de droit administratif,* tome 2, *op.cit.,* p. 383 et ss.

59 *Ibidem.*

codécisions *(Notons que la notion de « codécision » que nous employons a un sens plus large que celui qui lui est attribué par la doctrine et la jurisprudence française, elle est réduite dans ce contexte à l'avis conforme. La codécision ici employée, sert à mettre évidence le fait que l'acte administratif est dans certaines hypothèses le produit de la commune volonté de l'Administration et du particulier, l'avis conforme n'est qu'un aspect du phénomène ici exprimé).*

Première observation –atteintes à la faculté d'action de l'Administration. Une série de législations a considérablement affecté la faculté d'action de l'Administration en matière de prise de décision au Cameroun. Certaines d'entre elles enjoignent à celle-ci de prendre tel acte dans telles conditions, elles consacrent ainsi une extension des domaines de *la compétence liée* ; d'autres attribuent des effets au silence de l'Administration de telle sorte que celle –ci n'aurait plus le choix quant à la décision à prendre. C'est la consécration de la théorie *du silence acceptation* ; enfin l'obligation de motivation s'est imposée dans certains domaines, ce qui apporte également un coup sévère à la volonté de l'Administration – partant à *l'unilatéralité.*

En premier lieu, l' 'extension des domaines de compétences liées. On peut à titre illustratif mettre en lumière trois secteurs : *la liberté d'aller et venir ; l'Urbanisme et le droit foncier ; le droit de la Fonction publique.*

Premier domaine, en matière de liberté d'aller et venir. L'art. 1 de la loi n°64/LF/14 du 26 juin 1964 relative à la répression de l'émigration clandestine des nationaux camerounais disposait : *« Tout camerounais désireux de quitter le territoire à destination de tout pays étranger devra faire une demande de sortie auprès des services de police. »* Cette autorisation devait être constatée par la délivrance d'un *Visa de sortie.* Le non-respect de cette disposition donnait lieu à contravention. *La loi n°90/43 du 19 décembre 1990 fixant les conditions d'entrée, de séjour, et de sortir du territoire camerounais* a levé cette restriction à *la liberté d'aller et venir.* Désormais, il n'est plus besoin de *Visa de sortie* pour le citoyen camerounais désireux de quitter son territoire, *l'art. 2 de la loi* dispose : *« Tout camerounais qui désire quitter le territoire national doit présenter à l'autorité compétente de police un passeport en cours de validité. » L'art. 7 du Décret n°90/1245 du 24 août 1990 fixant les conditions d'établissement des passeports et de sortie des nationaux fait du passeport une pièce d'identité normale.* Le texte de la loi consacre ainsi une compétence liée dans le chef de l'Administration. Il convient d'apporter instamment deux bémols à cette évolution du régime des libertés publiques au Cameroun :

L'art. 6 alinéa 6 de la loi n°90/047 du 19 décembre 1990 sur l'état d'urgence, en plus de prévoir des restrictions à certaines libertés telles la liberté de circuler librement, la liberté d'association et de réunion, permet à l'autorité administrative d' ordonner, soit de sa propre initiative, soit à la demande des autorités chargées de l'administration des circonscriptions soumises à *l'état d'urgence*, la garde à vue pour une durée de deux mois *(2)* renouvelables une seule fois, des individus jugés dangereux pour la sécurité publique. *La loi n° 90/054 du 19 décembre 1990 relative au maintien de l'ordre* accorde des pouvoirs exceptionnels aux autorités administratives, spécialement lorsqu'il s'agit des interventions dans le cadre de la lutte contre le grand banditisme. En pareilles circonstances, l'autorité administrative compétente peut apporter des restrictions à la liberté individuelle, par l'usage de la garde à vue. *L'art. 2 in fine de la loi n° 90/054* précitée dispose que les autorités administratives peuvent en tout temps et selon les cas, dans le cadre des opérations du maintien de l'ordre public : *«prendre des mesures de garde à vue d'une durée de 15 jours renouvelables dans le cadre de la lutte contre le grand banditisme. »*Pour ce qui est de la première loi, il faut dire qu'à la différence de *l'état d'exception*, la loi a encadré *l'état d'urgence*, le juge administratif intervient normalement dans les limites de sa compétence, il en est de même du juge judiciaire.

Deuxième domaine, en matière d'urbanisme et droit foncier[60]. *La loi de 2004 sur l'Urbanisme et le droit foncier au Cameroun* a apporté un coup sévère à la faculté d'action de l'Administration en matière d'édiction des actes administratifs relatifs à l'utilisation des sols et à la construction. Elle étend ainsi les domaines de compétence liée de l'Administration. La loi dispose en son *art. 99* : *«1) Les actes administratifs relatifs à l'utilisation du sol et à la construction sont :*

- le Certificat d'urbanisme ;
- l'Autorisation de lotir ;
- le Permis d'implanter ;
-le Permis de construire ;
- le Permis de démolir ;
- le Certificat de conformité. »

L'art. 100 prévoit que les actes visés à *l'art. 99* ci-dessus précisent les droits et les devoirs de leurs titulaires, notamment en matière de

[60] Cette hypothèse illustrant l'extension de *la compétence liée*, pourrait aussi bien illustrer le développement de la technique du *silence acceptation,* les deux phénomènes sont souvent liés

jouissance du droit de propriété, d'utilisation de la voirie publique et de respect du voisinage. La loi renvoie au Décret le soin de fixer les conditions d'obtention de ces documents. Dans ce cadre, est intervenu en *2008, le Décret du Premier Ministre du 23 avril, fixant les règles d'utilisation du sol et de la construction.* Le Décret institue pour ces documents *la technique du silence acceptation* et écourte les délais de délivrance. Il convient de mettre en lumière ces nouvelles dispositions.

Le certificat d'urbanisme : selon *l'art. 5 du Décret,* la demande de certificat d'urbanisme, établie sur formulaire administratif timbré au tarif en vigueur doit être accompagnée d'un plan de situation du terrain. Elle est adressée au Maire de la Commune concernée et déposée contre récépissé. Le Maire procède à l'instruction de la demande. Il peut requérir éventuellement l'avis technique du service local du Ministère chargé de l'Urbanisme ou d'un urbaniste inscrit au tableau de l'Ordre. Cet avis doit intervenir dans un délai maximum de soixante douze *(72)* heures. Le certificat d'urbanisme est délivré par le Maire dans un délai de quinze *(15)* jours à compter de la date de dépôt du dossier. Une copie est adressée au propriétaire du terrain lorsque la demande n'émane ni de lui-même, ni de son mandataire. Le permis d'urbanisme est réputé acquis à l'issue d'un délai de 45 jours si aucune décision n'est intervenue suite à la demande.

Le permis d'implanter. L'implantation d'une construction non éligible au permis de construire ou la modification des constructions existantes sont subordonnées à l'obtention d'un permis d'implanter, délivré par le Maire de la Commune concernée. La demande du permis d'implanter est présentée pour des constructions obéissant aux dispositions de *l'art. 105* de *la loi n° 2004/003* susvisée. Cette demande doit préciser outre l'identité du demandeur, la situation et la superficie du terrain, la nature, la surface hors œuvre et la dimension de la construction. Le dossier de demande de permis d'implanter établi en deux *(2)* exemplaires comprend : une demande timbrée au tarif réglementaire établie sur formulaire administratif, un certificat d'urbanisme, une attestation de jouissance paisible, signée du chef du quartier du lieu de situation de la parcelle et de deux *(2)*riverains, un plan de situation, un plan sommaire de la construction projetée, un devis sommaire descriptif et estimatif. Ce dossier est déposé contre récépissé. Dans les cinq *(5)* jours qui suivent le dépôt de la demande et pendant la durée de l'instruction de celle-ci, le Maire procède à l'affichage en Mairie d'un avis de dépôt de demande de permis d'implanter comprenant le nom du demandeur, le numéro et la date d'enregistrement de la demande, la situation du terrain, ainsi que la destination de la construction. Le permis d'implanter est réputé acquis à l'issue du délai de quinze *(15)* jours si aucune décision n'a été notifiée au demandeur *(articles 15 à 19)*.

Le permis de construire : le dossier de demande de permis de construire est établi en cinq *(5)* exemplaires et comprend : une demande timbrée au tarif réglementaire établie sur formulaire administratif et signée par le propriétaire du terrain ou son mandataire, un certificat d'urbanisme, un certificat de propriété datant de moins de six *(6)* mois ou un acte du Ministre chargé des Domaines en tenant lieu, un devis descriptif, quantitatif et estimatif des travaux, un plan de masse des constructions à éditer ou à modifier, et de situation de terrain, des plans d'exécution comprenant le plan de fondations, de distribution, de toiture, de façades, de coupes et de structure s'il y'a lieu, à des échelles définies dans le modèle de demande de permis de construire, un système d'assainissement. Ces plans sont dressés conformément aux dispositions de *l'art. 109 de la loi n° 2004/003* précitée. Le délai d'instruction de la demande de permis de construire est fixé à quarante cinq *(45)* jours à compter de la date de dépôt du dossier. Un sursis à statuer peut être opposé à une demande de permis de construire conformément aux dispositions de *l'art. 17* de la loi. Le permis de construire est réputé acquis à l'issue du délai de quarante cinq (45) jours, si aucune décision de rejet n'a été notifiée au demandeur *(voy. art. 29 et ss.)*. Le permis de construire est périmé si les constructions ne sont pas entreprises dans le délai de deux *(2)* ans à compter de sa date de délivrance expresse ou tacite.

Le permis de démolir : toute personne désirant démolir tout ou partie d'un bâtiment, quel que soit son usage, doit au préalable obtenir un permis de démolir à l'exclusion des constructions sommaires, précaires et temporaires. Cette obligation s'impose notamment à l'Etat, aux Collectivités territoriales décentralisées, aux Etablissements publics et aux concessionnaires de services publics, ainsi qu'aux personnes privées. Est assimilée à une démolition, l'exécution de tout travail qui aurait pour effet de rendre impossible ou dangereuse l'utilisation d'un bâtiment. La demande du permis de démolir est présentée soit par le propriétaire du bâtiment, soit par une personne justifiant d'un titre l'habilitant à exécuter les travaux. Le délai d'instruction de la demande de permis de démolir est de quarante-cinq *(45)* jours à compter de la date de dépôt du dossier. Le permis de démolir est réputé acquis si à l'issue du délai de quarante-cinq

(45) jours, aucune décision de rejet n'a été notifiée au demandeur. Toute décision de rejet ou sursis à statuer doit être motivée.

Le Décret a toutefois inscrit la validité de ces différentes autorisations administratives dans le temps, cela se comprend, car la situation urbanistique peut ne plus répondre à l'autorisation qui avait été délivrée quelques années auparavant.

Un domaine tout aussi intéressant d'explorer est le droit de la Fonction publique. Le SGFP prévoit plusieurs hypothèses en ce sens, il en est ainsi du détachement de plein droit – *Art. 72 (nouveau) : « Par dérogation aux dispositions de l'article 71 ci-dessus, est constaté de plein droit par arrêté du Ministre chargé de la fonction publique, le détachement du fonctionnaire appelé à exercer les fonctions de membre du Gouvernement à siéger au Parlement en qualité de député ou de sénateur, ou à exercer à plein temps un mandat électif conféré par le suffrage universel ou un mandat syndical, et ce, pour la durée de ces fonctions. »* Et *art. 73 : « (1) Le détachement prend effet à compter de la date, selon le cas : de signature de l'acte de détachement ; de publication de l'acte de nomination ; de publication des résultats définitifs de l'élection.(2) Une ampliation de l'acte de détachement est adressée au Ministre chargé des finances par l'autorité compétente et au Ministre chargé de la fonction publique pour tous les cas visés à l'article 71 ci-dessus. »* Voyons aussi en matière d'évaluation des fonctionnaires *(conditionnant leur avancement), l'art. 42 : « (1) Le fonctionnaire fait l'objet dès la fin de l'exercice budgétaire et au plus tard le 31 août de chaque année, d'une évaluation de ses performances professionnelles en fonction des objectifs qui lui sont assignés, du délai imparti pour leur réalisation et de la qualité des résultats. (2) Cette évolution conditionne l'évolution de la carrière du fonctionnaire notamment pour sa promotion ou son dégagement des cadres. (3) Les modalités d'évaluation des performances professionnelle des fonctionnaires sont fixées par décret du Premier Ministre. »* Et surtout *l'art. 43* : « *(1) Le supérieur hiérarchique compétent est tenu d'évaluer objectivement les personnels placés sous sa direction et son autorité. (2) Constitue une faute disciplinaire, le fait pour lui : de s'abstenir d'évaluer ses collaborateurs ; de les évaluer avec légèreté ou mauvaise foi. »* Le supérieur n'a donc pas la main libre pour évaluer ses subordonnés, une sanction reste suspendue à sa tête comme une épée de Damoclès prête à s'abattre en cas de mauvaise foi.

La compétence liée connaît comme nous venons de le voir une extension considérable en droit administratif camerounais, ces hypothèses décrites ci-dessus pouvaient bien être analysées sous la rubrique que nous allons maintenant abordée, *le silence acceptation,* dans la mesure où *le silence acceptation* est lui-même une illustration de *la compétence liée.* En raison toutefois de sa particularité, il mérite d'être analysé de manière autonome.

En second lieu, la multiplication de la technique du *silence acceptation*[61]. *Le silence acceptation* est opposé au *silence refus ;* les deux sont désignés en droit camerounais respectivement par les expressions *silence normateur de sens positif* et *silence normateur de sens négatif. Le silence acceptation* est une technique qui permet de surmonter l'inaction de l'Administration, elle est particulièrement aménagée dans le domaine des libertés fondamentales, notamment par le train de lois libérales de 1990. On peut citer trois domaines à titre illustratif.

Premier domaine, en matière de légalisation des Partis politiques. La loi n°90/056 du 19 décembre 1990 dispose que le Parti politique est réputé existé légalement en cas de silence gardé pendant trois *(3)* mois à compter de la date de dépôt du dossier auprès du Gouverneur territorialement compétent. D'où l'envolée du nombre de Partis politiques au Cameroun.

Second domaine, en matière de création des associations. L'art. 7 de la *loi n° 90/53 du 19 décembre 1990* relative à la liberté d'association, dispose qu'en ce qui concerne la déclaration, l'autorité administrative, en l'occurrence le Préfet, n'a pas d'autres attributions légales que de l'enregistrer. Il se borne à constater l'accomplissement matériel par la délivrance du récépissé prévu par la loi. Le silence du Préfet gardé pendant *(2)* deux mois après le dépôt du dossier de déclaration vaut acceptation et emporte acquisition de la personnalité juridique. Toutefois, *l'art. 4* de la même loi apporte un léger bémol : *« Les associations fondées sur une cause ou en vue d'un objet contraires à la Constitution, aux lois et aux bonnes mœurs, ainsi que celles qui auraient pour but de porter atteinte notamment à la sécurité, à l'intégrité territoriale, à l'unité nationale, à l'intégrité nationale et à la forme républicaine de l'Etat sont nulles et de nul effet. »* Ces dispositions ont entraîné une floraison spectaculaire des associations au Cameroun. Dans le même sens, *l'art. 13* de la même loi autorise le Ministre chargé de l'Administration territoriale à suspendre par Arrêté, sur motivation du Préfet et pour un délai de *(3)*

---

[61] Pour une étude bilancielle du *silence- acceptation* en droit public camerounais, *voy.* KEUTCHA (C), « L'autorisation tacite, cinq ans après sa consécration en droit positif camerounais », *Juridis periodique* n°28, octobre-décembre 1996 et *RJPIC* n° 3, septembre-décembre 1997, p.320-336. Sur la question *voy.* aussi KAMTO (M) et GUIMDO (B. R.), « Le silence de l'administration en droit administratif camerounais », in *Lex Lata* n° 005 du 15 décembre 1994, p. 3-27.

trois mois maximum, l'activité de toute association pour des troubles à l'ordre public. Le Ministre peut également dissoudre toute association qui s'écarterait de son objet et dont les activités porteraient gravement atteinte à l'ordre public et à la sécurité de l'Etat. Ladite association a toutefois un recours devant le Président de « la juridiction administrative », qui dispose d'un délai *(non suspensif)* de 10 jours pour statuer. Il s'agit d'une liberté surveillée. Ces dispositions ont conduit à la dissolution de plusieurs associations. L'institution par *les lois de 2006,* d'un *contentieux de l'ordre public* est de nature à assurer un contrôle sur cette compétence laissée au Ministre, afin qu'il n'en fasse pas un *détournement de pouvoir.*

Troisième domaine[62], en matière d'inscription au tableau de l'Ordre des avocats. *La loi n°90-59 du 19 décembre 1990* qui remplace celle *n° 87-18 du 15 juillet 1987* dispose que *(art. 4 al. 7)* le Conseil de l'Ordre des avocats statue sur les demandes d'inscription au tableau du Barreau dans les *(30)* trente jours à partir de la réception de la demande. Au cas où le Conseil n'aurait pas pris de décision dans ce délai, *l'art. 7* de la loi dispose : « *à défaut de notification d'une décision dans le mois qui suit son dépôt, la demande du postulant est réputée acceptée. Dans ce cas, le bâtonnier procède d'office à son inscription au tableau.* »

En troisième lieu, la motivation des actes administratifs. Elle peut être mise sur le compte des atteintes à *l'unilatéralité* de l'acte administratif unilatéral. À partir du moment où une autorité est tenue de motiver un acte, celle-ci a en quelque sorte la main liée quant aux actes qui peuvent être pris. *La motivation* consiste à indiquer les principaux arguments de fait et de droit qui sont à la base d'une décision. L'autorité administrative doit dès lors, sous peine d'illégalité, référer –du moins en ce qui concerne les arguments de droit, à des textes hiérarchiquement supérieurs, qui sont le produit d'une volonté extérieure et supérieure à celle de l'Administration. Une question intéressante de se poser est de savoir s'il existe *une obligation générale de motivation* des décisions administratives au Cameroun. Dans

---

[62]La liste n'est pas exhaustive, on retrouve aussi des illustrations en matière de *démission* en droit de la Fonction publique –*Art. 117 du SGFP* : *« (1) La démission est un acte écrit par lequel le fonctionnaire marque sa volonté non équivoque de quitter définitivement la fonction publique. (2) L'initiative de la démission appartient au fonctionnaire il adresse l'offre de démission au Ministre chargé de la fonction publique par voie hiérarchique. (3) Le Ministre chargé de la fonction publique est tenu dans un délai de trois (3) mois à compter de la date de réception de l'offre de démission de notifier au fonctionnaire intéressé l'arrêté acceptant sa démission, passé ce délai, la démission est réputée acceptée. »*

certains domaines, l'obligation de motivation est affirmée de manière non équivoque. Après avoir analysé cette première question, nous allons repérer deux domaines au moins où cette obligation de motivation ne fait l'ombre d'aucun doute.

S'agissant de la question de *l'obligation générale de motivation,* comme le remarque le professeur Joseph OWONA[63], à l'origine, la règle en droit camerounais était la non motivation des AAU, dans l'espèce **NGONGANG NJANKE** rendue en 1968, le juge souligne d'ailleurs : *« Considérant d'une part qu'il est de règle que, sauf dispositions légales ou réglementaires expresses, les actes administratif (...) n'ont pas besoin d'être motivés. »* Dans l'espèce dame **BINAN née NGO DJOM c/ Etat du Cameroun,** objet du **Jugement n° 12, CS/ CA du 28 janvier 1982**, le juge annule la décision administrative en cause pour défaut de motifs. Cette jurisprudence sera confirmée par une série de décisions rendues ultérieurement **–Jugement n° 2/ CS/ AP/A du 26 décembre 1996 ATANGANA MBARGA Adalbert c/ Etat du Cameroun ; Jugement n° 7/CS/CA du 26 février 1998, affaire dame TAKOTE MEGNE Madeleine épouse TIGNAOKPA c/ Etat du Cameroun ; Jugement n° 15 /97-98 du 26 mars 1998 NOUCKTICHOK ; Jugement n° 15/CS/CA, Succession MBARGA Raphael c/ Etat du Cameroun.**

Que retenir sur l'obligation de motivation des décisions administratives au Cameroun ? Que la jurisprudence a opéré un revirement important, elle semble poser le principe de l'obligation de motivation des décisions administratives en général. Disons que cette formalité doit être respectée lorsqu'elle est prévue par les textes et en tout cas dans l'hypothèse des sanctions administratives ou mesures susceptibles d'affecter les droits des administrés. Il est souhaitable que le législateur camerounais adopte une loi sur *la motivation formelle des actes administratifs individuels* à l'image de la solution belge, afin de consacrer cette jurisprudence du juge administratif[64]. Examinons maintenant deux domaines où cette obligation de motivation est clairement affirmée.

---

[63] OWONA(J), *Contentieux administratif de la République du Cameroun,* l'Harmattan 2011, p. 157 et ss. L'auteur cite également quelques textes qui instituent cette obligation de motivation.

[64] M.B. DU 12/09/1991, P. 19976 :
« Art. 1er.
Pour l'application de la présente loi, il y a lieu d'entendre par:
– Acte administratif:

Premier domaine, en matière de droit de la Fonction publique, les sanctions disciplinaires doivent être motivées. Selon *l'art. 95 du SGFP* : « *Toute sanction disciplinaire doit être motivée, à peine de nullité absolue. Elle est obligatoirement versée au dossier personnel du fonctionnaire qui en est frappé (...) Une même faute disciplinaire ne peut être sanctionné plus d'une fois.* » L'obligation de motivation est clairement affirmée de manière impérative, la sanction de cette exigence est la nullité absolue de l'AAU.

Second domaine, en matière de Finances publiques, l'Arrêté de sanction des ordonnateurs et des comptables doit être motivé. Il convient tout d'abord d'énoncer les bases de la responsabilité des ordonnateurs et des comptables. C'est l'objet des *articles 52et 58 de la loi de 2007 portant régime financier de l'Etat* : « *(...) Les ordonnateurs principaux du budget de l'Etat sont, à raison de leurs attributions, responsables aux plans pénal et civil (...) Les autres catégories d'ordonnateurs, dans la limite de leurs délégations, sont responsables aux*

L'acte juridique unilatéral de portée individuelle émanant d'une autorité administrative et qui a pour but de produire des effets juridiques à l'égard d'un ou de plusieurs administrés ou d'une autre autorité administrative;

– Autorité administrative:

Les autorités administratives au sens de l'article 14 des lois coordonnées sur le Conseil d'Etat;

– Administré:

Toute personne physique ou morale dans ses rapports avec les autorités administratives.

Art. 2.

Les actes administratifs des autorités administratives visées à l'article premier doivent faire l'objet d'une motivation formelle.

Art. 3.

La motivation exigée consiste en l'indication, dans l'acte, des considérations de droit et de fait servant de fondement à la décision.

Elle doit être adéquate.

Art. 4.

L'obligation de motiver imposée par la présente loi ne s'impose pas lorsque l'indication des motifs de l'acte peut:

1° compromettre la sécurité extérieure de l'Etat;

2° porter atteinte à l'ordre public;

3° violer le droit au respect de la vie privée;

4° constituer une violation des dispositions en matière de secret professionnel. »

plans pénal, civil et disciplinaire (...) Les ordonnateurs sont justiciables devant l'organe chargé de la discipline budgétaire et financière dont l'organisation et le fonctionnement sont fixés par un texte particulier (...) Les comptables publics sont des agents publics régulièrement préposées aux comptes et/ou chargés du recouvrement, de la garde et du maniement des fonds et valeurs. Ils sont nommés par le Ministre en charge des finances, ou avec son agrément. (...) Ils ont une responsabilité personnelle et pécuniaire qui porte sur :- les deniers et les valeurs dont ils ont la charge ;- les recouvrements des titres exécutoires pris en charge ; les paiements effectués ;- l'exactitude des écritures qu'ils tiennent(...) La mise en jeu de cette responsabilité résulte d'un déficit ou d'un débet constaté à la suite des contrôles effectués par les organes compétents de l'Etat. » Pour ce qui est des comptables par exemple, les sanctions peuvent être prononcées par la Chambre des comptes de la Cour Suprême. Selon *l'art. 2 de la loi n°2003/005 du 21 Avril 2003*, la Chambre des comptes contrôle et juge les comptes ou documents en tenant lieu, des comptables publics patents ou de fait de l'Etat et des Etablissements publics, des Collectivités territoriales décentralisées et de leurs Etablissements publics, des Entreprises du secteur public et parapublic. Elle statue souverainement sur les décisions rendues en dernier ressort par les juridictions inférieures des comptes. Elle connaît de toute autre matière qui lui est expressément attribuée par loi. La Chambre des comptes siège en *formation de jugement*, statue par *Arrêté de comptes* après examen des observations présentées par le Rapporteur et au vu des conclusions du Ministère public. L'obligation de motivation des sanctions prononcées contre les comptables découle de *l'art. 29* qui prévoit que *l'Arrêté de comptes* est définitif et certifie la ligne de compte s'il n'y a pas d'observations. Dans le cas contraire, *l'Arrêté de comptes* est provisoire et comprend deux parties : la première partie est relative à la ligne compte ; la seconde partie enjoint aux comptables d'apporter les pièces justificatives manquantes, de procéder aux diligences nécessaires et de fournir toutes explications utiles. On se réfèrera aussi à *l'Instruction n° 0000 14 51/MINFI/CAB du 10 avril 2008* sur les comptes de gestions de l'Etat, (*Points. 7.2 à 7.17).*

Extension de la compétence liée, multiplication de la technique du silence acceptation et *obligation de motivation formelle des décisions administratives* sont les trois phénomènes qui en droit public camerounais remettent en cause la faculté d'action de l'Administration.

Seconde observation : l'émergence de la codécision[65]. Elle résulte de trois facteurs différents : l'émergence des organismes de consultation ayant pour la plupart une compétence de codécision *(avis techniques).* Ces avis sont susceptibles d'annulation devant le juge administratif ; l'émergence de procédures de concertation au stade de la prise de décision administrative. Ceci consacre ainsi la réception en droit camerounais du concept *de démocratie administrative.* Le domaine de prédilection est la matière environnementale et l'expropriation ; le choix de la voie contractuelle *(la législation sur les Marchés publics en est une illustration).*

En premier lieu, l'émergence des organismes de consultation émettant des avis techniques. Ils sont de plus en plus nombreux et prennent la forme de Conseils, leur nature est variée. Certains auteurs considèrent qu'ils méritent la qualification d'*autorités administratives indépendantes (AAI),* d'autres estiment qu'il serait abusif de les désigner ainsi. Parmi ces organismes de consultation, arrêtons nous de manière particulière et à titre d'exemple sur *les Conseils de la Fonction publique, le Conseil de discipline budgétaire et comptable, le Conseil supérieur de la communication.*

Première exemple, les Conseils de la Fonction publique. Le Décret n° 2000/694/PM du 13 septembre 2000 fixant les modalités d'exercice du droit à la participation des fonctionnaires. Selon *l'art. 1er*, l'objet du Décret est de fixer les modalités d'exercice du droit à la participation des fonctionnaires. *L'art. 2* prévoit que les fonctionnaires participent à l'élaboration des règles statutaires relatives à leur carrière ou au fonctionnement des services publics et notamment lorsqu'il s'agit : de tout projet de texte relatif à la situation des fonctionnaires, des questions relatives aux droits et obligations des fonctionnaires, des orientations de la politique de formation professionnelle continue dans la Fonction publique, de tout projet de réorganisation de la Fonction publique entraînant un accroissement des effectifs ou ayant pour conséquence une suppression d'emplois, de toute politique de révision de la rémunération des fonctionnaires et des avantages sociaux dont ils sont bénéficiaires, de tout projet de modification du Statut Général de la Fonction publique de l'Etat et des Statuts particuliers ou spéciaux qui en découlent, de l'avancement des fonctionnaires, de l'octroi des récompenses, de la

---

65 Nous avons mentionné plus haut que *la codécision* ici employée, ne saurait être réduite à l'hypothèse de *l'avis conforme*, elle renvoie à l'idée de *participation étroite,* qui peut certes se matérialiser par *l'avis conforme* mais ne saurait en être réduite – Ce qui est important de mettre en lumière en définitive est que la volonté de l'Administration est désormais sérieusement affectée.

discipline des fonctionnaires. *L'al. 2 de l'art. 2* est de ce point de vu tout aussi pertinent, il dispose que la participation des fonctionnaires se fait par l'intermédiaire de leurs représentants élus et siégeant au sein des organismes de gestion de la Fonction publique suivants : le Conseil Supérieur de la Fonction publique, les Commissions administratives paritaires, le Conseil permanent de discipline de la Fonction publique. Voyons aussi *l'al. 3* qui prévoit que la participation des fonctionnaires s'exerce aussi par l'intermédiaire des Syndicats professionnels légalement reconnus.

Les trois premiers organes de gestion de la Fonction publique correspondent à ceux mentionnés à *l'art. 86 du Décret n° 94/199 du 07 octobre 1994* portant SGPF de l'Etat, modifié et complété par *le Décret n° 2000/287 du 12 octobre 2000*. Selon ce texte, les organes de gestion de la Fonction publique au sein desquels s'exerce le droit à la participation du fonctionnaire définit à *l'art. 34* sont notamment : le Conseil supérieur de la Fonction publique, la Commission administrative paritaire, le Conseil permanent de discipline de la Fonction publique, les Conseils de santé.

Le Conseil Supérieur de la Fonction publique est régi par *le Décret n° 2000/698/PM du 13 Septembre 2000 fixant les modalités d'organisation et de fonctionnement du Conseil supérieur de la Fonction publique*. Ce texte fixe comme son nom l'indique les modalités d'organisation et de fonctionnement du Conseil supérieur de la Fonction publique. *L'art. 2* dispose que le Conseil Supérieur de la Fonction publique connaît de toute question d'ordre général concernant la Fonction publique, notamment de tout projet de texte relatif à la situation des fonctionnaires, de toutes les questions relatives aux droits et obligations des fonctionnaires, des orientations de la politique de formation professionnelle continue dans la Fonction publique, de tout projet de réorganisation de la Fonction publique entraînant un accroissement des effectifs ou ayant pour conséquence une suppression d'emplois, de toute politique de révision de rémunération des fonctionnaires et des avantages sociaux dont ils sont bénéficiaires, de tout projet de modification du SGFP, des Statuts particuliers ou spéciaux. Le Conseil supérieur de la Fonction Publique statue, en outre, sur les recours formés en cas de sanctions disciplinaires, d'exclusion temporaire du service d'une durée supérieure à quatre *(4)* mois, d'abaissement de classe ou de grade, de licenciement pour insuffisance professionnelle. Dans le cadre de ses compétences, le Conseil Supérieur de la Fonction publique émet des *avis* ou des *recommandations*. Le Conseil Supérieur de la Fonction publique est saisi des questions d'ordre général visées à *l'art. 2,* soit par le Premier Ministre, soit par le tiers au moins de ses membres. Sur requête du fonctionnaire incriminé adressée au Premier Ministre, celui-ci saisit le Conseil Supérieur de la Fonction publique dans l'un des cas prévus à *l'art. 2.*

Le Conseil permanent de discipline de la Fonction publique. C'est *le Décret n° 2000/685/PM du 13 septembre 2000 portant organisation et fonctionnement du Conseil permanent de discipline de la Fonction publique et fixant les règles de la procédure disciplinaire.* Le Décret porte comme son nom l'indique organisation et fonctionnement du Conseil permanent de discipline de la Fonction publique et fixe les règles de la procédure disciplinaire. Selon *l'art. 2,* à l'exclusion des sanctions disciplinaires du premier groupe, le Conseil permanent de discipline de la Fonction publique donne son *avis* sur toute sanction disciplinaire susceptible d'être prononcée à l'encontre des fonctionnaires. *Ses avis en matière de révocation des fonctionnaires, à l'exclusion de la révocation d'office sont, le cas échéant, rendus exécutoires* par Arrêté du Ministre chargé de la Fonction publique, en ce qui concerne les fonctionnaires des catégories B, C et D ; par Décret du Premier Ministre, en ce qui concerne les fonctionnaires de la catégorie A. Il faut regretter le fait que ce Conseil n'ait pas été investi d'une compétence d'*avis conforme*[66]. Selon *l'art. 3 du Décret*, les avis émis par le Conseil ne lient pas l'autorité investie du pouvoir disciplinaire.

Les Commissions administratives paritaires. Le Décret n° 2001/115/ PM du 27 mars 2001 portant organisation et fonctionnement des Commissions administratives paritaires. Selon *l'art. 1er*, le Décret porte organisation et fonctionnement des Commissions administratives paritaires. *L'art. 2* institue au sein de chaque cadre une Commission administrative paritaire. Toutefois, lorsque les effectifs d'un cadre donné sont insuffisants, il peut être institué une Commission administrative paritaire commune à plusieurs cadres du même corps. *L'art. 3* définit leurs attributions. La Commission administrative paritaire donne un *avis* sur les décisions à caractère individuel concernant les fonctionnaires du cadre ou du groupe de cadres au sein duquel elle est instituée et notamment en matière d'avancement de grade, d'octroi des récompenses suivantes : mention honorable, diplôme d'excellence et honorariat. En outre, la Commission administrative paritaire émet un *avis* en matière de licenciement pour inaptitude physique, irréversible et incompatible avec le poste de travail,

---

[66]La question est toutefois polémique, en disposant que *« (...) ses avis sont rendus exécutoires par Arrêté du Ministre (...) »*, l'interprétation reste largement ouverte.

pour insuffisance professionnelle au vu des résultats de son évaluation, notamment à la suite d'un retard à l'avancement d'échelon au terme d'une période de quatre *(4)* ans, à la suite des textes spéciaux prévoyant une réorganisation des services et entraînant une suspension de postes de travail, sans possibilité de redéploiement des effectifs. Selon *l'art. 4,* la Commission administrative paritaire siège soit en *Commission d'octroi des récompenses* soit en *Commission de licenciement* suivant la nature du problème dont elle est saisie.

Les Conseils de la santé. Il existe par ailleurs des Conseils de santé, voyons *le Décret n° 2000/686/PM du 13 septembre 2000 portant organisation et fonctionnement des Conseils de santé.* Selon *l'art. 2* du Décret, il est institué auprès du Ministre chargé de la Santé publique, un Conseil National de santé siégeant à Yaoundé, des Conseils provinciaux de santé siégeant au chef lieu de chaque Province. *L'art. 3* dispose que le Conseil National de santé est l'organe consultatif suprême pour les décisions techniques relatives aux dossiers médicaux administratifs des agents publics. Il est obligatoirement saisi par le Ministre chargé de la Fonction publique, des problèmes médicaux concernant : l'aptitude mentale ou physique requise pour l'accès ou le maintien des agents dans la Fonction publique, le congé de longue durée pour maladie et la réintégration des agents publics à l'issue dudit congé, les cas de présomption de maladie invoquée par le fonctionnaire absent de son poste de travail pour une durée supérieure à six (6) mois, les demandes d'évacuation sanitaire à l'extérieur du territoire national. En cas de contestation d'une décision prise sur la base d'un *avis* émis par le Conseil provincial de santé, l'autorité compétente peut saisir le Conseil national de santé. *L'art. 4* traite des Conseils provinciaux. Les Conseils provinciaux de santé connaissent en premier ressort : des cas de maladies pouvant entraîner un congé d'une durée inférieure à six (6) mois, des cas de présomption de maladie invoquée par l'agent public absent de son poste de travail pour une durée inférieure ou égale à six (6) mois, des cas d'accidents de travail et de maladies professionnelles, des demandes d'évacuation sanitaire à l'intérieur du territoire national. Ils sont saisis, suivant le cas, par le Ministre utilisateur de l'agent public concerné, ou par le Gouverneur de province territorialement compétent, à qui ils adressent le résultat de leurs délibérations. Le Conseil de santé compétent est éventuellement saisi par le Ministre chargé des Finances, des demandes de remboursement des frais médicaux.

A côté de ces organismes de cogestion prévus dans le cadre de la Fonction publique, il faut noter qu'il existe dans d'autres domaines administratifs au Cameroun beaucoup d'organismes de cogestion aux compétences importantes en matière de décision administrative. Disons un mot –entre autres, sur deux organismes, à savoir le Conseil de discipline budgétaire et comptable et le Conseil de discipline budgétaire et financière.

Second exemple, le Conseil de discipline budgétaire et comptable et *le Conseil de discipline budgétaire et financière. Le Conseil de discipline budgétaire et comptable* est régi par *le Décret n° 97/49 du 5 mars 1997 portant organisation et fonctionnement du Conseil de discipline budgétaire et financière (CDBF)* remplacé par *le Décret n°2008/028 du 17 janvier 2008 portant organisation et fonctionnement du Conseil de discipline budgétaire et financière.* Le texte porte organisation et fonctionnement du Conseil de discipline budgétaire et financière *(CDBF)*. Aux termes de *l'art. 2 du Décret,* le Conseil est chargé de prendre des sanctions à l'encontre des agents publics, patents ou de fait, coupables des irrégularités et fautes de gestion commises dans l'exercice de leurs fonctions, lesquelles ont eu pour effet de porter préjudice aux intérêts de l'Administration. A ce titre, le Conseil sanctionne les irrégularités et fautes de gestion commises par les ordonnateurs et gestionnaires des crédits de l'Etat, des Collectivités territoriales décentralisées, des Entreprises et organismes publics et parapublics et toute autre personne agissant en cette qualité ; les agents publics exerçant d'autres fonctions à titre principal, mais agissant occasionnellement ou subsidiairement comme ordonnateurs ou gestionnaires des crédits de l'Etat ; les commissaires aux comptes, censeurs et commissaires de Gouvernement auprès des Entreprises publiques et toute personne agissant en cette qualité . *Le Conseil de discipline budgétaire et financière* statue par décision. Le problème de la coordination du CDBC et de la Chambre de comptes se pose. Pour rappel, *la loi n° 96/06 du 18 janvier 1996 portant révision de la Constitution du 02 juin 1972* en son *art. 38* crée une Chambre des comptes au sein de la Cour Suprême. Les missions de cette Chambre sont définies par *l'art. 41 de la loi n° 96/06 du 18 janvier 1996* qui dispose qu'elle est compétente pour contrôler et statuer sur les comptes publics et ceux des Entreprises publiques et parapubliques. Elle statue souverainement sur les décisions rendues en dernier ressort par les juridictions inférieures des comptes. Elle connaît de toute autre matière qui lui est expressément attribuée par la loi. *La loi de 2006 n° 2003/005 du 21 avril 2003* fixe les attributions, l'organisation et le fonctionnement de la Chambre de compte de la Cour Suprême.

Troisième exemple, le Conseil national de la communication. Le Décret n° 91/287 du 21juin 1991 portant organisation et fonctionnement du Conseil national de la communication (CNC). Selon *l'art. 1,* le CNC est un organe consultatif placé auprès du Premier Ministre, chef du Gouvernement en vue d'assister les pouvoirs publics dans l'élaboration, la mise en œuvre et le suivi de la politique nationale de la communication. *L'art. 4* définit les attributions du CNC : il donne son *avis* sur la politique générale de la communication sociale, les rapports du Gouvernement relatif aux dossiers de demande de licence, d'exploitation des entreprises privées de communication audiovisuelle, à la répartition des fréquences, toutes les autres matières fixées par les lois et Règlements. Le Conseil veille par ses recommandations au respect et à l'évolution harmonieuse des lois et Règlements relatifs à la communication sociale, de la déontologie de la communication sociale, des principes d'égalité d'accès aux médias, notamment en période électorale, de l'indépendance du service public de la communication à travers les projets de textes législatifs et réglementaires, de la transparence, du pluralisme et de l'équilibre des programmes dans les entreprises de communication, de la promotion des langues et cultures nationales dans tous les médias, de la protection de la jeunesse et de l'enfance dans les médias. Le Conseil est consulté avant tout recours judiciaire par la victime, sur le refus ou le retrait de la carte d'identité de journaliste ou de la carte de presse. *Le Décret n°2000/158 du 03 avril 2000 fixant les conditions et les modalités de création et d'exploitation des entreprises privées de communication audiovisuelle.* Selon *l'art. 8*, les activités de communication audiovisuelle telles que définies à *l'art. 3* ci-dessus, sont subordonnées à l'obtention d'une licence délivrée par Arrêté du Ministre chargé de la communication, après *avis motivé* du CNC .

Parmi ces organismes, on peut citer aussi l'organe de gestion des élections politiques au Cameroun *(ÆLECAM),* qui est incontestablement avec la Fécafoot, les institutions les plus controversées et turbulentes de l'Administration camerounaise, compte tenu des activités politiques de la première et de la politisation de la seconde. *Le Décret n° 2011/204 du 07 juillet 2011 portant nomination de membres du Conseil Electoral* d' *« Elections Cameroon » (ÆLECAM)* est assez symptomatique de cette controverse.

Troisième observation, l'institution des procédures de consultation préalable et de participation à la décision administrative. Les textes en matière d'Urbanisme et de l'environnement ont accru *les procédures de consultation préalable* à la décision administrative. Ils consacrent ainsi ce que la doctrine administrativiste française contemporaine nomme *« la démocratie administrative »*[67] . Le caractère unilatéral de la décision administrative en sort profondément affecté. Plusieurs dispositions sont illustratives à cet égard, elles concernent aussi bien le domaine environnemental qu'urbanistique.

En premier lieu, l'institution des procédures de consultation et de participation dans la législation environnementale. Le Cameroun a adopté une *loi-cadre n°96/12 du 05 août 1996 relative à la gestion de l'environnement.* Cette loi contient de nombreuses dispositions en rapport avec la consultation préalable et la participation aux décisions administratives. Dans le chapitre consacré aux *principes fondamentaux,* la loi réaffirme le droit constitutionnellement reconnu à un environnement sain *(articles 5 à 8 de la loi). Le chapitre III* de la loi parle des principes environnementaux *(principe de précaution, principe d'action préventive et de correction, principe polluer payeur, principe de responsabilité et le principe de participation, le principe de subsidiarité). Le principe de participation* nous semble être le principe le plus intéressant en référence à notre problématique, il est l'objet de *l'art. 9 (e)* formulé ainsi qu'il suit : *le principe de participation* signifie que chaque citoyen doit avoir accès aux informations relatives à l'environnement, y compris celles qui sont relatives aux substances et activités dangereuses, chaque citoyen a le devoir de veiller à la sauvegarde de l'environnement et de contribuer à la protection de celui-ci, les personnes publiques et privées doivent, dans toutes leurs activités, se conformer aux mêmes exigences, les décisions concernant l'environnement doivent être prises après concertation avec les secteurs d'activité ou les groupes concernés, ou après débat public lorsqu'elles ont une portée générale .

Le chapitre II de la loi est consacré aux études environnementales notamment *l'étude d'impact environnemental.* Selon *l'art. 17,* le promoteur ou le maître d'ouvrage de tout projet d'aménagement, d'ouvrage, d'équipement ou d'installation, qui risque, en raison de sa dimension, de sa nature ou des incidences des activités qui y sont exercées sur le milieu naturel, de porter atteinte à l'environnement est tenu de réaliser, selon les prescriptions du Cahier des charges, *une étude d'impact* permettant

---

67 Un Colloque a été organisé récemment autour de ce thème. Les Actes du Colloque font l'objet d'un Numéro spécial de la *Revue française d'administration publique,* intitulé « *Vers une démocratie administrative ?* – Des administrés aux citoyens », Numéro double 137/138, publié en septembre 2011.

d'évaluer les incidences directes ou indirectes dudit projet sur l'équilibre écologique de la zone d'implantation ou de toute autre région, le cadre et la qualité de vie des populations et des incidences sur l'environnement en général. Toutefois, lorsque ledit projet est entrepris pour le compte des services de la défense ou de la sécurité nationale, le Ministre chargé de la Défense ou selon le cas, de la Sécurité nationale assure la publicité de *l'étude d'impact* dans des conditions compatibles avec les secrets de la défense ou de la sécurité nationale. *L'étude d'impact* est insérée dans les dossiers soumis à enquête publique. Lorsqu'une telle procédure est prévue, elle est à la charge du promoteur. Les modalités d'application des dispositions du présent article sont fixées par un Décret d'application de la présente loi. Toute *étude d'impact* non conforme aux prescriptions du Cahier des charges est *nulle et de nul effet (ce qui signifie que la prise en compte de la volonté des populations est une exigence lourde).* La liste des différentes catégories d'opérations dont la réalisation est soumise à *étude d'impact,* ainsi que les conditions dans lesquels celle-ci est rendue publique sont fixées par un Décret d'application de la présente loi. *L'étude d'impact* doit comporter obligatoirement les indications suivantes : l' analyse de l'état initial du site et de l'environnement, les raisons du choix du site, l'évaluation des conséquences prévisibles de la mise en œuvre du projet sur le site et son environnement naturel et humain, l'énoncé des mesures envisagées par le promoteur ou maître d'ouvrage pour supprimer, réduire et si possible, compenser les conséquences dommageables du projet sur l'environnement et l'estimation des dépenses correspondantes.

La loi- cadre contient un chapitre unique intitulé *–de la participation des populations.* Selon *l'art. 72* de ce chapitre, la participation des populations à la gestion de l'environnement doit être encouragée, notamment à travers le libre accès à l'information environnementale, sous réserve des impératifs de la défense nationale et de la sécurité de l'Etat, des mécanismes consultatifs permettant de recueillir l'opinion et l'apport des populations, la représentation des populations au sein des organes consultatifs en matière d'environnement, la production de l'information environnementale, la sensibilisation, la formation, la recherche, l'éducation environnementale . L'enseignement de l'environnement selon le législateur doit être introduit dans les programmes des cycles primaire, secondaire et supérieur ainsi que la sensibilisation : « *Afin de renforcer la prise de conscience environnementale dans la société ainsi que la sensibilisation et la participation des populations aux questions environnementales, les Administrations chargées de l'environnement, de la communication et les autres Administrations et organismes publics concernés organisent des campagnes* *d'information et de sensibilisation à travers les média et tous autres moyens de communication. A cet égard, ils mettent à contribution les moyens traditionnels de communication ainsi que les autorités traditionnelles. » Articles 73 et 74).*

En second lieu, l'institution des procédures de consultation et de participation dans la législation urbanistique. La loi n°2004/003 du 21 avril 2004 régissant l'Urbanisme au Cameroun prévoit l'élaboration des documents de planification et des opérations de restructuration. On note tout d'abord des dispositions relatives à la participation à l'élaboration des documents de planification urbaine, selon *l'art. 26,* les *documents de planification urbaine sont le Plan Directeur d'Urbanisme, le Plan d'Occupation des Sols, le Plan de Secteur, le Plan Sommaire d'Urbanisme.* Les associations locales d'usagers sont consultées à leur demande, pour l'élaboration ou la révision d'un Plan directeur d'urbanisme, dans les conditions prévues par Décret. L'initiative de l'élaboration d'un Plan d'occupation des sols appartient au Maire ou, en cas nécessité, au Ministre chargé de l'Urbanisme ou au Ministre chargé des questions urbaines selon le cas, dans les conditions fixées par voie réglementaire. Il est prescrit par Arrêté préfectoral et élaboré sous l'autorité du Maire, conformément aux dispositions de *l'art.3*4. Les travaux d'élaboration du Plan d'occupation des sols sont suivis par un Comité technique de pilotage, présidé par le Maire, dont la composition et les modalités de fonctionnement sont fixées par Arrêté du Ministre chargé de l'Urbanisme ou du Ministre chargé des questions urbaines selon le cas, dans les conditions fixées par voie réglementaire, Ce Comité suit les travaux afin d'en assurer la conformité avec la réglementation, les règles de l'art et les options retenues. Le Plan d'occupation des sols est approuvé par Arrêté préfectoral, après délibération du Conseil municipal et avis des services locaux de l'Urbanisme ou ceux chargés des questions urbaines selon le cas, dans les conditions fixées par voie réglementaire. L'initiative de l'élaboration d'un Plan sommaire d'urbanisme appartient au Maire. Il est prescrit par Arrêté préfectoral après avis des services locaux de l'Urbanisme ou ceux qui sont chargés des questions urbaines selon le cas. Il est élaboré sous l'autorité du Maire et conformément aux dispositions de *l'art. 30.* Le Plan sommaire d'Urbanisme est approuvé par Arrêté municipal, après délibération du Conseil municipal et avis des services locaux de l'Urbanisme ou ceux chargés des questions urbaines selon le cas.

Le Chapitre 3 de la loi est spécifiquement intitulé *–De l'implication des populations et de la société civile.* L'implication des populations, des groupes organisés et de la société civile à la mise en œuvre des règles générales d'Urbanisme, d'aménagement urbain et de construction, doit être encouragée à travers : le libre accès aux documents d'urbanisme, les mécanismes de consultation permettant de recueillir leur opinion et leur apport, leur représentation au sein des organes de consultation, la production de l'information relative à l'aménagement et à l'urbanisme, la sensibilisation, la formation, la recherche et l'éducation en matière d'aménagement et d'urbanisme. Les modalités d'implication et de participation des populations et de la société civile aux prévisions d'urbanisme et aux investissements à réaliser dans le secteur urbain, ainsi que les voies de recours et la publicité donnée aux documents de planification urbaine sont précisées par voie réglementaire *(art. 50)*. Le *titre 2* –pour terminer, est consacré à *l'aménagement foncier*, il contient nombre de dispositions liées à la participation dans la prise des décisions. Les opérations d'aménagement foncier ont pour objet d'organiser le maintien, l'extension ou l'accueil de l'habitat ou des activités, de réaliser des équipements collectifs, de sauvegarder ou de mettre en valeur le patrimoine bâti ou non bâti et les espaces naturels. Sont considérés, au sens de la présente loi, comme opérations d'aménagement foncier : la restructuration et/ou rénovation urbaine, les lotissements, les opérations d'aménagement concerté, toute autre opération touchant au foncier urbain *(voiries et réseaux, divers équipements, remembrement, etc.* Voyons *l'art. 50)*.

Les procédures et les modalités d'exécution de chaque type d'opération d'aménagement sont précisées par Décret. *L'art. 57* a trait à la restructuration et/ou de la rénovation urbaine. En tout état de cause, les opérations de restructuration et/ou de rénovation urbaine doivent être conduites en concertation avec les populations concernées conformément aux prescriptions du *titre 1, chapitre 3* de la loi, et suivies des mesures appropriées d'accompagnement social. *L'art. 60* a trait aux lotissements. Ils sont créés à l'initiative de l'Etat, des Collectivités territoriales décentralisées, ou des personnes privées, physiques ou morales, sur leurs propriétés respectives, et sont réalisés dans le respect des documents de planification urbaine en vigueur ou à défaut, des règles générales d'urbanisme et de construction. *L'art. 65* quant à lui se rapporte aux opérations d'aménagement concerté. Elles sont menées en vue de l'aménagement, de la restructuration ou de l'équipement de terrains situés en milieu urbain ou périurbain. Elles sont conduites sous forme concertée entre l'Administration et les propriétaires fonciers identifiés, le cas échéant, entre un aménageur et les populations concernées.

Il résulte de ces développements que l'acte administratif au Cameroun n'est plus le produit de la seule volonté de l'Administration, soit que cette volonté ait été assujettie à celle du législateur *(compétence liée, silence-acceptation, obligation de motivation)*, soit qu'elle coexiste avec celle des particuliers *(organisme de concertation, institution de la consultation préalable)*. Le caractère *décisoire* de l'AAU semble tout aussi problématique.

B) Atteintes au caractère décisoire de l'AAU

Le caractère *décisoire* de l'acte administratif unilatéral permettrait, selon une partie de la doctrine, de distinguer *les actes administratifs unilatéraux normatifs* de ceux qui n'ont pas ce caractère. René CHAPUS fait par exemple une distinction entre *acte unilatéral* et *décision. La décision* serait à *l'acte administratif « ce que l'espèce est au genre*[68] *»*, autrement dit, ce ne sont pas tous les actes administratifs qui sont *décisoires*. Bertrand SEILLER[69] va dans le même sens lorsqu'il affirme que *« tous les actes administratifs unilatéraux ne constituent pas (...) des décisions administratives. »* Sont ainsi exclues de la catégorie d'actes unilatéraux sur base du caractère *décisoire* : les déclarations d'intention, les recommandations, les instructions de service, les mesures d'ordre intérieur, en principe les Directives et les Circulaires... *L'acte décisoire* est celui qui modifie ou affecte l'ordonnancement juridique, c'est-à-dire qui crée des droits ou des devoirs à la charge des particuliers *(qu'ils soient permissifs ou impératifs)*. Le juge administratif affirmera ce caractère dans une importante décision, affaire **Tabernacle des Aigles rendue en 2004** : « *Attendu que s'agissant des conditions de forme, il faut notamment que l'acte soit pris unilatéralement par une autorité habilité à le faire ; qu'en ce qui concerne les conditions matérielles ou de fond, il faut notamment que l'acte soit décisoire à savoir qu'il porte atteinte aux droits et intérêts légaux du recourant*[70]. » L'ordonnancement juridique selon Hans KELSEN est constitué des *règles de droit* et des *situations juridiques*. Le premier bémol concernent *les règles de droits* susceptibles d'être modifiées par l'acte administratif, l'autorité administrative est tenue de respecter *l'ordre juridique purement objectif*, c'est-à-dire les règles aménagés dans des

---

68 CHAPUS (R), *Droit administratif général*, Paris, Montchrestien, 15ème édition, 2001, tome 1, p 502.

69 SEILLER (B), *Droit administratif – L'action administrative*, Paris, Flammarion, 2001, p 117.

70 *Voy.* MBALLA (R), *La notion d'acte unilatéral au Cameroun :* contribution à la théorie de la décision administrative, *op.cit.*

textes supérieurs aux actes réglementaires ; le second concerne *les situations juridiques*, elle doit en outre respecter *les droits subjectifs* des administrés et *les droits acquis*. Ces *droits subjectifs* sont reconnus par la Constitution *(Préambule)* et des textes particuliers[71]. D'où la question de la place et l'invocabilité de ces droits. Enoncer les droits et libertés ne suffit pas, encore faut-il préciser leur statut, les conditions de leur invocabilité et de leur limitation éventuelle[72]. Nous retiendrons –et ceci est un point de vue tout à fait personnel, qu'ils ont un statut *supra – constitutionnel :*

- *Première observation*, une question est de nous demander qu'elle est la valeur de ces droits consacrés par la Constitution ? Si on conclut qu'ils ont une valeur au moins *supra décrétale,* alors en vertu du *principe de la hiérarchie des lois,* le pouvoir réglementaire est tenu de les respecter, il perd ainsi en quelque sorte la faculté de modifier les situations des particuliers. S'agissant de cette question. On est en présence de trois thèses qui se défendent bien.

En premier lieu, la thèse du statut infra- constitutionnelle des droits et libertés. L'inscription des droits et libertés dans le texte constitutionnel ne suffit pas à leur conférer une valeur constitutionnelle, cette interprétation est inférée en tout cas de la formulation des droits et libertés inscrits dans la Constitution. Il n'en irait autrement que si les limitations à ces droits et libertés étaient encadrées aussi bien matériellement que formellement, c'est-à-dire si la Constitution faisait preuve d'une certaine rigidité à ce niveau. Si la Constitution donne au législateur la possibilité de déroger aux droits et libertés qu'elle proclame ou de fixer leur contenu et

---

[71]En matière de droit de la Fonction publique par exemple, la *Section I -Des droits du fonctionnaire* du Chapitre II intitulé *–Des droits et des obligations du fonctionnaire* du SGFP – *art. 21* dispose : *« (1) Le fonctionnaire jouit des droits et libertés reconnus au citoyen. Il les exerce dans le cadre des lois et règlements en vigueur. (2) Il peut notamment adhérer à une association politique ou culturelle, à un syndicat professionnel légalement reconnu vu d'assurer la représentation et la défense de ses intérêts de carrière. (3) Il est tenu d'exercer ses droits dans le respect de l'autorité de l'Etat et de l'ordre public. Toutefois, certaines fonctions exigeant de leur titulaire un loyalisme aux institutions de la République ou une neutralité politique absolue font l'objet d'un texte particulier. »* Cette disposition montre clairement que les droits sont *le principe* et les restrictions *l'exception.* S'agissant des *droits subjectifs des administrés* prévus par certains textes particuliers tel le SGFP, leur valeur juridique est fonction généralement de la place dans la hiérarchie des lois du texte qui les aménage, il serait donc toujours prudent de viser dans son recours contentieux le Préambule de la Constitution pour se prévaloir d'un droit, plutôt qu'une disposition du SGFP, sauf si le juge décide d'attribuer à ces énoncés de nature décrétale une valeur juridique plus élevée.

[72]*Cour d'appel Ndyanabo v. Attorney General, civil Appeal n°64 of 2001 du 14 février 2002.*

conditions d'exercice, il est dès lors évident de reconnaitre à ces droits et libertés, une valeur non pas *constitutionnelle,* mais tout au plus *législative.* Pour leur concéder pleine valeur *constitutionnelle,* les limitations prévues doivent se faire obligatoirement par une procédure tout aussi *constitutionnelle (loi constitutionnelle).* A ce niveau précisément, la Constitution camerounaise renvoie paresseusement à la *loi* le soin d'en fixer les limites et les conditions d'exercice. Ils sont dès lors *infra-constitutionnels.* Cette interprétation semble confirmée par un Arrêt de la juridiction administrative, à la seule différence que le juge camerounais adopte un raisonnement opposé à celui que nous proposons. Pour lui, c'est parce que les principes énumérés dans le Préambule ont une valeur *législative* que le législateur peut y déroger. Il nous semble pourtant que, c'est parce que le législateur peut y déroger qu'ils ont une valeur *législative.* Dans **l'Arrêt n°4/CFJ/AP du 04 octobre 1970, Société des Grands Travaux de l'Est c/ Etat fédéré du Cameroun oriental** en effet, la SGTE contestait une imposition jugée erronée prenant pour argument une disposition constitutionnelle : *« La loi ne peut avoir d'effet rétroactif. »* Le juge administratif saisi en premier ressort rejeta le recours comme mal fondé, il souligne en substance : *« Il est généralement admis que les principes contenus dans le préambule de la Constitution, tel le principe de la non rétroactivité des lois, ont valeur de principes généraux de droit, c'est-à-dire non pas supérieure, mais égale à celle de la loi ordinaire, que par suite le législateur peut y déroger expressément, ce qu'a fait le législateur (...) »*[73] Dans l'esprit du juge administratif, ces droits et libertés sont infra-constitutionnels. Cet enseignement du juge administratif camerounais est fortement contestable.

En deuxième lieu, analysons *la thèse du statut constitutionnel des droits et libertés.* Une certaine doctrine –la doctrine majoritaire, souligne que les droits et libertés énoncés dans le Préambule et les Conventions en matière de droits de l'homme ratifiées par la suite, auraient une valeur indiscutablement *constitutionnelle.* Ils formeraient alors avec celles-ci, *le bloc de constitutionnalité* à la camerounaise. Leur conviction repose aussi bien sur *l'art. 65 de la révision constitutionnelle de 1996* qui clos définitivement les débats doctrinaux et les hésitations jurisprudentielles au sujet de la valeur juridique du Préambule de la Constitution en disposant : *« Le préambule fait partie intégrante de la Constitution »*, que sur l'énonciation finale du Préambule : *« L'Etat assure (...) à tous les citoyens de l'un et l'autre sexes, les*

73 NLEP (R.G), « Le juge de l'Administration face à la protection des libertés (...) » *(Discours inaugural rentrée académique), op. cit.*

droits et libertés énumérés au préambule de la constitution. » Tirant les conclusions des affaires **MOUELLE KOULA Eitel et NANA TCHANA Daniel *(CFJ, Arrêt n°197/CFJ-CA du 25 mai 1972, NANA TCHANA Roger c/ Etat du Cameroun)*,** le professeur Roger Gabriel NLEP soulignera : *« [L]e juge administratif camerounais reconnais aux principes contenus dans le préambule de la constitution, la même valeur juridique que les normes contenues dans le corpus constitutionnel (...). Dès lors, les déclarations des droits intégrés dans ces préambules constituent des normes constitutionnelles. »* Ce n'est déjà pas mal pour les administrés pourrait-on dire. La thèse de *la supra -constitutionnalité* de ces droits et libertés emporte toutefois notre conviction –et ce ne sont pas les arguments en ce sens qui manquent.

En troisième lieu, la thèse de la supra -constitutionnalité des droits et libertés proclamés dans la Constitution. Il convient en matière de dispositions relatives aux droits fondamentaux de retenir cette précaution de la Cour d'Appel Nyanabo de Tanzanie qui conseille de retenir l'interprétation la plus large et protectrice du particulier –raison pour laquelle nous partageons cette thèse. Plusieurs arguments militent en faveur de la *supra - constitutionnalité*[74]des droits et des libertés au Cameroun. Ils résultent entre autres d'une interprétation large de la notion *de « principes démocratiques »* ; du principe construit par la doctrine française, selon lequel le pouvoir constituant ne pourrait réviser *les normes de renvoi ;* de la nature même de ces droits ou encore de la notion de *validité universelle.*

Premier point, nous avons déjà présenté à l'occasion d'autres publications, les raisons qui nous conduisaient à admettre en droit positif camerounais le principe de *supra -constitutionnalité* de la *démocratie.* En adoptant une interprétation large des *principes démocratiques*, on est fatalement conduit à rentrer dans cette catégorie, *les droits* affirmés dans le Préambule et à leurs conférer *ipso facto* cette extraordinaire propriété *supra -constitutionnelle.* Cette interprétation est à la fois conforme au sens moderne de la notion de *démocratie* et bénéfique pour la protection de l'administré contre l'arbitraire administrative.

Deuxième point, le chevauchement d'ordres juridiques. La doctrine française défend l'idée selon laquelle *le pouvoir constituant ne pourrait réviser les normes*

---

[74] De ce caractère constitutionnel des droits et libertés inscrits dans les Déclarations, on déduit qu'ils sont désormais soumis à un régime différent de ceux des Conventions internationales ordinaires, tant en ce qui concerne leur modification, le contrôle de conventionalité que d'autres traits du régime juridique, *voy.* MINKOA SHE (A) *Droits de l'Homme et droit pénal au Cameroun*, *op.cit.*, p. 32.

de renvoi. Il ne peut ainsi modifier le Préambule de *la Constitution du 27 octobre 1946* auquel renvoie celle du *04 octobre 1958.* Pas plus, *l'art. 88-2* qui renvoie au *Traité sur l'Union européenne* ou encore *l'art. 77* qui renvoie à l'Accord de *Nouméa*. Seule l'autorité compétente de l'ordre juridique *(internationale, communautaire ...)* dont la norme est issue dispose en effet du pouvoir de modification[75]. En suivant la doctrine française, on arrive à la conclusion selon laquelle, le constituant ne pourrait pas par exemple apporter une modification à la DUDH à laquelle le Préambule fait référence. De fait, les instruments ainsi visés sont *irréversibles.* La valeur ainsi conférée au départ du principe susmentionné ne concernerait dès lors que *les dispositions de renvoi* à l'exclusion de celles qui sont énumérées. Ceci ne change rien en pratique, car tous les droits énumérés sont couverts par les instruments juridiques auxquels il est fait renvoi. Par exemple *le droit de propriété* de *l'art. 17 de la DUDH.* Les raisons de l'interdiction de modifier de telles dispositions mériteraient d'être creusées en profondeur pour juger de l'extension de la solution au droit camerounais. Ce n'est pas tant la *technique de renvoi* en elle-même qui rendrait ces dispositions non –modifiables, sinon on admettrait fatalement que la même solution s'appliquerait à toutes *les dispositions de renvoi* de l'ordre juridique, ce qui serait parfaitement absurde. Les raisons tiennent à notre avis à la particularité des dispositions renvoyées, elles concernent en effet les rapports de l'ordre juridique français avec d'autres ordres juridiques. On peut donc retenir des raisons juridiques et ajuridiques :

- s'agissant des raisons juridiques, c'est une lecture coordonnée des principes de *primauté du droit communautaire* ; *pacta sund servanda* et du *parallélisme de compétences.* Pour celles des dispositions de renvoi qui font référence au droit international, il faut admettre que lorsqu'un Etat signe et ratifie un Traité sans réserves, il est tenu de l'appliquer de bonne foi, sauf la règle de la réciprocité. La garantie de cette application imposerait un certain parallélisme de compétences une fois le Traité inséré dans l'ordre national, quant- aux modifications à apporter à celui-ci. Certains instruments visés au Préambule de la Constitution de 1996 sont des exceptions à la règle de réciprocité, du coup on n'envisagerait pas d'hypothèses pouvant les remettre en cause, sauf effondrement de l'ordre juridique actuel. Les modifications de ces dispositions ne peuvent

---

75 Voir par exemple SORBARA (J-G), « *Les principes du préambule sont-ils toujours nécessaires à notre temps ?* » *in Le préambule de la Constitution de 1946*, éd., Panthéon-Assas, 2009, p. 103.

se faire qu'en référence aux modifications intervenues dans l'ordre juridique où ces actes ont été adoptés. Pour les disposions de droit communautaire, on ne pourrait pas fonder ce principe sur *pacta sund servanda,* du moment où l'Union Européenne selon les termes de *l'Arrêt Costa c/ Enel*[76] est une structure juridique particulière, différente des organisations internationales classiques et que la France par *l'art. 88-1* reconnait la particularité de cette organisation *(l'UE).* Le principe doit donc être recherché dans *la primauté du droit communautaire,* qui garantie à la fois le respect des compétences des institutions de l'Union et des Etats-membres en matière d'adoption d'actes et dans le principe *de responsabilité des Etats-membres de l'Union* en cas d'inexécution du droit communautaire. Dès lors la France ne pourrait sans engager sa responsabilité modifier *l'art. 88-1* du moins substantiellement.

- On pourrait aussi songer à des considérations ajuridiques, une espèce de *droit moral* des auteurs d'un texte comme *la Déclaration des droits de l'homme* qui s'opposerait à ce que celui-ci soit amputé, ou encore le *symbolisme* qui lui est attaché. L'expérience française du rejet du projet d'avril 1946 qui proposait une *Déclaration de droit* est instructive sur ce point. De plus, en raison de leur atemporalité, ces normes sont figées, mémorielles, on ne voit pas comment on les réviserait. Toutefois, la même doctrine évoque une possibilité de modification des normes de renvoi, elle consisterait à *inoculer* dans l'ordre juridique *(le texte constitutionnel)* de nouveaux principes qui vont concurrencer les principes contenus dans les instruments auxquels le Préambule fait renvoi et de se fonder sur les nouveaux principes constitutionnels pour neutraliser les principes anciens. *Voy.* par exemple *l'art 9* du Préambule de la Constitution française *du 17 octobre 1946 et l'art. 17 de la DUDH.* Tous les deux textes ont désormais une valeur constitutionnelle. *La décision du Conseil d'Etat du 03 octobre 2008* reconnait la valeur constitutionnelle du Préambule de *la Constitution de 1958* pris en son entier. Toutefois, est-ce que *l'irréversibilité* signifie *la primauté* ? Il nous semble possible de répondre par l'affirmative à cette question. *L'art. 64* de la révision constitutionnelle fait *des principes démocratiques* un élément *du Pacte solennel* fondant le nouvel Etat du Cameroun. Cet élément s'ajoute ainsi à *la forme républicaine* qui a été érigé en disposition dudit *Pacte dès 1972 et à l'Indépendance.* Le juge devrait logiquement se fonder sur *l'irréversibilité* de ces principes pour

---

[76] CJCE, Arrêt rendu le 15 juillet 1964 dans l'affaire Flaminio Costac/ Ente Nazionale per l'Energia Elettrica, affaire 6/64. Cette importante décision est le principal fondement jurisprudentiel de la primauté du droit de l'Union européenne sur les droits nationaux.

écarter une révision constitutionnelle *(loi constitutionnelle)* dans son ensemble ou une disposition de celle-ci. On pourrait –à titre de droit comparé, référer à un Arrêt en ce sens de **la Cour constitutionnelle Sud-africaine du 06 septembre 1996**[77]. Le juge constitutionnel sud-africain refuse de certifier la nouvelle Constitution adoptée par l'Assemblée constituante en mai 1996 en se fondant sur *le principe de l'intangibilité du principe constitutionnel de la consistance de l'autonomie provinciale. L'irréversibilité* de ces dispositions est la condition de validité des nouvelles dispositions constitutionnelles. La jurisprudence de la Cour constitutionnelle béninoise nous fournit un cas beaucoup plus éloquent à cet effet. Dans sa **Décision *DCC 06-074 du 08 juillet 2006***, la Cour déclare inconstitutionnelle une loi constitutionnelle, au motif qu'elle viole les idéaux ayant abouti à l'adoption de la Constitution. *(Il importe de noter que la décision en cause à été l'objet de 24 requêtes ayant le même objet, ce qui atteste s'il en était encore besoin la culture constitutionnel et juridique du peuple béninois).* Le juge constitutionnel souligne en substance : *« Considérant que ce mandat de [4] ans [des députés à l'AN.]qui est une situation constitutionnellement établie, est le résultat du Consensus national dégagé par la Conférence des Forces Vives de la Nation de février 1990 et consacré par la Constitution en son préambule qui réaffirme l'opposition fondamentale du peuple béninois à la (…) confiscation du pouvoir; que même si la Constitution a prévu les modalités de sa propre révision, la détermination du peuple béninois à créer un Etat de droit et de démocratie pluraliste, la sauvegarde de la sécurité juridique et la cohésion de la nation commandent que toute révision tienne compte des idéaux qui ont présidés à l'adoption de la Constitution du 11 décembre 1990, notamment le consensus national principe à valeur constitutionnel; qu'en conséquence les articles 1 et 2 de la loi constitutionnelle n°2006-13 adoptée par l'Assemblée Nationale le 23 juin 2006, sans respecter le principe à valeur constitutionnelle ainsi rappelé , sont contraires à la Constitution (…) »* Il importe de remarquer en comparaison à la situation en droit constitutionnel camerounais, qu'il est appartenu au juge constitutionnel béninois plutôt

---

[77] En Afrique du sud, la situation est assez particulière, *la procédure de certification* prévue à *l'art. 5 de la Constitution* est une opération qui consiste pour la Cour à vérifier la conformité de chaque disposition de la nouvelle Constitution avec les *principes constitutionnels existants.* Ces principes sont énoncés au Préambule de *la Constitution intérimaire (IC) incorporé par l'art.71(1) (a).* On les appelle *les 34 principes constitutionnels (CP).* Ils sont la résultante du compromis réalisé dans ce pays en 1990. Dans son *Arrêt du 06 septembre 1996* sur *la certification de la Constitution,* la Cour constitutionnelle Sud-africaine était invitée à confronter la Constitution *(NT)* adoptée par l'Assemblée constituante *(CA)* en 1996 aux *principes constitutionnels.* Pour plus de développements sur la *certification, voy.* Luc SINDJOUN, *Les grandes décisions de la justice constitutionnelle africaine,* Bruylant 2009, p.186 à 296.

qu'au constituant, par le canal *des principes généraux de droit constitutionnel* d'ériger *les principes démocratiques* au rang d'élément du *Pacte solennel républicain.* La disposition analogue à *l'art. 64 de la Constitution* camerounaise relative audit *Pacte* est *l'art. 156 de la* Constitution béninoise qui se limite en effet à exclure toute procédure de révision portant atteinte à *l'intégrité territoriale* ; *la forme républicaine* et *la laïcité de l'Etat*[78]. Le commentaire du professeur SIDJOUN à la suite de cette importante décision mérite d'être approuvé[79]. Le juge constitutionnel béninois établit « *une constitution à double vitesse ; à double standard dont les principes à valeur constitutionnelle dégagés par le juge sont supérieurs aux dispositions constitutionnelles(…). En se posant comme dépositaire des idéaux ayant présidés à l'adoption de la Constitution (…), la Cour constitutionnelle crée la 'supra constitution'. »* Ces analyses rejoignent l'idée que nous défendons, celle d'une hiérarchie à l'intérieur des dispositions constitutionnelles dont la supra –constitutionnalité des *principes démocratiques* et *des droits et libertés* du Préambule qui en sont la composante, serait l'expression.

La situation en droit camerounais est toutefois particulière : est-ce qu'un tel contrôle à l'intérieure des dispositions constitutionnelles serait matériellement possible ? Les nouvelles dispositions portant atteinte aux principes *irréversibles* ne peuvent être querellées que préalablement à la promulgation. On se rappellera qu'en droit constitutionnel camerounais une fois que la loi est publiée, elle devient irréversible, immaculée, intangible, sauf la procédure de *l'exception d'inconstitutionnalité.* Dans le cadre du *Referendum* toutefois, on pourrait parler de hiérarchie pour deux raisons : *d'une part,* les dispositions *réversibles* qui veulent rentrer dans la Constitution doivent à tout le moins à la phase préalable à la promulgation être conformes à celles *irréversibles.* Cette conformité est négative en réalité, elle s'analyse en une *obligation de non-contradiction.* Elles doivent d'ailleurs l'être à toutes les autres dispositions constitutionnelles régissant *la procédure d'adoption des lois et les procédures décrites par le Règlement intérieur* de l'Assemblée Nationale. Contrairement au droit constitutionnel français ***(DC n°469 du 26 mars 2003, loi constitutionnelle relative à l'organisation décentralisée de la République)***, il est théoriquement

---

[78] *Voy.* aussi *les articles 103 al.*7 de la Constitution sénégalaise. Presque toutes les Constitutions d'Afrique *(francophone)* comportent des dispositions *irréversibles.*

[79] Nous émettons toutefois des réserves aux analyses du professeur qui tendent à rattacher ces principes à des *« droits naturels ».* Il s'agit à notre avis des *principes purement positifs* n'ayant rien à voir avec *la théorie du droit naturel.* Luc SINDJOUN, *les grandes décisions de la justice constitutionnelle africaine…op.cit.*, p.311-337.

possible de contrôler une *loi constitutionnelle* en droit camerounais. *D'autre part,* les dispositions *réversibles* n'ont pas la stabilité et le statut *d'éternité relative* que possèdent les dispositions *irréversibles.* De cette manière, elles les sont supérieures.

Troisième point. Un autre fondement découlerait de la nature même de ces droits constitutionnels, liés aux droits de l'Homme, la doctrine s'accorde à reconnaître à ces derniers une certaine *validité universelle*[80]. Ce qui est quand même problématique dans la mesure où il n'ya ni législateur universel, ni consensus sur le contenu, la signification et l'application de certains droits de l'homme.

Seconde observation, Ambiguïté de l'invocabilité des droits et libertés reconnus par le Préambule de la constitution. Si les questions du Préambule –partie intégrante de la Constitution, du statut des droits et libertés dans la hiérarchie des normes semblent s'imposer d'elles -mêmes, il n'en est pas de même de la question de l'invocabilité, ou pour emprunter la terminologie du droit communautaire, de *l'effet direct* des énonciations du Préambule de la Constitution. La jurisprudence administrative n'est pas très loquace sur cette question. Afin que ce qui a été écrit à l'occasion de notre thèse de doctorat sur *l'interprétation dogmatique* ne reste pas lettre morte, nous allons proposer quelques pistes de réflexion. Les développements du droit français semblent à cet égard fort intéressants. Une question préalable : sont-ce tous les droits consacrés par le Préambule invocables devant le juge administratif ? Le problème mérite d'être posé dans la mesure où contrairement à la doctrine allemande qui fait preuve d'une assez grande rigueur dans le vocabulaire juridique en ne réservant l'appellation *droits* qu'aux dispositions qui peuvent être invoquées devant le juge, la doctrine et la jurisprudence française fait une distinction à l'intérieur des *droits* pour séparer ceux qui possèdent un caractère *normatif* , de ceux qui ne l'ont pas. Il y'aurait donc en France des *droits normatifs et des droits non-normatifs.* Ainsi, s'agissant particulièrement des dispositions du Préambule de la Constitution française, aussi bien le Conseil constitutionnel que le Conseil d'Etat français distinguent les dispositions dites *incantatoires, programmatiques*[81], *à la normativité douteuse*, et les dispositions *véritablement*

---

[80]Gérard (P), *L'Esprit des droits –philosophie des droits de l'Homme, op.cit.,* p.26.

[81]*Voy.* COLLET (M), *« Le droit déclaratoire - A propos des lois mémorielles et autres dispositions législatives 'non-normatives' » in Le Préambule de la Constitution de 1946, op.cit.,* p. 19.Si l'entreprise du Conseil constitutionnel est louable en principe, on peut douter toutefois

normatives. Cette distinction possède bien sûr un arrière-fond politique[82]. Toutefois, on peut repérer un critère vraisemblablement juridique. Ainsi, à la question de *l'applicabilité directe* du Préambule. *Le Conseil d'Etat*[83] juge que : *« Les principes du préambule dépourvus de précisions suffisantes ne peuvent être utilement évoqués indépendamment des dispositions législatives ou conventionnelles qui en fixent les conditions et les limites*[84] *. »* Cette jurisprudence du Conseil d'Etat français nous semble assez objective si elle est bien appliquée et par voie de conséquence transposable en droit camerounais. L'enjeu du problème dès lors se situerait autour de la définition du terme *« précisions suffisantes ».* Nous avons vu à l'occasion de l'examen de *la réserve législative* sous *la loi constitutionnelle de 1996* que le Préambule comportait beaucoup de dispositions diffuses aménageant cette *réserve.* En prévoyant que certains droits sont exercés *« (...) conformément (...) dans les limites (...) dans les conditions fixées par la loi (...) »,* on serait plus poussé à déduire qu'ils ne sont pas *invocables* en eux-mêmes, du moment où aucune loi ou Convention ne serait intervenue. Il faudrait toutefois reconnaitre avec ROBLOT-TROIZIER[85]que l'imprécision d'une disposition ne doit pas empêcher son *invocabilité,* mais laisser aux autorités qui en assurent l'application une marge d'appréciation étendue, mieux dans le cas où la mise en œuvre nécessiterait l'intervention des autorités publiques, elle doit faire peser sur elles, une certaine responsabilité quant- à l'adoption

---

du caractère objectif du critère retenu, il est de ce fait critiquable. Au nom de quoi *l'art. 1 de la loi française du 29 janvier 2001 (n°2001-70)* : *« La France reconnait publiquement le génocide arménien de 1915», la loi du 23 février 2005 (n°2005-158) « portant reconnaissance de la Nation et contribution nationale en faveur des Français rapatriés »,* ou encore la loi dite *« Taubira »* du 21 mai 2001 *(n°2001-434), « tendant à la reconnaissance de la traite et de l'esclavage en tant que crime contre l'humanité »* seraient qualifiés de *dispositions mémorielles, non-normatives* ? La raison politique en est évidente, cette vision ne pourrait sans doute être partagée par ceux qui ont obtenu de hautes luttes l'adoption de ces lois.

82 ROBLOT-TROIZIER relève l'application parfaitement contingente qui est faite de certaines dispositions du Préambule, « l'applicabilité directe du préambule de la Constitution de 1946 », in *le préambule de la Constitution de 1946*, *op.cit.*, p. 32 et ss.

83Ainsi, certains alinéas du Préambule de la Constitution française n'ont jamais été appliqués par la Conseil d'Etat *(alinéas 15, 16,17 notamment).* Sur la jurisprudence déniant *l'effet direct*, *voy.* entre autres, CE, 10 décembre 1962 *Société indochinoise de constructions électriques et mécaniques*, Lebon, p.676 ; CE, 29 novembre 1968, *Sieur Tallagrand*, Lebon, p.607, D.1969, p. 386, note SILVERA ; CE, 22 janvier 1997, *Sté Hôtelière de l'Anse Heureuse,* inédit au LEBON; CE 27 septembre 1985, *France Terre d'Asile et autres*, Lebon, p.263. D'autres dispositions en revanche directement appliqués par le juge, exemple : *l'al. 3* relatif à l'égalité entre homme-femme ; *l'al. 6* consacrant le droit syndical ou *l'al. 7* reconnaissant le droit de grève.

84ROBLOT-TROIZIER (A), « l'applicabilité directe du préambule de la Constitution de 1946 », in *le préambule... op.cit.*, p.39.

85*Ibidem.*

des mesures nécessaires à mettre en œuvre ces droits et libertés. Comme le souligne DEMICHEL[86], respecter la règle de droit ce n'est pas seulement y *fonder* ou *conformer* son action, mais aussi en *assurer l'application.*

Ces précisions nous semblent être des balises posées sur le circuit du juge administratif lorsque les droits énoncés dans le Préambule seront soulevés devant lui comme dans les affaires **PELLAMIE Joseph c/ Etat du Cameroun *(Jugement n°30/ADD/03-04)*; Société camerounaise des bananeraies de PENJA c/ Etat du Cameroun *(MIDAF)* du 04 juillet 2007 ; BISSO Joseph et dame ZE ZO'OMEVELE Naomie c/ Etat du Cameroun du 14 décembre 2005 ; Anicet EKANE *(s/c MOUANGUE KOBILA)* c/ETAT du Cameroun*(PR)* –Jugement n°12/2005-2006 du 02 novembre 2005 ; MBALLA Hubert c/ Etat du Cameroun *(MINUH),* Arrêt n°68/A du 22 février 2007 ; TCHAMANI Paul c/ Etat du Cameroun *(MINESEC)* –Jugement n°43/2011 du 12 janvier 2011 ; Dr POKA Daniel et Autre c/ Etat du Cameroun *(MINDAF)*–Jugement n°37/2011 du 12 janvier 2011.**

Une solution très répandue consisterait à reconnaitre aux droits *civils et politiques* pleine valeur juridique et aux droits *sociaux* un effet de *stand still*[87]. Cette solution qui se fonde sur la classification générationnelle des droits doit à notre avis être purement et simplement rejetée. En droit camerounais fort heureusement les principes du Préambule font double emploi avec certaines Conventions internationales ratifiées par le Cameroun. Faut-il conclure que ces Conventions sont intervenues dans la réalisation de ces droits et principes préambuliques ? La question n'est pas sans objet, car elle va déterminer la valeur de ces Conventions. S'agissant des Conventions intervenues avant 1996, il serait difficile d'arriver à ces conclusions. Dans la mesure où ces principes et droits sont posés par la Constitution de 1996, les Conventions antérieures ayant le même objet ne peuvent logiquement pas avoir été conclues dans la mise en œuvre des principes du Préambule. En revanche celles qui sont intervenues après 1996 peuvent bénéficier de cette présomption.

---

86 DEMICHEL (A), *Le droit administratif* –Essai de réflexion théorique, Paris, LGDJ, Rue Soufflot 75005, 1978, p.86.
87 *Ibidem.*

- Le juge administratif considère aussi que les actes administratifs doivent respecter les *droits acquis*[88]notamment en matière de retrait. Cette solution découle de l'application du *principe de sécurité juridique* qui s'oppose à ce qu'une situation, même acquise illégalement puisse être remise en cause en principe au-delà des délais de recours contentieux. La solution française a évolué sur ce point. L'élément important tourne autour de la notion *d'acte créateur de droits. Les actes créateurs de droits illégaux* ne pouvaient être retirés que dans le délai du recours contentieux selon la jurisprudence traditionnelle *(Dame Cachet*[89]*)*. Désormais l'Administration dispose d'un délai de (4) quatre mois pour retirer ce type d'acte. *L'Arrêt Ternon*[90] pose cette règle tout en consacrant une dissociation entre les délais de retrait et du délai de recours contentieux.

La consécration des *droits subjectifs* des administrés dans la Constitution et les lois particulières, et *la théorie des droits acquis* apportent un coup sévère au caractère *décisoire* de l'AAU, de la même manière, il est possible de contester son caractère *exécutoire*, il ne s'agit pas dans le contexte camerounais d'un caractère intrinsèque à l'acte administratif, c'est le législateur qui décide que tel acte à un caractère *exécutoire* ou pas, il ne faudrait surtout pas confondre *le caractère exécutoire* et *l'exécution forcée* . *L'exécution forcée* est une modalité d'exécution d'une décision revêtue du *caractère exécutoire*, le mode normal d'exécution des décisions administratives est l'exécution concertée, l'exécution forcée n'interviendra qu'en cas de réticence, sous peine de constituer *un abus de droit (moyen d'annulation consacré par le juge administratif camerounais).*

C) Atteinte au caractère exécutoire de l'AAU

---

[88] *Voy.* YANNAKOPOULOS (C), *La notion de droits acquis en droit administratif français*, Paris, LGDJ, 1997.

[89] CE, 22 novembre 1922 *Dame CACHET* in LONG (M), WEIL (P) et BRAIBANT (G), *les grands arrêts de la jurisprudence administrative*, 13° édition Dalloz 2001, n° 40, p. 241. L'arrêt *Ville de Bagneux* du Conseil d'Etat du 6 mai 1966 *(Rec. p. 303)* a néanmoins précisé qu'en l'absence de publicité à l'égard des tiers, l'Administration peut retirer un acte créateur de droit illégal non devenu définitif, bien qu'il ait été notifié à son bénéficiaire.

[90] CE Ass. 26 octobre 2001 M. TERNON, *AJDA* 2001, p. 1054 Chronique par Matthias GUYOMAR et Pierre COLIN. *concl.* SENERS (F) et note DEVOLVE (P), *RFDA* 2002, p. 77.GAUDEMET (Y), Faut il retirer l'arrêt TERNON, AJDA 2002, p. 738.

Contrairement à ce qui a souvent été enseigné, *le caractère exécutoire* n'est pas une caractéristique propre de l'acte administratif unilatéral. C'est le doyen Maurice HAURIOU qui a répandu cette idée malheureusement erronée, au sein de la doctrine. Il définit *la décision exécutoire (AAU)* comme *« toute déclaration de volonté en vue de produire un effet de droit, vis-à-vis des administrés, émise par une autorité administrative dans une forme exécutoire, c'est-à-dire dans une forme qui entraîne l'exécution d'office*[91]. » La notion *de décision exécutoire* que HAURIOU utilise pour décrire ce qui est appelé au Cameroun *acte administratif unilatéral* a été vivement critiquée par Prosper WEIL[92] et surtout par Charles EISENMANN[93]qui lui reproche *d'une part,* la confusion terminologique, HAURIOU aurait confondu les notions *d'exécutoire et l'exécution d'office*, c'est-à-dire le caractère *obligatoire* de l'acte unilatéral *(normativité de l'acte et force juridique)* avec *son exécution (régime juridique).* EISENMANN estime que les vues de HAURIOU sont touffues et surprenantes, il conclut au rejet de la notion *décision exécutoire.* Même les disciples du Doyen de Toulouse reconnaîtront une certaine confusion dans l'expression juridique, ainsi Lucien SFEZ dans la thèse[94] qu'il consacre à la pensée de HAURIOU reconnaîtra ce dédain pour la rigueur dans le choix des mots. Roger Gérard SCHWAZENBERG regrette les *« écarts de langage d'HAURIOU*[95] *».* Nous souscrivons à ces vues, la notion de *décision exécutoire* est vectrice de confusions, toutefois la notion *d'acte administratif unilatéral (que nous utilisons dans notre propos),* consacrée par la jurisprudence au Cameroun devrait également être abandonnée. Cette étude s'attache précisément à souligner les transformations de l'AAU, pourquoi devrait-on le décrire par son *unilatéralité* alors que celle-ci est battue en brèche ? Nous préconisons en attendant d'autres formules, l'utilisation de la notion *« décisions administratives »,* consacrée par les textes au Cameroun, notamment les lois sur le contentieux[96]. *D'autre part,* EISENMANN reproche à

91 HAURIOU (M), *Précis de droit administratif et de droit public,* Sirey 1927, p. 356. Certains auteurs attribuent la paternité de la notion de décision exécutoire plutôt à Edouard LAFERRIERE qui déjà en 1888 l'a utilisé dans son *Traité de la juridiction administrative*, tome 2, éd. Berger Levrault et Cie 1888.

92 WEIL (P), note sous C.E. 20 avril 1956, Ville de Nice, *AJDA*, 1956, p. 267.

93 EISENMANN (C), *Cours de droit administratif*, tome 2, *op.cit.*, p.743 et ss.

94 SFEZ (L), « *Contribution du Doyen HAURIOU au droit administratif français* », LGDJ, 1966, p.333 et s.

95 MILLARD (E), *« Les disciples administrativistes de Maurice HAURIOU », (contribution au colloque A propos de Maurice HAURIOU), Revista Opinião 3*,6 (2002), 373-392.

96 Dans quelques décisions, le juge camerounais utilise la terminologie de Maurice HAURIOU, il parle de « décision exécutoire » pour designer *l'acte administratif unilatéral* –Jugement n° 23 du 03 février 1977, YEYAP NJOYA Joseph Marie c/ Etat du

HAURIOU d'avoir généralisé l'hypothèse extrême de *l'exécution forcée* à l'ensemble des actes unilatéraux, *(le Doyen de Toulouse ferait soit une erreur théorique entre l'unilatéralité et 'l'exécutoire', soit une erreur sur le droit positif en prétendant que tous les actes unilatéraux seraient exécutoires).* Selon Charles EISENMANN, on ne peut généraliser *le caractère exécutoire* à tous les actes normatifs *(obligatoires),* c'est conclure autrement que la sanction serait attachée à toute décision, or il faut distinguer à l'intérieur des actes administratifs entre les actes *permissifs* et les actes *impératifs*, le *caractère exécutoire* ne concernerait dès lors que les actes *impératifs*. L'ambition n'est pas de vouer aux gémonies le Doyen de Toulouse, si EISENMANN[97] le critique vivement, il a reconnu –rappelons- le, dès 1930 que les aspects techniques de sa pensée et celle de DUGUIT constituent *« l'apport la plus durable et le plus précieux au progrès des sciences juridiques. »*

L'analyse des travaux en doctrine manifeste au moins pour ce qui est de la terminologie, la victoire de Charles EISENMANN, l'expression *acte administratif unilatéral* a supplanté même dans la doctrine étrangère *(c'est-à-dire en dehors des frontières de la France). La décision exécutoire* et le mot *exécutoire* sont utilisés par la plupart des auteurs dans le sens de *l'exécution forcée*[98]. La doctrine française a été longtemps divisée entre les partisans de l'appellation *décision exécutoire* et ceux de l'appellation *acte administratif unilatéral.* Pierre DEVOLVE recommande afin de lever l'ambiguïté sur le vocable *« exécutoire »,* de renoncer à l'employer et de lui préférer la notion d' *« acte unilatéral ».* Roger SCHWARTZENBERG propose de réserver l'emploi du concept « *exécutoire* » au cas de*« l'exécution forcée ».* Jean Claude RICCI est plus radical : *« la décision exécutoire »* doit être rejetée du vocabulaire administratif[99] souligne t'il. Nous sommes de cet avis, même s'il était prouvé que le caractère *exécutoire* fût intrinsèque à l'acte administratif unilatéral, cela n'eût suffit guère à justifier l'emploi de cette notion. N'est- il pas d'ailleurs une incommodité absolue du langage que de designer un acte par ses caractéristiques ? Pourquoi ne dirait –on pas «

Cameroun : *« la décision administrative* **ou exécutoire** *est tout acte juridique unilatéral d'une administration qualifiée et agissant en tant que telle, susceptible de produire par lui-même des effets de droit. »*

[97] EISENMANN (C), *« Deux théoriciens du droit : HAURIOU et DUGUIT », Revue philosophique* 1930, p. 30.

[98] *Voy.* CHAPUS (R), *Droit administratif général,* Montchrestien n° 557 ; De LAUBADERE, VENEZIA, GAUDEMET, *traité de droit administratif,* t. 1, n° 977 ; *voy.* aussi Eric MILLARD, Les disciples administrativistes de Maurice HAURIOU », *op.cit.,* p. 5 et ss.

[99] RICCI (J-C), *Droit administratif,* Paris Hachette, 1996, p. 47.

l'acte administratif décisoire » ? Ou pour les décisions de justice *« la décision revêtue de la chose jugée »* ? On pourrait nous rétorquer que l'expression *« acte administratif unilatéral »* participe de la même logique et encourt les mêmes critiques. Il s'agit d'un vocabulaire provisoire.

Retenons que *le caractère exécutoire* n'est donc pas un élément de la définition de l'AAU, seuls certains d'entre eux bénéficient du *caractère exécutoire*, nous reviendrons sur la notion à l'occasion de l'examen du *privilège de l'exécution forcée.* De même, *l'acte administratif unilatéral* au regard de l'évolution ne peut plus être qualifié d' *« acte administratif »* si on devrait entendre par là *« actes de personnes morales de droit public ».* La jurisprudence camerounaise a reconnu la possibilité pour les personnes de droit privé de prendre des AAU.

Paragraphe 2 Atteintes au caractère administratif de l'AAU

Il est inexact de faire rentrer aujourd'hui le caractère *administratif,* du moins au sens organique, dans la définition de l'AAU. Il y'a en effet deux sens de la notion d'*administration* : un sens organique, l'Administration est entendue comme un ensemble d'organes *(liés aux personnes morales de droit public)* par lesquels est accomplie entre autres une mission d'intérêt général *(elle s'écrit avec (A) majuscule)* ; l'administration renvoie également à *une activité,* à une *tache, une mission,* elle s'écrit alors avec un petit (a). C'est dans ce sens que Charles EISENMANN l'emploie dans ses développements consacrés à l'élément *étatique* de l'AAU. Il considère que seuls sont *administratifs,* les actes imputés à l'Administration et à travers elle, à la personne publique à laquelle elle ressortie. Le caractère *administratif* selon lui n'implique pas seulement que l'acte ait pour auteur un individu ou une pluralité d'individus, qui aient la qualité d'agents administratifs, c'est-à-dire *(au moins dans le cas très général)* qui aient été investis de cette qualité par un *titre.* Il implique qu'il ait agi pour cet acte comme agent administratif pour que l'acte soit considéré comme un acte d'un agent administratif agissant *es qualité.* Cela se traduit par le fait que les normes posées par l'acte ne le concernent en définitive pas lui personnellement, comme individu agissant pour son propre compte, mais concernent le groupement dont il est l'agent, c'est-à-dire les membres de ce groupement[100]. La conception de la notion d'*« administration »* est assez large dans la mesure où elle considère comme

100 EISENMANN (C), *Cours de droit administratif,* tome 2, *op.cit.,* p.691.

administratif non pas simplement les actes des personnes publiques mais les actes des personnes privées.

Il faut constater en droit camerounais une certaine banalisation du caractère *administratif*, autrement dit, le juge s'est acheminé progressivement vers la conception française selon laquelle *l'acte administratif* n'est pas simplement l'acte des personnes publiques. Selon les auteurs au Cameroun, cette qualification en *« actes administratifs »*, des actes des personnes privées est en soit une protection du particulier[101]. Nous partageons ce point de vue, dans la mesure où cette évolution manifeste un retrait de la personne publique et une plus grande autonomisation corrélative des organismes auxquelles il est ainsi reconnu une compétence. Trois illustrations[102] nous permettent de remettre en cause la conception organique de l'acte administratif unilatéral. Depuis longtemps au Cameroun, le juge administratif a considéré que les personnes privées peuvent prendre des actes administratifs unilatéraux. Ce qui est quand même un fait important, si tant est que l'on doive considérer l'AAU comme la manifestation d'un pouvoir. Ces évolutions banalisent une telle prérogative. Le premier élément important de noter est la reconnaissance de ce pouvoir aux ordres professionnels (A), mais également aux fédérations sportives (B). Le second élément – depuis longtemps, le juge camerounais a consacré *la théorie des fonctionnaires de fait*, dont l'implication est de faire rentrer dans la catégorie des AAU, certains actes pris par des personnes extérieures à l'Administration (C).

A) Cas des ordres professionnels

Le juge administratif camerounais a admis depuis longtemps que les Ordres professionnels peuvent prendre des actes administratifs unilatéraux **–CFJ/CAY, Arrêt n° 50 du 27 juin 1968, Bernard AUTOROCHE c/ Ordre national des Médecins**. Cette jurisprudence à été confirmée à propos d'une affaire qui concerne l'Ordre des Avocats **–CS/AP. n°7 du 31 mars 1977 FEUMI JANTOU**

101ABA'A OYONO (J.C), *La compétence de la juridiction administrative en droit camerounais* (thèse de droit, Nantes) 1992, p. 44 ; KEUTCHA (C), note sous Cour Suprême du Cameroun *(Ch. Adm.), Jugement n° 38 du 30 mars 1995, NYAM Charles c/ Etat du Cameroun (MINSUP), juridis périodique n° 37*, janvier mars 1999, pp.14-20.

102 La liste n'est pas exhaustive car peuvent bénéficier également de cette prérogative *les Chambres consulaires* –CS/CA, Jugement n° 41 du 25 mai 1989, TCHATCHOUA Jean Pierre.

Jacques c/ Conseil de l'Ordre des Avocats. Dans une Ordonnance récente, le juge camerounais étend la solution à l'Ordre des Pharmaciens, ce qui autorise à penser que la solution concerne en définitive tous les Ordres professionnels. Cette Ordonnance a également le mérite de nous renseigner sur le fondement de cette compétence : c'est en respect des lois et Règlements qui ont confié à l'Ordre professionnel, la mission d'assurer la défense de l'honneur et l'indépendance de la profession qu'il représente *(voyons aussi, l'affaire* ***Félix TIAKO c/ Conseil de l'Ordre des Pharmaciens du Cameroun –Jugement n° 117 du 31 mai 1991 et l'Ordonnance n° 266 du 23 avril 2007, aff. Dr TCHINANG Lylie Annie et Dr MOUDIO Alexandre c/ Conseil national de l'Ordre des Pharmaciens****)*. Saisi d'une demande de *sursis à exécution* de *l'Arrêt n° 02/2006-2007 du 24 janvier 2007* par la Chambre d'appel du Conseil de discipline de l'Ordre des Pharmaciens sanctionnant le manquement à la déontologie d'un membre dudit Ordre, le premier Président pour rejeter la demande relève entre autres que *« le respect des lois et règlements qui ont confié à l'Ordre des pharmaciens la mission d'assurer la défense de l'honneur et l'indépendance de la profession qu'il représente, interdisait à cet organe d'assister impassible à la désobéissance de l'un de ses membres. »* Il reconnaît clairement par ces énonciations que le Conseil de l'Ordre des Pharmaciens peut prendre *des actes administratifs unilatéraux*, en vertu de la mission de service public qui lui est confiée, à savoir *la défense de l'honneur et l'indépendance de la profession de Médecin.* On pourrait penser sur la base de cette interprétation que le juge administratif camerounais reconnaitrait le caractère administratif aux actes concernant le fonctionnement interne des Partis politiques et de certaines associations. Il a admis en tout cas de manière certaine que les Fédérations sportives peuvent édicter des actes administratifs unilatéraux.

B) Cas des fédérations sportives

Voyons en ce sens un **Jugement n° 48 du 25 mai 1989 Aigle Royal de Dschang « El Pacha » c/ Etat du Cameroun**[103]. Les faits qui ont donné lieu au Jugement n° 48 sont simples : la Commission d'homologation et de discipline de la Fécafoot *(Fédération camerounaise de*

---

103 KEUTCHA (C), « Les mutations récentes du droit administratif au Cameroun », *AFrilex* 2000/1, p. 22.

Football) avait retiré deux points à l'équipe défenderesse au profit de Diamant de Yaoundé, à la suite d'un incident intervenu au cours d'un match de football opposant les deux équipes. La décision de la CDF sera confirmée en appel par le Bureau Exécutif de la Fécafoot *(BEF)*. Par la requête en date du 16 décembre 1987, le requérant saisit la Chambre Administrative de la Cour Suprême aux fins d'annulation de la mesure contestée. Le juge déclare la requête prématurée, par voie de conséquence, irrecevable. Les Observations de Roger Gabriel NLEP au sujet de cette affaire appellent quelques commentaires. Il souligne en effet : *« La Chambre Administrative a implicitement affirmé sa compétence pour prérogatives des mesures disciplinaires prises par les Fédérations sportives à l'encontre des associations qui en sont membres. Il n y'a rien d'étonnant à cela, car la haute juridiction n'a fait que restituer l'état de droit en réitérant sa compétence pour connaitre des actes des organismes privés qui se trouvent investis d'une mission de service public et qui jouissent des prérogatives de puissance publique*[104]. »

Première observation, l'interprétation du professeur va au-delà de ce qu'a dit le juge, dans la mesure où il étend la solution à toutes les personnes qui se trouvent investies d'une mission de *service public* et jouissent des *prérogatives de puissance publique.* Cette interprétation dogmatique ne nous poserait a priori pas problème, dans la mesure où la reconnaissance à des organismes privés d'une compétence d'édiction d'actes administratifs unilatéraux contribuerait à banaliser cette faculté que l'on considère comme la manifestation du pouvoir administratif –ce qui conforte notre thèse centrale. Le vocabulaire employé toutefois, nous semble pernicieux.

Seconde observation, cette petite phrase est une claire illustration de ce que nous avons appelé *le fétichisme juridique,* dans la mesure où il est fait appel aux notions de *service public* et *prérogatives de puissance publique* qui ne sont pas sans rappeler la grande bataille qui a opposée LEON DUGUIT *(Ecole de Bordeaux)* et le doyen Maurice HAURIOU *(Ecole de Toulouse)* à la base de l'édification du droit administratif français. Seulement, rien ne dit qu'en attribuant une compétence d'édiction d'actes administratifs aux Ordres professionnels et aux Fédérations sportives, le juge administratif camerounais aurait raisonné comme en France. **L'Ordonnance n° 266 du 23 avril 2007, Dr TCHINANG Lylie Annie et Dr MOUDIO**

---

104 NLEP(R.G), note sous *CS/ CA, Jugement n° 48 du 25 mai 1989, Aigle Royal de Dschang « El Pacha » c/ Etat du Cameroun, Revue juridique et Economique du Sport* n° 21, 1992.

Alexandre c/ Conseil national de l'Ordre des Pharmaciens ci-dessus examiné, nous renseigne clairement sur les motivations du juge camerounais à considérer comme actes administratifs, les actes des Ordres professionnels. Reprenons pour les besoins de l'argumentaire les énonciations du juge administratif : *« Le respect des lois et règlements qui ont confié à l'Ordre des pharmaciens la mission d'assurer la défense de l'honneur et l'indépendance de la profession qu'il représente, interdisait à cet organe d'assister impassible à la désobéissance de l'un de ses membres. »* A notre humble avis, c'est en référence à des principes de l'action publique, autres que la doctrine du *service public* ou *de la puissance publique* que le juge est arrivé à cette solution, en l'occurrence, ce sont *les principes de la Légalité administrative* et de *l'Indépendance* des Ordres professionnels qui semblent motiver sa solution. Il est nécessaire de respecter les Règlements et les lois ; l'indépendance de l'Ordre professionnel vis-à-vis de l'Administration doit être sauvegardée ; on peut donc attribuer aux Ordres professionnels un pouvoir d'édiction d'actes administratifs afin d'assurer la discipline de ses membres et la Légalité de ses actes. Cette interprétation permet par identité de motifs d'étendre la solution à tous les cas où on serait en présence d'une structure dont l'indépendance doit être sauvegardée et qui doit dans le même temps assurer l'honorabilité du corps qu'il constitue, par une discipline de ses membres *(Partis politiques, associations par exemple)*.

Ces décisions ont été soulignées en doctrine, elles marquent clairement un changement d'orientation dans la conception camerounaise de *l'acte administratif*, le juge camerounais est passé de la conception organique à la conception matérielle *(pour rappel, la logique de l'Arrêt NJANKE et les Arrêts subséquents, par exemple* ***KONG Emmanuel du 19 déc. 1979*** *était que seules les personnes publiques purent édicter des actes administratifs unilatéraux)*, en ce sens ABA AYONO souligne : *« le fondement de l'acte administratif, clairement mis en évidence dans les décisions NGONGANG NDJANKE Martin et YEYAP NJOYA Joseph Marie est ébranlé du fait de l'immixtion d'organismes privés dans le champ de la décision publique », il poursuit pas une affirmation quelque peu surprenante : « (...) Et ce n'est nullement la rigoureuse restriction jurisprudentielle des catégories concernées qui empêchera de persister sur la fin du monopole de l'autorité administrative à poser des actes administratifs unilatéraux*[105] », le professeur Joseph OWONA quant – à lui constate clairement ce changement d'orientation, on peut toutefois regretter le fait qu'il ne va

105 ABA'A OYONO (J-C), La compétence de la juridiction administrative en droit camerounais (thèse de doctorat –Université de Nantes, 1994), p. 51-52.

pas au bout des ses constatations en déduisant les implications concrètes en terme de protection du particulier. Il souligne en substance : *« le changement ou le revirement d'une jurisprudence ancienne illustre également la souveraineté d'interprétation et de règlement détenue par les juridictions administratives camerounaises. Il en est ainsi de la jurisprudence relative aux ordres professionnels qui gèrent les carrières des Avocats, des Notaires, des Médecins et des Pharmaciens. Le fait de reconnaitre que ces ordres émettent des actes administratifs susceptibles de recours contentieux devant la juridiction administrative, va à l'encontre de la jurisprudence NGONGANG NDJANKE Martin, déniant cette qualité aux actes des personnes privées*[106] *(…) »*. Dans ce contexte, nous ne pouvons partager l'interprétation du professeur Célestin KEUTCHA, il souligne : *« De toute évidence, ces arguments en faveur du recul du critère organique de la définition de la définition de l'acte administratif unilatéral ne résistent pas à l'analyse. L'examen attentif du droit positif montre que ces prises de position, sont pour le moins, hâtives*[107]. *»* Selon l'auteur, l'attribution à ces personnes privées d'un pouvoir d'édiction des actes administratifs a un fondement purement légal, ce qui impliquerait que cette possibilité serait conditionnée par cette circonstance –cette proposition est tout à fait vraie, toutefois, elle ne conteste pas d'une part, le fait que les personnes privées puissent prendre des actes administratifs –ce qui est inconcevable selon une approche organique qui limite par définition cette possibilité à l'Etat et ses démembrements, les Collectivités territoriales décentralisées, les Etablissements publics –bref les personnes morales de droit public. Pas plus, elle ne conteste pas l'importance numérique de ces personnes privées investies du pouvoir d'édiction des actes administratifs *(les fédérations sportives, les ordres professionnels, les chambres consulaires, les fonctionnaires de fait –et selon une interprétation personnelle, les partis politiques et associations)*. Il y'aurait bien eu à notre avis un changement dans la conception de *l'acte administratif unilateral* au Cameroun. Ce changement est le signe de la subjectivation du droit administratif camerounais. Une autre illustration de cette tendance est tirée de *la théorie des fonctionnaires de fait.*

---

[106] NGOLE NGWESE (P) et BIYOUM (J-M), *Eléments de contentieux administratif camerounais, l'Harmattan* 2010, p.53.

[107] KEUTCHA (C), Précis de contentieux administratif au Cameroun, l'Harmattan 2013, p. 48.

C) Cas résultant de l'application de la théorie des fonctionnaires de fait

Le juge camerounais a depuis longtemps consacré *la théorie des fonctionnaires* de fait, elle permet d'établir soit la régularité d'un acte administratif pris par une personne incompétente *(en l'occurrence une personne de droit privé)* ; soit l'imputabilité de la responsabilité de ses actes à l'Administration. *La théorie des fonctionnaires de fait* selon la jurisprudence administrative française repose sur un double fondement :

- En temps normal de gestion des affaires publiques, elle se fonde sur *la théorie de l'apparence.* On parle ici *d'investiture plausible.* On suppose que le fonctionnaire de fait est passé aux yeux des administrés pour un agent régulièrement investi des prérogatives qu'il a exécutées. Par exemple une décision prise par un fonctionnaire dont la nomination est par la suite rétroactivement annulée.

- En temps exceptionnels comme une guerre, elle se fonde sur l'idée de *nécessité de fonctionnement du service public*, qui est traduite juridiquement par *le principe de continuité du service public.* On citera par exemple –dans le cadre belge, une réquisition décidée par une personne qui, suite à la fuite d'une armée ennemie et du personnel administratif installé par les membres de la Résistance, a été nommée administrateur provisoire de la Commune en attendant qu'il soit désigné légalement et régulièrement une autorité administrative compétente. Les actes accomplis par ces *fonctionnaires de fait* dans un but d'intérêt général sont considérés comme valides[108].

Dans le contexte du Cameroun, on peut citer deux importantes décisions : la première est intervenue il y a très longtemps avant les Indépendances, sous l'empire du Conseil du contentieux administratif *(il faut se rappeler que dans ce contexte, les décisions de la juridiction administrative pouvaient faire l'objet de recours devant le Conseil d'Etat français).* Il s'agit de l'Arrêt Dame CIVRA ; le second est l'affaire Dame KIEFFER Marguerite. Les deux affaires illustrent *la théorie des fonctionnaires* de fait respectivement en période normale et en période exceptionnelle.

---

108 *Voy.* FLAMME (M.A) et al. *Droit administratif,* t 1, Bruylant, 1989, pp.336-338 ; SALMON (J), *Le Conseil d'Etat,* t1, Bruylant, 1994, pp.408-410 ; GAUFFAUX (P), *Dictionnaire élémentaire de droit administratif,* Bruylant, 2006, p. 118-119.

La première illustration, **Arrêt n° 224/ CCA/ du 22 mars 1953, Dame CIVRA c/ Territoire** : *« Considérant qu'il appert des pièces et documents versés au dossier de la procédure , que le sieur PERON, chef de bureau du ministère de l'Education Nationale, devant être mis par son Département d'origine en position de détachement pour servir au Cameroun en qualité d'Adjoint au Directeur de l'Instruction Publique avait demandé en octobre 1948 au sieur BINON, Directeur de l'instruction Publique du Territoire , alors en mission à Paris le recrutement de dame CIVRA en qualité de secrétaire de Direction. Que par lettre personnelle datée du 14 novembre 1948, le Directeur de l'Instruction Publique informait sieur PERON que l'emploi sollicité n'était pas prévu au budget local, il se trouvait dans l'impossibilité de faire venir l'intéressé aux frais du Territoire et qu'il envisageait en conséquence de la recruter sur place en qualité d'employé contractuel, que sieur PERON ayant pris ses fonctions au début de l'année 1949, la Dame CIVRA le rejoignit en avril de la même année. Qu'à la suite de nombreuses demandes de l'intéressé, une décision est intervenue le 24 mai 1950, constatant un état de fait, le travail accompli par Dame CIVRA à l'Enseignement pendant les deux mois au cours desquels elle avait rempli les fonctions de sténodactylographe auxiliaire et qui lui accordaient en conséquence, une indemnité de 36.000 francs égale à deux mois de salaire ainsi que le remboursement des frais d'hôpital.*
Considérant que Dame CIVRA par l'organe de son mandataire soutient qu'elle était liée à l'Administration locale par un contrat administratif de louages de services et que dans ces conditions, le Territoire devait supporter la responsabilité individuelle de la rupture abusive de contrat.
Mais considérant que Dame CIVRA a effectué son travail à l'Enseignement sans qu'aucun acte d'engagement ne soit intervenu en sa faveur et sans que les services intéressés en soient avertis. Que des circonstances de la cause, la requérante ne pouvait ignorer que son entrée au service de l'Enseignement était irrégulière, Que dès lors vis-à-vis de l'Administration locale, elle doit être considérée comme employée de fait (…)
Considérant que le jurisprudence prétorienne du Conseil d'Etat décide que l'individu qui se fait irrégulièrement investir ne doit pas pouvoir invoquer à son profit un titre irrégulier, le fonctionnaire de fait peut cependant réclamer une indemnité égale à l'enrichissement procuré par son fait, au patrimoine investi, il doit alors invoquer non plus son investiture irrégulière mais le principe d'équité d'après lequel nul ne peut s'enrichir aux dépens d'autrui. »

La seconde illustration est **l'Arrêt de l'Assemblée Plénière de la CFJ du 04 novembre 1965, Damme KIEFFER Marguerite** : *« Attendu que les groupes d'auto-défense avaient été constitués avec l'autorisation tacite du Maire de Nkongsamba et du Préfet du Moungo, pour suppléer à l'insuffisance du service d'ordre. Que l'auteur de cet accident qui a été condamné pour homicide par* *imprudence par le Tribunal correctionnel de Nkongsamba, doit donc être considéré comme ayant été en service au moment des faits et que la jurisprudence des fonctionnaires de fait doit trouver son application en l'espèce. »*

Si dans les cas ci-dessus énoncés, l'application de *la théorie des fonctionnaires de fait* permet d'attribuer une indemnité et d'établir la responsabilité administrative au profit de celui qui s'en prévaut, elle peut également servir à rendre réguliers les actes pris par des personnes privées, qui ne sont formellement pas des agents de l'Etat. Selon André DELAUBADERE, le fonctionnaire de fait est *« un agent incompétent, souvent même un simple citoyen qui s'étant substitué aux autorités (…) voit ses actes déclarés valides*[109] *. »* A côté de ces bougés dans les éléments de définition traditionnels des actes administratifs unilatéraux, il est possible de mettre en lumière des évolutions qui elles, touchent aux privilèges traditionnellement reconnus aux AAU.

Section 2. Déclin des prérogatives attachées à l'acte administratif unilatéral

Il est généralement admis que l'Administration dispose de deux privilèges *(trois selon certains auteurs)* attachés à l'AAU : *le privilège du préalable* et le *privilège de l'exécution d'office*. La paternité de ces idées est attribuable au doyen Maurice HAURIOU *(à Edouard LAFERRIERE en réalité)*. Pour mieux comprendre sa pensée, on ne peut faire abstraction des éléments personnels à l'auteur. Maurice HAURIOU avait en effet été très marqué négativement par la chute du *Second empire*[110], il était très hostile au désordre. C'est pourquoi *l'Ancien régime*[111] va être pour lui une source d'inspiration. Il va y puiser des idées, les remodeler pour les appliquer à l'Etat industriel du XXème siècle. Il est partisan d'un Etat fort, capable de faire respecter l'ordre et les privilèges administratifs. Selon lui les décisions administratives bénéficient de deux privilèges *(le privilège d'exécution par provision, du préalable) et* le privilège de *l'exécution forcée.* Les définitions proposées ci-dessous nous semblent assez simples et fidèles à la pensée de HAURIOU, nous allons donc les retenir pour les besoins

---

109 DELAUBADERE (A), *Traité de droit administratif, op. cit.,* n° 487.

110 Régime politique établi en France le 2 décembre 1852 par Napoléon III qui dura jusqu'au 4 septembre 1870.

111 Régime social et politique de la France depuis le règne de François Ier *(1515- 1547)* jusqu'à la proclamation de l'Assemblée nationale le 17 juin 1789.

de la critique qui va suivre. Selon Pierre WIGNY[112], *la décision exécutoire (acte administratif unilatéral)* se caractérise par deux privilèges :

- *Le privilège du préalable* signifie que les particuliers ne peuvent se faire justice. Il faut attendre que le juge ait dit le droit. Au contraire, une contestation n'arrêtera pas l'activité des Services publics. Privilège essentiel puisque à cause de lui, le particulier qui se prétend lésé sera demandeur, c'est-à-dire aura la charge de la preuve et puisque très souvent son assignation ne suspend pas l'exécution, l'Administration est dans une situation favorable. Il signifierait que lorsque celle-ci veut réaliser une situation de droit à l'encontre d'un administré et qu'elle se heurte à la résistance de celui-ci, elle peut vaincre celle-ci en prenant *une décision exécutoire.* Elle n'a pas besoin de faire un recours préalable à un juge ; cette dispense de s'adresser à la justice est proprement *le privilège du préalable.* Le particulier est ainsi contraint à la position défavorable de demandeur, situation d'autant plus défavorable que les recours qu'il peut intenter devant les juridictions administratives ne sont en principe pas suspensifs, c'est dire que l'Administration peut poursuivre l'exécution entreprise malgré le recours formé contre celle-ci et tant que le juge n'a pas statué.

- *Le privilège d'exécution d'office :* l'Administration rencontrant une résistance chez le sujet passif de son droit, ne doit pas obtenir d'un juge *(ou d'un notaire)* un titre exécutoire. Elle peut exécuter immédiatement et au besoin, requérir à la force publique. Les Services publics ne peuvent être arrêtés ; l'ordre de l'autorité doit être obéi. Il peut d'abord être prévu par un texte formel. A défaut de texte, l'exécution d'office sera aussi admise moyennant diverses conditions. Essayons de résumer ces idées. *Le privilège du préalable* comporterait au moins trois éléments :

- L'Administration peut se rendre justice, le particulier doit obéir d'abord et contester ensuite ;
- Le particulier est dans la position de demandeur et la charge de la preuve repose sur lui ;
- Les recours qu'il peut intenter ne sont en principe pas suspensifs de la décision administrative.

Le privilège de l'exécution d'office comporte également en trois éléments :

112WIGNY(P.), *Droit administratif, Principes généraux*, éd. Emile Bruylant 1953, § 199 à 201.

- L'Administration n'a pas besoin *d'un titre exécutoire* d'un juge ou d'un notaire pour exécuter ses décisions ;

- Elle peut exécuter *elle-même* ses décisions *(c'est la signification même de l'exécution d'office, c'est-à-dire de son propre chef, par ses propres moyens) ;*

- Elle peut en cas de résistance de l'administré recourir à la force publique *(c'est ce qu'on appelle l'exécution forcée).*

Autant le dire, *les privilèges du préalable* et de *l'exécution d'office* ont fait l'objet d'intéressants développements en droit étranger. D'abord en droit administratif français[113], défendus par les uns, contestés par d'autres, ils ont en tout cas été l'objet d'un grand intérêt, il n'est donc pas question de refaire l'histoire du droit sur ce point. En droit belge, l'Avocat général Paul LECLERCQ avait dans l'Arrêt *la Flandria* en 1921 asséné le premier coup qui conduira à l'éboulement des *privilèges administratifs* en droit

---

113 ROMIEU fût le premier à remettre en cause ce privilège. Il a bâti un véritable *Code de l'exécution forcée*, grâce à sa fameuse note sous *TC, 2 décembre 1902, Soc .immob. de Saint-Just,* S.1094 .3.17, à propos de la fermeture des établissements congréganistes en application de la *loi du 1er juillet 1901*. Il est admis que *l'exécution forcée* doit répondre aux conditions suivantes :

- Si l'Administration décide de *l'exécution forcée,* elle le fait à ses risques et périls –c'est dire qu'elle s'expose à des dommages et intérêts si la décision est ensuite annulée *(CE 27/02/1903 ZIMMERMAN, S. 1905.3.17.)*

- L'application *du privilège d'exécution d'office* est limitée par le principe selon lequel lorsque cette application entraîne une atteinte à une liberté ou au droit de propriété, elle n'est légitime que dans l'un des cas suivants : lorsque la loi elle-même le prévoit dans le cas d'urgence, lorsque l'Administration ne dispose pas d'autres moyens juridiques, en particulier lorsque le législateur n'a pas prévu des sanctions pénales à l'encontre des fonctionnaires récalcitrants. Ces développements ont permis de battre en brèche les conceptions du doyen HAURIOU.

administratif belge. Un extrait de cette importance décision mérite d'être cité au moins en bas de page[114].

Les études relativement récentes vont dans le sens de la contestation de ces privilèges[115]. Parmi les courants contestataires on peut retenir deux tendances *(quatre en réalité, voy. introduction)* :

---

114 **Cour de cassation belge, 1re ch., 5 novembre 1920,** ***la FLANDRIA*** : *« Attendu, il est vrai, qu'une doctrine où s'appuie le pourvoi tend à créer au profit des personnes du droit public une immunité en vertu de quoi leur activité pourrait s'exercer au détriment des droits civils des particuliers sans qu'elles encourent une responsabilité civile, tout au moins dans les cas où cette activité serait l'exercice d'une puissance publique (...) Doctrine française, encore en application aujourd'hui, et qui est traditionnellement rattachée à l'arrêt Blanco, TC, 8 février 1873, (...) Qu'ainsi [selon l'arrêt Blanco], il serait interdit aux cours et tribunaux d'apprécier les actes de l'administration et d'ordonner la réparation du préjudice causé par les actes illicites qu'elle accomplirait; Que l'on fonde cette doctrine sur le principe dit de « la séparation des pouvoirs » ; Attendu que la Constitution a consacré dans ses articles 25 à 31, une théorie de la « séparation des pouvoirs » qui voit une condition de la liberté politique dans la répartition des fonctions publiques en trois groupes distincts et indépendants les uns des autres; Qu'en vertu de cette règle de partage des attributions il est interdit aux cours et tribunaux de faire des actes d'administration publique et de réformer ou d'annuler les actes des autorités administratives, comme il est interdit à l'administration de juger des contestations qui ont pour objet des droits civils ; Mais attendu que la même expression « séparation des pouvoirs » sert aussi à désigner une règle très ancienne du droit public français, admise déjà au temps de l'absolutisme monarchique et qui a trouvé son expression dans l'édit de Saint-Germain du 6 février 1641 et plus tard dans les lois des 16 et 24 août 1790 (titre II, article 13) et du 16 fructidor an 3); Qu'au vœu de cette règle il est interdit aux corps judiciaires de juger les contestations où l'Etat et les autres personnes du droit public sont intéressés, la compétence judiciaire en matière civile étant réduite à la connaissance des litiges entre particuliers; Que cette « séparation des pouvoirs », née d'un sentiment de méfiance et de défaveur à l'égard des corps judiciaires, et qui permettrait à l'administration de disposer souverainement et sans recours de la personne et des biens des citoyens, n'a pas été consacrée dans la Constitution belge ; Que, tout au contraire, le régime que celle-ci a organisé est inspiré d'un sentiment de méfiance à l'égard des pratiques administratives des régimes antérieurs et qu'il vise à mettre les droits privés à l'abri des atteintes de l'administration et sous la sauvegarde du pouvoir judiciaire; Que sous ce régime, tel qu'il ressort des articles 24, 67, 78, 92, 106 et 107 [de la Constitution belge de l'époque] et qui est à l'opposé du droit public de la Révolution française et de l'Empire, les gouvernants ne peuvent rien que ce qu'ils sont chargés de faire et sont, comme les gouvernés, soumis à la loi; qu'ils sont limités dans leur activité par les lois et notamment par celles qui organisent les droits civils et que, s'ils lèsent l'un de ces droits, le pouvoir judiciaire peut déclarer que leur acte a été accompli sans pouvoir, qu'il est donc illégal et constitutif de faute et accorder la réparation du préjudice ainsi causé, ce que faisant il fait œuvre non d'administrateur mais de juge d'une contestation dont l'objet est un droit civil ; De tout quoi il suit qu'au cas où l'arbre dont question eût appartenu au domaine public de la ville de Bruges, cette circonstance ne serait pas élisive de la responsabilité civile de celle-ci et que le moyen est donc sans intérêt ; Par ces motifs, rejette...; condamne la demanderesse aux dépends et à l'indemnité de 150 francs au profit de la société demanderesse. »*

- Les auteurs qui ne contestent pas en réalité les privilèges administratifs mais se bornent à émettre des réserves sur l'expression *« prérogatives exorbitantes de droit commun »*, en se basant sur deux principaux arguments : le fait que le droit administratif serait apparu avant le droit privé et qu'en cas d'interstices du droit administratif, le droit privé ne trouverait pas automatiquement à s'appliquer.

- Les auteurs qui s'attaquent au contenu même de ces privilèges en comparant très objectivement la situation de l'Administration à celle des personnes privées, pour montrer, ou bien que celles-ci seraient de par le droit, autorisées à prendre des actes que l'on réserve habituellement à l'Administration sous l'appellation *privilèges administratifs* ; ou bien que l'Administration soumise aux *sujétions exorbitantes de droit commun* serait finalement moins libre que le particulier, et donc ne jouirait pas des privilèges contrairement à ce qu' on le prétend.

Intéressons nous au cas du Cameroun où *les privilèges du préalable* et de *l'exécution d'office* de l'Administration dorment d'un sommeil tranquille dans la conscience collective et dans celle des administrativistes. L'Administration au Cameroun a la réputation de manier la foudre et le tonnerre, d'arrêter les vents et d'ordonner les tempêtes. Cette puissance serait -elle réelle au plan juridique ? Nous contestons formellement sur base de l'analyse du droit positif, l'existence des privilèges traditionnellement attachés à l'AAU. Par contre, il existe un certain nombre de principes qui méritent d'être soulignés. La première chose qu'il faut faire est de garder à l'esprit les idées que traduisent ces notions et abandonner provisoirement la terminologie du doyen HAURIOU *(privilège d'action directe et d'exécution provisoire)* et celles qui ont été dérivées de son œuvre *(privilège du préalable, privilège d'exécution d'office)*. La terminologie est en fait souvent chargée d'une bonne dose de préjugés épistémologiques qui nuisent gravement à l'analyse.

---

[115] On se refera particulièrement aux thèses de Marc NIHOUL, *Les privilèges du préalable et de l'exécution d'office :* pour une relecture civile et judiciaire à l'aide du droit commun de l'exécution, Brugge, la Charte 2001 et Patrick GAUFFAUX, *L'inexistence des privilèges de l'administration et le pouvoir d'exécution forcée*, Bruxelles, Bruylant, 2002.

Avant de discuter ce privilège dans le contexte camerounais, il faut d'abord que nous proposions en synthétisant les idées qui sont avancées ci-dessus, à propos des traits caractéristiques d'un AAU. Reprenons la définition de Pierre WIGNY qui nous semble particulièrement limpide : *« La décision exécutoire est un acte administratif unilatéral qui comporte une décision entraînant des effets de droit et qui est directement exécutoire, même en cas de contestation et de résistance. C'est l'acte le plus caractéristique du Droit administratif (…) »* Pour mieux le comprendre, il faut partir de la force *exécutoire* des décisions de justice en droit judiciaire privé. Une décision est dite *exécutoire* dans ce contexte, lorsqu'elle se suffit juridiquement à elle-même pour son exécution, c'est à dire lorsque le juge a épuisé son office. Une décision ne serait pas *exécutoire* si elle devait nécessiter juridiquement l'accomplissement d'une autre opération juridique pour pouvoir être exécutée. La décision *exécutoire* est en principe celle qui n'est pas susceptible de recours *(elle est revêtue de la formule exécutoire).* Son bénéficiaire peut en cas de résistance, recourir pour son application à la force publique. Nous pouvons de cette présentation, dégager deux idées : dire que l'acte administratif est *exécutoire* reviendrait à dire qu'il est juridiquement parfait de par sa propre force, c'est-à-dire une décision accomplie, qui n'a pas besoin d'un titre – par exemple la sanction du juge pour être exécutée. Ceci revient aussi à dire que l'Administration peut recourir à la force publique pour l'exécuter en cas de résistance du particulier. Ces deux traits nous semblent parfaitement contestables en droit public camerounais : *en premier lieu,* les actes administratifs n'ont pas de force par eux-mêmes, il n'y a pas de jurisprudence *Huglo*[116] dans le contexte du Cameroun, c'est le législateur qui donne à des décisions le caractère *exécutoire* et peut mêmement le remettre en cause. *En second lieu,* comme l'a souligné Charles EISENMANN à travers la distinction entre *actes permissifs et actes impératifs (supra, p. 100 et ss.).* Ce ne sont pas tous les actes administratifs qui sont susceptibles d'exécution forcée, mais seulement certaines catégories d'actes. Il découle de l'économie générale des règles de droit public que même dans l'hypothèse où la loi a prescrit l'exécution forcée, celle-ci doit se faire dans le respect de *la Légalité,* sous

[116] CE, 2 juillet 1982, HUGLO, Léb. P. 257, AJDA 1982, p. 657, *concl.* BIANCARELLI. Dans cet important arrêt, le CE précise que l'acte administratif a dès son entrée en vigueur une autorité préalable à toute vérification juridictionnelle. Pour le CE français, ce caractère *exécutoire* constitue *« une règle fondamentale de droit public ».*

peine de voir l'action de l'Administration neutralisée de manière rétroactive, suspendue ou sa responsabilité prononcée.

- Le caractère *exécutoire* est dans les mêmes conditions que *la force exécutoire des décisions* de justice soumis à la condition de l'épuisement des voies de recours et de la Légalité d'une exécution forcée éventuelle. Il y'a donc du point de vue théorique des conditions à remplir (A) ; l'institution d'une procédure de sursis des actes de l'Administration peut être regardée comme un bémol à l'exécution par provision (B) ; enfin, le juge administratif dans une espèce laisse penser qu'il ne reconnaît pas ce caractère nonobstant les dispositions légales. Il considère comme un excès de pouvoir le fait pour l'Administration de prendre un acte sur le fondement d' un acte administratif supérieur qui serait contesté et pendant devant lui, il assimile cet agissement administratif à une violation de *l'autorité de la chose jugée*. C'est une remise en cause claire et nette de l'exécution provisoire (C).

A) Conditions juridiques de l'exécution provisoire

A notre humble avis, le principe de l'exécution provisoire des actes administratifs *(privilège de l'exécution d'office)* n'existe dans le contexte camerounais qu'à deux conditions : il doit trouver son fondement dans une disposition légale, il est de ce fait dissociable intrinsèquement de l'acte administratif et réfragable en son principe ; il n'existe qu'à condition pour l'Administration de respecter la Légalité administrative.

Première condition de l'exécution provisoire – l'habilitation légale. Le caractère *exécutoire* ou *le privilège de l'exécution d'office* n'existe que parce qu'un texte législatif le prévoit, ce qui implique qu'un texte législatif peut en disposer autrement ou prévoir les conditions particulières de cette exécution provisoire. Ce principe ne trouve pas son fondement comme on l'a dit dans la nature même de *l'acte administratif unilatéral per se.* On pourrait essayer de dégager un principe général de l'exécution provisoire de trois fondements : le premier serait lié au principe constitutionnel de *la séparation des pouvoirs,* mieux, de *la séparation des fonctions* ; le deuxième, au *principe de la continuité du service public* ; le troisième, aux textes sur le contentieux administratif. Il s'agit –signalons le tout de suite d'un projet difficilement convaincant.

En premier lieu, on pourrait dire comme le fait Georges VEDEL que le Constitution camerounaise consacre *la séparation des pouvoirs*, elle reconnait ainsi au pouvoir exécutif la compétence *d'exécuter la loi.* L'Administration appartient au pouvoir exécutif et est chargée d'exécuter les textes parmi lesquels les lois *(art 8),* elle a dès lors besoin pour répondre à cette fonction constitutionnelle qu'il soit reconnue à ses décisions *une force d'exécution provisoire.* Il est possible de relever deux critiques à cette construction intellectuelle : *en premier lieu,* l'Administration ou plus exactement le pouvoir règlementaire ne dispose pas simplement d'un *pouvoir d'exécution* mais aussi d'un *pouvoir autonome (articles 26 et 27 de la révision constitutionnelle du 18 janvier 1998),* lier le caractère *exécutoire* à la fonction reconnue par la Constitution au pouvoir exécutif et à l'Administration qui en est le bras, ne concernerait dès lors pas *le pouvoir réglementaire autonome* qui n'est pas à proprement parler, un pouvoir d'exécution. Au-dessus des Règlements autonomes, il y a la Constitution et non la loi. Cette déduction serait également problématique dans le cas des Ordonnances règlementaires pris sur le fondement de *l'art. 28* de la Constitution. Il manquerait à ces catégories d'actes de l'Administration le caractère *exécutoire. En second lieu,* il faut dire que les autorités détentrices de par la Constitution du pouvoir réglementaire originaire sont le Président de la République et le Premier Ministre *(depuis la révision constitutionnelle du 18 janvier 1996).* C'est donc selon l'interprétation qui lie *le caractère exécutoire* à *la séparation des pouvoirs,* aux actes de ces autorités qu'il serait reconnu cette vertu – celles -ci étant les dépositaires de la *fonction exécutive* et non aux autorités administratives en général, sauf l'hypothèse éventuelle d'une *délégation* prévue par le texte constitutionnel. A supposer que la délégation intervienne et qu'elle ait pour effet d'étendre le champ des autorités dont les décisions seraient *exécutoires,* cette circonstance n'a pas pour effet de justifier l'extension du caractère *exécutoire* à l'ensemble des actes administratifs.

En réalité, Gorges VEDEL plutôt que de rendre le service qu'il souhaitait, a atténué la pensée du doyen Maurice HAURIOU qui ne fondait pas le caractère *exécutoire* sur la Constitution, mais sur *la nature même* des actes administratifs unilatéraux et sur la jurisprudence. On devrait admettre également que le raisonnement *vedelien* qui tend à fonder cette force sur le principe constitutionnel de *la séparation des pouvoirs* en distinguant la fonction exécutive exercée par l'Exécutif par le biais de l' Administration, ne serait valable que pour le Président de la République et le Premier Ministre, détenteurs directs de la fonction exécutive et non pour l'ensemble des autorités administratives –les décisions de celles ci ne pourraient en effet avoir de *force exécutoire* que si elles fussent prises dans le cadre des compétences déléguées. Ce qui a comme conséquence de fonder la *force exécutoire* des actes du Président de la République et du Premier Ministre *d'une part* et ceux des autorités administratives ayant reçu délégations *d'autre part*, sur des bases différentes. Les premiers auraient pour fondement *la Constitution* ; les seconds, un texte réglementaire *(une délégation de pouvoir)*. La *force exécutoire* de leurs actes serait dès lors réfragable et temporaire, vu les conditions de la délégation en *droit administratif*. L'autre conséquence serait de réduire le champ des autorités dont les actes jouiraient de ces compétences. Ces tentatives bienveillantes de fonder la *force exécutoire* des actes administratifs sur la *séparation des pouvoirs* ; en eux-mêmes (HAURIOU) ou sur la Constitution (VEDEL) nous semblent peu glorieuses. Il faut à notre avis chercher ailleurs un principe général du caractère *exécutoire* des actes administratifs pour nous convaincre que celui-ci serait extensible à l'ensemble des actes administratifs unilatéraux.

Un autre fondement résiderait précisément dans *le principe de la continuité du service public* qui est reconnu par la jurisprudence camerounaise. Ce principe commanderait que les décisions administratives soient exécutées sans attendre. Deux objections méritent d'être relevées : Il faut qu'on nous dise si le juge ait jamais accordé au principe de *la continuité du service public* une valeur supérieure aux principes de *l'Etat de droit* et aux *droits et libertés*. Consacrer un principe en jurisprudence nous semble intéressant mais préciser sa valeur l'est d'autant plus. Sur ce point, le juge français *(constitutionnel et administratif)* est pointilleux, il n'hésite pas à préciser lorsque l'occasion lui est donnée la valeur de chaque principe qu'il dégage. En l'absence de précision, on se réfère très généralement aux textes sur lesquels le juge s'est fondé pour dégager le principe et peut - être aussi à la juridiction qui le dégage. A supposer même que *le principe de la continuité du service public* fût dégagé sur base du texte constitutionnel et qu'il eût de ce fait reçu une valeur constitutionnelle, pourrait-il servir à effacer les droits et libertés –dont on a vu plus haut qu'ils avaient une *valeur supra- constitutionnelle ?* Il nous semble *(et c'est notre seconde objection)* peu convainquant d'évoquer *la continuité du service public* pour exécuter provisoirement une décision alors qu'en contentieux administratif, est instituée une procédure d'urgence qui permettrait d'obtenir du juge, une décision en quelques jours. Si celle-ci est avant tout dans l'intention des particuliers, rien n'empêche d'instituer un système de *questions préjudicielles urgentes* devant la « juridiction administrative », qui permettrait à l'Administration de faire face aux risques liés à une inexécution de sa décision. Cette proposition serait moins nocive que celle consistant à attribuer de manière péremptoire la *force exécutoire* aux actes administratifs unilatéraux en général.

Un autre fondement général tout aussi problématique –disons le d'emblée, serait à rechercher à *l'art. 30 de la loi 75/17,* ce qui pourrait être un principe général de l'exécution provisoire : *« le recours contre les actes administratifs n'en suspend pas l'exécution (…) » La loi 2006/022* est formulée en des termes quasi -similaires, mais parle plutôt du *recours gracieux* en lieu en place du *recours contentieux* : *« le recours gracieux contre un acte administratif n'en suspend pas l'exécution. »* Il faut observer qu'en admettant ce raisonnement, on donnerait alors au caractère *exécutoire* un fondement légal, c'est à dire réfragable. Le problème est que ce texte ne suffit pas, tout dépend de l'interprétation que l'on en fera : il peut signifier que *« le recours contre un acte administratif n'en suspend pas l'exécution dans le cas ou cet acte est exécutoire. »* Il ne nous semble pas qu'en rédigeant cette disposition, le législateur avait à cœur de conférer à l'ensemble des actes administratifs un caractère *exécutoire.* Cette première analyse nous permet d'affirmer qu'on ne pourrait pas en droit camerounais fournir un fondement pertinent du caractère *exécutoire* de l'ensemble des actes administratifs unilatéraux. A notre avis, il faut se garder de réfléchir de façon globale et partir avec l'idée que cette vertu ne concerne pas l'ensemble des actes administratifs mais seules certaines catégories d'actes. Encore que le terme *catégorie* nous pose probleme, dans la mesure où il comporte encore un degré de généralité, on dirait mieux – seuls quelques actes.

Il y a des domaines particuliers où *l'exécution provisoire* est de droit, il en est ainsi parce que le législateur en a décidé, en vue de sauvegarder des intérêts bien précis. Il serait intéressant de voir qu' est ce qui pousse le législateur à accorder le caractère *exécutoire* à tel acte plutôt qu' à tel autre, l'inscription d'une telle recherche dans le champ du droit positif serait problématique, elle serait plus appropriée en *sciences administratives.* Soulignons simplement en guise d'illustration que dans trois domaines au moins, cette vertu a été reconnue à l'Administration : en matière fiscale où celle-ci dispose souvent d'importants pouvoirs parmi lesquels le pouvoir d'émettre des AMR ; en matière de responsabilité des agents publics –l'émission des débets comptables et en matière d'expropriation pour cause d'utilité publique –le Décret d'expropriation.

- Le principe de l'exécution provisoire en matière d'expropriation pour cause d'utilité public : *l'art. 1er, 7 et 15 de l'Ordonnance n° 74/3 du 06 juillet 1974 relative à l'expropriation pour cause d'utilité publique et aux modalités d'indemnisation,* abrogé par la *loi n° 85-09 du 4 juillet 1985 relative à l'expropriation pour cause d'utilité publique et aux modalités d'indemnisation (Annexe n° 5 et 6).* Sont particulièrement significatifs à cet égard, *les articles 1 à 5 de la loi de 1985. Les articles 1, 2, 3* disposent : *« (1) Pour la réalisation des objectifs d'intérêt général, l'Etat peut recourir à la procédure d'expropriation pour cause d'utilité publique. (2) Cette procédure est engagée soit directement, lorsqu'elle vise à réaliser des opérations d'intérêt public, soit indirectement à la demande des collectivités locales, des établissements publics, des concessionnaires de service public ou des sociétés d'Etat (...). L'expropriation pour cause d'utilité publique affecte uniquement la propriété privée telle qu'elle est reconnue par les lois et règlements (...) [elle] ouvre droit à l'indemnisation pécuniaire ou en nature selon les conditions définies par la présente loi. L'indemnité due aux personnes évincées est fixée par le décret d'expropriation (...) »* Très intéressant à cet égard sont *les articles 4 et 5* qui sont la base du caractère *exécutoire* de l'acte administratif unilatéral d'expropriation : *« (...) Le décret d'expropriation entraîne transfert de propriété et permet de muter les titres existant au nom de l'Etat ou de toute autre personne de droit public bénéficiaire de cette mesure. (...) En principe, l'expropriation ouvre droit à une indemnisation préalable. Toutefois, dans certains cas, le bénéficiaire de l'expropriation peut avant paiement effectif de l'indemnité, occuper les lieux dès la publication du décret d'expropriation (...) Un préavis de six mois à compter de la date de publication du décret d'expropriation, est donné aux victimes pour libérer les lieux. Ce délai est de trois mois en cas d'urgence (...) L'acte de déclaration d'utilité publique est suspensif de toute transaction et de toute mise en valeur sur les terrains concernés. Aucun permis de construire ne peut, sous peine de nullité d'ordre public, être délivré sur les lieux. »* La jurisprudence administrative confirme ce *caractère exécutoire* du Décret d'expropriation **– Jugement n° 80/05-06 du 14 juin 2006, affaire MAETUR c/ Etat du Cameroun (MINUH) et BELIBI François** : *« (...) s'agissant de l'effectivité de l'expropriation , celle-ci est acquise dès l'intervention du décret qui la prononce (...) pour l'indemnisation, elle n'est nullement une condition préalable au transfert de propriété , les réclamations suscités sur le terrain exproprié étant transportées sur l'indemnisation et ne pouvant en aucun cas arrêter ladite expropriation ou empêcher ses effets (...) de même la propriété transféré à l'Etat n'est ni limitée à la partie du terrain utilisée pour l'ouvrage envisagée , ni en cas de non réalisation de celui-ci, remise en cause. »*

Cette décision du juge administratif camerounais est tout simple absurde ! En apparence, il semble pourtant avoir statuéde manière *objectiviste,* en conformité au droit – *loi de 85* notamment. Il n'en est rien !

C'eût été une occasion rêvée de constater la dégénérescence du régime exorbitant posé par les textes en matière d'expropriation *(notamment l'inconstitutionnalité du Décret de 1987 appliquant la loi de 85)* : *en premier lieu,* la Constitution du Cameroun est claire en son Préambule, lorsqu'elle affirme : « *La propriété est le droit d'user, de jouir et de disposer des biens garantis à chacun par la loi. Nul ne saurait en être privé si ce n'est pour cause d'utilité publique et sous la condition d'une indemnisation dont les modalités sont fixées par la loi.»* Le texte constitutionnel ne dit rien à propos de l'antériorité ou la postérité de l'indemnisation, il précise que les modalités d'indemnisation doivent être fixées par la loi, il s'écarte de *l'art. 544 du Code civil* qui définit la propriété et surtout *l'art. 545* qui fixe les conditions de l'expropriation : *« La propriété est le droit de jouir et disposer des choses de la manière la plus absolue, pourvu qu'on n'en fasse pas un usage prohibé par les lois ou par les (…) Nul ne peut être contraint de céder sa propriété, si ce n'est pour cause d'utilité publique, et moyennant une juste et préalable indemnité. »* Si cette énonciation du Préambule de la Constitution du Cameroun peut être interprétée de manière conciliante avec *la loi de 1985* dans la mesure où elle précise *« sous la condition d'une indemnisation »,* sans nous dire si elle est antérieure ou postérieure au caractère *exécutoire* du *Décret d'expropriation,* ni qu'elle doit être la valeur ou le principe présidant à cette expropriation, on ne saurait déduire de cette omission coupable, la validité de *la loi 1985*, dans la mesure où les dispositions de la DUDH –dont on a vu qu'elles rentraient dans le bloc de constitutionnalité du fait du renvoi opéré par la constituant en ces termes : *« Le peuple camerounais (…) [a]ffirme son attachement aux libertés fondamentales inscrites dans la déclaration universelle des droits de l'homme, la charte des Nations-Unies, la Charte africaine des Droits de l'Homme et des Peuples et toutes les conventions internationales relatives et dûment ratifiées, notamment aux principes suivants (…) »* De fait, *l'art. 17 de la DUDH* dispose : *« (1) Toute personne, aussi bien seule qu'en collectivité, a droit à la propriété. (2) Nul ne peut être arbitrairement privé de sa propriété. »* A partir du moment où la Constitution renvoie à la DUDH, on devrait logiquement pour l'interprétation de *l'art. 17* ci-dessus, référer à la jurisprudence française *(pays de naissance de la Déclaration, qui aurait quand même un droit moral quant à son interprétation).* Ainsi la jurisprudence administrative française reconnait le principe de l'indemnisation juste et préalable. Le juge français en manière d'expropriation exerce un contrôle de proportionnalité. Il applique la théorie dite du bilan *« coûts avantages*[117] *».* *En second lieu,* le juge semble n'avoir pas sérieusement pris en compte *le Décret n° 87/1872 du 10 décembre 1987* portant application de *la loi n°85-*

[117]CE, 28 mai 1971 dit *Ville Nouvelle Est*[1].

009 du 4/7/1985 qui complète le régime de l'expropriation et les modalités d'indemnisation, lequel texte n'est pas, au regard des conditions posées pour l'expropriation, aussi exorbitant qu'on le laisse croire –une précision au passage est l'inconstitutionnalité du *Décret de 1987 :* la Constitution précise que les modalités d'indemnisation doivent être fixées par la *loi,* il s'agit d'un *domaine réservé (non susceptible de délégation),* c'est donc la *loi de 1985* ou une nouvelle loi qui devait détailler ces modalités. Arrêtons-nous sur le régime de l'expropriation, parfois cité comme l'illustration la plus achevée de la puissance publique. La procédure d'expropriation est à double détente : elle peut concerner un Département ministériel, en ce cas, la déclaration d'utilité publique fait intervenir deux Ministres à l'exclusion des autres autorités administratives. Le Ministre concerné doit au préalable saisir le Ministre chargé des Domaines d'un dossier, celui -ci apprécie le bien-fondé du projet. Il peut alors, en cas d'acceptation du dossier, prendre un Arrêté déclarant d'utilité publique les travaux projetés et définissant le niveau de compétence de la Commission chargée de l'enquête d'expropriation *(Commission de constat et d'évaluation).* Selon *l'art. 13 du Décret de 1987,* l'Arrêté de déclaration d'utilité publique devient caduc si, 02 *(deux)* ans après avoir été notifié, le service ou l'organisme bénéficiaire n'a pas procédé à l'expropriation effective. A noter toutefois que le Ministre des Domaines peut proroger ce délai une fois, pour une durée n'excédant pas 01 an. En outre, l'Arrêté de déclaration d'utilité publique est suspensif de toute transaction, de toute mise en valeur et de toute délivrance de permis de construire. Elle peut concerner également les Etablissements publics, les Collectivités territoriales décentralisées ou les concessionnaires des services publics. En ce qui concerne ces derniers, *l'art. 15 du Décret n° 87/1872* énonce que, *« (1) Avant le recours à l'expropriation pour cause d'utilité publique en faveur des collectivités publiques locales, des établissements publics, des concessionnaires de services publics ou des sociétés d'Etat en vue de la réalisation des travaux d'intérêt général, ces derniers doivent procéder aux négociations préalables avec les propriétaires ou ayant- droits concernés. (2) En cas de désaccord, les résultats desdites négociations sont soumis à l'arbitrage du Ministre chargé des domaines. (3) En cas d'arbitrage infructueux, il est procédé à l'expropriation aux frais du bénéficiaire dans les conditions prévues ci-dessus. »* Une fois l'Arrêté de déclaration publique pris, il revient au Président de la Commission de constat et d'évaluation de le transmettre au Préfet ou au Magistrat municipal de la localité concernée, afin d'en assurer la publicité. Cette dernière est faite par voie d'affichage à la Préfecture, au Service départemental des Domaines, à la Mairie, à la Sous-préfecture, au chef- lieu du District et à la chefferie du lieu de situation du terrain, ainsi que par tout autre moyen jugé nécessaire en raison de l'importance de l'opération. De même, les populations concernées sont informées au moins 30 *(trente)* jours à l'avance du jour et de l'heure de l'enquête, par convocations adressées aux chefs et notables par les mêmes moyens en vue d'assurer leur participation aux enquêtes. Aux termes de *l'art. 11 du Décret de 1987, « (1) L'enquête est menée dans toutes ses phases en présence des propriétaires du fonds et biens qu'il supporte, ainsi que des notabilités du lieu et des populations, par l'ensemble de la commission sous réserve des règles de quorum... (2) Toutefois la commission peut après avoir au préalable arrêté elle- même la liste exhaustive des propriétaires des biens à détruire, constituer une sous -commission technique de 3 (trois) membres au moins à l'effet d'expertiser une catégorie de ces biens. (3) Le travail de la sous- commission est exécuté sous la responsabilité et le contrôle de la commission entière qui en contresigne les documents. »* A la fin de l'enquête, la Commission de constat et d'évaluation est appelée à produire un procès-verbal de l'enquête relatant les incidents éventuels et observations des personnes évincées, un procès-verbal de bornage et le plan parcellaire du terrain retenu établi par un géomètre membre de la Commission et un état d'expertise des cultures, signé de tous les membres de la Commission. *L'art. 12* ajoute que pour la préparation du Décret d'expropriation, le président de la Commission produit, dès la fin des travaux d'enquête, un dossier comprenant l'Arrêté désignant nommément les membres de la Commission et les différentes pièces ci-dessus énumérées. En définitive on peut noter l'existence d'un ensemble de garanties :

- L'expropriation ne peut être prise que par Décret *(ce qui théoriquement appelle la compétence du PR ou du PM (sauf l'hypothèse de la délégation) ;* dans le cas de l'expropriation au profit du Département ministériel, c'est le Ministre concerné qui initie le projet, lequel est apprécié par le Ministre des Domaines ; dans le cas des autres personnes publiques, obligation est faite à celles-ci de négocier préalablement avec les propriétaires ou ayant-droits concernés. En cas de désaccord, les résultats desdites négociations sont soumis à l'arbitrage du Ministre chargé des Domaines. En cas d'arbitrage infructueux, il est procédé à l'expropriation aux frais du bénéficiaire dans certaines conditions. Il est mis sur pied des Commissions de constat et d'évaluation –organes chargés au niveau national, régional et départemental, sur décision du Ministre du Développement urbain et de l'Habitat, aux termes de *l'art. 4 du Décret n° 87/1872, « (1) de choisir et de faire borner les terrains concernés aux frais du bénéficiaire ; (2) de constater les droits et d'évaluer les biens mis en cause ; (3) d'identifier leurs titulaires et propriétaires ; (4) de faire les panneaux indiquant le périmètre de l'opération aux frais du bénéficiaire.* » L'indemnisation est expressément prévue. Elle est à la charge de la personne morale bénéficiaire de l'expropriation. *L'art. 18 du décret de 1987* précise que *« Les indemnités d'expropriation sont supportées par la personne morale de droit public, bénéficiaire de l'opération. En ce qui concerne l'Etat, elles sont supportées par le budget du département ministériel ayant sollicité l'expropriation. »* En cas d'omission, les personnes intéressées saisissent le Préfet, le Gouverneur ou le Ministre chargé des Domaines. S'agissant de l'objet de l'indemnisation, selon *l'art. 5 de la loi de 1985*, *« (1) L'indemnité porte sur le dommage matériel direct immédiat et certain causé par l'éviction. Elle couvre : (a) les terrains nus ; (b) les cultures ; (c) les constructions ; (d) toutes autres mises en valeurs, quelle qu'en soit la nature, dûment constatées par une commission dite la commission de constat et d'évaluation. »*

Comment peut-on comprendre en 2006, que le juge déclare une expropriation acquise alors même que l'indemnisation ne serait pas payée et précise surabondamment que si le terrain ne sert pas à la construction de l'ouvrage pour lequel il est sollicité *(hypothèse qui peut être constitutive de détournement de pouvoir, d'abus de pouvoir ou de droit)*, il n'y aurait pas lieu à restitution, alors que selon *l'art. 13 du Décret de 1987*, l'Arrêté de déclaration d'utilité publique *(et non le Décret d'expropriation)* devient caduc si, 02 (deux) ans après avoir été notifié, le service ou l'organisme bénéficiaire n'a pas procédé à l'expropriation effective. A suivre cette jurisprudence, l'Administration aurait le droit de spolier un individu de sa propriété sans juste et préalable indemnisation, la plus cruelle des illégalités ! Espérons que le juge mettra à profit les présentes observations et constatera à la prochaine occasion, l'inconstitutionnalité du régime aménagé tant par *l'Ordonnance 74/3* que par *la loi modificative de 1985 et le Décret 1987*. Il doit pour ceci méditer profondément la leçon que lui donne sur ce point son homologue français. Le législateur peut aussi mettre à contribution cette étude, en reformant le régime de la domanialité publique et de l'expropriation, comme il l'a fait pour *le contentieux administratif, la décentralisation, les Marches publics, le droit de la Fonction publique.*

- Le principe de l'exécution provisoire des actes administratifs en matière des sanctions disciplinaires dans la Fonction publique. *L'art. 94 du SGFP (Décret 1994 modifié en 2000)* dispose que les sanctions disciplinaires susceptibles d'être infligées au fonctionnaire sont réparties en quatre groupes de la manière suivante :

a) sanction du premier groupe *(l'avertissement écrit ; le blâme avec inscription au dossier) ;*

b) sanction du deuxième groupe *(le retard à l'avancement pour une durée d'un an ; l'abaissement d'un ou de deux 2 échelons au plus) ;*

c) sanction du troisième groupe *(l'abaissement de classe ; l'abaissement de grade ; l'exclusion temporaire du service pour une durée n'excédant pas six 6 mois) ;*

d) sanction du quatrième groupe *(la révocation).*

Plus intéressant à cet égard est *l'art. 96* qui est clair sur le caractère *exécutoire* des actes ci-dessus : *« (1) La sanction disciplinaire est indépendante de la sanction prononcée par le juge judiciaire ou le juge de comptes ou, dans ce dernier cas, par tout organe en tenant lieu. Elle est exécutoire à compter du jour de sa notification au fonctionnaire dont la faute est établie. (2) Le recours contentieux intenté contre une sanction disciplinaire n'en suspend ni l'exécution, ni les effets sauf, cas de sursis à l'exécution accordé par le juge et à moins que la loi n'en dispose autrement. »* Disons un mot sur une sanction particulière en droit de la Fonction publique camerounaise : *la suspension,* elle est prévue par *la Section V –De la suspension de fonctions (articles 108 et 109)* qui prévoit qu'en cas de faute grave commise par un fonctionnaire, qu'il s'agisse d'un manquement aux obligations professionnelles, d'une infraction de droit commun ou d'une atteinte à l'éthique et à la déontologie professionnelle, l'auteur de la faute peut être provisoirement suspendu de ses fonctions pour une durée n'excédant pas quatre (4) mois par le Ministre utilisateur. Ce dernier en informe sans délai le Ministre chargé de la Fonction publique et lui transmet le dossier disciplinaire constitué à l'encontre du « mis en cause » dans un délai maximal d'un (1) mois. Le SGFP poursuit en précisant que *la suspension de fonctions* est une mesure *conservatoire* qui ne produit d'effet définitif qu'à la suite d'une sanction prononcée par l'autorité compétente. Elle emporte pour le fonctionnaire concerné cessation de se présenter au lieu de service pendant la durée de suspension. Si à l'issue de la période de (4) mois, aucune sanction n'est prononcée, le fonctionnaire suspendu réintègre de plein droit son emploi. Le fonctionnaire suspendu perd droit à la rémunération de base. Il conserve, s'il y a lieu, la totalité des allocations familiales. En cas de faute non établie ou dans le cas où aucune sanction n'est prononcée à son encontre à l'issue de la période prévue à *l'art. 108 (1)* ci-dessus, l'autorité ayant suspendu le fonctionnaire concerné est tenue de le rétablir rétroactivement dans tous ses droits. Cette omission constitue d'office une faute disciplinaire pour le supérieur hiérarchique, s'il est établi à son encontre une intention irréfutable de nuire.

Le législateur précise que *la suspension* ne produit pas encore d'effet, autrement dit, elle n'est pas *exécutoire*, elle est une mesure *conservatoire* qui ne devient *exécutoire* qu'avec l'intervention de l'autorité compétente *(CDFP)*. Ce qui est tout a fait erroné. *La suspension* est une mesure *décisoire* et *exécutoire* susceptible de recours devant le juge administratif, dans la mesure le SGFP précise qu'elle emporte pour le fonctionnaire concerné cessation de se présenter au lieu du service pendant la durée de la mesure. Le fonctionnaire suspendu perd droit à la rémunération de base. Le fonctionnaire évincé ne doit pas à notre avis se laisser obstruer par ces considérations du SGFP et devrait donc attaquer sans attendre, l'acte de suspension.

- Une autre variété d'actes administratifs reconnus *exécutoires* par les textes découle de *l'Ordonnance n° 62/0F/4 du 7 février 1962 portant régime financier de la République Fédérale du Cameroun modifiée par la loi N° 2002/001 du 19 avril 2002. Les articles 74 et 75* précisent que dans tous les cas où il l'estimera nécessaire, le Directeur du Trésor saisira le Ministre chargé du Trésor par un Rapport motivé demandant que la responsabilité personnelle et pécuniaire du comptable intéressé soit mise en cause. La responsabilité pécuniaire du comptable est alors sanctionnée sous la forme d'un débet. Elle s'étend en principe, à toutes les opérations du poste qu'il dirige depuis la date de son installation jusqu'à la date de cessation de ses fonctions. Toutefois, en cas d'infidélité ou de négligence patente d'un fonctionnaire ou agent placé sous ses ordres ou d'un comptable subordonné, le comptable sera exonéré de toute responsabilité, sauf s'il est établi que par son action ou par son inaction, il a crée ou contribué à créer la situation qui a rendu possible ou facilité l'infidélité ou la négligence de son subordonné. Le transfert de responsabilité résulte d'un Arrêté de débet pris par le Ministre chargé du Trésor à l'encontre du fonctionnaire, agent ou comptable subordonné ou par la Cour Fédérale des comptes, lorsque la découverte de l'infidélité ou de la négligence intervient au cours de la vérification d'un compte de gestion. Selon *l'art. 85,* tout fait de nature à engager la responsabilité pécuniaire d'un comptable du Trésor se traduit par un débet comptable. La mise en débet est prononcée soit par un Arrêté du Ministre chargé du Trésor, soit par un Arrêt de la Chambre des Comptes, à l'occasion de la vérification comptes astreints à la production d'un compte de gestion. Si la mise en débet résulte d'agissements susceptibles de sanctions pénales, la transmission de l'Arrêté de débet à l'autorité judiciaire est obligatoire et vaut dépôt de la plainte au nom de l'Etat ou de la personne morale publique en cause, contre le comptable ou l'agent fautif en raison des faits qui lui sont reprochés. L'Arrêté de débet prévoit le montant du remboursement mis à la charge du comptable, ainsi que les délais qui lui sont accordés pour se libérer de sa dette. Le Trésor avance les fonds nécessaires au rétablissement immédiat de l'équilibre de la comptabilité. Tout comptable du Trésor qui refuse ses écritures lorsque l'existence d'un débet a été constatée, commet un acte d'insubordination et doit être suspendu de ses fonctions. La disposition la plus intéressante est *l'art. 88* qui précise que dans le but d'assurer le recouvrement des débets comptables, les Arrêtés de débet pris par le Ministre chargé du Trésor et ceux rendus par la Cour Fédérale des Comptes ont *force exécutoire*. Ils produisent les mêmes effets et obtiennent la même exécution que les décisions juridictionnelles. Ils ne peuvent être l'objet d'aucun litige devant les tribunaux judiciaires. Ils emportent hypothèque de la même manière et aux mêmes conditions que les condamnations prononcées par les Tribunaux. La radiation non consentie des inscriptions hypothécaires faites en vertu desdits Arrêtés doit être poursuivie devant la juridiction administrative. Cette disposition a le mérite de nous renseigner sur ce qui pousse le législateur à donner *force exécutoire* à cette catégorie d'actes.

- Autre domaine, *–le principe de l'exécution provisoire en matière de contentieux du recouvrement de l'impôt* : l'Avis de Mise en Recouvrement peut être définie comme un acte au moyen duquel l'Administration qui a préalablement établi l'existence d'une dette fiscale à son égard, non acquittée dans les délais légaux, authentifie sa créance lui donnant ainsi *force exécutoire*. C'est un acte administratif revêtu en principe du *caractère exécutoire*[118]. Les compétences en matière de recouvrement des impôts sont confiées à la fois à la Direction des impôts et la Direction du Trésor, en vertu du principe de la séparation des ordonnateurs et des comptables. Les services fiscaux émettent *le rôle*[119] qui est un pure document technique qui

[118] Cass fr. Chr. Com. *Avis de Mise en Recouvrement, nullité –effet*, 26 mai 2004, Bull. n° 16.
[119] Selon Roland ATANGANA FONGUE , l'AMR a été institué au Cameroun par les lois de Finances 1998/1999 et 1999/2000 qui ont introduit les articles 256 *bis (nouveau) et* 315 *bis* et *ter* dans le cadre du recouvrement des versements spontanés non effectués à la date exigible. Ces dispositions obligeaient le receveur des impôts à dresser et adresser par lettre recommandée avec accusé de réception, un AMS. Ce régime a été remplacé par l'AMR de *l'art. L 53 du LPF*, *voy. Contrôle fiscal et protection du contribuable dans un contexte d'ajustement structurel* –le cas du Cameroun, l' Harmattan 2007, p. 209 et ss.

sera homologué par une autorité administrative, c'est cette homologation qui lui donne *force exécutoire* et autorise l'exécution forcée, au besoin, permet au comptable public de recouvrer les sommes dues à l'Administration. Ce système était inefficace car il y'avait dispersion des compétences. L'Exécutif a exploité la brèche laissée par *l'art. 66 de l'Ordonnance de 1962 (ci-dessus)* qui dispose que les comptables du Trésor sont chargés de percevoir les produits *« sauf lorsque le recouvrement a été confié par des dispositions particuliers à des comptables ne relevant des services du Trésor. »* L'Exécutif profitera donc par *le Décret n° 91/496 du 18 décembre 1991 portant réorganisation du Ministère de l'Economie et des Finances* pour confier expressément à la Direction des impôts, le soin de recouvrer tous les impôts à versements spontanés, ainsi que les droits et taxes d'enregistrement. Ce qui constitue une violation de *la séparation entre ordonnateurs et comptables*[120]. On dit souvent que l'AMR est un *titre exécutoire*, disons pour notre part qu'il n'est pas encore *exécutoire* dès son émission, si l'Administration procède à *l'exécution forcée* à ce niveau, elle agit en illégalité, il ne devient *exécutoire* qu'après un délai qui suit son émission. Une fois le délai expiré, l'Administration fiscale peut prendre des actes de poursuite, elle peut recourir aux poursuites *de droit commun* qui font l'objet des *articles L 55 à 70 du LPF* et comprennent trois degrés : la mise en demeure valant commandement ; la saisie et la vente. Elle peut aussi opter pour les mesures de poursuite *particulières*, qui font l'objet des *articles L 71 à L 80 du LPF*. Ces mesures sont : *l'avis à tiers détenteur, la contrainte extérieure, le blocage des comptes bancaires, la fermeture de l'établissement*[121] *etc.* Il

---

[120] *Ibidem.*

[121]Notons que ces actes de poursuite interviennent après une procédure contradictoire : en matière de recouvrement des impôts, certaines facultés d'action peuvent être assimilées à une *procédure d'exécution d'office,* il n'en est rien en réalité ! La procédure de recouvrement des impôts intervient après une procédure de redressement contradictoire, qui contient la notification des bases de redressement, les observations du contribuable et la réponse de l'Administration à celles-ci *(dernière étape de la phase de l'établissement de l'impôt).* Cette réponse aux observations du contribuable est accompagnée de l'Avis de mise en recouvrement *(AMR),* qui indique à ce dernier, conformément à *l'art. L 53 du LPF*, qu'il dispose d'un délai de 15 jours pour acquitter sa dette *(Ce délai peut-être considéré comme étant la période de recouvrement à l'amiable).* Si au terme de celui-ci, le contribuable n'a pas apuré sa dette, l'Administration peut alors passer à la phase de recouvrement forcé. C'est cette phase qui est résumée dans *le chapitre 2 du sous titre 111,* sous la dénomination des *« Des Poursuites ».* Dans le champ des poursuites, l'Administration à deux possibilités : les actes de poursuite peuvent être l'objet d'une contestation devant le juge qui est en vertu de *l'art. L 55 du LPF,* le juge judiciaire. Le TPI ou le TGI est compétent en premier ressort et la Cour d'appel au second niveau. La contestation des actes de poursuites particuliers relèvent en vertu de *l'art. L 80 du LPF* des mêmes procédures que celles utilisées pour le contentieux des

est important de signaler que c'est la loi *(Livre de procédures fiscales)* qui confère le *caractère exécutoire* à l'AMR, il n'a pas cette vertu en lui-même. *L'art. L 53 du LPF* est libellé comme suit : « *(1) L'avis de mise en recouvrement et le titre de perception constituent des titres exécutoires pour le recouvrement forcé des impôts, droits et taxes.*
(2) L'avis de mise en recouvrement est établi et notifié au contribuable lorsqu'une déclaration liquidative n'est pas accompagnée de moyens de paiement ou suite au départ d'une déclaration non liquidative, ou de la dernière pièce de procédure dans le cas d'un contrôle. L'avis de mise en recouvrement rendu exécutoire par le Chef de Centre des Impôts territorialement compétent, est pris en charge par le Receveur des Impôts rattaché. Le Receveur des Impôts notifie l'avis de mise en recouvrement au contribuable qui dispose d'un délai de quinze (15) jours pour acquitter sa dette.
(3) le titre de perception est rendu exécutoire par le tribunal territorialement compétent et pris en charge par le Receveur des Impôts de rattachement qui le notifie au contribuable. Celui-ci dispose d'un délai de quinze (15) jours à compter de la date de notification pour s'acquitter de sa dette. »

Ces trois exemples *(Décret d'expropriation, Arrêté de sanction disciplinaire des fonctionnaires, Avis de mise en recouvrement)* montrent très clairement que c'est le législateur qui institue le principe de l'exécution provisoire des décisions pour certaines fins. La première condition du principe de l'exécution provisoire posée, une autre condition est le respect de la Légalité *(c'est-à-dire de toutes les normes hiérarchiquement supérieures)*. Si *l'art. 30 de la loi 2006/022 sur les Tribunaux administratifs* prévoit que le recours contre les décisions administratives n'en suspend pas l'exécution, on devrait admettre que cette exécution ne pourrait se être poursuivie de manière irréversible que dans l'hypothèse du respect de la Légalité administrative.

- *Seconde condition –l'exécution provisoire n'existe que pour autant que la Légalité soit respectée par l'Administration.* Un acte administratif illégal qui a été exécuté provisoirement pourrait être ultérieurement contesté. Malgré le fait que *l'art. 30* dispose que le recours contre un acte administratif ne suspend pas son exécution, il est toujours préférable pour l'Administration de ne pas prendre un risque pour deux raisons : dans les délais de recours contentieux, *l'exécution* provisoire d'un acte ne garantit

---

impôts directs, taxes assimilées, c'est-à dire des dispositions des articles *L 116 et suivants du LPF*. Après la réclamation administrative, c'est le juge administratif qui est saisi *(sauf les hypothèses de voie de fait et d'emprise)*.

pas sa *Légalité*, il pourrait dès lors être annulé *ex nunc*, c'est-à-dire avec effet rétroactif, dans le cadre du *contentieux de la Légalité*, sans préjudice des dommages et intérêts *(et de la procédure de suspension)*, d'autant plus que le droit camerounais institue *une responsabilité pour illégalité fautive*. Finalement l'Administration est dans une situation comparable à celle du particulier, dans la mesure où celui-ci est également libre de choisir d'agir dans l'illégalité *(occupation du terrain d'autrui, refus de paiement etc)* et courir le risque d'une condamnation ultérieure. Avec le développement du *bloc de la Légalité*, l'Administration à tout intérêt à multiplier de prudence. Les décisions administratives ne peuvent toutefois être attaquées indéfiniment –sauf hypothèse de *l'exception d'illégalité*. Est-ce que du fait de cette limitation des délais contentieux, on pourrait voir *l'exécution provisoire* comme un privilège, vu que l'expiration des délais contentieux rendrait une décision administrative fût-elle illégale, irréversible juridiquement ? Que non ! Il suffirait en effet au particulier d'opposer une résistance à obéir devant pareille décision, l'Administration aurait alors une option : soit manifester une carence en n' exécutant pas sa décision, ce qui rendrait les choses égales pour le particulier, car l'effet en droit d'une décision faisant grief mais non exécutée et d'une absence de décision est quasiment le même pour lui ; soit recourir à l'exécution par la force –dans cette hypothèse, le particulier pourrait alors invoquer *la voie de fait administrative* ou *l'emprise* – ce qui entrainerait la compétence du juge judiciaire, compétent pour apprécier *la voie de fait* et ordonner qu'il en soit mis fin. Le juge judiciaire pourrait à cette occasion neutraliser la décision en cause, sauf si le législateur avait disposé qu'on ne pût pas par la voie préjudicielle remettre en cause un acte qui n'eût pas été contestée dans les délais normaux du recours direct.

En conclusion, ce que l'on appelle *le privilège d'exécution d'office* n'existe au Cameroun que pour autant que *la Légalité* soit respectée, car ce qui a été exécuté provisoirement peut à tout moment être neutralisé avec effet rétroactif, en usant des voies de recours juridictionnels. L'Administration doit donc procéder à une spéculation juridique, en mettant en balance les risques inhérents à une option : soit ne pas exécuter une décision dont elle soupçonne l'illégalité, soit l'exécuter en courant les risques d'une condamnation ultérieure. Il semble qu'en l'état actuel du droit processuel camerounais et des conditions sociologiques des requérants, elle soit plus portée à se risquer sur la voie d'*une exécution provisoire*, car pour que sa décision puisse être remise en cause, il faut maîtriser les règles du contentieux, notamment celles de recevabilité *(le RGP)* ; il est aussi important que les délais laissés au juge pour statuer soient raisonnables. Ces deux conditions ne sont pas réunies, dans la mesure où la grande majorité des requêtes est recalée pour irrégularité des conditions de recevabilité et que le juge administratif met un temps irraisonnable entre sa saisine et le prononcé de la décision. L'Administration bénéficie *de facto* du *principe de l'exécution provisoire,* car il y a de fortes chances que ses décisions –mêmes illégales deviennent définitives, par l'effet de l'écoulement des délais contentieux ou par l'effet d'un procès non abouti. Il convient toutefois à notre avis, de parler en droit administratif camerounais non pas du *privilège de l'exécution d'office* ou du *caractère exécutoire* de l'acte, mais du *principe législatif de l'exécution provisoire* ou de *l'exécution par provision.* L'institution d'une procédure de *sursis à exécution* est en elle-même un bémol au principe de *l'exécution provisoire* des actes administratifs.

B) Institution de la procédure de sursis à exécution et l'exécution provisoire

Il est admis que « *le sursis à exécution est le remède donné par la loi aux juridictions administratives pour pallier les conséquences irréversibles que pourrait entraîner le caractère non suspensif d'un recours devant l'une de ces juridictions.* »[122] *Le principe de l'exécution provisoire des décisions administratives* –on l'a dit plus haut, trouverait fondement sur *le nouvel art. 30 de loi n°2006/022* qui reprend les dispositions de *la loi 75/17 fixant la procédure devant la Chambre administrative de la Cour Suprême statuant en matière administrative* : *« Le recours gracieux contre un acte administratif n'en suspend pas l'exécution. »* Ceci implique logiquement que l'Administration peut exécuter tout acte, nonobstant un recours gracieux –*a fortiori* contentieux, qui serait dirigé contre cet acte. En lisant attentivement*l'art. 30,* on se rend compte que le législateur envisage le sursis comme une atténuation de l'exécution provisoire, car après avoir affirmé le principe, il poursuit en disposant *–alinéas 3, 4 et 5* : *« (2) Toutefois, lorsque l'exécution est de nature à causer un préjudice irréparable et que la décision attaquée n'intéresse ni l'ordre public, ni la sécurité ou la tranquillité publique, le président du tribunal administratif peut, saisi d'une requête, après communication à la partie adverse et conclusion du ministère public, ordonner le sursis à exécution. (3) Il est statué sur la demande de sursis à exécution par ordonnance. 4) L'ordonnance prononçant le sursis à exécution devient caduque si, à l'expiration du*

---

122 COPPER – ROYER (M), Note sur CE, 22 juin 1956, *Secrétaire d'Etat à la Reconstruction et au Logement, AJDA*, 1956, II. 314.

délai prévu à l'article 18 ci-dessus, le tribunal n'est pas saisi de la requête introductive d'instance. » Le législateur conçoit *le sursis à exécution* comme une atténuation au *principe de l'exécution provisoire*. Normalement l'Ordonnance que le juge prononce dans l'hypothèse où la demande de suspension est bien fondée *(sous réserve des voies de recours)* va suspendre l'exécution de l'acte administratif en cause jusqu'à ce que soit intervenue une décision sur le litige au principal. On peut regretter toutefois le fait que le législateur n'ait pas saisi l'occasion de *la reforme de 2006* pour alléger les conditions d'octroi du sursis, il continue de le subordonner à la condition que l'acte pour lequel le sursis est demandé n'intéresse, ni l'ordre public, ni la sécurité publique, ni la tranquillité publique. Ce qui est une régression et une aberration. Le juge administratif est allé très clairement contre la prétendue *force exécutoire* des actes administratifs. Dans une récente décision, il considère que l'exécution de la décision attaquée procéderait d'un excès de pouvoir, il remet ainsi en cause le principe de *l'exécution provisoire des décisions administratives.*

C) Négation jurisprudentielle du privilège de l'exécution

Le juge administratif camerounais a récemment nié *le principe de l'exécution provisoire,* dans une affaire en rapport avec l'Urbanisme, ce qui conforte l'idée qu'il serait réservé à des domaines bien précis **–Jugement n°60/05-06 du 05 avril 2006, TCHINDA François c/ Etat du Cameroun** : « *Attendu qu'il ressort du dossier de procédure que la décision n°318/Y/MINUH 0310 du 14 novembre 2003 du Ministre de l'Urbanisme et de l'Habitat à laquelle se réfère l'arrêté préfectoral litigieux a fait l'objet d'un recours en annulation encore pendant devant la juridiction de céans ;*
Attendu ainsi que, c'est par excès de pouvoir que sous le prétexte du maintien de l'ordre public ledit arrêté est intervenu, l'autorité administrative n'étant pas habilitée à prendre des mesures provisoires, rentrant dans le cadre du règlement de procédures judiciaires ;
Qu'il s'ensuit que le recours est justifié et que la décision querellée encourt annulation. » Cette importante décision est clairement une remise en cause du *principe de l'exécution provisoire des actes de l'Administration.* Elle à au moins trois implications :

- Elle implique que l'Administration ne pourrait exécuter une décision alors que celle-ci est pendante devant la « juridiction administrative » ou fonder une décision administrative sur celle-ci, car selon le juge, il n'appartient pas à l'Administration de prendre des mesures provisoires.

- Elle implique aussi qu'à partir du moment où la procédure des référés est instituée, l'Administration qui prend un acte pendant le cours d'une affaire viole en quelque sorte la compétence de la juridiction administrative en matière des référés *(compétence portée par les lois sur le contentieux administratifs (articles 27 et 28 de la loi 2006/022).*

- Elle implique également que le particulier sommé d'obéir à de telles décisions peut opposer une résistance, en référant à la jurisprudence du juge administratif.

Cette solution mérite d'être hautement saluée, à condition que le juge améliore les délais de traitement des causes. Ils sont anormalement longs, ce qui enlève à la justice tout son sens. Le juge doit fixer un *calendrier de procédure,* car pour que sa décision dans l'affaire TCHINDA soit utilement appréciée, il faudrait que l'abstention qu'il recommande vivement à l'Administration ne se transforme en paralysie. Ce serait tomber dans un autre travers : l'inertie !

Pour nous résumer, il n'existe pas en droit public camerounais un privilège d'exécution d'office ou forcée qui serait attaché aux décisions administratives en général. *L'art. 30 de la loi de 2006* pose certes *le principe de l'exécution provisoire des décisions administratives,* cette exécution provisoire est toutefois portée par un texte à valeur législative. En tout état de cause, l'exécution provisoire d'une décision administrative doit être prévue et même dans cette hypothèse, elle est limitée par le respect de *la Légalité administrative* ; l'institution de la procédure de suspension peut être vue comme un bémol à ce principe. Le juge administratif à d'ailleurs nié sa portée. Quid du privilège du préalable ?

Paragraphe 2. Remise en cause du privilège du préalable des décisions administratives au Cameroun

Notre analyse portera sur trois points. Il faut constater *d'abord* l'inexistence d'un privilège général du préalable des décisions administratives. Il ne veut en fait rien dire ! Soit il signifie que l'Administration peut exécuter une décision sans attendre le juge *(alors il se confond au principe de l'exécution provisoire ci-dessus examiné)* ; soit il signifie que le particulier doit s'exécuter et discuter après *(ce qui est alors une affirmation dénuée de tout fondement au plan juridique)* (A). Nous allons *ensuite* nous intéresser aux hypothèses habituellement présentées au Cameroun comme des illustrations du *privilège du préalable*, en matière de droit fiscal (B) et de contentieux des cotisations sociales (C).

A) Inexistence d'un privilège général du préalable des décisions administratives

Les définitions du *privilège du préalable et du privilège de l'exécution d'office*, proposées par les auteurs font montrent d'une certaine confusion. Disons tout simplement qu'il y'a de fortes raisons de penser que *le privilège du préalable* n'existe pas juridiquement, sauf si on le confond avec *le privilège de l'exécution d'office* : soit *le privilège du préalable* consiste en la faculté pour l'Administration d'exécuter préalablement sa décision sans attendre l'intervention du juge –il se confond alors avec *l'exécution provisoire*, les deux renvoyant à une seule et même réalité *(supra p. 139 et ss.) ;* soit il signifie qu'en face d'une décision administrative, le particulier doit obéir d'abord et la contester ensuite. Dans ce cas, il faudrait qu'on nous dise quel est en droit camerounais le fondement d'une telle affirmation. Aucune loi ne met à la charge de l'administré cette curieuse logique qui consiste à obéir d'abord et s'indigner ensuite, comme si on demandait d'agir avant de réfléchir. Ce serait la plus grande absurdité possible. Même en matière de discipline militaire, prévaut la théorie dite de *la baïonnette intelligente* qui signifie qu' *« un homme en tenu »* ne doive pas obéir à un ordre illégal. *Le privilège du préalable* est très généralement évoqué en matière fiscale et sociale.

B) Le faux privilège du préalable des décisions administratives en matière fiscale

Il est communément affirmé que l'illustration du *privilège du préalable* de l'Administration serait l'obligation de payer l'impôt même en cas de contestation. Quel est le fondement et la portée d'une telle affirmation ? On retrouve un fondement à une telle obligation à *l'art. L.121 de la loi n°2005/008 du 29 décembre 2005 portant loi de finances de la République du Cameroun pour l'exercice 2006* : *« Le contribuable qui conteste le bien fondé ou le montant d'une imposition mise à sa charge peut, s'il a expressément formulé la réclamation dans les conditions fixées à l'article L-116 (…) obtenir le sursis de paiement de la partie contestée desdites impositions, à condition : de formuler expressément la demande de sursis de paiement dans ladite réclamation ; de préciser le montant ou les bases du dégrèvement qu'il sollicite.Toutefois, la demande de sursis de paiement introduite auprès du Directeur Général des Impôts, doit être appuyée des justificatifs de l'acquittement de 10 % du montant des impositions en cause. La réponse motivée de l'Administration est notifiée expressément au contribuable. L'absence de réponse de l'Administration dans un délai de 30 jours équivaut à l'acceptation tacite du sursis de paiement dans les conditions prévues au présent article. Le sursis de paiement cesse d'avoir effet à compter de la date de notification de la décision de l'Administration »*. Voyons aussi *les articles L.141 et L.145 : « (...) La remise ou une modération d'amendes fiscales ou de majorations d'impôts, lorsque ces pénalités, intérêts de retard et, le cas échéant, les impositions principales sont définitives. Le reste sans changement (...) En cas de remise ou modération, la Décision est notifiée : par le Chef de Centre Principal des Impôts ou le responsable de la structure chargée de la gestion des Grandes Entreprises dans la limite de 30.000.000 FCFA pour les impôts et taxes en principal et de 30.000.000 FCFA pour les pénalités et majorations ; par le Directeur Général des Impôts dans la limite de 100.000.000 FCFA, pour les impôts et taxes en principal et de 100.000.000 FCFA pour les pénalités et majorations ; par le Ministre chargé des Finances pour les impôts et taxes en principal dont les montants sont supérieurs à 100.000.000 FCFA ainsi que pour les pénalités et majorations dont les montants sont supérieurs à 100.000.000 FCFA. »* Ces dispositions ne constituent pas à notre avis l'expression d'un *privilège du préalable,* du moins au sens où on l'entend traditionnellement, pour plusieurs raisons :

- Elles sont l'application simple du *principe d'égalité et de continuité du service public* qui découlent de *l'art. 13 de la Déclaration des droits de l'homme et du citoyen de 1789*[123]: *« Pour l'entretien de la force publique, et pour les dépenses d'administration, une contribution commune est indispensable : elle doit être également répartie entre tous les citoyens, en raison de leurs facultés. »* Obliger un individu contre qui il pèse une présomption de dette fiscale de payer 10 % de la partie contestée nous semble conforme à cette disposition.

---

[123] On devrait chercher les fondements de cette disposition dans l'histoire des démocraties occidentales : en votant *la Grande Charte en 1215*, Jean Sans Terre, cède à la pression des barons d'Angleterre, garantissant les droits féodaux contre l'arbitraire royal et instituant le contrôle de l'impôt par le Grand Conseil du Royaume. L'impôt est à l'origine de la guerre d'Indépendance américaine, mettant fin à la Tutelle britannique. La France, qui connaitra la Monarchie absolue, fait sa Révolution, et par là, rompt avec la fiscalité de l'Ancien Régime. Elle amorce la lente transition d'une fiscalité exclusivement indirecte vers une fiscalité directe, dont l'outil le plus puissant sera *l'impôt sur le revenu* au XXe siècle.

- Une procédure de *sursis de paiement* est prévue par le texte qui institue l'obligation *(art. L.121 ci-dessus)*, il prévoit d'ailleurs *le silence acceptation* en ce cas, 10% de l'impôt contesté doit être payé toutefois. Cette fraction sera bien sûr remboursée au contribuable au cas où l'impôt en définitive serait indu, grâce à la procédure de dégrèvement.

- Il faut constater également que la fraction de l'impôt à payer quelque soit la réclamation nous semble raisonnable, (10 %) de la partie contestée. Il est vrai qu'au fur et à mesure que l'impôt augmente, cette somme peut être importante, toutefois, sauf erreur grossière de l'Administration fiscale, le paiement de 10% de l'impôt établi sur base d'éléments objectifs ne pourrait pas suffire à ruiner son activité. La disposition nous semble être conforme à son but et à l'intérêt général. L'impôt étant l'une des ressources principales de l'Etat, il serait périlleux de s'affranchir de son obligation fiscale par une simple contestation qui pourrait d'ailleurs être dilatoire. Il en est ainsi également en matière de cotisations sociales.

C) Le faux privilège du préalable en matière de contentieux des cotisations sociale

La même exigence existe en matière de contestation des cotisations sociales. C'est l'objet de *l'art. 22* de *l'Arrêté conjoint METPS/MINEFI n° 49 du 11 octobre 2002* qui précise qu'outre les conditions fixées par le Code General des Impôts, la requête contre une cotisation doit contenir entre autres la preuve du paiement de la partie non contestée, la preuve de paiement de 10% de la partie contestée, la preuve du paiement des vingt pour cent (20%) supplémentaire du montant de la partie contestée. Les observations qui ont été faites sur le cas de la dette fiscale s'appliquent *mutatis mutandis* en matière de cotisations sociales. Le juge administratif considère de manière constante cette exigence comme *une condition de recevabilité* comparable à *l'exigence de payer une consignation ad litem dans le contentieux administratif ordinaire.*

Disons pour terminer que le juge administratif s'est opposé plusieurs fois à ce prétendu *privilège du préalable* dont jouirait l'Administration fiscale et sociale. En ce qui concernele recouvrement des impôts, il a considéré dans des espèces intéressantes que si celui –ci était effectif, il entraînerait inexorablement un préjudice irréparable pour la personne qui le conteste[124], surtout lorsque la conjoncture économique est « *particulièrement difficile »*[125]. Quant à l'exécution de l'imposition, il estime de façon récurrente que si elle a lieu, elle causerait un préjudice irréparable à la personne requérante[126]. Dans le cas particulier d'un Cabinet d'étude, le juge soutient que cette exécution peut occasionner sa fermeture, le faisant ainsi perdre sa clientèle[127]. En cette matière, le juge tient compte moins de l'importance de l'imposition que de la taille financière de la personne requérante et du régime d'imposition auquel elle est soumise. Pour ce qui est du *commandement de payer* que les services des Impôts de l'Etat adressent aux contribuables qui, à tort ou à raison, n'ont pas pu satisfaire à leurs obligations fiscales, il admet que son exécution est de nature à causer un préjudice difficilement réparable à la personne requérante, soit parce qu'elle *« peut faire l'objet d'une saisie »*[128], soit parce que, du fait qu'elle peut être saisie, elle est susceptible de *« faire l'objet d'une vente aux enchères »*[129]. Il considère qu'un procès-verbal de saisie-exécution établi par la Recette des finances, enjoignant un contribuable de payer la somme d'argent qu'il doit à l'Etat et scellant son étude, est de nature à faire subir à la société requérante un préjudice irréparable, à savoir « *la fermeture de son étude.* »[130]

Que dire en conclusion à ce chapitre ? L'acte administratif unilatéral au Cameroun a été émasculé par l'évolution des textes, il n'est plus à proprement parlé un acte *unilatéral* et doit pour bénéficier du caractère

---

124 Ordonnance n° 10/OSE/PCA/CS/90-91 du 14 mars 1991, affaire ETOKE Joël c/ Etat du Cameroun.

125 Ordonnance n° 06/OSE/PCA/CS/91-92 du 11 mars1992, affaire NGAMALEU Dominique c/ Etat du Cameroun.

126 Ordonnance n° 17/OSE/PCA/CS/90-91 du 17 septembre 1992, affaire NDENGUE Thomas Byll c/ Etat du Cameroun et ordonnance n° 01/OSE/PCA/CS/91-92 du 1er novembre 1991, affaire NDENGUE Thomas Byll Justin contre Etat du Cameroun.

127 Ordonnance n° 38/OSE/PCA/CS/93-94 du 26 septembre 1994, affaire NDENGUE Thomas Byll contre Etat du Cameroun.

128 Ordonnance n° 20/OSE/PCA/CS/93-94 du 10 mai 1994, affaire Société Sintrabois contre Etat du Cameroun.

129 Ordonnance n° 21/OSE/PCA/CS/93-94 du 10 mai 1994, affaire Etablissements Efeck contre Etat du Cameroun.

130 Ordonnance n° 07/OSE/PCA/CS/97-98 du 29 octobre 1998, affaire Société Civile Professionnelle contre Etat du Cameroun. Dans le même sens, ordonnance n° 20/OSE/PCA/CS/92-93 du 30 juillet 1993, affaire NGANDO Bebey Joseph contre Etat du Cameroun.

décisoire respecter les libertés et droits acquis, alors que son caractère *exécutoire* dans l'abstraction n'est pas démontré. De même, il a été banalisé par la reconnaissance de cette capacité aux Ordres professionnels, aux fédérations sportives et aux fonctionnaires de fait. Les privilèges qui lui sont associés ne résistent pas à l'analyse concrète des dispositions juridiques. Le régime exorbitant du contrat administratif connaitrait également une déconfiture s'il en fût, au moins depuis l'entrée en vigueur du Code général des Marchés publics *(n'oublions pas toutefois que du droit à la pratique, il y'a un grand pas, nous nous intéressons aux dispositions juridiques).*

Chapitre 2. DECLIN DU REGIME EXORBITANT DU CONTRAT ADMINISTRATIF

Au Cameroun, le régime juridique du contrat administratif connait une profonde transformation. Nous examinerons le Marché public qui représente incontestablement la catégorie la plus importante des contrats administratifs. *Le Décret n° 2004/275 du 24 septembre 2004 portant Code des Marchés Publics* constitue de ce point de vue l'instrument juridique de base. Il vient remplacer une série de Décrets et règles pour résoudre le problème d'éparpillement des dispositions juridiques. Sont abrogés : *les Décrets n°95/101 du 09 juin 1995 portant réglementation des Marchés publics et le Décret modificatif n° 2000/155 du 30 juin 2000, le Décret n° 95/102 du 09 juin 1995 portant organisation et fonctionnement des Commissions de Marchés publics et le décret modificatif n°2000/156 du 30 juin 2000, le Décret n° 2002/030 du 28 juin 2002 portant organisation et fonctionnements des Commissions de Marchés publics.* Le nouveau droit des Marchés publics est moderne en ce sens qu'il consacre la dématérialisation des offres. Il consacre également un effacement de l'Administration. *Les clauses exorbitantes de droit commun,* souvent mises en avant pour distinguer le contrat administratif du contrat de droit privé perdent tout intérêt. Trois mots peuvent résumer cette importante réforme : *le principe de liberté d'accès à la commande publique, le principe d'égalité de traitement des candidats* et le *principe de transparence des procédures*[131] *(art. 2 du CMP).* Avant de dérouler les grandes lignes de cette évolution, il importe de faire un ensemble de constations préalables d'ordre général : *en premier lieu, l*e Code des Marches publics comme on vient de le souligner régit la partie la plus importante des contrats administratifs, il s'applique à tous les contrats supérieurs à (5) millions de francs, financés ou cofinancés par le budget de l'Etat, sur le fond d'aide extérieure bilatérale ou multilatérale, sur les emprunts avalisés par l'Etat, par le budget d'un Etablissement public, d'une Entreprise du secteur public ou parapublic, ou d'une Collectivité territoriale décentralisée *(art. 4 du CMP).* Il s'applique à tout type de contrat au dessus de ce montant, qu'il soit de travaux, de fourniture de biens ou de services, de délégations

131 Ces principes sont clairement inspirés du Code des Marchés Publics français *(art.1).*

de services publics [132]*(dénommées habituellement « concessions de services publics », art. 5 du CMP).* Ces types de contrat sont qualifiés *Marchés publics* et se voient appliquer le CMP. Pour les amateurs de critères, le critère le plus important est *« le financement par la personne morale de droit public »,* autre *critère* –de nature financière : *« plus de 5 millions de francs CFA ». En deuxième lieu,* C'est un Décret qui porte Code de Marches publics, pourtant l'analyse de ses dispositions laisse apparaître une dégénérescence des prérogatives administratives en même temps qu'un très grand souci de protection des partenaires de l'Administration. Le Code est un instrument moderne qui tient compte de l'évolution du droit, avec notamment l'introduction de la dématérialisation des procédures *(articles 51 à 54). En troisième lieu,* Les dispositions du CMP, même si elles ne le précisent pas expressément, abrogent la jurisprudence

---

[132] La définition *de la délégation de service public* proposée par le CMP français est assez intéressante. Il la conçoit comme un contrat par lequel une personne morale de droit public confie la gestion d'un service public dont elle a la responsabilité à un délégataire public ou privé dont la rémunération est substantiellement liée aux résultats de l'exploitation du service public. Le délégataire peut être chargé de construire ou d'acquérir des biens nécessaires au service *(art. 3 du CMP français, loi n° 2001-1168 du 11 décembre 2001 portant mesures urgentes de reformes à caractère économique et financier –loi MURCEF L. 1441-1 CGCT).* En France, *le Marché Public est* différent de *la délégation de service public,* différente elle aussi du *contrat de partenariat (art. 1 de l'Ordonnance 2004-559 du 17 juin 2004 sur les contrats de partenariat, modifié par la loi n° 2009-179 du 17 février 2009 pour l'accélération des programmes de construction et d'investissements publics et privés , L.1414-1 CGCT).* CE, 30 juin 1999, *Département de l'Orne* ; CE, 19 janvier 2011 *Chambre de commerce et d'Industrie de Pointe -à -Pitre ;* CE, 23 juillet 2010, *Syndicat national des entreprises de second œuvre du bâtiment,* CE, 15 avril 1996 Préfet des Bouches –du- Rhône c/ Commune de Lambesc, req. n° 168325 ; CE, 30 juin 1999, *Syndicat mixte de traitement d'ordures ménagères Centre-Ouest Seine –et –Marais (SMITOM),* CE, 7 nov. 2008 Parlement de la Vendée, req., n° 291794, CE, 5 juin 2009, *Sté Avenace Enseignement et Santé,* req., 298.641. En droit camerounais, peuvent faire l'objet de *concession* en tout ou partie, à une ou plusieurs personnes morales de droit public ou privé, par des contrats qui vont fixer notamment les droits et obligations du concessionnaire et de l'autorité concédante, les domaines de l'Etat ci après : l'élaboration des réseaux de télécommunications ouverts au public, la fourniture du service de télex et du service télégraphique, l'élaboration des infrastructures de transports des signaux de radiodiffusion sonore, les systèmes globaux de télécommunications par satellite, l'émission et/ ou la réception d'ondes radio électriques d'un ou vers un satellite de télécommunication. Il est étonnant de constater que les services aussi stratégiques du point de vue de la défense nationale, soient susceptibles de *délégation.* Certains Etats réservent ces services au giron de l'Etat. WAFFO MONGO, MBOTO FOUDA, « comprendre la privatisation, les réponses aux questions que l'on pose » *Cameroon Tribune* n° 6607 du vendredi 29 mai 1998, p.2. KEUTCHA (C), « Les mutations récentes du droit administratif au Cameroun », *Afrilex* 2000/01, p. 18.

en matière de contrat administratif en rapport avec son objet, sauf les précisions jurisprudentielles qui ne rentrent pas en contradiction. Le Code opère une véritable juridicisation du droit des Marchés publics au Cameroun. Ceci étant, il faut d'abord voir comment s'est opérée la dégénérescence du régime exorbitant du contrat administratif à la phase que l'on va qualifier d'*extracontractuelle,* c'est-à-dire la phase précontractuelle et post-contractuelle *(Section 1),* ensuite on s'intéressera à la phase *purement contractuelle (Section 2).*

Section 1. Remise en cause du pouvoir administratif de décision unilatéral à la phase extracontractuelle

Le contrat administratif ne commence pas avec la signature du document, de *l' instrumentum.* Plusieurs opérations préalables sont en effet décisives : élaboration de l'offre, publication, sélection des candidats, dépouillement des offres, rédaction des clauses. Il est important de sauvegarder les intérêts des différents candidats à cette étape précontractuelle *(paragraphe 1).* De même, il peut générer un contentieux –les droits des parties évincés ont été préservés *(paragraphe 2).*

Paragraphe 1. Remise en cause du pouvoir de décision unilatérale à la phase précontractuelle

Il importe de constater une première mutation à l'intérieur de l'Administration, qui va profiter au particulier. Le Code a fragmenté la compétence administrative en matière de MP en associant à l'opération des organes non administratifs, qui peuvent être assimilés aux *Autorités administratives indépendantes* (A), à côté de cet élément, il faut dire que l'Administration a perdu le choix entre la voie contractuelle et unilatérale (B), elle a également perdu le pouvoir de déterminer les éléments essentiels du contrat *(choix du cocontractant, fixation des clauses, choix de la procédure)* (C).

A) Fragmentation de la compétence administrative en matière de contrat administratif

Le CMP réalise une véritable fragmentation de la compétence en matière de contrat administratif *(une fragmentation géographique et technique).* La fragmentation géographique est liée à l'effet conjugué du Code et des lois sur la décentralisation. La compétence en la matière est partagée par l'Etat, les Etablissements publics, les Entreprises du secteur public, les Collectivités territoriales décentralisées. Le Code fait intervenir à divers niveaux, un certain nombre d'organes internes et externes à l'Administration. Ce qui permet de maintenir un certain contrôle réciproque. Elle est bien loin l'époque où les Marchés publics étaient gérés dans les officines d'une autorité administrative et attribués de manière arbitraire au petit cousin du village ou aux différentes maîtresses de l'autorité administrative[133], à condition bien sûr que le droit soit appliqué.

Le Code fait intervenir en premier lieu *le Maître d'ouvrage (MO)* qui est le chef de département ministériel ou assimilé, le chef de l'exécutif d'une CTD, le directeur général ou le directeur d'un Etablissement public et d'une Entreprise publique et parapublique, le représentant de l'Administration bénéficiaire des prestations prévues dans le Marché *(art. 5 CMP).*

Le Maître d'ouvrage délégué (MOD) qui est la personne exerçant en qualité de mandataire du MO, une partie des attributions de ce dernier. Il s'agit du Gouverneur de Province, du Préfet de Département, du chef de Mission diplomatique du Cameroun à l'étranger, habilités à passer et à signer les Marchés financés sur crédits délégués par un MO, le cas échéant du chef d'un projet bénéficiant d'un financement extérieur.

---

133 Le professeur NLEP a mis en lumière ce phénomène dans sa thèse de doctorat d'Etat, *L'Administration publique camerounaise..., op. cit., p.251-255).* Il explique comment les femmes mettent en valeur leurs charmes pour influencer les décisions administratives et politiques. Aujourd'hui, les données du problème ont changé. Ce sont des jeunes qui sont contraints à l'homosexualité ou à des pratiques méphistophéliques sous peine, qui de perdre leur emploi, qui de bénéficier d'une promotion, d'un diplôme. Cette atteinte grave aux droits de l'Homme mérite d'être sérieusement mise en lumière. Le problème débonde le cadre du droit administratif et concerne beaucoup plus les Sciences administratives. Il est toutefois suffisamment grave pour ne pas être souligné.

Le Chef de Service du Marché (CSM) qui est la personne physique accréditée par le MO ou MOD pour une assistance générale à caractère administratif, financier et technique aux stades de la définition, de l'élaboration, de l'exécution et de la réception des prestations –objet du Marché .

L'ingénieur du Marché : personne physique ou morale de droit public accréditée par le MO ou le MOD pour le suivi de l'exécution du Marché. Responsable du suivi technique et financier, il apprécie, décide et donne toutes les instructions n'entraînant aucune incidence financière. Il rend compte au CSM.

Le Maître d'œuvre *(MaO)* : personne privée ou morale de droit public ou privé chargée par le MO ou le MOD d'assurer la défense de ses intérêts aux stades de la définition, de l'élaboration, de l'exécution et de la réception des prestations –objet du Marché.

Le Cocontractant de l'Administration : toute personne physique ou morale partie au contrat, en charge de l'exécution des prestations prévues dans le Marché, ainsi que son ou ses représentant (s), personnel (s), successeur (s) et / ou mandataire (s) dûment désigné (s).

Groupement d'entreprises (GDE) : groupe d'entreprises ayant souscrit un acte d'engagement unique, et représentés par l'une d'entre elles, qui assure une fonction de mandataire commun. Le groupement d'entreprises est conjoint ou solidaire.

Commission des Marchés publics (CMP) : organe d'appui technique placé auprès d'un MO ou d'un MOD pour la passation des Marchés ou organe technique placé auprès de l'Autorité chargée des Marchés publics *(ACMP)* pour le contrôle *a priori* des procédures de passation des Marchés.

Sous- commission d'analyse (SCA) : Comité *ad hoc* désigné par la Commission de passation des Marchés *(CPM)* pour l'évaluation et l'évaluation des offres aux plans technique et financier.

Autorité chargée des Marchés publics (ACMP) : autorité placée à la tête de l'Administration publique compétente dans le domaine des Marchés publics.

Observateur indépendant (OI) : consultant recruté par l'Administration afin de veiller au respect de la réglementation, aux règles de transparence et aux principes d'équité dans le processus de passation des Marchés publics.

Auditeur indépendant (AI) : Cabinet de réputation établie, recruté par l'Administration et chargé de l'audit annuel des Marchés publics.

Ces premières précisions montrent que la fragmentation de la compétence administrative en matière de MP est évidente. Elle est un gage de transparence, on peut toutefois regretter le fait que l'OI et l'AI soient désignés par l'Administration. Il y'a un risque –au vue des fonctions qu'ils sont amenés à exercer dans le processus de passation des MP que l'Administration désigne des alliés. Ce sont les faiblesses de la réforme. L'autre fait majeur dans le phénomène de dégénérescence du pouvoir administratif est la perte du choix de la voie juridique fondant son action.

B) Perte du choix de la voie juridique fondant son action

L'Administration est-elle libre dans ses activités quotidiennes de choisir entre l'AAU et le contrat administratif, la voie juridique qui lui plait pour réaliser ses opérations ? Plusieurs thèses achoppent autour de cette question qualifiée par la doctrine administrativiste belge de *théorie de la voie contractuelle.* Selon une première thèse, l'option contractuelle serait prohibée chaque fois que l'Administration disposerait des *prérogatives d'action unilatérale,* à moins que le législateur ait implicitement ou explicitement autorisé à également recourir à la technique contractuelle[134]. Selon une seconde thèse, l'Administration peut en règle librement choisir entre la voie contractuelle et la voie unilatérale, à moins

[134] PAQUES (M), « De l'acte unilatéral au contrat dans l'action administrative », Bruxelles, Story Scientia, 1991, e.a. p. 423 et la note du même auteur sous civ Mons 7 déc. 1993, droit communal 1995, p. 225 ; spéc. p.133 voy. aussi Liège 23 avril 1996, J.L. M B , 1996, p. 1088.

bien entendu que le choix lui soit interdit expressément ou implicitement par le législateur[135].

Le Code des Marchés publics impose la voie contractuelle dans les domaines qui rentrent dans son objet et prévoit des sanctions en cas de non respect de cette exigence, au point où on peut dire aujourd'hui que l'Administration camerounaise ne serait même plus libre d'utiliser l'acte juridique de son choix. Cela rompt avec la pratique qui a gouverné son fonctionnement dans les années d'interventionnisme *(vers les années 1980),* elle a en effet beaucoup usé de *la régie* qui lui permettait de réaliser d'importantes opérations grâce à son propre matériel et son propre personnel. Lorsque le Marché représente un montant de 5 millions, l'Administration doit impérativement le soumettre à la voie contractuelle. Le pourvoir normateur a pris en compte les hypothèses de fraude qui peuvent inspirer certains autorités véreuses, à soustraire une opération au régime du MP. *L'art.* 105 renvoie aux sanctions prévues par *la loi n° 73/7 du 07 décembre 1973 relative au droit de trésor pour la sauvegarde de la fortune publique et la loi n° 74/ 18 du 05 décembre 1974 relative au contrôle des ordonnateurs, gestionnaires et gérants des crédits publics et des Entreprises de l'Etat, telle que modifiée par la loi n° 76/4 du 06 juillet 1976.* L'application de ces textes est sans préjudice sur l'annulation du Marché et le prononcé des sanctions disciplinaires et judiciaires. Parmi les infractions au Code possibles, il est intéressant de noter la sanction du *fractionnement du Marché (fraude la plus pratiquée –art. 106 - b). Le fractionnement du Marché* consiste par exemple à diviser matériellement un contrat d'un montant de 5 millions en deux contrats de 2.5 millions, afin d'éviter l'application du CMP, compromettant ainsi les règles de transparence et de concurrence. L'Administration a également perdu –toujours à la phase précontractuelle, la maîtrise des éléments essentiels du contrat administratif.

C) Perte de la maîtrise des éléments essentiels du contrat administratif

Les éléments essentiels du contrat à notre humble avis se résument en son *objet (constitué du prix et des obligations des uns et des autres), la procédure* et *le choix du cocontractant.*

---

135 VAN GERVEN (W) et WIJCKAERT (M), « overeenkomsten met de overhead » T.P.R., 1987, p.1709, spec. p.1750, *voy.* Patrick GAUFFAUX, *Dictionnaire élémentaire de droit administratif,* Bruylant 2006, p. 272 à 274.

D'abord, en ce qui concerne l'objet du contrat, il est traité à *la section 1 du chapitre 1 du titre 2 du CMP* intitulé *–Du contenu des Marchés publics. L'art. 56* précise les éléments formels qui doivent figurer dans tout MP. Cette disposition élabore une véritable formule-type qui donne au MP une certaine lisibilité. *L'art. 57* confie au MO et au MOD le soin de rédiger et mettre en forme tous les éléments définitifs constitutifs du Marché. La précision importante du point de vue de notre démonstration est que l'Administration reste liée par les dispositions de l'appel d'offre *–art. 51 (2)* : *« Le marché définitif ne peut en aucun modifier l'étendue et la nature des prestations prévues au dossier d'appel d'offre, seuls les aménagements mineurs, sans incidence financière, ni influence technique par rapport à l'offre retenue, sont acceptables, sous réserve de l'article 35 (3) du présent code. »* Cet article pourrait passer inaperçu, pourtant, il cristallise à notre avis le consensualisme en matière de contrats administratifs. L'Administration détermine certes unilatéralement le contenu de l'appel d'offre. Il n'y a rien de choquant à cela, car elle est seule juge de ses besoins et moyens. Une fois l'offre effectuée, elle est soumise à un principe que l'on va appeler le principe de *l'immutabilité de l'offre.* C'est une garantie pour les candidats, car si un candidat choisit de postuler, il manifeste son accord sur l'offre qui a été faite, avec la garantie que s'il est en définitive retenu, le contrat qu'il va signer serait du point de vue financier et technique identique au contenue de l'offre.

Ensuite, pour ce qui est du choix de la procédure de MP, le principe est *l'appel d'offre.* Ce n'est que dans les cas exceptionnellement prévus par le CMP qu'ils peuvent faire l'objet de *procédure de gré à gré (art. 7). L'appel d'offre* peut être ouvert ou restreint ; avec concours *(articles 14 à 16)* ; national ou international. L'Administration n'a pas le libre choix du type *d'appel d'offre* et doit se conformer aux règles.

Enfin, en ce qui concerne le choix du cocontractant, le Code en son *art. 8* précise que le choix du cocontractant prend en compte quatre critères : le prix des prestations et variables proposées ou du coût de leur utilisation ; la valeur technique et fonctionnelle, notamment les conditions d'exploitation et d'entretien, ainsi que la durée de vie potentielle des ouvrages produits ou des fournitures et services concernés ; la qualité et la capacité professionnelle des candidats ; le délai d'exécution ou de livraison.

Ces différentes règles à l'observance de l'Administration à la phase précontractuelle constituent à proprement parler, des *sujétions exorbitantes de droit commun.* L'Administration n'est plus seule à agir, elle n'est plus libre de contracter ou de ne pas contracter ; de choisir l'acte fondant son action ou de fixer les éléments essentiels du contrat, du moins, de s'écarter de manière importante dans l'élaboration des clauses de l'offre qu'elle a précédemment faite. Sauf à faire preuve de myopie juridique, comment peut-on encore aujourd'hui continuer de parler de *puissance publique, de prérogatives exorbitantes, de privilèges administratifs ?* La disgrâce administrative ne s'arrête pas à la phase précontractuelle, elle concerne la phase post-contractuelle et ce sera tout dit pour ce qui est de la phase extracontractuelle.

Paragraphe 2. Remise en cause du pouvoir de décision unilatérale à la phase post-contractuelle

L'art. 91 prévoit que les litiges résultant des contrats administratifs peuvent être l'objet d'une tentative de règlement amiable (A), ce qui est sans incidence sur la procédure de règlement de droit commun, sauf dérogations découlant des Accords ou Conventions de prêt ou d'autres Conventions internationales (B), les modalités du règlement amiable sont prescrites par Décret du Premier Ministre (C).

A) Règlement à l'amiable et recours administratifs

S'agissant tout d'abord du règlement amiable, on peut constater que l'Administration présentée comme *la puissance publique* institue des modes non juridictionnels, c'est dire qu'elle n'est pas totalement assurée de sa puissance, ou alors qu'elle accepte de faire des concessions utiles. Ce qui n'est pas rien ! Le Code institue également un système de recours administratifs dont l'objet et la recevabilité varient en fonction des différents stades de la procédure de passation du MP. On pourrait à la lecture de *l'art. 92* systématiser quatre recours possibles qui correspondent en fait aux quatre étapes de l'attribution du MP :

- *Entre la publication de l'avis d'appel d'offre y compris la phase de pré-qualification des candidats et l'ouverture des plis.* A cette phase, le recours doit être adressé au MO ou au MOD avec copies à l'Organisme chargé de la régulation des Marchés publics *(OCRMP)* et au Président de la Commission des

Marchés publics *(PCMP).* Le recours doit parvenir au MO ou au MOD au plus tard quatorze (14) jours avant la date d'ouverture des offres. Le MO ou le MOD dispose de cinq jours (5) pour réagir. La copie de la réaction est transmise à l'OCRMP. Ce recours n'est pas suspensif de la procédure de passation du MP.

- *A l'ouverture des plis.* Le recours ne peut porter que sur le déroulement de cette étape, notamment le respect des procédures et des pièces vérifiées. L'OCRMP produit pour cela un formulaire-type de recours qui est mis à disposition, rempli et signé à l'issue de la séance d'ouverture de plis *(ce qui suppose que les candidats où leurs représentants soient présents. L'opacité qui a longtemps entouré la matière est théoriquement rompue).* Le recours doit être adressé à l'Autorité chargée des Marchés publics *(ACMP)* avec copie à l'OCRMP et au MO ou au MOD. Il doit parvenir dans un délai maximum de trois jours (3) ouvrables après l'ouverture des plis, sous forme d'une lettre à laquelle est obligatoirement joint un feuillet de la fiche de recours dument signée par le requérant et éventuellement , par le Président de la Commission de passation des Marchés *(PCPM).* La fiche de recours comporte trois feuillets dont l'original, détenu par le requérant, est destiné à l'ACMP et les deux autres feuillets sont remis séance tenante respectivement à l'Observateur indépendant *(OI)* et au PCPM. L'OI annexe à son rapport, le feuillet qui lui a été remis, assorti des commentaires et des observations y afférentes. Ce recours n'est pas suspensif.

- *Entre la publication des résultats et la notification de l'attribution.* A ce stade, les recours ne peuvent porter que sur l'attribution du MP. Ils devront être adressés à l'ACMP avec copies à l'OCRMP, au MO ou au MOD et au PCMP. Le recours doit intervenir dans un délai maximum de cinq jours (5) jours ouvrables après la publication des résultats. Ce recours à la différence des précédents peut donner lieu à suspension de la procédure, à l'appréciation de l'ACMP. La notification de l'attribution doit s'effectuer au plus tard quinze jours (15) après ladite publication en cas d'absence de recours *(l'aménagement de ce délai d'attente à été bien pensé, il vise à préserver les droits des candidats malheureux, qui auraient alors le temps d'attaquer la décision d'attribution ; mais aussi les droits de l'heureux élu qui ne se verra notifier la décision qu'une fois qu'aurait été purgées toutes les contestations relatives à l'attribution. Après l'attribution toutefois, un recours reste possible).*

- *Après la publication des résultats d'attribution,* sous peine de forclusion, toute requête doit être formulée dans les délais visés aux *articles 93 (b), 94 (b) et*

95 (b). L'examen de la requête peut entraîner la reprise ou l'annulation de la procédure suivie. Dans le cas contraire, l'ACMP donne l'autorisation au MO de continuer la procédure. Après réception d'une requête, l'ACMP demande un avis technique à l'OCRMP qui doit lui répondre dans les 10 jours (10) suivant la réception de ladite demande, selon les dispositions de *l'art. 110* du code.

Cet important dispositif source de rentabilité financière pour les avocats et les professeurs de droit public appelés à représenter les intérêts des candidats au MP appelle au moins deux observations : *en premier lieu,* le pouvoir normateur a veillé à assurer autant que possible une indépendance au niveau des recours, à travers les ampliations adressées à certaines autorités en fonction des cas. Au fur à mesure que l'on évolue dans la procédure, les choses deviennent sérieuses et les garanties se multiplient, on n'aurait qu'à examiner la nature des autorités compétentes pour recevoir le recours. Le recours prévu à l'étape de l'attribution peut donner lieu à la suspension de la procédure. Ce qui participe de cette idée de gradation des garanties. *En second lieu,* ces recours institués ne sont pas des recours gracieux préalables (RGP). Ce sont des recours administratifs non exclusifs des recours juridictionnels, rien ne dispense dès lors un justiciable d'user de ces recours et d'aller devant le juge administratif en même temps, puisque *l'art. 91* dit qu'ils sont sans incidence les uns par rapport aux autres. Les actes de publication de la liste des candidats pré-qualifiés, d'admission des dossiers après ouverture des plis, d'attribution du MP constituent des actes détachables susceptibles de RGP *(On ne sait pas trop si la notion d'actes détachables fait réellement sens en droit public camerounais. Si on est arrivé à la théorie des actes détachables en France, c'est parce que le juge ne pouvait pas contrôler le contenu des contrats –par définition 'la loi des parties'. Les actes détachables permettaient ainsi de soumettre au contrôle du juge administratif, certaines opérations liées au contrat et qui s'en détachent en même temps. À partir du moment où le juge administratif connait de par la loi du contentieux des contrats administratifs y compris de ses dispositions, faut-il parler d'actes détachables ? La notion devient à notre avis non opérationnelle).* Est ce que finalement cette possibilité généreuse certes, ne doit pas créer de la confusion à deux niveaux : si le requérant choisi la voie juridictionnelle administrative, il doit adresser un RGP à l'autorité auteure de la décision. En attendant (2) deux mois, ses possibilités d'intenter un recours administratif deviennent compromises. Cela ne concerne pas le recours effectué au stade de la publication de l'attribution, c'est-à-dire au stade ultime de la passation des Marchés et c'est là où tout le problème se pose. Que se passera-t-il si l'ACMP qui agit en concertation avec ORMP rend une décision opposée à celle de la juridiction administrative ? La sécurité juridique si bien agencée par le système des recours administratifs, pour préserver à la fois les candidats malheureux et l'heureux ou les heureux élus s'effondre, dans la mesure où le juge administratif peut venir remettre en cause des situations qui du point de vue des délais de recours administratifs étaient définitivement acquises. Nous pensons donc que le législateur aurait mieux fait de rendre ces recours optionnels et exclusifs, à tout le moins au stade de la publication de l'attribution. Autrement, il aurait pu aménager un système de *questions préjudicielles* adressées par la juridiction administrative aux organes compétents en matière de MP *(qui peuvent théoriquement être plus rompus dans le domaine que le Juge administratif, appelé à toucher des questions variées et manquant de ce fait d'entrainement)*, il pouvait aussi faire intervenir le juge à un degré supérieur, c'est-à-dire considérer ces organes administratifs comme des juges de second degré et le juge administratif comme le juge de cassation. C'est bien beau de faire intervenir le juge qui est théoriquement indépendant de l'Administration pour assurer une protection des intérêts des parties en présence, il faut craindre toutefois que cette intervention ait été faite au prix de la cohérence et la sécurité juridique.

B) Règlement par les juridictions de droit commun

Le droit commun nous renvoie à *l'art. 9 de l'Ordonnance 72 / 6* qui vient d'être remplacé par *loi de 2006 (art. 3 -3)*. Cette disposition repartit la compétence en matière de contentieux administratif entre la juridiction administrative et la juridiction judiciaire. Les deux textes sont presqu' identiques. Selon *l'art. 9 de l'Ordonnance 72/06* : « *1) La Cour Suprême connaît de l'ensemble du contentieux administratif à l'encontre de l'Etat, des collectivités publiques et Etablissements publics.*

2) Le contentieux administratif comprend : (…) c) les litiges concernant les contrats (à l'exception de ceux conclus même implicitement sous l'empire du droit privé) ou les concessions de services publics. » *La loi de 2006 (art. 2 -3)* dispose : « *(3) Le contentieux administratif comprend :*

> *a) les recours en annulation pour excès de pouvoir et, en matière non répressive, les recours incidents en appréciation de légalité. Est constitutif d'excès de pouvoir au sens du présent article :*
>
> - *le vice de forme ;*
> - *l'incompétence ;*
> - *la violation d'une disposition légale ou réglementaire ;*

- le détournement de pouvoir.
b) les actions en indemnisation du préjudice causé par un acte administratif ;
c) les litiges concernant les contrats (â l'exception de ceux conclus même implicitement sous L'empire du droit privé) ou les concessions de services publics ;
d) les litiges intéressant le domaine public ;
e) les litiges intéressant les opérations du maintien de l'ordre. »

Aux termes de cette disposition, le critère de répartition des compétences entre juridiction administrative et juridiction judiciaire n'est pas *a priori* comme dans le contexte français de l'époque bâti autour de la notion de *clauses de puissance publique* ou de *service public*. Le critère est essentiellement formel, à savoir *le régime de droit public*, à partir du moment où un contrat est conclu sous l'empire du droit public, la juridiction administrative est compétente. Cette disposition semble manifester le caractère attractif de la compétence du juge judiciaire. Pour conclure dès lors qu'un contrat n'est pas de droit privé, il ne faut pas simplement s'en tenir aux dispositions explicites. Ce qui appelle de la part du juge un certain travail intellectuel qui va consister à déterminer qu'est ce qu'*un contrat conclu sous l'empire du droit public* et qu'est ce qu'*un contrat conclu même implicitement sous l'empire du droit privé*. C'est tout l'intérêt d'une étude sur les critères jurisprudentiels des contrats administratifs[136] au Cameroun. Pour ce qui est des MP, il ne fait aucun doute à notre humble avis que le juge administratif est compétent pour connaitre de l'ensemble de la matière. Cela résulte d'un raisonnement syllogistique :

- Le juge administratif connait des contrats conclus sous l'empire du droit public *(c'est-à-dire qui se voient appliquer le droit public) ;*

- Le Décret *n° 2004/275 du 24 septembre 2004 portant Code des Marchés publics* est jusqu'à preuve de contraire un texte de droit public ;

- Les contrats conclus sous l'empire du *Décret n °2004/275 du 24 septembre 2004 portant Code des Marchés publics* sont de la compétence du juge administratif *(selon l'art. 3, le Code des Marchés Publics s'applique à tout Marché public financé ou cofinancé : a) par le budget de l'Etat ; b) sur les fonds d'aide extérieure, bilatérale ou multilatérale ; c) sur les emprunts avalisé par l'Etat ; d) par le budget d'un établissement public ou d'une entreprise du secteur public ou parapublic*

---

136 *Voy.* NGUEDIA MEUKEU, *Les critères jurisprudentiels des contrats administratifs (thèse en cours, Université de Yaoundé II, depuis 2010).*

ou d'une collectivité territoriale décentralisé). Le Code ne définit pas le MP par son but, c'est *le financement par l'Etat* et *le montant du marché* qui semblent être les éléments déterminants. Le terme *Marché public* ne devrait d'ailleurs laisser subsister aucune hésitation. Pour la délégation des services publics *(concessions de services publics),* le Code la définit comme *« la délégation de la gestion d'un service public à un tiers dont la rémunération est substantiellement liée au résultat de l'exploitation du service. Elle est soumise au régime des Marchés Publics. »*

C) Clauses contractuelles de règlement des litiges

Le Code des MP excepte de la compétence du juge administratif *(art. 91)* le cas des Marchés qui en seront exclus de par les dérogations découlant des Accords ou Conventions de prêt ou d'autres Conventions internationales. Il s'agit là d'une disposition qui illustre la force des Conventions internationales en droit interne. On peut de ce point de vue citer également *l'art. 4* qui dispose expressément que : *« Nonobstant les dispositions de l'article 3 ci-dessus, le Code des Marchés Publics ne s'applique pas aux marchés conclus dans le cadre des conventions internationales signées par l'Etat qu'en ses dispositions non contraires aux dites conventions. »* Il faut craindre que cette disposition ne maintienne une certaine opacité sur les Marchés publics comportant un élément d'extranéité. Il est clair, la dégénérescence de la prétendue puissance administrative est établie à la phase *extracontractuelle (pré -contractuelle et post-contractuelle),* nous allons maintenant nous intéresser à la phase *purement contractuelle,* les choses ne sont pas autrement.

Section 2. Remise en cause du pouvoir administratif de décision unilatérale à la phase purement contractuelle

L'affaiblissement du pouvoir administratif à ce niveau est perceptible : *d'une part,* l'Administration ne dispose plus comme par le passé des pouvoirs de contrôle de l'exécution et de sanction en matière de MP *(paragraphe 1) ; d'autre part,* elle a perdu les pouvoirs de modification unilatérale et de sanction du cocontractant *(paragraphe 2).* La reforme de 2004 donne l'image d'une Administration finalement moins libre que la personne privée contractante, elle doit désormais faire face à d'importantes *sujétions exorbitantes de droit commun.*

Paragraphe 1. Remise en cause du pouvoir de contrôle de l'exécution et de sanction administrative à la phase contractuelle

Il faut d'abord mettre en lumière la perte du pouvoir de contrôle de l'exécution (A) avant d'en venir à la perte du pouvoir de sanction administrative (B).

A) Remise en cause du pouvoir administratif de contrôle de l'exécution du contrat

L'art. 81 du CMP dispose certes que le MO et le MOD ou MaO sont responsables du contrôle, on pourrait toutefois y relever deux bémols importants : *en premier lieu,* le contrôle doit se faire selon les modalités fixées par les Cahiers des clauses générales *(alinéa 1 de l'art. 81). En second lieu,* il s'agit d'un contrôle partagé qui fait intervenir des organes théoriquement extérieurs à l'Administration, tels que l'Auditeur indépendant *(AI),* les autres corps de contrôle prévus par les lois et Règlements en vigueur. Le Code prévoit l'intervention d'une personne physique ou morale de droit privé qui exerce la maîtrise d'œuvre pour les Marchés situés au-delà de certains seuils *(100.000.000 CFA pour les Marchés de travaux et 500.000.000 CFA pour les Marchés de fourniture),* pour les travaux d'un seuil inférieur à ces montants, le Code ne permet pas l'appel d'une maîtrise d'œuvre externe. Pour les Marchés de prestations intellectuelles dont les montants sont supérieurs ou égaux à cent *(100)* millions de FCFA, la maîtrise d'œuvre se fait sous forme de *Commission de suivi et de recette technique.* Cette Commission comprend, entre autres, des membres externes aux services du MO.

B) Remise en cause du pouvoir administratif de sanction du cocontractant

L'Administration ne dispose plus à proprement parler du pouvoir de sanction du cocontractant, le régime des sanctions est prévu par le Code et concerne aussi bien celles qui frappent l'Administration contractante que celles applicables au cocontractant :

- S'agissant *en premier lieu* de l'Administration, le cocontractant doit recevoir ses *avances de démarrage* dont le montant et les conditions sont expressément prévus, il n'a pas d'autres justifications à donner à cet effet, il lui suffit de faire une simple demande au MO ou au MOD. Ces *avances*[137] seront déductibles sur les *acomptes* perçus ultérieurement pendant l'exécution du MP. Il a droit également au paiement des *acomptes périodiques* dont le montant est fixé par le Cahier de clauses administratives particulières *(CCAP)* et les conditions prévues à *l'art. 85*. Le Cahier de clauses générales *(CCG)* précise les délais ouverts au MO ou au MOD pour procéder aux constatations ouvrant droit à *acomptes*. C'est la violation de ces délais qui va donner lieu à sanction de l'Administration contractante par des intérêts moratoires et des pénalités. C'est l'objet de *l'art. 87 du CMP*. Lorsque le retard ou le défaut de paiement est imputable au MO ou au MOD ou au comptable assignataire, le défaut de paiement dans les délais fixés par le CCAP, ouvre et fait courir de plein droit au bénéfice du titulaire du Marché, des *intérêts moratoires,* calculés depuis le jour suivant l'expiration desdits délais, jusqu'au jour de délivrance de l'avis dit *de règlement* du comptable assignataire. Le taux des ces *intérêts moratoires* est le taux d'intervention sur les appels d'offres de la Banque des Etats de l'Afrique centrale *(BEAC)* majoré d'un (1) point. Pour les paiements à effectuer en une monnaie autre que le CFA, le taux des *intérêts moratoires* correspond au taux d'escompte pratiqué par la Banque d'émission de cette monnaie, majoré au plus d'un (1) point. Le CMP précise dans le détail les modalités de calcul des *intérêts moratoires (art. 88)*.

- S'agissant du cocontractant, il est tenu au respect des délais contractuels des Marchés. En cas de dépassement, le titulaire du Marché est passible de *pénalités* après mise en demeure préalable. Sauf dérogations prévues aux Marchés, le montant des *pénalités de retard* est fixé comme suit : 1/2000e du montant TTC du Marché de base par jour calendaire de retard du premier au trentième jour au-delà du délai contractuel fixé par le Marché, 1/1000e du montant TTC au-delà du trentième jour. Très important, la remise de *pénalités de retard* d'un Marché ne peut être prononcée par le MO ou le MOD qu'après avis favorable de l'OCRMP, la copie de la décision de remise de *pénalités*, soutenue par l'avis favorable ci-dessus est transmise à l'OCRMP à toutes fins utiles *(art. 89)*. Indépendamment des *pénalités* pour *dépassement du délai contractuel,* le CMP prévoit également la possibilité de préciser dans le MP des *clauses de pénalités* pour *inobservance des dispositions techniques*. En tout état des causes, le montant des pénalités ne peut excéder 10% du montant TTC du

137 Le droit de percevoir la rémunération fixée dans le contrat est affirmé par le CE français, Arrêt du 29 septembre 2000, *Sté DEZELLUS*, req. 186916.

Marché de base avec ses avenants, le cas échant, sous peine de résiliation *(art. 90)*. Ces dispositions appellent un certain nombre de commentaires :

- Le CMP prévoit des sanctions à deux sens : la sanction de l'Administration s'exprime en termes d'*intérêts moratoires* pour défaut de paiement ou paiement tardif des *avances* et des *acomptes* ; la sanction du cocontractant s'exprime en termes de *pénalités* pour dépassement du délai contractuel ou pour inobservance des dispositions techniques. Le Code se montre assez souple avec le cocontractant qu'avec l'Administration, lorsque l'on compare le montant des *pénalités* et celui des *intérêts moratoires*, mais aussi lorsque l'on prend en compte la possibilité de remise des pénalités du cocontractant, prévue par le Code. Il veille toutefois à éviter que cette remise ne soit motivée par la corruption ou le compérage. Le Code prévoit la possibilité d'une sanction contractuelle *(c'est-à-dire stipulée par les parties)*, pour inobservance des dispositions techniques. Les sanctions ne doivent pas dépasser 10% du montant TTC du Marché de base avec ses avenants. Avant de signer un Marché, les Conseils du cocontractant doivent être très vigilants sur l'existence d'une telle clause et sur sa conformité au CMP.

Paragraphe 2. Remise en cause du pouvoir de modification et de résiliation unilatérale

De la même manière, l'Administration au Cameroun a perdu son pouvoir de modification (A) et de résiliation unilatérale[138] (B).

A) Remise en cause du pouvoir de modification unilatérale

Selon *l'art. 62* du CMP et les dispositions suivantes, les stipulations d'un MP ne peuvent être modifiées que par voie d'*avenants. L'avenant* est adopté et notifié selon la même procédure d'examen que le Marché de base. Il ne peut modifier ni l'objet du Marché, ni le titulaire du Marché, ni

138 Sur le pouvoir de résiliation unilatérale de l'Administration dans le contexte français, *voy.* CE, Ass. 2 mai 1958, *Distillerie de Magnac Laval*, Rec., 246, AJDA, 1958, II, p. 282 concl. KHAN, D. p.730, note André DELAUBADERE ; CE, Ass., 02 février 1987Sté TV6, Rec., p.28, *RFDA*, 1987, p.29, *concl.* FORNACCIARI ; CE, 6 mai 1985, *association EUROLAT* et CFF, Req. n° 41589 et n° 41669, Rec., p. 141 ; CE, 27 octobre 2010, *Syndicat intercommunal des transports publics de Cannes*, req. n° 318617, *AJDA*, 2010, p. 2076. CAA Paris 23 juillet 1991, *Sté COFIROUTE*, req. n° 89, PA 01566.

la monnaie de règlement, ni la formule de révision des prix. *Les ordres de services* relatifs aux prix, aux délais et aux programmes constituent des actes contractuels de gestion d'un Marché et ne peuvent être émis que dans les conditions suivantes : lorsqu'un *ordre de service* est susceptible d'entraîner le dépassement du montant du Marché, sa signature est subordonnée aux justificatifs de finances ; en cas de dépassement du montant du Marché dans une proportion d'au plus égale à dix pour cent (10 %), les modifications du Marché peuvent être apportées par *ordres de services* et régularisées par voie *d'avenants*, sous réserves des dispositions de *l'al. 2 ;* lorsque le dépassement du montant du Marché est supérieur à dix pour cent (10%), les modifications ne peuvent se faire qu'après signature de *l'avenant* y afférent. Le montant global des *avenants* est plafonné à trente pour cent (30%) du montant du Marché de base. En tout état de cause, toute modification touchant aux spécifications techniques doit faire l'objet d'une étude préalable sur l'étendue, le coût et les délais du Marché. La variation dans la quantité des prestations s'effectue dans les conditions définies par le Cahier des clauses administratives générales.

Le Code régit également *la sous-traitance* et *la co-traitance*. Un MP peut faire l'objet de *sous-traitance* ou donner lieu à des *sous-commandes* suivant des modalités fixées par le Cahier des clauses administratives générales. Les Marchés sous-traités sont des contrats par lesquels le titulaire d'un Marché cède à des tiers l'exécution d'une partie de ce Marché.

Les sous-commandes sont des commandes faites à des tiers par le titulaire d'un Marché en vue soit de la fabrication d'objets ou de matières intermédiaires devant entrer dans la composition de la prestation, soit de l'exécution de certaines opérations conditionnant la réalisation de cette prestation. Tout recours à des sous-traitants ou sous- commandiers est subordonné à l'autorisation préalable du MaO ou du MOD. Nonobstant tout recours à une sous-traitance ou à une sous-commande, le cocontractant de l'Administration demeure responsable de l'exécution de toutes les obligations résultant du Marché.

Il y a *co-traitance* lorsque les prestations – objet d'un Marché sont réalisées par des entreprises distinctes dans le cadre d'un groupement. En cas de *co-traitance,* le dossier d'appel d'offre en précise les modalités. Le Cahier des clauses administratives particulières *(CCAP)* doit préciser si les entreprises groupées sont conjointes ou solidaires. Les entreprises groupées sont *solidaires* lorsque chacune d'elles est engagée pour la totalité du MP et doit pallier une éventuelle défaillance de ses partenaires. L'une d'entre elles doit être désignée dans le CCAP comme mandataire et devra représenter l'ensemble des entreprises vis-à-vis du Maître d'ouvrage ou du Maître d'ouvrage délégué. Les co-traitants se repartissent les sommes qui sont réglées par l'Administration dans un compte unique. Les entreprises groupées sont *conjointes* lorsque, les prestations étant divisées en lots dont chacun est assigné à l'une de ces entreprises, chacune d'entre elles est engagée pour le ou les lots qui lui sont assignés. L'une d'entre elles doit être désignée dans le CCAP comme mandataire, celui-ci étant solidaire de chacune des autres entreprises dans les obligations contractuelles à l'égard du Maître d'ouvrage ou du Maître d'ouvrage délégué. Le mandataire représente l'ensemble des entreprises conjointes vis-à-vis du Maître d'ouvrage ou du Maître d'ouvrage délégué, pour l'exécution du Marché. Chaque entreprise est payée par l'Administration dans son propre compte. Le pouvoir de modification unilatérale de l'Administration est soumis à des règles strictes, de même que la possibilité pour le particulier de faire intervenir des tiers à l'exécution du MP, il est possible de constater aussi un déclin du pouvoir de résiliation unilatérale.

B) Remise en cause du pouvoir de résiliation unilatérale

La résiliation du MP est encadrée, le CMP pose des exigences qui doivent être préalablement réalisées avant de passer à la résiliation. Le Code distingue plusieurs hypothèses de résiliation. Il attribue aussi dans une hypothèse, un droit de résiliation au cocontractant. Ces différentes dispositions ont le mérite d'encadrer la résiliation et de la rendre moins souple.

En premier lieu, la résiliation pour inexécution, mauvaise ou exécution tardive. Deux étapes doivent être respectées : *avant tout,* le MO ou le MOD peut suivant les cas, lorsque le cocontractant ne se conforme pas aux stipulations du Marché ou aux *ordres de services* s'y rapportant mettre en demeure celui-ci de s'exécuter dans un délai déterminé. Le délai ne peut être inférieur à (21) vingt et un jours, sauf lorsqu'il s'agit des Marchés relatifs à la défense nationale, à la sécurité et aux intérêts stratégiques de l'Etat ou par dérogation prévue dans le Cahier des clauses administratives particulières. Cette possibilité reste sans incidence sur les *pénalités de retard* que nous avons ci-dessus analysées *(art. 97). Par la suite,* dans le cas où le cocontractant de l'Administration ne se serait pas exécuté après cette mise en demeure, le MO ou le MOD peut prescrire : l'établissement d'une régie totale ou partielle aux frais et risques dudit cocontractant, le prononcé de la résiliation du Marché aux torts, frais et risques dudit cocontractant. Le CCAG précise les modalités de résiliation du MP ainsi que les effets de celle-ci, sous réserves des autres cas de résiliation prévus par le CMP.

En second lieu, la résiliation de plein droit est prévue à *l'art. 100,* elle vise *le cas de décès du titulaire (en pareille hypothèse le MO ou le MOD peut décider d'accepter les propositions présentées par les ayants droits pour la continuation des prestations)* ; *la faillite du titulaire du Marché (dans ce cas, le MO ou le MOD peut accepter s'il y'a lieu des propositions qui peuvent être présentées par les créanciers pour la continuation des prestations) ; la liquidation judiciaire (si le cocontractant n'est pas autorisé par le tribunal à continuer l'exploitation de son entreprise)* ; en *cas de sous-traitance, de co-traitance ou de sous- commande* faites par le cocontractant sans autorisation préalable du MO ou du MOD ; en cas *de défaillance du cocontractant* dûment constatée par le MO ou le MOD *(en pareille hypothèse le cocontractant supporte nonobstant la réparation à laquelle il peut être condamné pour non exécution de ses obligations, les frais engagés pour pouvoir à son remplacement – art.103 CMP)* ; *en cas de non respect de la législation ou de la réglementation du travail* ; *en cas de variation importante des prix dans les conditions définies par le CCAG.* Lorsque c'est l'une des causes de résiliation ci-dessus mentionnées qui est à l'origine de la rupture de la relation contractuelle, sauf l'hypothèse du *décès du titulaire* et de la *variation importante des prix dans les conditions définies par le CCAG,* le cocontractant évincé ne peut sauf dérogation spéciale exclusive accordée par l'ACMP, soumissionner pour un nouveau Marché public avant une période de deux (2) ans à compter de la date de notification de la résiliation. Lorsque le cocontractant est une personne physique ou une Entreprise unipersonnelle, cette interdiction s'applique également sur toute autre Entreprise crée ultérieurement par « le mis en cause » pendant ladite période. Le MO et le MOD est tenue de transmettre systématiquement les actes de résiliation à l'OCRMP en vue notamment de la constitution d'une base de données. Le cocontractant peut bien entendu en pareille hypothèse prétendre à des indemnités. Cette interdiction s'apparente à *l'inexcusabilité* qui en droit commercial peut frapper l'opérateur économique tombé en faillite. La sanction d'*interdiction* et de *condamnation à des frais supplémentaires nécessaires au remplacement du cocontractant* ne s'applique pas à toutes les hypothèses de résiliation du Marché, seulement à celles pour lesquelles mention y est expressément faite[139].

En troisième lieu, la résiliation pour force majeure. Le CMP prévoit également une possibilité de résiliation pour cas de force majeure, elle intervient en l'absence de toute responsabilité du cocontractant de l'Administration, elle est prononcée par le MO ou le MOD après avis de l'ACMP.

Que dire en conclusion a cette section ? Que le Code des Marchés Publics a établi au plan juridique un assainissement du domaine des MP. Plus de 10 ans après, la pratique révèle toutefois autre chose. C'est ce constat d'échec qui justifie la Circulaire de 2008 de rappel à l'ordre. Elle complète *la Circulaire de 2005, la Circulaire n° 004 / CAB/ PM du 30 décembre 2005 relative à l'application du Code des Marchés Publics* et *la Circulaire n° 003/ CAB/PM du 18 avril 2008 relative au respect des règles régissant la passation, l'exécution et le contrôle des Marchés Publics.* L'objet de la Circulaire est de corriger les mauvaises pratiques et autres dysfonctionnements qui persistent dans les procédures de passation et d'améliorer la performance du système camerounais. Ces textes rappellent aux principaux acteurs que sont les MO, les MOD, les Présidents et Membres des Commissions des MP, les OI et l'ARMP, les règles fondamentales à respecter dans les activités de passation, d'exécution et de contrôle des MP. On peut dans le même ordre d'idées citer *l'Instruction n° 0001/MINFI du 14 janvier 2011 portant Instructions relative à l'exécution et au contrôle de l'exécution du budget de l'Etat et des organismes subventionnés pour l'exercice 2011.*

---

139 Notons qu'en cas de résiliation unilatérale, le juge administratif français admet le droit d'indemnisation du préjudice intégral, CE, 21 décembre 2007, *Région du Limousin, AJDA* 2008, p.481, note DREYFUS ; de même que le droit au rétablissement de l'équilibre financier du contrat en cas de modification unilatérale, CE, 11 mars 1910, *Compagnie Générale Française de Tramways,* CE, Sect. 27 octobre 1978, Ville de st Malo, req. n° 05.722, Rec. P. 401.

Que dire en conclusion de cette analyse sur *la dégénérescence des prérogatives de puissance publique* en matière de Marchés publics –catégorie la plus importante des contrats administratifs au Cameroun ? Tout simplement que l'argument d'une Administration camerounaise toute puissante ne pourrait se fonder sur ce domaine. Non seulement elle a perdu la maîtrise des opérations à la phase extracontractuelle *(fragmentation de la compétence, confection des appels d'offre, détermination des éléments essentiels du contrat, contentieux des MP),* mais le contrat en lui-même lui échappe désormais. Ses pouvoirs de contrôle d'exécution, de sanction, de modification et de résiliation unilatérale sont soit exercés après avis, soit exercés avec d'autres organismes, soit soumis à des conditions expresses et lourdes, soit réciproquement aménagés au profit du cocontractant. Par ces dispositions, le CMP a essayé autant que possible de répondre aux principes directeurs qui gouvernent la matière – principes contenues à *l'art. 2* qui mérite d'être rappelé *« les règles fixées par le (…) code reposent sur les principes de liberté d'accès à la commande publique, d'égalité de traitement des candidats et de transparence des procédures. »*

EN GUISE DE COCLUSION (Partie I)

Les prérogatives d'action de l'Administration sont prises en défaut, devant les mutations des textes et une réinterprétation des propositions traditionnellement présentées comme des truismes. Comme on l'a vu, *l'acte administratif unilatéral* n'a aujourd'hui au Cameroun d'*unilatéralité* que de nom, de même, son caractère *décisoire* est soumis à des conditions, son caractère *exécutoire* nous semble avoir été mal interprété, il y'a d'ailleurs des sérieuses raisons de penser qu'il ne figure pas au nombre des caractères généraux de l'AAU. Les privilèges classiques qui lui sont associés échouent également devant une rigoureuse analyse de l'ordre juridique. Pour ce qui est des contrats administratifs, le CMP a consacré la perte du pouvoir de l'Administration aussi bien à la phase extracontractuelle qu'à la phase purement contractuelle. Intéressons-nous un tant soit peu aux *prérogatives de protection* de l'Administration.

Partie 2.

REMISE EN CAUSE DES PREROGATIVES DE PROTECTION

Les *prérogatives de protection de l'Administration* sont –rappelons le, des moyens *« qui font obstacle à certaines actions ou mesures qui seraient défavorables à l'[A]dministration »,* l'empêchant de protéger l'intérêt général. Essayons d'oublier un instant les descriptions péjoratives du droit camerounais et intéressons nous à l'évolution des textes et de la jurisprudence. Les prérogatives de l'Administration ne peuvent être analysées *in abstracto.* Il est important pour une bonne appréciation de leur consistance, de prendre en compte le triptyque classique –Administration, particulier, juge administratif. Le premier aspect de notre analyse concerne le rapport de l'Administration avec ses partenaires, c'est à dire les particuliers *(qui peuvent être ses agents ; des personnes physiques ou morales extérieures à l'Administration).* La question essentielle à ce niveau est de savoir si –en toute objectivité, le droit administratif au Cameroun confère à l'Administration des *protections* ou *immunités* dans ce premier type de rapport *(Chapitre 1).* Le second aspect concerne le rapport de l'Administration avec le juge. Pendant longtemps en France, selon les idées de Henrion de PANSEY[140], on considérait que juger l'Administration équivalait à faire œuvre d'administration, le juge ne pouvait dès lors sans violer le principe de *la séparation des pouvoirs,* plus précisément, le principe de *la séparation des autorités judicaires d'avec l'Administration active,* connaitre des actes relevant de la pure administration. L'histoire de la progressive édification de la justice administrative en France a été émaillée par le souci constant de protéger l'Administration contre les immixtions du juge. Un tel précèdent historique et les précautions qui s'en sont suivies sont-ils pertinents dans le contexte camerounais ? Il est permis d'en doute !

---

[140]De PANSEY (H), *De l'autorité judiciaire en France*, Chapitre.com, édition de 1818.

Chapitre 1. DANS LE RAPPORT ADMINISTRATION – PARTICULIER

Dans le contexte camerounais, un ensemble de règles sont présentées comme des *protections* de l'Administration contre des actions éventuelles des particuliers. Le droit camerounais serait de ce point de vue –affirme t'on, l'héritier du droit français. S'agit-il de simples suppositions ? Serait –il possible de trouver dans les normes en vigueur, des bases pertinentes qui fonderaient de telles idées ? Nul ne pourrait raisonnablement contester la transposition en droit camerounais, des règles et principes du droit public français, en raison du fait colonial et du mimétisme doctrinal[141] et souvent législatif, toutefois ont-elles la même signification, la même portée ? Deux domaines nous permettent d'émettre quelques réserves :

- Le premier est constitué des règles applicables au *domaine public.* Une première interrogation serait de savoir si ce domaine est à proprement parlé le domaine de l'Etat ou même de l'Administration ? Si on remonte à l'étymologie latine du mot *domaine public,* on s'apercevrait qu'il dérive du nom *dominium* qui signifie *propriété* et de l'adjectif *publicus* qui désigne *ce qui intéresse le public. Le domaine public* serait donc *la propriété publique* par opposition à *la propriété privée.* L'idée *d'appartenance* à la personne publique n'est donc pas fondée, l'Administration ne serait qu'un *gestionnaire,* mieux, *un arbitre neutre* veillant à aménager les intérêts divergents et parfois contradictoires des personnes privées et garantissant l'affectation des dépendances du *domaine* au public. Les *protections* liées à la domanialité publique seraient par voie de conséquence, non des *prérogatives de protection de l'Administration,* mais ce que l'on va appeler des *« prérogatives de l'affectation ».* La police du *domaine public* dans ce contexte n'est confiée à l'Administration qu'afin de lui permettre d'assurer la destination des biens y relatifs. Inversement, l'Administration serait liée par des *sujétions exorbitantes de droit commun,* tenant notamment au respect des principes du

[141] La Majeure partie des Enseignants-chercheurs au Cameroun sont des produits des Universités françaises, d'où cette grande tendance à répéter les enseignements des professeurs de droit public français et s'interdire dans le même temps toute référence à d'autres modèles.

service public, entre autres, *le respect de l'égalité entre usagers, le respect de la Légalité, le devoir d'information.* Cette première réflexion nous conduit à une autre question : les *protections* du *domaine public* sont-elles absolues ? A partir du moment où on admet que celles-ci ont pour but d'assurer la *destination,* on ne pourrait continuer à soutenir qu'elles seraient absolues. Depuis longtemps en France en effet, la jurisprudence et la doctrine ont apporté d'importantes inflexions au régime *exorbitant* de la domanialité publique. C'est à la lumière de ces avancées que nous examinerons les règles entourant *le domaine public* au Cameroun *(section 1).*

Le second de ces domaines concerne les relations pécuniaires de l'Administration avec les particuliers. *La créance* de l'Administration bénéficierait selon certaines descriptions, d'une forme de *super -privilège* et de garantie, qui la prémuniraient contre toute prescription ou compensation éventuelles. Ces affirmations ne peuvent être valables sans nuances, ni mesures. De la même manière, l'idée est répandue selon laquelle l'Administration serait protégée contre tout créancier éventuel, qui se lèverait pour réclamer à son profit l'apurement d'une *dette* dont celle-ci serait redevable. Le droit positif semble fournir des éléments éloignant ces descriptions de la réalité. Il y'a certes pour *les créances* tout comme les *dettes* de la personne publique, des règles budgétaires et comptables qui doivent impérativement être respectées. Leur analyse laisse apparaitre toutefois, qu'elles répondent à un besoin de programmation, de contrôle administratif interne et de continuité du service public. Elles n'ont pas pour objet de porter au crédit de l'Administration des *immunités,* comme on tendrait à le prétendre *(section 2).*

Section 1. Atteintes à la domanialité publique

Le cadre applicable en la matière est constitué d'un ensemble de textes *(Ordonnances et Décrets pour la plupart).* Après l'unification du pays en 1972, une réforme foncière a été opérée, précisément en 1974, qui a unifié les régimes juridiques en matière foncière au Cameroun. Depuis cette date, *les Ordonnances 74-1 et 74-2 du 06 juillet 1974 fixant* respectivement *le régime foncier et domanial* et les lois modificatives, les Décrets d'application, *la loi 85-09 du 4 juillet 1985 relative à l'expropriation pour cause d'utilité publique et aux modalités d'indemnisation,* constituent l'essentiel du cadre réglementaire en matière de gestion foncière et domaniale au Cameroun. *Les Décrets n° 2005/178 du 27 mai portant organisation du Ministère des domaines et des*

Affaires foncières (MINDAF) et 2005/481 du 16 décembre 2005 modifiant et complétant certaines dispositions du Décret n° 76/165 du 27 avril 1976 fixant les conditions d'obtention du titre foncier régissent les institutions chargées de mettre en œuvre de la législation foncière en vigueur[142]. Parmi ces textes, *l'Ordonnance 74/02 fixant le régime domanial* nous intéresse en particulier. Il dispose que la domanialité publique est constituée du *domaine public, du domaine de l'Etat, du domaine national*[143]. La loi emploie l'expression *domanialité publique* dans un sens tout à fait différent de celui qui lui est attribué dans les Manuels de droit administratif spécial. *La domanialité publique* dans ce contexte est assimilée au régime juridique du *domaine public*. C'est précisément à cette signification que nous renvoyons. Seul *le domaine public* sera dès lors l'objet d'attention, laissant de coté *le domaine de l'Etat et le domaine national*, dans la mesure où l'idée de *prérogatives de protection* est traditionnellement associée au *domaine public*.

Deux arguments nous permettront de remettre en doute le caractère absolu de la protection du *domaine public* : c'est l'affectation qui justifie son régime protecteur s'il en fût ; sa *protection* n'est pas absolue. Ces idées se vérifient clairement à travers l'analyse de sa consistance. *Le domaine public* n'est pas une majestueuse tour imprenable *(Le domaine public par destination à tout le mois est par définition tangible en droit public camerounais) (paragraphe 1)*. Le régime juridique du *domaine public* est également pris en défaut une fois que l'on analyse les règles en rapport au but qu'elles tendent à atteindre *(Paragraphe 2)*.

Paragraphe 1. Atteinte à la consistance du domaine public

Il convient avant de poursuivre nos développements de définir clairement la notion de *domaine public*, en la distinguant d'autres notions consacrées également par le texte de *l'Ordonnance 74/02* et avec lesquelles elle pourrait se confondre.

---

142 La mise en œuvre de ces dispositions juridiques au sein de l'Administration, se heurte à des conflits de compétences, qui doivent être résolus.

143 OWONA (J), *Domanialité publique et expropriation pour cause d'utilité publique au Cameroun*, L'Harmattan 2012, p. 10 et ss.

Le domaine national est une étendue de territoire national non classée dans le domaine public, dans le domaine privé de l'Etat ou des autres personnes morales de droit public, ni dans le domaine privé des particuliers. *Le domaine national de 1ère catégorie* est constitué des terrains d'habitation, terres de cultures, de plantations, de pâturages et de parcours dont l'occupation se traduit par une emprise de l'homme sur la terre et une mise en valeur probante, avant le 5 août 1974. *Le domaine national de 2ème catégorie* est constitué des terres libres de toute occupation effective, à la date du 5 août 1974.

Le domaine privé de l'Etat est constitué des parcelles de terrain appartenant à l'Etat, des terrains supportant des édifices publics, des biens acquis à titre gratuit ou onéreux, immeubles dévolus à l'Etat suite à des expropriations pour cause d'utilité publique, prélèvements sur le domaine national, etc.
Le domaine public est constitué de l'ensemble inaliénable des biens meubles et immeubles par nature ou par destination, affectés à l'usage direct ou des Services publics. Il est constitué du *domaine public naturel* qui est un ensemble des terrains et espaces non aménagés par l'homme *(la mer, les fleuves, les rivières, les lacs, la terre, les marécages, l'espace aérien…)* ; du *domaine public naturel maritime* qui est constitué des rivages de la mer jusqu'à la limite des plus hautes marées et une zone de 50 mètres mesurée à partir de cette limite ; du *domaine public naturel fluvial* qui est un ensemble composé des cours d'eau navigables dans la limite déterminée par les plus hautes eaux, et une zone de 25 mètres à partir de cette limite, des marécages, des cours d'eaux non navigables, des lacs, des étangs naturels et des lagunes ; du *domaine public artificiel* qui se définit comme un domaine aménagé par l'homme ou l'Etat, notamment les autoroutes et une emprise de cent mètres de part et d'autre de l'axe de la chaussée, les routes nationales, provinciales, départementales et les pistes avec une emprise successive de 40, 25, et 10 mètres de part et d'autre de l'axe de la chaussée, les pistes, ports, monuments et édifices publics, les concessions de chefferies traditionnelles... ; *le domaine public artificiel communal* qui est aménagé par les fonds communaux ou obtenu par transfert de l'Etat par un Décret..

Seul le domaine public *(par destination)* tel que défini ci-dessus nous intéressera. Sa protection peut se trouver affectée par des opérations dites de *mutations du domaine public* (A). Les privatisations des Entreprises publiques au Cameroun auraient entrainé une atteinte considérable de la consistance du domaine public (B), le Secteur public a été en outre restructuré de façon à l'amoindrir (C).

A) Les atteintes expressément prévues

Selon *l'art. 10 de l'Ordonnance 74/2 fixant le régime domanial, « Font partie du domaine privé de l'Etat : 1°/- les biens meubles et immeubles acquis par l'Etat à titre gratuit ou onéreux selon les règles du droit commun ; 2°/- les terrains qui supportent les édifices, constructions, ouvrages et aménagements réalisés et entretenus par l'Etat 3°/- les immeubles dévolus à l'Etat en vertu :*

- *de l'article 120 du Traité de Versailles du 28 juin 1919 de la légalisation sur les séquestres de guerre ;*
- *d'un acte de classement intervenu par application des législations antérieures à la présente ordonnance ;*
- *du déclassement du domaine public ;*
- *de l'expropriation pour cause d'utilité publique. 4°/- les concessions rurales ou urbaines frappées de déchéance ou du droit de reprise ainsi que les biens des associations dissoutes pour faits de subversion, attentes à la sûreté intérieure ou extérieure de l'Etat 5°/- les prélèvements décidés par l'Etat sur le domaine national par application des dispositions de l'article 18 de l'ordonnance fixant le régime foncier. »* Il s'en suit que l'atteinte au domaine public est expressément prévue, elle peut être le fait de l'Administration. Selon le professeur Joseph OWONA, *« le déclassement détruit la domanialité publique du bien désaffecté. Au titre du régime général des biens du domaine privé, un visa du Ministre chargé des Domaines est requis pour les actes d'aliénation du bien déclassé ou désaffecté*[144]*. »* Les privatisations ont également considérablement affectées la consistance du domaine public.
-

B) L'impact des privatisations

L'art. 5 de la loin° 99/016 du 22 décembre 1999 portant statut général des Etablissements publics et des entreprises du Secteur public et parapublic dispose clairement : « *(1) La privatisation des établissements publics administratifs, des sociétés à capital public et des sociétés d'économie mixte, notamment par une cession d'actifs ou d'actions au profit du secteur privé, s'opère conformément à la législation*

---

144 *Ibidem.*

applicable en matière de privatisation. » Afin de faire face à la crise des années 80, le Gouvernement camerounais a créé à cette époque, une *Mission de réhabilitation des Entreprises du Secteur public et parapublic* qui avait reçu mandat d'identifier les Entreprises à maintenir dans le portefeuille de l'Etat et celles à privatiser ou à liquider, après un audit rigoureux. Cette *Mission* constituée au départ, d'une Commission Technique *(organe technique)* et du Comité Interministériel *(organe de décision)* s'était prononcée sur 75 Entreprises dites du *« groupe d'urgence »*. Parmi les 150 Entreprises publiques auditées, elle estima que 12 Entreprises dussent être privatisées, 30 réhabilitées, 17 liquidées et 14 Etablissements bancaires ou financiers restructurés. Le coût direct de ce vaste mouvement de réhabilitation des Entreprises publiques avait été estimé à 700 milliards de FCFA par la Banque mondiale.

Ces opérations se sont faites selon plusieurs modalités avec des implications diversement appréciées du point de vue des atteintes à la consistance du *domaine public.* Dans certains cas, il était question d'une *privatisation-gestion* ; dans d'autres, cela impliquait clairement un passage des biens de la personne morale de droit public à la personne acquéreuse, avec comme conséquence le déclassement de ceux de ses biens compris dans *le domaine public*, or à propos de la définition du *domaine public*, le texte de *l'Ordonnance 74/2* prend la peine de préciser que c'est l'ensemble des biens *inaliénables.* Il n'est pas encore temps d'examiner ce principe, relevons simplement que les privatisations des Entreprises publiques au Cameroun, en ce qu'elles ont entrainé un transfert des biens appartenant normalement au *domaine public* vers des patrimoines privés ont été clairement une atteinte à la consistance du *domaine public.* Le Secteur public comme on l'a dit plus haut, a été également été restructuré. Cette opération n'a pas été sans influence sur la consistance du *domaine public.*

C) L'impact de la restructuration du secteur public

La décision de l'Etat camerounais de restructurer les Entreprises publiques se justifie par l'importance des pertes d'exploitation enregistrées par celles-ci, mais aussi par leur poids dans le budget de l'Etat, en termes de subventions octroyées. Un rapport de *United States of America for International Development Agency (USAID)* notait qu'en 1985, l'apport financier de l'Etat aux Entreprises publiques non rentables s'élevait chaque année à 100 milliards FCFA[145], soit alors le tiers des revenus pétroliers[146]. Le processus de restructuration ainsi engagé a débouché sur la privatisation totale ou partielle des Entreprises publiques *(supra, p. 174 et 175)*. Les Entreprises publiques présentant un caractère stratégique de service public ou d'utilité publique ont été maintenues dans un premier temps dans le portefeuille de l'Etat qui signa avec elles des *« contrats de performance »* privilégiant ainsi pour celles-ci une restructuration en douceur. La contractualisation des relations entre l'Etat et ces Entreprises avait pour but d'introduire au sein de ces Entreprises un mode de management proche de celui des Entreprises privées. Aux termes de *là loi n° 99/016 du 22 décembre 1999 portant Statut général des Etablissements publics et des entreprises du Secteur public et parapublic*, une différence s'impose entre *le Secteur public* et la *personne morale de droit public*. La loi consacre trois types de sociétés qui relèvent du Secteur public, seul l'Etablissement public administratif (EPA) a le caractère de *personne morale de droit public*. La société à capital public (SCP) et la société d'économie mixte (SEM) sont qualifiées *personnes morales de droit privé*. Quid des biens de ces sociétés. Sont-ils compris dans le *domaine public* ? Quelques observations méritent d'être effectuées :

- *Les biens de la SCP et de la* SEM, bien qu'ils soient de par la loi des personnes morales de droit privé, bénéficient du régime de la domanialité publique de *l'Ordonnance 1974*, pour ceux d'entre eux qui leurs ont été transférés en jouissance pour les besoins des missions dont elles ont la charge. Si on voulait raisonner selon une conception *organique*, on n'admettrait pas que les biens d'une personne morale de droit privé pussent bénéficier d'un tel régime.

- *Les biens propres*[147] *de l'EPA*, ceux autrement acquis que par le patrimoine d'affectation, c'est-à-dire l'ensemble des biens meubles ou immeubles, corporels ou incorporels ou en numéraire, mis par l'Etat et les Collectivités territoriales décentralisées à la disposition de l'EPA doivent à notre avis, être considérés comme ne bénéficiant du régime protecteur de la domanialité, que ceux d'entre eux qui proviennent du

---

145 "Cameroon development corporation", Report paper, june 1988.

146 *Ibidem.*

147 Nous suggérons de faire une distinction entre *les biens propres* et *les biens affectés*. Le texte de 1990 nous donne des informations sur le régime des *biens propres* : *« Autonomie financière : capacité pour une personne morale d'administrer et de gérer librement les biens meubles ou immeubles, corporels ou incorporels ou en numéraire constituant son patrimoine propre, en vue de réaliser son objet social. »*

domaine public, du domaine national, ainsi que les biens du domaine privé de l'Etat qui lui ont été transférés en jouissance.

- *Les biens de la SCP, de la SEM et de l'EPA* autrement constitués que par le transfert de l'Etat des biens de son domaine national, public et privé sont aliénables, prescriptibles et saisissables. C'est en tout cas une analyse personnelle de l'économie générale de ces dispositions[148].

Que retenir ? D'abord, la différence entre *Secteur public* et *personne morale de droit public* ; ensuite, la distinction entre *les biens propres* des Etablissements du Secteur public et *leur patrimoine d'affectation.* L'inclusion d'un bien d'une Entreprise du *Secteur public* dans *le domaine public* doit tenir compte de ces variables. Sur base de ces précisions, il faut constater que *le domaine public* s'est, à la faveur de la restructuration du *Secteur public*, profondément amenuisé. Intéressons- nous maintenant à ce qui nous semble être le plus fondamental en matière de *domaine public* : son régime juridique *(régime protecteur).*

Paragraphe 2. Atteinte au régime protecteur du domaine public

L'Ordonnance 74 /03 du 06 juillet 1974 fixant le régime domanial définit non seulement la consistance du *domaine public*, mais fixe également les règles spécifiques qui lui sont applicables. Celles-ci seraient selon certaines interprétations, l'expression la plus éloquente des *prérogatives de protection de l'Administration*, d'autant plus qu'elles sont clairement une transposition de l'héritage juridique français, notamment de *l'Edit de Moulin de 1566, de* celui de *1667* et de la systématisation du droit public français qui a suivi la période post révolutionnaire[149]. *La loi n° 80-22 du 14 juillet 1980 porte répression des atteintes à la propriété* foncière[150]. Au nombre des règles très

---

149 OWONA (J), *Domanialité public et expropriation pour cause d'utilité publique au Cameroun, op.cit.*, p. 26.

150Selon *l'art.1er*, est nulle de plein droit et de nul effet, toute cession immobilière à titre onéreux ou gratuit portant sur une propriété indivise. *L'art. 2* prévoit une amende de 50 00 à 200 000 FCFA et un emprisonnement de 2 mois à 3 ans où d'une de ces peines seulement, ceux qui exploitent ou se maintiennent sur un terrain sans autorisation préalable du propriétaire, les agents de l'Etat convaincus de complicité dans les transactions foncières de nature à favoriser l'occupation irrégulière de la propriété d'autrui. Selon *l'art. 3,* la juridiction compétence ordonne le déguerpissement immédiat à se propres frais. En outre la mise en valeur réalisée sur ledit terrain sous forme de plantations, de construction, ou d'ouvrages de quelque nature que ce soit est acquise de

généralement considérées comme éléments constitutifs du régime protecteur du *domaine public*, on classe *l'inaliénabilité* (A), *l'imprescriptibilité* (B) et *l'insaisissabilité* (C).

Le premier constat qu'il faut dresser est que ces principes sont clairement affirmés par le texte de *l'Ordonnance 74/02*. Il ne faut pas toutefois se méprendre sur le contenu, la valeur juridique, les exceptions à ceux-ci. Dans le même ordre d'idées, il ne faut pas perdre de vue les buts pour lesquels ils ont été aménagés. Ces questions –on le verra, changent fondamentalement les choses.

A) L'inaliénabilité du domaine public

Le principe de *l'inaliénabilité* du *domaine public* a été posé par *l'Edit de Moulin en 1566*[151]. Qualifié de *loi fondamentale du Royaume,* il était prononcé lors du *serment du sacre.* Il avait pour but de protéger les biens de la Couronne contre les ventes excessives faites par le pouvoir royal. Cette règle était violée lorsque les nécessités de guerre commandaient l'aliénation des biens du domaine. La Révolution a conduit à son abrogation, les biens de la Nation ont ainsi pu être aliénés. *Le principe d'inaliénabilité* a connu toutefois une résurgence au XIXème siècle, notamment sous la plume de PROUDHON, qui estime que la personne

---

plein droit au propriétaire, sans aucune indemnité pour l'occupant. Si le propriétaire du fonds exige la suppression des constructions, plantations ou ouvrages, celle-ci est exécutée aux frais de l'occupant et sans aucune indemnité pour ce dernier, qui peut en outre être condamné à des dommages intérêts pour le préjudice éventuellement subi par le propriétaire au fonds. Ces sanctions sont applicables aux personnes qui, en violation de la législation en vigueur exploitent ou se maintiennent sur une parcelle du domaine privé de l'Etat, ou sur une dépendance du *domaine public* ou du domaine national. Les poursuites devant les juridictions compétentes concernent les atteintes portées au domaine privé de l'Etat ou sur une dépendance du *domaine public* ou du domaine national ne peuvent être engagées que par l'Administration dans les conditions fixées par le Décret. Après mise en demeure restée sans effet pendant 30 jours, le Préfet procède à la démolition des réalisations effectuées sur la dite dépendance. Il peut à cet effet requérir la force publique. Lorsque l'occupation illégitime concerne une dépendance du domaine privé de toute personne morale de droit public, le Préfet procède sur requête du Représentant qualifié de ladite personne morale, à la démolition des réalisations effectuées sur le terrain en cause, dans les formes prévues à *l'art. 5* de la présente loi. Le contrôle préventif de l'occupation des terrains domaniaux est assuré par *les Commissions de contrôle et de surveillance* dont l'organisation et le fonctionnement sont fixés par Décret.

publique n'est pas *propriétaire* du *domaine public*, mais simplement *gardienne*. Elle ne pourrait donc vendre les biens desquels elle n'est pas propriétaire. *Le principe de l'inaliénabilité* signifie que les dépendances du *domaine public* sont indisponibles *(elles ne peuvent être vendues)*, mais aussi que les biens les constituant ne peuvent être l'objet *d'une expropriation pour cause d'utilité publique*, ni d'une cession[152].

Trois idées nous permettent de remettre en cause *ce principe d'inaliénabilité au Cameroun,* du mois l'idée que l'on s'en fait : d'abord, il faut voir quelle est la valeur juridique d'un tel principe, ensuite, il doit être compris en référence à ses fins, il n'est pas à proprement parler *une prérogative de protection* des biens administratifs, mais des missions pour lesquelles ceux-ci sont constitués. *L'inaliénabilité* protège en fait *l'affectation* et non le bien en lui-même, de telle sorte que les deux notions seraient interdépendantes. Autre précision, il ne s'agit pas d'un principe absolu[153], il est limité aux dépendances du *domaine public* qui sont par *nature* inaliénables.

En premier lieu, pour ce qui est de sa valeur juridique, notons que ce *principe* a une valeur *quasi-législative*[154] ou plus exactement *réglementaire.* Son fondement comme on l'a vu est *l'art. 2 de la loi 74/03 du 06 juillet 1974.* Ce qui implique qu'il peut bien être remis en cause par le législateur ; également que, les principes à valeur *constitutionnelle* qui protègent le particulier lui sont supérieurs.

---

152 En *droit administratif* français, on peut citer la jurisprudence y relative : C. Cass., 02 avril 1963, Sieur Montagne c/Réunion des musés de France *(nullité des aliénations des biens du domaine public)* ; CE, 13 oct. 1967, *Gazeaux,* le Conseil d'Etat juge qu'il s'agit d'une nullité absolue, alors que avant 1988, la Cour de cassation estimait qu'on est en présence d'une nullité relative avec un délai de prescription de 30 ans ; CE, 03 déc. 1993, *Ville de Paris c/ Parent(Impossibilité d'exproprier une dépendance du domaine public). Voy.* aussi PROUDHON (V), *(Doyen de la Faculté de Droit de Dijon), Traité du Domaine public,* éd., V. Lagier Dijon, 1833-1834.

153 Dans le contexte français, il existe d'importantes dérogations au *principe d'inaliénabilité.* Ainsi, les aliénations effectuées avant *l'Edit du Moulin* sont considérées valables puisque la règle n'existait pas encore, de même que celles effectuées lors de la Révolution. Deux personnes publiques peuvent également échanger des biens de leurs domaines publics respectifs, dans le but d'améliorer les *« conditions d'exercice d'une mission de service public ».* La cession est également possible entre ces personnes.

154 Il résulterait d'une *Ordonnance* dont la place reste à déterminer. A l'époque de son adoption, le P.R pouvait prendre des Ordonnances prévues par la Constitution, il avait un véritable pouvoir législatif, raison pour laquelle on hésiterait entre la valeur *réglementaire* et *législative* de ce texte.

En second lieu, s'agissant des fins du principe de *l'inaliénabilité,* il est lié à *l'affectation* du bien, nous déduisons cette idée du contexte historique français. Au départ, le principe était entendu de manière si large qu'il fut quasiment impossible d'envisager une cession de biens entre personnes publiques[155], même si cette opération ne modifie pas en soi *l'affectation.* Toutefois, cette hypothèse est désormais rendue possible par *l'art. 3112-1 du Code général de la propriété des personnes publiques.* On peut donc constater que *l'affectation* et *l'inaliénabilité* sont des principes fortement liés. *L'inaliénabilité* doit protéger *l'affectation* du bien, raison pour laquelle on pourrait envisager la cession entre personnes publiques, car *l'affectation* reste intégrale. Au Cameroun, la cession de biens du *domaine public* est possible entre personnes publiques, sans besoin de déclassement. Deux exemples au moins méritent d'être relevés :

- La loi sur *les Etablissements du secteur public* prévoit la cession des biens du patrimoine *des personnes publics (Etat, Collectivités territoriales décentralisées)* à des Entreprises du *Secteur public (art. 4 de la loi 99/016)* ci-dessus : *« (1) Les biens du domaine public et du domaine national, ainsi que les biens du domaine privé de l'Etat, transférés en jouissance à une entreprise conformément à la législation domaniale, conservent leur statut d'origine.(2) Les biens du domaine privé de l'Etat transférés en propriété et notamment, par apport pour la formation du capital, sont intégrés de façon définitive dans le patrimoine de l'entreprise bénéficiaire. »* Selon la loi, le transfert des biens du *domaine public* n'entraine pas déclassement, elle précise que le bien conserve son statut d'origine. Il en va autrement des biens privés, qui deviennent la propriété de l'Etablissement public. Le problème se pose en cas de faillite. Est-ce qu'on va considérer que le liquidateur réalisera les opérations sur *les biens propres* de l'Etablissement public à l'exclusion des biens faisant partie du patrimoine *d'affectation (qui doivent alors rentrés dans leur patrimoine d'origine) ?* La réponse à une telle question semble se trouver *à l'art. 96 : « (1) Les biens meubles et immeubles appartenant à l'entreprise, non grevés de sûretés peuvent subir l'une des destinations suivantes:*

- *être vendus par adjudication publique ;*
- *être transférés à titre onéreux ou par reprise d'un montant de passif équivalent à toute collectivité territoriale décentralisée ou personne morale investie de tout ou partie de la mission initialement dévolue à l'organisme dissout.*

155CE, 11 octobre 1995, *Tète.*

(2) Les biens meubles et immeubles appartenant aux établissements publics administratifs et aux sociétés à capital public appartenant à l'Etat, non grevés de sûretés, peuvent être exceptionnellement, tous les créanciers désintéressés :

- *affectés à titre gracieux par arrêté du Ministre chargé des finances, après avis du Ministre de tutelle technique, à toute collectivité territoriale décentralisée ou personne morale investie de tout ou partie de la mission initialement dévolue à l'organisme dissout ;*
- *réintégrés dans le patrimoine de l'Etat lorsque la valeur de ces biens ne permet pas d'espérer un produit substantiel de la vente ou lorsque cela procède des motifs impératifs de la politique économique, sociale et culturelle du gouvernement. »*

Il s'agit clairement d'une atteinte au *principe de l'inaliénabilité,* car le bien n'est réintégré que lorsqu'il ne permet pas d'espérer un produit substantiel de la vente *(c'est à dire lorsqu' il n'a que peu de valeur sur le marché)* ou pour des motifs impératifs de la politique économique, sociale et culturelle du Gouvernement. Il est donc en principe *aliénable.*

- La loi sur la décentralisation prévoit également une cession des biens de l'autorité centrale à l'entité décentralisée *(art. 7) : « Tout transfert de compétence à une Collectivités territoriale s'accompagne du transfert, par l'Etat à celle-ci, des ressources et moyens nécessaires à l'exercice normal de la compétence transférée. »* Voyons aussi *l'art. 20 (loi d'orientation de la décentralisation) de la loi n° 2004/017 du 22 juillet 2004) : « Le transfert d'une compétence entraîne, de plein droit, la mise à la disposition de la Collectivité territoriale bénéficiaire de l'ensemble des biens meubles et immeubles utilisés à la date de ce transfert, pour l'exercice de cette compétence. Cette mise à disposition est constatée par un décret présidentiel de dévolution, au vu d'un procès-verbal établi contradictoirement entre les représentants de l'Etat et les autorités exécutives des Collectivités territoriales. »* Ce transfert est confirmé par la *loi n° 2004/019 du 22 juillet 2004 fixant les règles applicables aux régions*[156] *et la loi n° 2004/018 du 22 juillet 2004 fixant les règles applicables aux communes*[157] . Notons également en ce qui concerne les Régions et les Collectivités territoriales décentralisées que, même si la loi précise que les biens qui leurs sont transférés par l'Etat gardent leur statut d'origine, on peut par identité de motifs, penser qu'en cas de liquidation d'un Etablissement public dont elles seraient propriétaire, les biens de celui-ci ne seraient plus couverts par l'inaliénabilité.

---

[156] Lire particulièrement *les articles 12 à 17* de cette loi.
[157] Lire aussi *les articles 9 à 16* de cette loi.

En troisième lieu, s'agissant des exceptions, notons à la suite du professeur Joseph OWONA[158] qu'il existe plusieurs exceptions particulières, ainsi :

- Ce principe n'est pas reconnu par la tradition britannique jusque-là en vigueur dans les Provinces occidentales du Cameroun[159].

- *L'art. 8 de l'ordonnance 74/2 du 6 juillet 1974* dispose que cette gestion *« peut être assurée, sous le contrôle de l'Etat, par d'autres personne morales de droit public ou par des concessionnaires des services publics. »*

- La pratique des *baux emphytéotiques* de plus de 18 ans est également un bémol important à ce principe.

En droit administratif français, l'affirmation *d'un principe d'incessibilité sous un prix inferieur à la valeur du bien* est la preuve la plus évidente des inflexions admises à *l'inaliénabilité* des biens de l'Administration, ainsi le Conseil constitutionnel français a dans plusieurs décisions interdit les cessions à vil prix, en matière de privatisation[160].

Que retenir ? *Le principe d'inaliénabilité* à une valeur *quasi-législative* en droit public camerounais ; il tend à protéger *l'affectation* du bien ; il admet de nombreuses exceptions. L'idée de *« protection de l'affectation »* permet de situer le principe par rapport à sa véritable nature de telle sorte que *l'inaliénabilité* n'aurait plus de sens, si elle était aménagée ou maintenue une fois que cette *affectation* aurait cessé. On ne saurait donc y voir *une prérogative de protection de l'Administration,* mais bien de *l'usage public* ou de *l'affectation.* Il s'agit d'une règle visant à faire profiter l'ensemble des citoyens d'un bien affecté à tous ou à une partie de la collectivité. Le second trait du régime protecteur du *domaine public* est *le principe de l'imprescriptibilité.* Cette règle nous vient également du *droit administratif français.*

---

158 OWONA (J), *Domanialité publique et expropriation pour cause d'utilité publique au Cameroun, op.cit.,* p.16 et ss.
159 *Ibidem.*
160 CC, 25-26 juin 1986, *« Privatisations » ;* et la décision du 18 sept. 1986, loi relative à la liberté de communication. Dans l'arrêt du 03 nov. 1997 *Commune de Fourgerolles,* le CE apporte une inflexion au principe, le bien peut être cédé à prix modeste si l'intérêt général est suffisant et si les contreparties accordées à la personne publique sont suffisantes. *Les articles L. 3211-18 CG3P et L.3212-1 et 2 CG3P* atténuent également le principe, en prévoyant la possibilité de céder à des Etats étrangers des biens mobiliers dont la valeur est située en dessous du plafond fixé par Décret.

B) L'imprescriptibilité du domaine public

Principe établi par *un Edit de 1667*, puis retirée à la Révolution, il est finalement consacré au XXème siècle. Il est étroitement lié au *principe de l'inaliénabilité. L'imprescriptibilité* est elle aussi fonction de *l'affectation.* Ainsi, une personne privée ne peut s'approprier un bien du *domaine public* par sa seule utilisation prolongée. Elle ne peut en acquérir aucun droit[161]. *L'imprescriptibilité* du *domaine public* signifie que la prescription acquisitive aménagée par *l'art. 219 du Code civil* n'est pas applicable à l'Administration. Ainsi un particulier ne pourrait pas, à force d'occupation, constituer des droits réels immobiliers sur *le domaine public (c'est à dire le droit de propriété en lui-même, les droits qui en dérivent et les autres droits réels immobiliers).*

L'imprescriptibilité du *domaine public* n'est qu'un truisme sans conséquences. Cette disposition n'ajoute nullement une vertu au *domaine public,* une protection autre que celle qui est normalement réservée à *la propriété individuelle* en droit privé. Ainsi on retrouve des dispositions éponymes dans le Code civil *(articles 544 et 545).* En France, il existe deux types de prescriptions acquisitives : *la procédure* dite *normale* ou *la prescription abrégée.* Elle s'acquiert lorsque la possession a atteint 30 ou 10 ans selon les cas. *De jure,* les conditions nécessaires à la prescription trentenaire sont : l'occupant du bien immobilier doit prouver que pendant toute la période il s'est occupé du bien par l'exercice d'actes matériels *(le corpus)* et qu'il avait l'intention de se comporter en tant que propriétaire *(l'animus domini).* C'est la possession *(pouvoir de fait sur la chose) ;* celle-ci doit être utile, exempte de vices *(possession publique, non équivoque, paisible et continue)* et à titre de propriétaire. Au cas où ces conditions seraient remplies, après une période de (30) trente années au bout de laquelle le propriétaire légal ne se serait pas manifesté *(bien que les actes du propriétaire de fait aient été*

161 Dans le contexte français, citons *CE, 13 oct. 1967 Gazeaux (op.cit),* le fait pour l'Administration d' avoir autorisé une personne à occuper certaines parties du Littoral et avoir procédé a des bornages par erreur, n'a pas pour effet de faire acquérir un droit de propriété même en cas d'occupation prolongée ; *TC, 24 fév. 1992,* il a été jugé qu' aucune possession utile ne peut être opposée à la libre disposition par l'autorité domaniale d'un élément de son domaine.

apparents, non clandestins, non équivoques, etc), l'occupant peut devant le Tribunal de Grande Instance déclarer *l'usucapion* et devenir ainsi propriétaire du bien. Le TGI ne peut prendre sa décision qu'en collégialité.

Les recasements des populations déguerpies peuvent être regardés comme une inflexion au *principe d'imprescriptibilité.* Les politiques de recasement ne concernent pas simplement les personnes privées de leur propriété, mais aussi celles qui se sont établies sur le *domaine public* de manière durable. Dans la conscience collective et aux yeux des pouvoirs publics[162], les recasements de ces populations est un *droit,* alors qu'une interprétation rigide du principe d'*imprescriptibilité* laisserait ces revendications sans recours. A titre d'exemple, dans le cadre de la coopération avec la Banque mondiale, *un Cadre de politique de recasement* a été établi pour *le Projet de développement des secteurs urbains et de l'approvisionnement en eau (PDUE) au Cameroun.* Ce document satisfait aux exigences de la réglementation camerounaise, ainsi qu'à celles de la Banque Mondiale, détaillées dans la politique *OP 4.12 « Recasement Involontaire ».* Il a été établi entre avril et juin 2010 par la Cellule de coordination du PDUE. Il prévoit en termes d'éligibilité aux bénéfices du recasement trois catégories parmi les personnes affectées par le projet d'approvisionnement :

- Les détenteurs d'un droit formel sur les terres *(y compris les droits coutumiers et traditionnels reconnus par la législation du pays) ;*

- Les personnes qui n'ont pas de droit formel sur les terres au moment où le recensement commence, mais qui ont des titres fonciers ou autres, sous réserve que de tels titres soient reconnus par les lois du pays ou puissent l'être dans le cadre d'un processus identifié dans le plan de Recasement. Ainsi, à Douala, dans le quartier retenu par le projet, des

162 Le recasement des populations déguerpis *(fussent-elles en illégalité),* rentre dans le cadre des engagements du Cameroun pris en la matière à Istanbul en 1996. *La déclaration d'Istanbul,* reprend en fait les conclusions du Sommet sur le Développement Social *(Copenhague)* et d'autres Conférences des Nations Unies. Les Etats ont à l'occasion, reconnu que *« le développement des établissements humains exige l'élimination de la pauvreté. »* L'un des objectifs majeurs consiste à « *satisfaire les besoins essentiels de tous les membres de la société, notamment ceux qui vivent dans la pauvreté et les groupes défavorisés et vulnérables* (...) *et que toutes les femmes et tous les hommes disposent de moyens d'existence sûrs et viables grâce à un emploi ou un travail librement choisi et productif.* »

personnes ont obtenu de l'Administration des titres de propriété sur des terrains expropriés ;

- Les personnes qui n'ont ni droit formel ni titres susceptibles d'être reconnus sur les terres qu'elles occupent.

Il faut déterminer maintenant la nature de ce droit, car on pourrait objecter en faisant valoir que le document auquel il est fait référence est un texte *politique,* dépourvu de toute valeur juridique. Le recasement est un *droit social* indépendant du droit subjectif attaché au titre foncier. On peut le rattacher au *droit au logement*[163] ou à *la sécurité sociale (art 9 du PIDESC).* Cette pratique peut également avoir valeur de *coutume administrative.* Un autre fondement plus osé, serait de le concevoir comme une sanction contre l'Administration qui a adopté un comportement en contradiction avec son droit sur *le domaine public,* c'est la théorie dite *de la rechverweking.* Il reste au juge administratif de la traduire en *principe général du droit,* car pour l'instant, les recasements sont laissés à la libre appréciation de l'Administration. Le juge doit tenir compte de la durée de l'établissement, du comportement de l'Administration, du lieu d'établissement, de l'éventuel droit coutumier de l'intéressé sur la parcelle querellée.

C) L'insaisissabilité du domaine public

L'insaisissabilité des biens du *domaine public* implique que les créanciers de l'Administration ne puissent en cas de défaillance de celle-ci, procéder à la saisie de ses biens. Cette règle est très généralement aménagée de façon plus large. Selon cette acception, on ne pourrait exercer des *voies d'exécution forcée* contre l'Administration. La saisie est une voie d'exécution particulière. C'est très généralement au terme d'une procédure judiciaire que les saisies seront pratiquées *(ce qui devait normalement justifier l'analyse de cette mesure dans la section 2 de notre étude, consacrée au rapport de l'Administration au juge),* mais la saisie peut aussi être envisagée dans le rapport de l'Administration avec ses partenaires.

---

[163] Dans le cadre européen, citons *la Charte sociale européenne, art. 31 et la Convention relative aux droits des personnes handicapées, art. 28.*

Le droit de rétention est d'une certaine manière, une atteinte au *principe d'insaisissabilité.* Selon la loi, le Décret d'expropriation entraine transfert immédiat de la propriété du bien de son propriétaire initial vers l'Administration. *L'administre aurait toutefois un droit de rétention en cas de non-paiement de l'indemnité.* En raisonnant strictement, le fait de détenir un bien pour lequel l'expropriation a été décidée est une forme de *saisie.* En droit étranger *(français), l'art. L. 2311-1 du Code de la propriété publique* prévoit que les biens des personnes publiques mentionnées à *l'art. L. 1* sont insaisissables. Cette règle a été consacrée par la Cour de cassation française : *« Attendu [que] que les biens n'appartenant pas à des personnes privées sont administres et aliénés dans des formes et suivant les règles qui leur sont particulières ; que, s'agissant des biens appartenant à des personnes publiques, même exerçant une activité industrielle et commerciale, le principe de l'insaisissabilité de ces biens ne permet pas de recourir aux voies d'exécution de droit privé ; qu'il appartient seulement au créancier bénéficiaire d'une décision juridictionnelle passée en force de chose jugée et condamnant une personne publique au paiement, même a titre de provision, d'une somme d'argent, de mettre en œuvre les règles particulières issues de la loi du 16 juillet 1980*[164]*. »*

Que retenir à propos de l'insaisissabilité des biens des personnes publiques dans le contexte camerounais ? Que ce n'est pas l'appartenance d'un bien à la personne publique qui garantit son *insaisissabilité,* mais *l'affectation du bien à l'usage du service public,* de telle sorte que si cette affectation était mise en doute ou cessait, le bien pourrait parfaitement être saisi. Il ne s'agit dont pas d'une *prérogative de protection de l'Administration,* mais *une garantie de l'affectation du bien et de son bon usage par tous (nous reviendrons sur cette question dans la partie consacrée au contentieux administratif).*

*Section 2.*Atteintes au régime protecteur des dettes et créances publiques

Les règles en matière de *créances* et de *dettes* publiques également citées très souvent, pour illustrer *les prérogatives de protection de l'Administration,* devront à notre avis être comprises dans le sens des intérêts qu'elles tendent à protéger. On pourrait d'ailleurs douter de ce que celles -ci

---

[164] Cass.Ch. civ 1, 21 déc. 1987, Bulletin 1987 I N° 348 p. 249, Gazette du Palais, 13 octobre 1988, N° 286 287, note M. VERON. Jurisclasseur Périodique, 1989, n° 21183, note B. NICOD. Semaine juridique, Edition notariale et immobilière, 1989-11-17, n° 46, p. 301, note B. NICOD.

soient applicables aux bailleurs de fonds et aux grands groupes privés internationaux –partenaires de l'Administration, car en vertu de la jurisprudence bien connue en droit international, aucun Etat ne peut invoquer les dispositions de son ordre juridique interne pour se détourner de engagements internationaux auxquels il a librement consentis*(Nous n'examinerons pas cet aspect international)*. Les *créances* de la personne publique dans le contexte camerounais ne sont pas aussi protégées qu'on le croit *(paragraphe 1)*. De même, elle (personne publique) n'est pas aussi à l'abri des actions des tiers en matière de *dettes (paragraphe 2)*. L'importance et la complexité des règles de Finances publiques en général, place finalement la personne publique dans une situation moins favorable que la personne privée.

Paragraphe 1. Atteintes à la protection des créances publiques

S'agissant des *créances publiques*, les descriptions classiques laissent penser que le débiteur de l'Administration serait dans une situation véritablement inconfortable et désavantageuse. La réalité autorise à émettre l'idée inverse. Notons qu'en règle générale, le recouvrement amiable des *créances publiques* constitue le mode normal. Ce n'est qu'en cas de réticence, qu'il peut être recouru au recouvrement forcée *(qui doit être assorti des conditions strictes)*. Les textes en matière de régime financier des personnes publiques et du Trésor, que nous examinerons prévoient l'intervention du juge (A) ; de même, il est tout à fait erroné d'affirmer de manière absolue *le principe d'imprescriptibilité* des *créances publiques* (B) ou encore de dire qu'elles ne pourraient être l'objet de *compensations*. L'Etat camerounais et son Administration ont admis, surtout dans le contexte de crise économique, des *compensations,* notamment dans le domaine fiscal et des privatisations des Entreprises publiques. Sans doute pourrait-on objecter en faisant valoir que celles-ci, initiées par l'Etat fussent le produit de son pouvoir discrétionnaire (C). Que non ! En l'état actuel du droit, nous pouvons soutenir que rien, exceptée une disposition de nature *règlementaire* n'interdit l'application de *la compensation légale* à l'Administration.

A) Les règles générales liées aux créances publiques

Le tout nouveau *Décret n°2013/16 du 15 mai 2013 portant Règlement général de la comptabilité publique au Cameroun* dispose *(art. 4), que* les recettes de l'Etat et des autres organismes publics comprennent les produits des impôts, des taxes et des droits, les emprunts, les subventions, les amendes, les produits des domaines *(On notera l'existence de textes particuliers en la matière, notamment le Décret n°2004/1074/PM précisant les règles de contrôle, de recouvrement et de collecte des titres de créance de l'Etat dans le cadre du programme de sécurisation des recettes domaniales, cadastrales et foncières et le Décret n° 2004/1075/PM instituant le programme de sécurisation des recettes domaniales, cadastrales et foncières)* et tous les autres produits autorisés par les lois et Règlements en vigueur ou résultant des décisions de justice ou des Conventions. Il interdit toute autre recette que celles ci-dessus citées *(art. 46)*. *La créance* de la personne publique doit obéir à un circuit. Ainsi, dans les conditions prévues pour chacune d'elles, les recettes sont constatées et liquidées, ordonnancées avant d'être prises en charge et recouvrées. *La liquidation* a pour objet de déterminer le montant de la dette des redevables et doit indiquer les bases sur lesquelles elle est effectuée *(Art. 48 -1)*. Toute *créance* constatée et liquidée fait l'objet d'un acte valant titre de perception émis par l'ordonnateur compétent. Ces titres peuvent être individuels ou collectifs. En matière d'impôts directs et taxes assimilées, les bulletins d'émission et les avis de mise en recouvrement valent titres de perception. En matière d'impôts indirects et taxes assimilées, les états de liquidation valent titres de perception. Les redevances pour services rendus sont perçues sur ordres de recettes formant des titres de perception des créances constatées par des états de liquidation *ou des décisions administratives (art. 49-1)*. *Les règles d'exigibilité des créances publiques* sont fixées par les lois et Règlements selon le cas.

La procédure en matière de recouvrement est comme on vient de le souligner, amiable, sous réserve des exceptions tenant à la nature, au caractère contentieux de *la créance,* ou à la nécessité de prendre sans délai des mesures conservatoires. Le recouvrement forcé peut être envisagé en cas d'échec d'une tentative de recouvrement amiable. Les poursuites exercées dans le cadre d'un recouvrement forcé suivent les voies et moyens de droit, sur la base d'un titre ayant force exécutoire. Les bulletins d'émission, les avis de mise en recouvrement, les contraintes, les états de liquidation d'impôts et taxes assimilées, les décisions de justice et les Arrêtés de débet pris par les autorités compétentes forment des titres ayant force exécutoire. Les ordres de recettes sont rendus exécutoires par les ordonnateurs qui les ont émis. Ils sont, à cet effet, revêtus de la formule exécutoire, datés et signés par les ordonnateurs *(articles 52 et 53).* Notons également l'importance de *l'art. 54* qui prévoit que le recouvrement des titres exécutoires ci-dessus est poursuivi jusqu'à opposition du débiteur devant la juridiction compétente. Les réclamations et contestations de toute nature, relatives à l'assiette et à la liquidation des droits ne sont pas assorties de garanties acceptées par le Trésor public, à hauteur des sommes contestées, sauf en cas de sursis accordé par les structures en charge de l'assiette.

Pour nous résumé, *la créance* de la personne publique doit être fondée en droit, elle doit être constatée, liquidée, ordonnée. Le recouvrement doit en principe être amiable, à défaut, *la créance* peut faire l'objet d'exécution forcée, qui doit impérativement être assortie de conditions[165], le débiteur peut faire opposition devant la juridiction compétente. Un tel régime nous semble-t-il, comporte des *sujétions importantes*[166]. *La créance* de la personne publique est finalement moins protégée que celle du particulier, car il suffit qu'il y'ait au cours de ces procédures administratives un goulot d'étranglement pour que le processus s'arrête. Notons en outre que certaines *créances publiques* sont dans certaines conditions, frappées de prescription.

B) La prescription des créances publiques

L'imprescriptibilité des *créances administratives* qui est un principe traditionnellement reconnu à l'Administration, connaît des inflexions importantes en droit public camerounais : *en premier lieu,* on retrouve cette idée aux *articles 58 et 59* du *Décret n°2013/16 du 15 mai 2013 portant*

---

165 En matière d'Entreprises du Secteur public, *voy. l'art. 93 de la loi de 1999 sur les entreprises du Secteur public,* qui prévoit que *« (1) Le liquidateur recouvre les créances de l'entreprise par voie amiable, judiciaire ou selon la procédure du privilège du trésor public Si l'entreprise était titulaire de ce privilège avant sa liquidation. »*

166 *Le Règlement financier* prévoit que, sous peine des sanctions prévues par les lois et Règlements en vigueur, il est interdit à quiconque, non pourvu d'un titre régulier de comptable public, de s'immiscer dans la gestion des deniers publics. *L'art. 5* dispose dans le même sens que les biens mobiliers et immobiliers, les valeurs, titres et matières qui constituent le patrimoine de l'Etat et des organismes publics sont acquis, affectés, conservés et cédés selon les règles fixées par le Décret et des textes particuliers.

Règlement général de la comptabilité publique. *L'art. 58* dispose que les débiteurs de l'Etat et des autres organismes publics sont libérés s'ils présentent une quittance régulière, s'ils invoquent le bénéfice d'une prescription effective ou s'ils établissent la réalité de l'encaissement par un comptable public, des effets bancaires ou postaux émis au profit du Trésor public. Quant à *l'art. 59*, il évoque non pas la prescription mais l'abandon des *créances*. Ainsi, il dispose expressément que les règles propres à l'Etat et à chacun des autres organismes publics, et le cas échéant, à chaque catégorie de *créances,* fixent les conditions dans lesquelles le recouvrement d'une *créance* peut être suspendu ou abandonné ; une remise de dette ou une transaction peuvent intervenir. Les fonctionnaires des Finances doivent être toutefois minutieux sur ces conditions d'abandon, sous peine de répondre personnellement des sommes manquantes. *En second lieu,* en matière fiscale, *le Code général des impôts* prévoit la prescription, le juge administratif l'a confirmé en pratique. *L'art. 290 du Code General des Impôts : « Les réclamations fiscales se prescrivent dans un délai de quatre ans. »* Le juge administratif a eu l'occasion de rappeler la règle dans une espèce assez récente **–Jugement n°09/05-06 du 02 novembre 2005 MOMO MOMO Andre c/ Etat du Cameroun (MINEFI)** : *«Attendu qu'aux termes de l'article 290 du Code General des Impôts les réclamations fiscales se prescrivent dans un délai de quatre ans ;*

Attendu en l'espèce que les impôts locatifs pour les années 1987 et 1988 ont été mis en recouvrement le 19 novembre 1998 ;

Qu'ils sont ainsi prescrits en vertu du texte repris ci-dessus

Qu'il y'a par conséquent lieu de dire le recours fondé et d'annuler les impositions litigieuses. » Elle doit être tout aussi nuancée, l'idée selon laquelle on ne pourrait opposer *l'exception de compensation*à des personnes publiques.

C) La compensation de créances publiques

En principe, les compensations qui ont pour objet des *créances publiques* sont impossibles. On trouve cette règle clairement exprimée à *l'art. 56 du Décret n° 2013/16 du 15 mai 2013 portant Règlement général de la comptabilité publique.* Il dispose que lorsque, dans le même temps, ils sont créanciers et débiteurs, les redevables de l'Etat et des autres organismes publics ne peuvent opposer la compensation légale. Dans la même situation et préalablement à tout paiement, le comptable public opère la compensation légale au profit de l'Etat entre *les dettes* et *les créances* assignées sur sa caisse. Quelle est la pertinence de ces énoncés ?

Soulignons *en premier lieu,* qu'ils sont de nature décrétale, il est assez curieux de savoir que le Décret exclut la compensation légale portée par le Code civil qui a au moins valeur législative. Il y'a en tout cas matière à réflexion. *En second lieu,* l'Etat camerounais à lui-même apporté en diverses occasions d'importantes dérogations à cette règle, sous la contrainte parfois de ses débiteurs. Quelques exemples méritent d'être rapportes :

- Dans les années 1990, l'Etat avait des problèmes de trésorerie sans pareils, le rendant incapable d'honorer ses engagements. Les contribuables ont opposé *l'exception d'inexécution,* alors même qu'on était ni dans les conditions de la compensation, ni dans celles du droit commun des obligations. En face de cette réticence, l'Etat – particulièrement l'Administration du Trésor, est intervenu pour encadrer la compensation, grâce à une série d'Instructions : *l'Instruction n° 038/Minfi/SE2/CFT qui était le texte de base, l'Instruction n 10 du 23 mars 1991intitule opérations de compensation entre l'Etat et les contribuables, l'instruction n° 022/Minfi/DT/91 fixant les modalités particulières d'opérations de compensation.* La Direction générale des impôts avait admis ainsi la compensation de la TVA. Elle était possible lorsque le contribuable justifiât d'un cumul des dettes fiscales non acquittées et des remboursements de TVA validés par l'Administration fiscale, une compensation en pareille hypothèse éteignait la dette due par les crédits de TVA[167]. De manière générale, *l'art. 149 CGI* dispose que *« les crédits de TVA non imputables sont sur demande des intéressés et sur autorisation express du Directeur général des impôts compensés par l'émission des chèques spéciaux du trésor valables pour le paiement des impôts de même nature , ainsi que des droits de douane , à condition que ces derniers justifient d'une activité non interrompue depuis plus de deux ans et qu'ils ne soient pas en cours de rectification de responsabilité. »* La disposition nous semble- t'il est assez claire pour qu'on ne s'y attarde guère. *L'art. 77 du CGI* dispose –sans autre précision, qu'ils peuvent donner lieu à *compensation.* Dans le même sens, les compensations fiscales peuvent être encouragées par des lois de finances. La loi de finances camerounaise relative à l'exercice 2008 par exemple, comprend un

---

167 ALAKA ALAKA (P), *L'impôt au Cameroun* –contribution à l'étude d'un dysfonctionnement administratif, l'Harmattan 2009, p. 108 et 109.

certain nombre de mesures incitatives, adoptées à l'égard du secteur privé. Elle appuie les dispositions de *l'Ordonnance de 1994* qui institue la compensation comme mode d'apurement des crédits d'impôt.

- Les opérations de privatisation ont donné lieu également à la compensation entre Etat et dirigeants des Entreprises. A titre d'exemple, on peut citer la privatisation de la SNEC. Au 30 juin 1993, le solde de la compensation des dettes croisées Etat du Cameroun/SNEC, ressortait en faveur de la SNEC pour un montant de 22 263 155 893 FCFA, une compensation opérée en 1996 présentait un solde de 15237millions de francs tendait à montrer que l'Etat n'avait pas véritablement respecté ses engagements. C'est d'ailleurs ce qui conduira les dirigeants de cette Entreprise à signer avec le personnel, un Protocole de retenues sur les salaires, pour une contribution de celui-ci au redressement de l'Entreprise et surtout pour éviter la réduction des effectifs[168].

La compensation légale est-elle vraiment inadmissible en matière de *dettes* des personnes publiques ? Rien n'est moins sûr ! Nous avons déjà montré à l'occasion d'autres écrits que le Code civil s'applique dans bien des cas à l'Administration camerounaise. Jusqu'à preuve de contraire, le Décret qui interdit la compensation est un texte hiérarchiquement inferieur au Code civil, nous ne voyons donc pas d'inconvénient à opposer à l'Administration la compensation légale de *l'art. 1290 du C. civ* qui dispose : « *La compensation s'opère de plein droit par la seule force de la loi, même à l'insu des débiteurs ; les deux dettes s'éteignent réciproquement, à l'instant où elles se trouvent exister à la fois, jusqu'à concurrence de leurs quotités respectives.* » *L'art. 56* du texte sur le régime financier de l'Etat évoque la compensation légale en précisant que celle ci a lieu de plein droit au profit de l'Administration et ne pourrait en revanche lui être opposée. On est en présence d'un texte de valeur *règlementaire* qui à notre avis ne saurait suffire à exclure la compensation légale, notre opinion est d'ailleurs appuyée par *l'al. 2 de l'art. 30 l'Acte uniforme sur les procédures simplifiées de recouvrement et les voies d'exécution.* Après avoir affirmé le principe d'immunité, le texte apporte un bémol : *« (...) Toutefois, les dettes certaines, liquides et exigibles des personnes morales de droit public ou des entreprises publiques, quelle qu'en soit la forme et la mission, donnent lieu à compensation avec*

168ESSOMBA AMBASSA (C), « Entre gouvernance privée et gouvernance publique: les enseignements pour une privatisation de la Société Nationale des Eaux du Cameroun (SNEC) », Université de Douala (FSEGA) et GEREA. *Inédit.*

les dettes également certaines, liquides et exigibles dont quiconque sera tenu envers elles, sous réserve de réciprocité. Les dettes des personnes et entreprises visées à l'alinéa précédent ne peuvent être considérées comme certaines au sens des dispositions du présent article, que si elles résultent d'une reconnaissance par elles de ces dettes ou d'un titre ayant le caractère exécutoire sur le territoire de l'Etat ou se situent lesdites personnes et entreprises. » L'idée d'une protection des *créances publiques* nous semble de plus en plus éloignée de la réalité, le sort des *dettes* de l'Administration nous semble tout aussi symptomatique de cet état de fait.

Paragraphe 2. Atteinte à la protection en matière des dettes publiques

S'agissant des *dettes publiques,* rappelons que l'Etat et l'Administration sont censés veiller au respect de *l'intérêt général.* Cet intérêt serait menacé si les actions menées par les personnes privées à l'encontre de la personne publique pouvaient conduire à un décaissement inconsidéré et intempestif des derniers publics. Il faut donc une certaine programmation, une certaine budgétisation. Il existe des règles budgétaires et comptables qui garantissent précisément aux partenaires de l'Etat le paiement de leurs créances. Toute personne qui s'engage dans une relation avec la personne publique doit être consciente de ces règles. Il n'est pas nécessaire de refaire la théorie générale de l'Institution que l'on doit au doyen HAURIOU[169]. A aucun moment, il n'est question d'opposer au partenaire de l'Administration un refus de paiement. Il existe d'ailleurs des contrôles parlementaires et administratifs qui tendent à s'assurer de la bonne exécution des dépenses publiques. Ces règles nous paraissent spéciales et proportionnées, elles ne traduisent nullement *des prérogatives de protection.* Examinons d'abord *la dette directe* de la personne publique (A), puis *la dette* dont elle peut être tenue en vertu au du contrat administratif –MP (B) et celle dont elle est tenue au titre de l'Etablissement public dissout (C).

---

[169] *Voy.* le tout récent ouvrage de SCHMITZ Julia, *La théorie de l'institution du doyen Maurice Hauriou*, l'Harmattan 2013.

A) Les règles générales liées aux dettes publiques

L'Etat tomberait en faillite si ses débiteurs pouvaient se retourner au même moment contre lui et user des voies d'exécution. Comme en matière de *créance*, il y'a des règles budgétaire et comptables dont le but est de veiller à une certaine programmation. Ces règles sont d'autant plus importantes que l'Etat camerounais en particulier, est plus que jamais endetté. Ainsi, *la dette publique* de l'Etat estimée à 2449,6 milliards de francs CFA il y'a quelques années, a connu une augmentation de 217,6 milliards de francs CFA en 2012, soit 18,5 pour cent du PIB, selon le dernier rapport de la Caisse autonome d'amortissement (CAA). Le rapport intitulé *« Dette publique et à garantie publique du Cameroun : portefeuille au 31 décembre 2012 et viabilité à l'horizon 3032 »*, précise que le total de l'enveloppe concerne *la dette publique* proprement dite *(2 172,1 milliards de francs CFA)* et *la garantie publique (277,5 milliards de francs CFA).*

Selon *l'art. 55 du Décret de 2013 (ci-dessus cité),* les redevables de l'Etat et des autres organismes publics s'acquittent de leurs dettes par versement d'espèces, par remise de chèques ou d'effets bancaires ou postaux, par virements ou tout autre moyen de paiement en vigueur, dans l'un des comptes de disponibilité ouverts au nom des comptables publics dans les écritures du Trésor. Toutefois, dans les cas prévus par la loi, les redevables peuvent s'acquitter par remise des valeurs. Ils peuvent également, dans les conditions prévues par les textes en vigueur, s'acquitter par remise d'effets de commerce, d'obligations cautionnées ou d'immeubles. Ces versements donnent lieu à délivrance de preuves *(articles 57 et 58).* Les dépenses publiques sont prévues et autorisées par le budget de l'Etat ou des organismes publics. Selon *l'art 65 (1),* le circuit de la dépense comprend : l'engagement, la liquidation, l'ordonnancement et le paiement. Toutefois, certaines catégories de dépenses peuvent, dans les conditions prévues par la réglementation, être payées sans ordonnancement et faire, par la suite, l'objet d'une régulation après paiement *–art. 65 (2).*

L'engagement est l'acte par lequel l'ordonnateur, de façon exclusive, crée ou constate, à l'encontre de l'Etat ou d'un organisme public, une obligation de laquelle résultera une charge. Les formes de l'engagement sont prévues par les règles en vigueur et notamment celles du Code des Marchés publics. L'engagement est fait dans la limite des autorisations budgétaires et demeure subordonné aux autorisations, avis ou visas prévus par les lois et Règlements. Chaque engagement énonce l'année ainsi que l'imputation budgétaire détaillée.

La liquidation a pour objet de vérifier la réalité de *la dette* et d'arrêter le montant de la dépense. Elle ne peut être faire qu'au vu des titres et pièces offrant la preuve des droits acquis par les créanciers. En ce qui concerne notamment les fournitures, services et travaux, ces titres et pièces sont constitués par les contrats, les mémoires, ou factures en original, détaillant les livraisons, services ou travaux effectués, les procès-verbaux de réception et de services faits signés par les services techniques compétents et éventuellement par les responsables des services techniques désignés par les ordonnateurs. Les ordonnateurs ne peuvent arrêter les droits des créanciers, y compris pour ce qui concerne les acomptes sur les Marchés de travaux, fournitures et services, qu'après constatation du service fait, sauf en cas d'avance ou de paiements préalables, autorisés par les lois et Règlements.

L'ordonnancement est l'acte administratif par lequel, conformément aux résultats de la liquidation, l'ordonnateur donne l'ordre au comptable de payer la dette. Cet acte administratif peut prendre la forme d'une Ordonnance ou d'un Mandat de paiement dont les caractéristiques sont définies par acte du Ministre chargé des Finances. L'Ordonnance ou le Mandat de paiement énonce l'année et l'imputation budgétaire détaillée de la dépense. Dans le cadre du contrôle de la régularité de la dépense, les comptables sont habilités à réclamer aux ordonnateurs les pièces justificatives prévues par la nomenclature des pièces arrêtées par le Ministre chargé des Finances. Le montant liquidé sur *les Ordonnances* ou *Mandats de paiements* est arrêté en chiffres et en lettres. En cas d'incohérence entre les montants en chiffres et en lettres, les montants en lettres font foi. Les ratures, altérations, surcharges et renvois sont proscrits. Il en est de même de l'usage d'une griffe pour toute signature à opposer sur les Ordonnances ou Mandats de paiement et pièces justificatives. Les Ordonnances de paiement émises par les Ministres en qualité d'ordonnateurs principaux et par les responsables des Administrations centrales en qualité d'ordonnateurs délégués, sont transmises aux comptables assignataires. *Les Mandats de paiement* émis par les ordonnateurs des Etablissements publics administratifs et des Collectivités territoriales décentralisées sont assignés sur la caisse du comptable du Trésor du territoire de résidence administrative de l'ordonnateur secondaire concerné.

Le paiement est l'acte par lequel l'Etat ou tout autre organisme public se libère de sa *dette*. Sous réserve des exceptions prévues par les lois et Règlements, les paiements ne peuvent intervenir avant l'échéance de la *dette,* l'exécution du service ou la décision individuelle d'attribution d'une subvention, d'une allocation ou d'une avance. Les comptables assignataires sont seuls chargés du paiement des Ordonnances et Mandats, après que les contrôles prévus au présent Décret aient été effectués. En cas d'irrégularité constatées lors des contrôles prévus en matière de dépenses, les comptables refusent le visa de la dépense. Il en est de même lorsqu'ils ont pu établir que les certifications délivrées par les ordonnateurs sont inexactes. Les comptables sont tenus d'adresser aux ordonnateurs une déclaration écrite et motivée de leur refus de visa accompagnée des pièces rejetées. Si malgré ce rejet, l'ordonnateur donne l'ordre au comptable, par écrit d'effectuer le paiement, ce dernier s'exécute, et annexe à l'Ordonnance ou au Mandat, l'original de l'acte de réquisition qu'il a reçu, avec une copie de sa déclaration. Les actes de réquisition émis par les ordonnateurs sont transmis à la juridiction des comptes, à l'appui des comptes de gestion des comptables concernés. Les comptables ne peuvent déférer à la réquisition de l'ordonnateur dès lors que le refus de visa est motivé par l'absence de crédits disponibles, l'absence de justification du service fait, sauf pour les avances, les subventions et les concours financiers ; le caractère non-libératoire du paiement. Lorsque le comptable obtempère –en dehors des cas ci-dessus, à l'ordre de l'ordonnateur, il cesse d'être responsable de la dépense en cause. Toutes les oppositions ou autres significations ayant pour objet d'arrêter un paiement doivent être faites, sous peine de nullité, entre les mains du comptable assignataire de la dépense. A défaut pour le saisissant ou l'opposant de remplir les formalités prescrites en la matière par la réglementation en vigueur, l'opposition sera réputée nulle et non-avenue. Le règlement des dépenses est fait en numéraire ou par tout autre moyen de paiement, dans les conditions fixées par un texte particulier. Les Règlements ne doivent intervenir que sous réserve des dispositions de *l'art. 56,* relatives à *la compensation légale.* Les comptables publics assignataires sont seuls chargés, sous leur responsabilité et conformément à la loi, de vérifier les droits et qualités des parties prenantes, ainsi que la régularité de leurs acquits et à cet effet, d'exiger la production de toutes justifications utiles. Lorsqu'un créancier refuse de recevoir le paiement, le montant correspondant est consigné dans les écritures du Trésor dans l'attente de la solution au litige. sont prescrites et définitivement éteintes au profit de l'Etat, sans préjudice des déchéances spéciales prononcées par les lois et Règlements ou consenties par des contrats ou Convention, toutes créances qui n'ayant pas été acquittées avant la clôture de l'exercice auquel elles appartiennent, n'auraient pu, à défaut de justifications suffisantes, être liquidées ordonnancées et payées dans un délai de quatre années à partir de l'ouverture de l'exercice. Ces dispositions ne sont pas applicables aux créances dont l'ordonnancement et le paiement n'ont pu être effectués dans les délais déterminés, du fait de l'Administration ou par suite de pouvoirs. Les dépenses atteintes par la prescription ne peuvent être exceptionnellement ordonnancées que par Arrêté du Ministre chargé des Finances.

Il s'agit ici encore des *sujétions* imposées à la personne publique. On pourrait douter de l'existence de *prérogatives de protection* dans des domaines particuliers, où la personne publique est débitrice, au titre du contrat administratif par exemple.

B) La dette de la personne publique au titre du contrat administratif

Nous avons précédemment évoqué ces règles *(chapitre 2 de la première partie)*, il s'agit donc d'une nécessaire répétition. Le Cahier de clauses générales (CCG) précise les délais ouverts au MO ou au MOD ou le cas échéant au MaO pour procéder aux constations ouvrant droit à acomptes. C'est la violation de ces délais qui va donner lieu à sanction de l'Administration contractante par des *intérêts moratoires* et des *pénalités.* C'est l'objet de *l'art. 87 du CMP*. Lorsque le retard ou le défaut de paiement est imputable au MO ou au MOD ou au comptable assignataire, ce défaut dans les délais fixées par le CCAP, ouvre et fait courir de plein droit au bénéfice du titulaire du Marché, des *intérêts moratoires* calculés depuis le jour suivant l'expiration desdits délais, jusqu'au jour de la délivrance de l'avis dit *« de règlement »* du comptable assignataire. Le taux des ces *intérêts moratoires* est le taux d'intervention sur les appels d'offres de la Banque des Etats de l'Afrique centrale (BEAC) majoré d'un (1) point. Pour les paiements à effectuer en une monnaie autre que le CFA, le taux des *intérêts moratoires* correspond au taux d'escompte pratiqué par la Banque d'émission de cette monnaie, majoré au plus d'un (1) point. Le CMP précise dans le détail les modalités de calcul des *intérêts moratoires (art. 88)*. L'Administration ne peut se prévaloir de *la déchéance quadriennale* contre le cocontractant, devant le juge administratif. Comment peut-on malgré ces règles soutenir que l'Administration publique serait protégée lorsqu'elle est dans la situation débitrice ? En matière d'Entreprise publique, les choses sont encore plus illustratives.

C) La dette de la personne publique au titre de l'Entreprise publique

Selon *l'art. 78 la loi de 1990 sur le Statut des entreprises du Secteur public et parapublic, l*es dispositions de la loi s'appliquent aux Etablissements publics administratifs, aux Sociétés à capital public et aux Sociétés d'économie mixte dans lesquelles l'actionnariat public détient plus de la moitié du capital et des droits de vote. La première observation est que, l'Etablissement public administratif peut être dissout, la loi réserve toutefois cette compétence pour ceux des Etablissements publics administratifs appartenant à l'Etat, à l'autorité réglementaire *(le PR –art. 79)* sous proposition d'un certain nombre d'autorités. *L'art. 80* prévoit que la dissolution des Etablissements publics administratifs *(personnes morales de droit public)* intervient en cas d'extinction de leur mission ou pour toutes autres causes prévues dans leur acte constitutif. L'Etat, ou la Collectivité territoriale décentralisée selon le cas, est responsable du passif des Etablissements publics administratifs. *L'art. 83* de la même loi est à cet égard d'un grand intérêt dans la mesure où il dispose que *« (...) les dettes et les créances de l'entreprise dissoute deviennent exigibles, le cas échéant par déchéance du terme, dès la publication de l'acte prononçant la dissolution de l'entreprise (...) La dissolution arrête à l'égard des créanciers de l'entreprise le cours des intérêts légaux et conventionnels, ainsi que tous intérêts de retard et majorations (...) La publication emporte de droit l'interdiction, à peine de nullité, de payer toute créance née antérieurement à la publication de l'acte portant dissolution de l'entreprise. Toutefois, le liquidateur peut payer des créances antérieures pour retirer le gage ou une chose légitimement retenue, lorsque ce retrait est justifié pour la poursuite des activités de liquidation(...) Les sûretés et privilèges, ainsi que les actes et décisions judiciaires translatifs ou constitutifs de droits réels, ne peuvent plus être inscrits postérieurement à la publication de l'acte portant dissolution de l'entreprise. »*

Le débiteur de l'Etablissement public doit se retourner vers le liquidateur, en cas de clôture de la liquidation, *l'art. 83* lui autorise à se retourner vers l'Etat, il se retrouve alors dans une situation moins confortable. Résumons les choses ! Il doit *en premier lieu* se retourner vers le liquidateur –selon *l'art. 85*, sur décision du Ministre chargé des Finances pour ce qui concerne les EPA, les SCP SEM, il est désigné, concomitamment à l'acte de dissolution de l'Etablissement public administratif ou de l'Entreprise, un liquidateur qui peut être une Commission ou une personne physique ou morale, sans préjudice des incompatibilités éventuelles. *L'art. 99* prévoit que le liquidateur est chargé d'inventorier, puis de classer par ordre de privilèges, les dettes exigibles en vue de leur apurement. A partir de la publication de l'acte de dissolution, tout créancier dont la créance a son origine antérieurement à la publication de l'ouverture de la liquidation adresse au liquidateur la déclaration de sa créance, à l'exception des salariés pour lesquels l'état des créances est dressé par le liquidateur avec communication au représentant des salariés et à l'inspection du travail. A compter de la date de publication de l'acte portant ouverture de la liquidation, les créanciers résidents au Cameroun ont deux (2) mois pour produire leurs créances accompagnées des pièces justificatives et notamment des titres de créance. Passé ce délai, les créanciers connus du liquidateur qui ne produisent pas leurs créances sont avertis par le liquidateur par voie de presse, d'avoir à le faire dans les quinze (15) jours, sous peine de forclusion. Ce délai est augmenté de trois (3) mois pour les créanciers non-résidents qui sont informés par le liquidateur par courrier recommandé avec accusé de réception. Seules les dettes déclarées sont admises dans les répartitions, après vérification *(art. 100).* Selon *l'art. 103,* le rang de règlement des créances sur les entreprises en liquidation visées est le suivant : les créances salariales bénéficient d'un super-privilège préférable à tous les autres privilèges, en ce qui concerne les indemnités liées à la rupture du contrat de travail et la fraction insaisissable telle que prévue par les lois et Règlement en vigueur ; suivent les autres créances privilégiées selon l'ordre prévu par le droit commun après *compensation préalable et obligatoire* dans tous les cas où elle est possible, des créances croisées entre d'une part l'Etat et l'Entreprise en liquidation et d'autre part, entre l'Entreprise en liquidation et d'autres établissements publics administratifs, sociétés à capital public ou sociétés d'économie mixte dans lesquelles l'actionnariat public détient plus de la majorité absolue du capital et des droits de vote. Le montant de l'actif restant est distribué au marc le franc de leurs créances vérifiées et admises, aux créanciers selon les règles du droit commun. Un Arrêté du Ministre chargé des Finances fixe les modalités de compensation des *créances* visées à l'alinéa précédent. *Le boni de liquidation* s'il y'en a, est versé par le liquidateur au Trésor public, aux propriétaires ou aux actionnaires proportionnellement à leur apport au capital selon les cas. *En second lieu*, le créancier pourrait à notre avis se retourner vers l'Etat, la Collectivité ou la Personne propriétaire de l'EPA, pour autant qu'il se soit signalé dans les délais, car *l'art. 100* prévoit un délai de 2 mois à partir de la publication de l'acte ordonnant la liquidation avec un délai de 10 jours à partir du rappel fait par le liquidateur, sous peine de forclusion. Les créanciers de la personne morale doivent être au courant des activités de celle-ci. C'est l'application du viel adage africain *« qui part à la chasse perd sa place ! » L'art. 105* prévoit que la clôture de la liquidation peut intervenir à tout moment par décision de l'organe qui a nommé le liquidateur dans les cas suivants : lorsqu'il n'existe plus de passif exigible ; lorsque la poursuite des opérations de liquidation est rendue impossible en raison de l'insuffisance de l'actif.

Que dire en conclusion à ce chapitre ? L'idée selon laquelle l'Administration bénéficierait des *prérogatives de protection* est sérieusement en cause dans ses rapports avec les particuliers. L'analyse des règles de la domanialité publique permet de conclure que c'est l'affectation des biens qui justifie certaines règles spéciales ; que des exceptions – malheureusement très peu mises en lumière dans des travaux, accompagnent ces règles. On notera également que l'Administration est soumise à d'importantes *sujétions,* particulièrement en matière de *créances* et de *dettes* publiques. Les règles spéciales, pour l'essentiel issues du Régime financier de l'Etat, n'ont d'autres buts que d'assurer l'orthodoxie budgétaire et comptable. L'interprétation de ces règles laisse transparaitre finalement une situation de l'Administration moins favorable que celle de la personne privée. Analysons à présent les principes protégeant l'Administration contre les actions du juge dans le cadre du procès administratif.

Chapitre 2. DANS LE RAPPORT ADMINISTRATION – JUGE

L'idée d'une protection de l'Administration dans ses rapports avec le juge est inséparable de l'histoire du droit administratif français *(De l'Ancien régime particulièrement)*. De ce qui ressort de l'économie de ce droit, les immunités revêtent globalement deux aspects : une protection organique consistant *d'une part,* à interdire formellement au juge judiciaire la connaissance des affaires auxquelles l'Administration serait partie, et d'ériger subséquemment et progressivement un ordre juridictionnel administratif autonome par rapport à l'ordre juridictionnel privé. Cette première forme de protection est tout simplement inexistante au Cameroun *(section 1)*. *D'autre part,* une protection procédurale et matérielle, à travers l'application à des litiges concernant l'Administration d'un droit et d'une procédure contentieuse spécialisés, par des juges spécialisés *(Arrêts Blanco et les savonneries*[170]*)*. S'agissant de la spécialité du droit administratif, nous l'avons déjà évoqué plus haut. Nous nous limiterons dès lors à l'analyse des prétendues *immunités* garantissant l'Administration contre certaines mesures particulières *(section 2)*.

Section 1. Absence d'un privilège de juridiction

Dire que l'Administration dispose d'un *privilège de juridiction* n'est en fait qu'une façon de s'approprier l'acquis du droit administratif français.

---

170 Voyons les Conclusions du Commissaire du gouvernement RIVET dans cet Arrêt de 1921 : « *s'il est intéressant pour vous [juges administratifs] de connaître les applications que font du code civil, en matière de paiement de l'indu, les tribunaux judiciaires, vous ne sauriez oublier qu'ayant à trancher non un litige entre particuliers, mais un litige où l'État est partie, votre décision peut s'inspirer de principes différents* (...) *Vous êtes maîtres de votre jurisprudence. À vous de la créer* (...) *en ne retenant les règles du code civil que dans la mesure où l'application en est compatible avec les nécessités de la vie collective* (...) », CE, 25 novembre 1921, *Savonneries Henri Olive,* RDP 1922, p.107, concl. RIVET. Voyons aussi les conclusions de ROMIEU sur l'arrêt *Cames* de 1895 qui rend l'État garant des risques subis par ses employés affirmant *« qu'il appartient au juge administratif d'examiner d'après ses propres lumières, d'après sa conscience, et conformément aux règles de l'équité, quels sont les droits et obligations réciproques de l'État et de ses ouvriers, et notamment si l'État doit garantir ses ouvriers contre le risque résultant des travaux qu'il leur fait exécuter. »* CE, 21 juin 1895, D. 1896, 3, p.65, concl. ROMIEU.

Historiquement cette protection peut se résumer de manière globale en deux éléments :

- *L'interdiction faite aux juges judicaires de connaitre des actes d'administration*[171], avec son corollaire, *le droit d'évocation*[172]qui permettait à l'Administration d'élever le conflit au cas où par méprise, le juge judiciaire aurait franchi cette limite.

- *La théorie du Ministre-juge (Administration-juge),* puis, l'érection d'un ordre juridictionnel administratif autonome et séparé de l'ordre juridictionnel privé[173].

Constatons *en premier lieu,* l'absence des défenses formelles dans le contexte camerounais *(paragraphe 1) ; en second lieu,* l'inexistence, même après les lois de 2006 d'une juridiction administrative autonome. Il n y'a pas, contrairement à certains écrits, un ordre juridictionnel administratif au Cameroun, mais un système complet de voies de recours *(instance, appel, pourvoi) (paragraphe 2).*

Paragraphe 1. Absence des défenses formelles

Le principe de *l'interdiction faite au juge judicaire de connaitre des actes d'administration* est comme on vient de le dire, lié au contexte historique français. Bien avant la Révolution, on trouve ce principe formulé dans *l'Édit de St Germain de 1641* par lequel RICHELIEU limite le droit de remontrance des *Parlements* : *« Nous avons déclaré que notre parlement de Paris, et toutes nos autres cours n'ont été établis que pour rendre la justice à nos sujets, leur faisant très expresses inhibitions et défenses de prendre à l'avenir connaissance de toutes les affaires qui peuvent concerner l'État, l'Administration ou le Gouvernement. »* L'Assemblée constituante en 1790 a clairement soustrait le contentieux mettant en cause l'Administration, de la compétence des Tribunaux judiciaires. Ceci résulte d'une certaine méfiance à l'égard des *Parlements,* accusés d'intrusion dans le domaine politique et administratif à travers le

---

171 *Loi des 16 et 24 aout 1790 et le décret 16 fructidor an III (2septembre 1795).*

172 *Art. 26 de la loi du 24 mai 1872.*

173 PAILLET (M) *(sous la direction de…), La modernisation de la justice administrative en France,* Larcier 2010. Il s'agit d'un ouvrage assez complet, qui contient des informations sur l'organisation de la juridiction administrative française, des statistiques intéressantes et des perspectives de reformes proposées par les principaux auteurs.

pouvoir d'enregistrer les décisions royales et le pouvoir de rendre des Arrêts à portée réglementaire. Les révolutionnaires ont voulu séparer la justice des opérations de l'Administration. Le fait de juger l'Administration était considéré comme le prolongement de l'activité administrative, ils ont donc au départ confié à l'Administration elle-même, le soin de résoudre les conflits auxquels elle fût partie. Ce qui s'est traduit par des *défenses,* contenues dans *les lois* des *16* et *24 août 1790* et *le Décret du 16 fructidor an III (2 septembre 1795). L'art. 13* de ces lois pose le principe selon lequel « *Les fonctions judiciaires sont distinctes et demeureront toujours séparées des fonctions administratives ; les juges ne pourront, à peine de forfaiture, troubler, de quelque manière que ce soit, les opérations des corps administratifs, ni citer devant eux les administrateurs pour raison de leurs fonctions.* »*L'art. 10* réprime quant à lui, les empiètements du juge sur le pouvoir législatif en précisant que «*les tribunaux ne pourront prendre directement ou indirectement aucune part à l'exercice du pouvoir législatif, ni empêcher ou retarder l'exécution des décrets du corps législatif sanctionné par le Roi, à peine de forfaiture.* » *Le Décret du 16 fructidor An III (2 septembre 1795)* défend aux Tribunaux de connaitre des actes d'administration et annule toutes les procédures et Jugements intervenus. Défenses itératives sont faites aux Tribunaux de l'ordre judiciaire de *« (…) troubler, de quelque manière que ce soit, les opérations des corps administratifs* », ni citer ceux-ci devant eux en raison de leur fonction[174].

La dualité de juridictions est ainsi officialisée, avec la possibilité de conflits de compétences entre les deux ordres *(judiciaire et administratif).* Le conflit est *positif* si les deux ordres se considèrent compétents, *négatif* s'ils se considèrent incompétents. Pour trancher ces conflits, est créé en 1872, *le Tribunal des conflits.* Le Conseil constitutionnel s'est fondé sur un principe fondamental reconnu par les lois de la République déduit de la *loi du 24 mai 1872* et basé sur *la séparation des pouvoirs.* Ainsi, dans une **Décision** en date du **22 juillet 1980,** il a affirmé la valeur constitutionnelle de l'indépendance de la juridiction administrative.

---

[174] En l'an VIII (1799), est créé le Conseil d'Etat, qui fut chargé de conseiller les organes gouvernementaux et de donner des avis aux Ministres sur la résolution des litiges. En 1872, le Conseil d'Etat est érigé en juridiction administrative. *La loi Dufaure du 24 mai 1872 portant réorganisation du Conseil d'Etat* dispose que « *le Conseil d'Etat statue souverainement sur les recours en matière contentieuse administrative, et sur les demandes d'annulation pour excès de pouvoir formées contre les actes des diverses autorités administratives.* »

Parallèlement, il l'a fait aussi pour la juridiction judiciaire sur le fondement de *l'art. 64 de la Constitution.* S'agissant de la juridiction administrative, le juge français fait référence à un principe fondamental reconnu par les lois de la République, issu de *la loi du 24 mai 1872* : « *Considérant qu'il résulte des dispositions de l'article 64 de la Constitution en ce qui concerne l'autorité judiciaire et des principes fondamentaux reconnus par les lois de la République en ce qui concerne, depuis la loi du 24 mai 1872, la juridiction administrative, que l'indépendance des juridictions est garantie ainsi que le caractère spécifique de leurs fonctions sur lesquelles ne peuvent empiéter ni le législateur, ni le Gouvernement ; qu'ainsi il n'appartient ni au législateur, ni au gouvernement de censurer les décisions des juridictions, d'assurer à celles-ci des injonctions et de se substituer à elles dans le jugement des litiges relevant de leur compétence.* » Dans une **Décision du 23 janvier 1987,** le Conseil constitutionnel affirmera la valeur constitutionnelle de la compétence de la juridiction administrative. Il se fonde sur *le principe de la séparation des pouvoirs* : « *Considérant que les dispositions des articles 10 et 13 de la loi des 16 et 24 août 1790 et du décret du 16 fructidor an III qui ont posé, dans sa généralité le principe de séparation des autorité administrative et judiciaire n'ont pas en elles-mêmes valeur constitutionnelle : que, néanmoins, conformément à la conception française de la séparation des pouvoirs, figure au nombre des principes fondamentaux reconnus par les lois de la République, celui selon lequel, à l'exception des matières réservées par nature à l'autorité judiciaire, relève en dernier ressort de la compétence de la juridiction administrative l'annulation ou la réformation des décisions prises, dans l'exercice des prérogatives de puissance publique, par les autorités exerçant le pouvoir exécutif, leurs agents, les collectivités territoriales de la République ou les organismes publics placés sous leur autorité ou leur contrôle.* »

Ces grands principes trouvent-ils d'assises solides dans le contexte camerounais ? Il est permis d'en douter ! Il y'a certes des règles qui repartissent les compétences entre le juge judiciaire et le juge administratif. La logique qui les sous-tend toutefois, est tout à fait différente de celle que l'on a connue en France : pour le législateur camerounais[175], juger l'Administration ne veut pas dire administrer, raison pour laquelle, il a opéré une répartition de compétences qui à première vue, donne la main au juge judiciaire (A). Cette primeur n'est toutefois qu'apparente, le juge administratif est le juge de droit commun du contentieux administratif (B). Pourquoi d'ailleurs doit-on perdre du

---

[175] Le mot *législateur* est utilisé dans son sens générique. En 1972, les règles du contentieux administratif ont essentiellement été posées par des Ordonnances. *Le législateur* au sens *d'organe législatif* n'interviendra qu'en 2006.

temps à épiloguer interminablement à propos du juge de l'Administration ? Qu'il soit judiciaire ou administratif, cela n'est guère important. Tout l'intérêt réside à notre avis, dans la notion de *procès équitable*. Le système d'organisation judiciaire quel qu'il soit devrait intégrer cette exigence importante, l'expérience du droit étranger est sur ce point instructive (C).

A) La thèse du juge judiciaire, juge de droit commun de l'Administration

Peut-on affirmer comme le font certains auteurs, que le juge judiciaire serait le juge de droit commun du contentieux administratif au Cameroun ? Il faut avant tout, exposer cette thèse, défendue aussi bien sous *l'Ordonnance 72/06*, que sous les nouvelles *lois de 2006*. Partant de *l'art. 9 de* ce texte, qui détermine les matières relevant du contentieux administratif, une certaine doctrine constate que cette disposition confère une compétence énumérative au juge administratif et une compétence résiduelle au juge judiciaire. Elle déduit que *« le juge judicaire est le juge de droit commun de l'Administration »*, car toute énumération dit-on souvent, est forcément limitative. Il n'est pas inintéressant de reprendre *in extenso* la disposition en cause dans ses deux versions, c'est-à-dire celle de *l'Ordonnance de 1972* et celle de *la loi de 2006*. Selon *l'art. 9 de l'Ordonnance de 1972 : « 1) La Cour Suprême connaît de l'ensemble du contentieux administratif à l'encontre de l'Etat, des collectivités publiques et Etablissements publics.*

2) Le contentieux administratif comprend :

a) Les recours en annulation pour excès de pouvoir, et en matière non répressive les recours incidents en appréciation de légalité. Est constitutif d'excès de pouvoir au sens du présent article :

- *Le vice de forme*
- *L'incompétence*
- *La violation d'une disposition légale ou réglementaire*
- *Le détournement de pouvoir*

b) les actions en indemnisation du préjudice causé par un acte administratif.

c) les litiges concernant les contrats à l'exception de ceux conclus même implicitement sous l'empire du droit privé ou les concessions de services publics.

d) les litiges intéressant le domaine public.

e) les litiges qui lui sont expressément attribués par la loi.

3) Les Tribunaux de droit commun connaissent, conformément au droit privé, de toute autre action ou litige, même s'il met en cause les personnes morales énumérées au paragraphe premier, la responsabilité de ladite personne morale étant à l'égard des tiers, Substituée de plein droit à celle de son agent auteur des dommages causés même dans l'exercice de ses fonctions.
4) Ils connaissent, en outre, des emprises et des voies de fait administratives et ordonnent toute mesure pour qu'il y soit mis fin. Il est statué sur l'exception préjudicielle soulevée en matière de voie de fait administrative par l'assemblée Plénière de la Cour Suprême.
5) Aucune Cour ou Tribunal ne peut connaître des actes de Gouvernement. »

Qu'est-il advenu avec *les lois de 2006,* peut-on dire qu'elles ont fait du juge judicaire, le juge de droit commun du contentieux administratif ? Après cette importante reforme, lorsqu'on parlera désormais du *juge administratif camerounais*, il faudra bien préciser s'il s'agit du *Tribunal administratif*, du *juge administratif d'appel (Chambre administrative)* ou du *juge administratif de cassation (Chambre administrative de la Cour suprême spécialement constituée, voyons les articles 114 et 116 de la loi 2006/015).* Les nouvelles lois instituent comme on l'a souligné plus haut, un système complet de voies de recours en matière administrative : *les Tribunaux administratifs* deviennent juge de *premier ressort* du contentieux administratif. La loi détermine à la fois leurs compétences matérielles et territoriales, dans la mesure où il y'a désormais plusieurs *Tribunaux administratifs* sur le territoire national. Rappelons que selon l'ancienne structuration, *la Chambre administrative de la Cour Suprême* qui siège à Yaoundé, était le seul juge administratif de *premier ressort* pour toute l'étendue du territoire national et *l'Assemblée plénière de la Cour Suprême*, juge administratif d'*appel. L'appel* était dans ce contexte la voie d'achèvement du procès administratif. Avec les lois de 2006, *la cassation administrative* est instituée et la compétence en matière d'*appel et de cassation* est attribué à *la Chambre administrative* de la CS. Ces précisions faites, ne perdons pas de vue ce qui nous intéresse : les compétences énumérées des *Tribunaux administratifs*[176]. C'est l'objet des

[176]*L'art. 15* délimite la compétence territoriale du *Tribunal administratif* : *« (1) Le tribunal administratif territorialement compétent est celui :*

- *dans le ressort duquel a légalement son siège l'autorité qui a pris la décision attaquée;*
- *de la résidence du demandeur;*
- *de la situation des biens;*
- *du lieu d'exécution du contrat;*
- *du fait dommageable si ce fait est imputable à une décision.*

(2) Le tribunal administratif du siège de l'autorité ayant pris la décision attaquée; est également compétent pour connaître de l'action en indemnité imputable à la décision querellée, ainsi que des

articles 2, 14 ,15 et 16 de la loi n° 2006/022. L'art. 2 de la loi détermine la juridiction matérielle des Tribunaux administratifs : « *(1) Les Tribunaux Administratifs sont des juridictions inférieures en matière de contentieux administratif au sens de l'art. 40 de la Constitution.*

(2) Les Tribunaux Administratifs connaissent en premier ressort, du contentieux des élections régionales et municipales et en dernier ressort, de l'ensemble du contentieux administratif concernant l'Etat, les collectivités publiques territoriales décentralisées et les établissements publics administratifs, sous réserve des dispositions de l'article 14 (2) de la présente loi.

(3) Le contentieux administratif comprend :

a) les recours en annulation pour excès de pouvoir et, en matière non répressive, les recours incidents en appréciation de légalité. Est constitutif d'excès de pouvoir au sens du présent article:
  - *le vice de forme;*
  - *l'incompétence;*
  - *la violation d'une disposition légale ou réglementaire;*
  - *le détournement de pouvoir.*

b) les actions en indemnisation du préjudice causé par un acte administratif;

c) les litiges concernant les contrats (â l'exception de ceux conclus même implicitement sous L'empire du droit privé) ou les concessions de services publics;

d) les litiges intéressant le domaine public;

e) les litiges intéressant les opérations du maintien de l'ordre ». L'art. 14 vient compléter cette grille de compétences : « (1) Les tribunaux administratifs sont, sauf .dispositions contraires de la loi, juges de droit commun du contentieux administratif en premier ressort.

(2) Nonobstant les dispositions de l'alinéa (1) ci-dessus, les tribunaux administratifs doivent, lorsqu'ils se trouvent devant une difficulté d'interprétation ou d'appréciation de la légalité d'un acte législatif ou réglementaire, surseoir à statuer et renvoyer la question devant la Chambre Administrative de la Cour Suprême.

(3) La Chambre Administrative rend, dans les trois mois de sa saisine, un avis sur la difficulté à elle déférée. » L'art. 16 détermine la compétence en *premier ressort* en matière des procédures urgentes *(accessoires),* incidentes et reconventionnelles *: « Le tribunal administratif territorialement compétent pour connaître d'une demande principale l'est également pour toute demande accessoire, incidente ou reconventionnelle relevant de la compétence des tribunaux*

---

recours en interprétation et appréciation de la légalité de l'acte litigieux intervenant sur renvoi de l'autorité judiciaire. »

administratifs. » *Le sursis à exécution* et *le référé administratif* sont susceptibles d'*appel* et *pourvoi (articles108 et 111 de la loi 2006/015).*

La compétence *matérielle* du juge administratif d'*appel* et la compétence en matière de *pourvoi* est déterminée par la *loi 2006/15 fixant l'organisation et le fonctionnement de la Cour Suprême.* Voyons aussi *l'art. 38 de la loi 2006 / 015 sur l'Organisation et le fonctionnement de la CS. « La Chambre Administrative est compétente pour connaître :*
a) des appels formés contre les décisions rendues en matière de contentieux des élections régionales et municipales ;
b) des pourvois formés contre les décisions rendues en dernier ressort par les juridictions inférieures en matière de contentieux administratif ;
c) des exceptions préjudicielles soulevées en matière de voie de fait et d'emprise devant les juridictions inférieures en matière de contentieux administratif
d) de toute autre matière qui lui est expressément attribuée par la loi. »

La loi détermine également la compétence du juge administratif de cassation, c'est l'objet du *paragraphe 2 de la même loi intitulé : de la chambre administrative statuant en cassation, notamment l'art. 89* qui dispose *: « Sauf dispositions spéciales contraires, le pourvoi doit, à peine de forclusion, être formé dans un délai de quinze (15) jours à compter du lendemain de la notification de la décision de la juridiction inférieure en matière de contentieux administratif. »* Dans le même sens, voyons *l'art. 90* de la loi qui dispose : *« 1) Le pourvoi est fait par déclaration au Greffe de fa juridiction inférieure en matière de contentieux administratif dont émane la décision attaquée ;*
(2) Le pourvoi est fait, soit par le demandeur en personne ou par son avocat, soit par un mandataire muni, à peine d'irrecevabilité, d'un Pouvoir Spécial.
(3) Le greffier qui enregistre le pourvoi dresse procès-verbal et en délivre une expédition au demandeur.
(4) Il notifie en même temps par écrit au demandeur, autre que les personnes morales de droit public qu'il doit, à peine de déchéance, dans le délai de trente (30) jours, soit communiquer le nom de l'avocat qu'il s'est constitué au Greffier en chef de la Chambre Administrative, soit adresser à celui-ci une demande d'assistance judiciaire à laquelle doit être annexé un certificat d'indigence. » Lorsqu'elle siège en tant que juge administratif d'*appel* ou de *cassation, la Chambre administrative* est organisée en *Sections.* C'est l'objet de *l'art. 9 de la loi* : *«(1) La Chambre Administrative comprend:*

- *une section du contentieux de la fonction publique;*
- *une section du contentieux des affaires foncières et domaniales;*
- *une section du contentieux fiscal et financier;*
- *une section du contentieux des contrats administratifs;*

- une section du contentieux de l'annulation et des Questions diverses.
(2) Chaque section connaît des appels et des pourvois en cassation relatifs aux matières qui relèvent de sa compétence. »

C'est à l'examen de la répartition des compétences entre juge administratif et juge judiciaire que la thèse du juge judiciaire –juge de droit commun du contentieux a été énoncée. *Les lois de 2006* ne changent pas fondamentalement les choses, si ce n'est qu'elles ajoutent quelques chapitres de compétences au juge administratif d'*instance* et instituent la *cassation administrative.*

L'Ordonnance de 72/06, pas plus que les lois de 2006, n'ont jamais entendu faire du juge judiciaire le juge de droit commun du contentieux administratif. Il s'agit d'une mauvaise interprétation. Entre ces deux textes, il y'a eu des dispositions constitutionnelles de 1996 qui s'étaient prononcées de manière non équivoque sur l'identité du juge de droit commun du contentieux administratif. Pourquoi dès lors construire des raisonnements sur base d'une *Ordonnance* et d'un aphorisme –du reste erroné, alors que la Constitution qui jusqu' à preuve de contraire est supérieure à ces sources a tranché de manière claire sur la question ?

B) La thèse du juge administratif, juge de droit commun de l'Administration

Au Cameroun, *le juge administratif est le juge de droit commun du contentieux administratif,* il l'a été sous *l'Ordonnance 72/06,* il le reste après *la réforme de 2006.* Entre ces deux textes, il y a disions-nous, les dispositions de la loi constitutionnelle de 1996 qui ont apporté des reformes en matière de contentieux administratif. La thèse du juge judiciaire –juge de droit commun du contentieux administratif, part comme on l'a dit, de l'adage par ailleurs erroné selon lequel *« toute énumération est forcément limitative. »* Lorsque l'on examine les matières *que l'Ordonnance 72/06* fait rentrer dans *le contentieux administratif (les recours en annulation pour excès de pouvoir, et en matière non répressive les recours incidents en appréciation de légalité ; les actions en indemnisation du préjudice causé par un acte administratif ; les litiges concernant les contrats à l'exception de ceux conclus même implicitement sous l'empire du droit privé ou les concessions de services publics ; les litiges intéressant le domaine public ; les litiges qui lui sont expressément attribués par la loi),* on se rend bien compte que *le juge administratif* sort gagnant du partage. Ce n'est pas parce que la compétence du juge judiciaire en matière administrative est fixée par une clause générale de compétence et de manière résiduelle *(al. 3 de l'art.9 de l'Ordonnance 72/6)* : *« (3) les Tribunaux de droit commun connaissent, conformément au droit privé, de toute autre action ou litige, même s'il met en cause les personnes morales énumérées au paragraphe premier, la responsabilité de ladite personne morale étant à l'égard des tiers, est substituée de plein droit à celle de son agent auteur des dommages causés même dans l'exercice de ses fonctions (...) »)*, qu'il faudrait hâtivement conclure qu'il serait le juge de droit commun du contentieux administratif[177]. Soulignons bien la formulation de cette disposition : *« (...) même [si le litige] met en cause les personnes morales de droit public »*. En utilisant l'expression *« même si »*, il est clair que dans l'esprit du législateur, la compétence du juge judiciaire n'est qu'exceptionnelle. A partir du moment où les compétences en matière d'*acte administratif*, de *contrat administratif* et de *responsabilité administrative* sont attribuées au juge administratif, on peut raisonnablement se demander ce qu'il reste en réalité du contentieux administratif ? On devrait admettre qu'en droit comme dans d'autres domaines, il y'a des énumérations exhaustives.

La Constitution et les lois de 2006 disposent *expressis verbi* que le juge de droit commun du contentieux administratif au Cameroun est le juge administratif, ce qui lève toute équivoque. S'agissant du texte constitutionnel, on se réfèrera à *l'art. 40 : « La chambre administrative connaît de l'ensemble du contentieux administratif de l'Etat et des autres collectivités publiques. Elle connaît en appel du contentieux des élections régionales et municipales. Elle statue souverainement sur les décisions rendues en dernier ressort par les juridictions inférieures en matière de contentieux administratif. Elle connaît de tout autre litige qui lui est expressément attribué par la loi. »* Pour ce qui est des lois, voyons *les articles 2, 14, 15, 16 de la loi 2006/022 (ci-dessus).*

Quoiqu'il en soit, l'examen des règles de compétences que l'on vient d'effectuer, laisse voir que le domaine du contentieux administratif n'est pas interdit au juge judiciaire, il n'y a donc pas au Cameroun, l'idée selon laquelle *« juger l'Administration c'est administrer »*. Le contentieux

---

[177]L'attribution d'un domaine de contentieux administratif au juge judiciaire a été reprise dans la *loi de 2006/022, art. 3* : *« 1) Les tribunaux de droit commun connaissent, conformément au droit privé, de toute autre action ou litige, même s'il met en cause les personnes morales énumérées à l'article 2, la responsabilité desdites personnes morales étant à l'égard des tiers, substituée de plein droit à celle .de leurs agents auteurs des dommages causés dans l'exercice même de leurs fonctions. (2) Ils connaissent, en outre, des emprises et des voies de fait administratives et ordonnent toute mesure pour qu'il y soit mis fin. Toutefois, il est statué par la Chambre Administrative de la Cour Suprême sur l'exception préjudicielle soulevée en matière de voie de fait administrative et d'emprise. »*

administratif n'est pas conçu comme un *contentieux de privilèges*, confié à un juge qui sait s'émerveiller devant *« la puissance administrative »*. De même, la juridiction administrative n'est pas organiquement séparée de la juridiction judiciaire, ce qui contribue à mettre à mal l'idée d'un privilège de juridiction au profit de l'Administration. On pourrait d'ailleurs douter de l'intérêt d'une discussion sur la nature du juge de l'Administration.

C) La problématique du juge de l'Administration : une question sans enjeux

Est-il vraiment nécessaire de discuter sur le juge de l'Administration ? L'essentiel ne résiderait-il pas finalement dans la soumission absolue de l'Administration au droit, quelqu' en soit le modèle d'organisation choisi ? C'est le résultat –c'est-à-dire l'efficacité de la justice et *le procès équitable* qui nous semblent être les plus importants. La France en raison des précédents historiques a choisi l'érection d'un ordre administratif propre, autonome par rapport à l'ordre judiciaire. Dans les pays de *la common Law,* notamment en droit anglais, il n'y a pas à proprement parlé un juge de l'Administration : *les County courts (sorte de juge de paix à compétence large)* connaissent peu de litiges mettant en cause l'Administration, la plupart de ces litiges se plaident à Londres. En première instance, *la High court*[178]dans l'une ou l'autre de ses divisions selon la nature de l'action *: la Queens Bench division* connait des recours de *Common Law ; la Chancellery division, des recours d'equity et la Family division* qui traite du droit des personnes n'est jamais confrontée à l'Administration. En 1971 en marge de *la High court,* des juridictions répressive ont été créées *(la Crown court et la Magistrate court)* avec appel soit auprès de la *High court* soit auprès de *l'Appeal court. La High courts, l'Appeal court* et *la Crown court* forment *la Suprême court of judicature.* A côté de ces juridictions de *Common Law et d'equity,* ont existé de centaine de juridictions administratives *(Tribunals)* à compétences spécialisées, principalement dans les domaines de la sécurité sociale, de la fixation des loyers et des indemnités d'expropriation, ainsi que dans les domaines où les autorisations administratives sont requises. De manière générale, le droit anglais est conçu plus en termes de procédures que de règles de fond, pour le juriste, la question n'est pas d'établir un droit, mais d'explorer

[178]Les décisions de *la High court* sont susceptibles d'appel devant *la Court of Appeal,* en second degré devant la *House of Lords.*

une voie permettant de saisir utilement un juge, la règle de droit résultera de ce que le juge fera de cette compétence[179]. *En Allemagne, il y'a une Cour constitutionnelle et cinq ordres de juridictions (ordinaire, civil et pénal, administratif, financièr, du travail, social). En Belgique,* la répartition des compétences entre les juridictions n'est pas fonction de *la qualité administrative* ou non de la personne en cause, mais de *la nature du droit lésé*[180].

De manière générale, les réflexions sur la catégorisation fondée sur la structuration de la juridiction administrative sont constantes en droit étranger. La recherche menée en France en 2007 sous les auspices de la *Mission droit et justice* par *l'Observatoire des Mutations Institutionnelles et Juridiques* a permis d'établir plusieurs catégories d'organisations juridictionnelles administratives. L'étude met en lumière deux modèles à deux ou trois niveaux. Certains pays ont une structure à deux niveaux *(L'Autriche, l'Irlande, la Pologne, l'Italie, le Luxembourg, la Finlande)* ; selon les cas, le second niveau intervient comme juridiction d'appel *(Italie, Luxembourg)* ou juge de cassation. D'autres pays parmi lesquels la France ont une structure à trois niveaux *(l'Allemagne, la Belgique, le Danemark, l'Espagne, la Grèce, les Pays-Bas).* Il nous est possible d'introduire une sous-catégorisation parmi les modèles à trois niveaux, entre les modèles *d'étanchéité fonctionnelle* où il y'a clairement séparé organiquement et fonctionnellement un juge d'instance, d'appel et de cassation ; et les modèles de *confusion fonctionnelle* dans lesquels la juridiction supérieure est aussi juge de premier ressort et d'appel pour certains contentieux *(France, Grèce).* Selon cette classification on pourrait suite à la reforme de 2006 rattacher le Cameroun à cette la dernière *catégorie.*

La classification des Etats sous le critère de l'organisation de leurs structures juridictionnelles administratives n'est pas absente de la réflexion juridique en Afrique. Au lendemain des Indépendances, elle a été menée par des administrativistes africanistes français. Alain BOCKEL classait les Etats africains en deux grands groupes : « *Un*

---

179 LEROY (M), *Contentieux administratif (belge)*, 4ème éd. Bruylant 2008, p.42-43.

180 Dans l'Arrêt *la FLANDRIA*, la Haute juridiction en matière judiciaire établit la compétence du juge judiciaire à connaitre de la responsabilité administrative : *« Dès lors qu'une personne qui se dit titulaire d'un droit civil allègue qu'une atteinte a été portée à ce droit et qu'elle demande la réparation du préjudice qu'elle a éprouvé, le pouvoir judiciaire peut et doit connaitre de la contestation , et il est qualifié pour ordonner , le cas échéant la réparation du préjudice , même au cas où l'auteur prétendu de la lésion serait l'Etat, une commune ou quelque autre personne de droit public , comme aussi au cas où la lésion serait causée par un acte illicite de l'administration publique. »* Cass. 05 nov.1920, *Pasicrisie* 1921, I, 192.

premier groupe suivant l'exemple du SENEGAL (…) ont (…) mis au point un système d'unité réelle de juridiction: le juge de droit commun en toute matière est également juge de l'administration. D'autres Etats au contraire dont le chef de file pourrait être la République malgache (…) ont adopté en réalité un système de dualité de juridiction[181]. » Cette classification sera critiquée par des auteurs tels que Dominique DARBON, Pierre François GONIDEC qui distinguent en Afrique trois types d'organisations juridictionnelles : *le modèle malgache* à juridiction unique et un seul degré de juridiction, dans lequel une Cour suprême est juge de droit commun du contentieux administratif à travers une *Section spécialisée (ils incluaient dans cette catégorie : Madagascar, la Mali, le Benin, le Cameroun, le Tchad, le Burkina Faso)* ; *le modèle sénégalo-marocain* à juridiction unique et à des degrés de juridictions variables, dans lequel le juge judiciaire de première instance est juge de droit commun en matière administrative, au sein d'instances *(Sections ou Chambres)* spécialisées ou non. Certains contentieux étant réservés à la Cour suprême *(Sénégal, Cote d'Ivoire, Mauritanie, Niger, Congo, Centrafrique) ; les systèmes de juridiction administrative intégrale* ou *quasi intégrale (Guinée et Togo).* Selon cette grille, le Cameroun rentrerait dans la dernière catégorie, on parle à cet effet de *système de monisme organique et dualisme fonctionnel*[182].

La doctrine administrative camerounaise sous la plume du professeur Magloire ONDOA[183] va à son tour critiquer cette catégorisation. Il importe de remarquer à la suite du professeur que ces classifications sont surannées ; les reformes en matière d'organisation juridictionnelle administrative intervenues ça et là dans les Etats africains éloignent ces constructions de la réalité.

Le droit étranger est mobilisé pour démontrer que la question du juge de l'Administration est finalement sans enjeux. Les systèmes ci-dessus présentés n'assurent pas moins une soumission efficace de l'Administration au droit, la question fondamentale comme on l'a dit, semble se situer autour des garanties d'un *procès équitable.* L'organisation judiciaire ne doit pas en tout cas être incompatible avec une telle notion, selon le sens que lui donne la jurisprudence la Cour EDH. Nous ne posons dès lors pas dans l'exposé qui va suivre, le déficit d'autonomie de la juridiction administrative au Cameroun en termes de problème, mais

---

181 *Voy.* ONDOA (M), *Le droit de la responsabilité publique dans les Etats en développement – Contribution à l'étude de l'originalité des droits africains.* Thèse de doctorat d'Etat, soutenue le 03 mai 1997 à Yaoundé, Bibliothèque de l'Université de Yaoundé II, p. 178-179.

182 *Ibidem.*

183 *Ibidem.*

plutôt comme argument contre la thèse qui tendrait à défendre l'idée d'une organisation du contentieux administratif protectrice de l'Administration.

Pour nous résumer, il n'y a pas au Cameroun d'interdictions formelles faites au juge judiciaire de connaitre des actes d'administration, il existe en revanche des règles de répartition de compétences qui font intervenir le juge administratif et le juge judiciaire. Ils sont tous deux des *juges de l'Administration.* Il serait toutefois excessif de dire que la primeur est donnée au second. On peut également douter de l'existence d'un ordre juridictionnel administratif autonome. Pourquoi donc parlerait-on de *juge administratif ? D'une part*, parce qu'il y'a une autonomie fonctionnelle, *d'autre part,* parce que les textes sur le contentieux administratif le font. On a donc au Cameroun *un système avec un juge administratif sans juridiction administrative.* A premier vue, la spécialisation permettrait au moins d'assurer la spécialité de l'activité de l'Administration et de faire la balance entre *l'intérêt du service public* et *les droits des particuliers*, pour reprendre les termes de *l'Arrêt Blanco.* Que non ! Non seulement, *« la juridiction administrative n'est pas spécialisée »*[184], mais son personnel est emprunté au personnel de la juridiction judiciaire. Il y'a a la fois une dépendance organique et matérielle.

Paragraphe 2. Absence d'autonomie de la juridiction administrative

L'érection d'un ordre juridictionnel administratif en droit français est la manifestation de la spécificité de l'activité administrative. Après avoir affirmé *le principe de l'interdiction faite aux juges judiciaires de connaitre des actes d'administration,* il planait un vide juridique qui s'est progressivement comblé. L'évolution s'est faite de manière suivante : Conseil d'Etat *(justice retenue, justice déléguée),* Conseils de préfectures, Tribunaux administratifs[185], Cours administratives d'Appel[186]. L'ordre juridictionnel administratif français est aujourd'hui complet et autonome. A coté de cette autonomie

[184] En France, les Magistrats de l'ordre administratif sont formés à L'ENA dont la vocation est avant tout de former des administrateurs. On pourrait donc déduire qu'ils eussent à l'occasion de cette formation, développé un sens aigu de *l'intérêt général.*

[185]Les Décrets-lois de septembre 1953 suppriment *les Conseils de Préfectures* qui sont remplacés par *les Tribunaux administratifs.*

[186]*La loi n° 87-1127 du 31 décembre 1987 porte réforme du contentieux.* Il est créé des Cours administratives d'appel.

de l'organe, il faut dire que les implications logiques de *l'Arrêt Blanco* furent que ce sont des juges spéciaux qui dussent siéger, c'est-à dire ceux conscients et capables de prendre en compte la spécifié de la juridiction administrative. Historiquement, l'Administration qui connaissaient des activités administratives prenait en compte cette spécificité, même à l'époque de *la justice déléguée*, c'est ce que traduit VIVIEN dans son discours prononcé en 1849 devant la Commission chargée d'examiner un projet de loi sur le Conseil d'Etat : *« Les lois et les contrats administratif, appartiennent à un ordre de principes, d'idées, d'intérêts complètement étrangers aux juridictions civiles ; il faut pour les appliquer des connaissances pratiques, des études légales qu'on ne trouve pas auprès de ces juridictions. Il y'aurait danger pour l'Administration à les soumettre à des juges qui ne sont pas initiés à ses nécessités, à ses usages, à ses besoins, qui, par devoir, se préoccupent presqu'exclusivement du droit privé et dont l'invasion dans le domaine administratif aurait bientôt détruit le principe tutélaire de la séparation des pouvoirs. »* Le Conseil d'Etat gardait les marques et les réflexes de sa subordination à l'Administration active. A remarquer que les juges administratifs français formés à l'ENA dont la vocation est avant tout de former des hauts fonctionnaires plutôt que des Magistrats. Il faut constater que ces conditions n'ont jamais été réunies au Cameroun. Lorsqu'on étudie la structure et la composition des différentes juridictions administratives qui s'y sont succédé, elles ont toujours été dépendantes de la juridiction judiciaire. A la suite des reformes législatives intervenues en 2006, certains auteurs sont arrivés à la conclusion selon laquelle l'ordre juridictionnel administratif camerounais serait en place. Nous ne partageons pas tout à fait ce point de vue, sauf à attribuer à la notion d'*ordre juridictionnel* un sens tout à fait différent de celui auquel il renvoie traditionnellement. La spécialisation du juge administratif en droit camerounais mérite d'être présentée suivant deux périodes différentes, avant la reforme de 2006 et après. Cette reforme permet d'arriver certes à un système complet de voies de recours en matière de contentieux administratif, mais elle ne clos pas la question de l'autonomie organique de ce contentieux. Historiquement, la dépendance organique du juge administratif à l'ordre judiciaire est un fait incontestable (A), de même que sa dépendance fonctionnelle (B), ce qui autorise à douter de la spécialité du droit administratif camerounais, mais l'affirmation doit être bien précisée (C).

A) La dépendance organique à l'ordre judiciaire

A travers l'observation de l'évolution de la juridiction administrative au Cameroun, disons que son autonomie par rapport à la juridiction judicaire a toujours fait défaut : sous l'Administration franco-britannique instituée par le régime du Mandat, puis de Tutelle, prévalut dans la partie du Cameroun confiée à la Grande-Bretagne, la règle de *l'unité de contentieux*. Le droit anglo-saxon ne faisant pas de distinction entre le contentieux administratif et les autres types de contentieux. Le juge de droit commun est aussi juge de l'Administration.

Dans la partie sous Tutelle française, Le Conseil du Contentieux Administratif fut crée au début du Mandat français au Cameroun. Il sera qualifié de juridiction spécialisée dans le contentieux administratif à coté des juridictions judiciaires *(Décret du 14 avril 1920)*. Deux arguments toutefois peuvent laisser penser à un régime de privilèges : *le premier* est son assimilation –au départ, avec le Conseil d'Administration du territoire. L'Administration tirait de cette situation un privilège. Mais le CCA s'affirmera très progressivement comme une véritable juridiction. *Le second* –le Conseil d'Etat français fût compétent pour *la cassation* des décisions du CCA. Toutefois, il restera fortement dépendant de l'ordre judiciaire. Le CCA va disparaitre avec la fin de la Tutelle française sur le Territoire. *Un Décret du 04 juin 1959 reformant le contentieux administratif* va créer une juridiction compétente pour connaitre des litiges administratifs en premier et dernier ressort. Le Tribunal d'Etat prendra ainsi le relai du CCA. Deux ans plus tard *la loi n°61/12 du 20 juin 1961* crée la Cour Suprême. *L'art. premier* de cette loi confirme les compétences contentieuses du Tribunal d'Etat et *l'art. 2* dispose que la Cour Suprême connait des pourvois en annulation formés contre les Arrêts du Tribunal d'Etat. La Cour Suprême si elle se voit reconnaitre le rôle d'arbitre des conflits entre les juridictions administratives et judiciaires, ne traduira pas dans sa formation une certaine spécialité.

L'organisation juridictionnelle administrative camerounaise actuelle est issue de *la reforme constitutionnelle de 1996* et des récentes *lois de 2006* qui y tirent racine. Il n'est pas inintéressant d'arpenter et de rappeler les grands traits de la reforme constitutionnelle en la matière, celle-ci a profondément réaménagé la structuration de la Cour Suprême : *d'abord* la Cour suprême a été amputée de la fonction constitutionnelle au profit d'un Conseil constitutionnel *(titre VII du texte constitutionnel)* ; *ensuite l'art. 38 (1)* qui dispose que : *« la Cour suprême est la plus haute juridiction de l'Etat en matière judiciaire, administrative et de jugements des comptes »* plante le décor. Les attributions de la Cour suprême en matière civile et pénale sont exercées par le biais d'une *Chambre judiciaire* crée par *l'art. 38 (2)* et qui conformément à *l'art. 39* statue sur les recours en cassation admis par la loi contre les décisions rendues en dernier ressort par les Cours et Tribunaux. S'agissant de sa fonction de juridiction administrative, *l'art. 38 (2)* institue dans le même temps *« une Chambre administrative »*. Innovation de taille, *l'art. 40* de la Constitution attribue désormais à la *Chambre administrative,* la compétence en matière d'*appel* et de *cassation administrative.* Elle n'est donc plus comme dans l'ancien système *(art. 10 nouveau de l'Ordonnance n°72/6 du 26 août 1972*) la juridiction administrative de *premier ressort.* Cette tâche est désormais dévolue aux termes du même *art. 40* aux juridictions inférieures en matière de contentieux administratif qui sont aux termes de *l'art. 42 (2)* de *la Constitution,* les Tribunaux administratifs. Leur création à été rendue possible par *la loi 2006 /022.* Enfin, s'agissant de sa fonction de jugement des comptes, *l'art. 38 (2)* institue une *Chambre des comptes.* On préjuge que celle-ci absorbera les fonctions de l'actuel Conseil de discipline budgétaire et comptable. Pour une idée plus claire de la comparaison entre l'ancienne structuration juridictionnelle de la Cour suprême et celle issue de la révision constitutionnelle de 1996[187], voyons les schémas *(infra).*

La juridiction administrative d'*appel* et de *cassation* au Cameroun est donc exercée par une *Chambre de la Cour suprême* qui est comme on l'a dit, la plus haute juridiction en matière judiciaire. Système dépendant au sommet. Le système institué par la législateur en matière administrative est étonnant, s'il voulait assurer la spécialité du contentieux administratif, il pût tout simplement recopier le système français en l'adaptant, c'est à dire *–Tribunaux administratifs de premier ressort, Cours administratives d'appel, Cour Suprême administrative,* en maintenant à la différence du système français une répartition étanche des voies de recours entre ces trois niveaux, c'est-à-dire Tribunaux administratifs *(juges administratifs de premier ressort), Cours administratives d'appel (juges administratifs d'appel), Cour Suprême*

---

187 Tout comme en France, il n'existe pas au Cameroun de partage figé des trois compétences *(premier ressort, appel, cassation)* entre trois organes distincts –raison pour laquelle notre analyse sera structurée en référence aux voies de recours classiques et principales. Cette approche nous semble opératoire.

administrative (juge administratif de cassation). C'est en tout cas notre vision *de lege ferenda.* Le principe du *procès équitable* signifie aussi la clarté de l'organisation juridictionnelle. L'argument des contraintes budgétaires évoquées dans les années 1996 n'est plus pertinent. Peut- être dans l'esprit du législateur camerounais, le contentieux administratif n'est-il pas spécial et doit comme le contentieux de droit privée être soumis à la sanction de la Cour suprême *(plus haute juridiction en matière judiciaire).*

B) La dépendance fonctionnelle à l'ordre judiciaire

Reprenons d'abord les différents organes compétents en matière de contentieux administratif qui se sont succédé avant 1972 et examinons leur composition. *Le Décret 13 avril 1927 modifié par celui du 03 nov. 1928* prévoit que le CCA est composé du Commissaire de la République ou de son délégué, qui exerce les fonctions de président, assisté d'une Administrateur en chef des colonies, de préférence licencié en droit, du chef des Travaux publics et de deux Magistrats. *Le Décret 52/815 du 08 juillet 1952 portant modification du Décret du 13 avril 1927* confie la présidence du CCA à un Magistrat du siège appartenant à la Cour d'appel[188].

Le Tribunal d'Etat qui remplace le CCA avec *l'autonomie interne* du Cameroun est institué par *le Décret 59 / 83 portant reforme du contentieux administratif* et du *Tribunal* d'Etat, on notera également *l'Arrêté 1784 du 09 juin 1959 relatif au fonctionnement du TE.* Selon *l'art. 4 al. 2* du Décret, cette juridiction connaît de l'ensemble du contentieux administratif. Elle est composée de trois membres : *un Président et deux Assesseurs,* tous nommés par *le Premier Ministre.* Le Président de la juridiction et le Commissaire du Gouvernement doivent être titulaire d'une *Licence en droit.* Ces membres du TE sont tous choisis parmi les Magistrats de l'ordre judiciaire, ainsi que parmi les agents de l'Administration *(contractuels ou fonctionnaires)*[189]. *L'art. 2 de la loi du 20 juin 1960* donne à la Cour suprême la connaissance des *pourvois* contre les Arrêts en annulation du TE.

La Cour Fédérale de Justice qui ferra son avènement avec la réunification du Cameroun *(1961) –art. 33* de *la Constitution du 01 septembre 1961*

188 BIYOUM (J) et NGWESE (P), *Eléments du contentieux administratif,* l'Harmattan, 2011, p. 24.
189 *Ibidem.*

continuera d'emprunter son personnel aux juridictions de l'ordre judiciaire. Deux Chambres administratives siègent dans les capitales des entités fédérés, composées chacune d'un Juge fédéral, titulaire ou suppléant *(président)* assisté de deux Assesseurs avec voix délibérative, choisis parmi les Magistrats du siège ou parmi les hauts administrateurs civils de l'Etat fédéré dans lequel siège la Chambre, d'un Représentant du Parquet général, d'un Greffier. Le professeur Maurice KAMTO[190] souligne à ce propos : *« Ce système présentait (…) l'inconvénient de laisser le contentieux administratif à des magistrats formés à d'autres types de contentieux et donc l'inclinaison naturelle est d'appliquer aux litiges administratifs des solutions du droit privé*[191]. *»* D'où la conclusion selon laquelle le juge administratif serait un *« juge plutôt allié de l'Administration qu'arbitre impartial et dépourvu de l'esprit du droit administratif, de cette sensibilité naturelle aux notions telles que les libertés publiques, la sureté personnelle, l'excès de pouvoir, toutes choses qui habitent le magistrat spécialisé dans le contentieux administratifs. »*

Le passage de l'Etat fédéral à l'Etat unitaire s'est traduit du point de vue des mutations de la juridiction administrative par la création d'une Cour Suprême *(nouvelle version)*. La loi lui donne des compétences pour statuer souverainement *« sur les recours en cassation admis par la loi contre les décisions rendues en dernier ressort par les tribunaux et les Cours d'appel » (art. 32 al.1 de la Constitution du 02 juin 1972)*. Elle est également compétente pour connaitre des *« recours en indemnité ou en excès de pouvoir dirigés contre les actes administratifs » (art. 32 al.3)*. De par sa doublure fonctionnelle *(Cour de cassation de la juridiction de l'ordre judiciaire et juridiction administrative)*, elle n'est rien moins que : *« l'instance judiciaire suprême à laquelle on a bien voulu adjoindre une fonction administrative contentieuse (…) Ainsi conçue la juridiction administrative camerounaise affiche une dépendance vis-à-vis du versant judiciaire de la Cour Suprême, moins d'ailleurs en raison de son insertion organique dans cette haute juridiction des Tribunaux de droit commun que du fait de la non spécialisation des magistrats qui y siègent. »* La Chambre administrative, Chambre spécialisée en premier ressort dans le contentieux administratif comprend un Conseiller titulaire ou suppléant, un Président assisté de deux Magistrats choisis parmi les Magistrats du siège des Cours et Tribunaux *(un Procureur général ou un Avocat général ou un Substitut et un greffier)*. L'Assemblée plénière est juge de la cassation administrative.

---

[190] KAMTO (M), « *La fonction administrative contentieuse de la Cour Suprême du Cameroun*, in Les Cours suprêmes en Afrique (sous la direction de CONAC (G) et de DUBOIS De GAUDUSSON (J), Paris, Economica, 1988, pp.31-67. *Voy.* aussi son ouvrage *Droit administratif processuel du Cameroun*, PUC, Yaoundé, 1990.

[191] *Ibidem.*

Lorsqu'elle intervient sous cette casquette, elle est constituée de 5 Magistrats –membres de la Cour à l'exception de celui ou de ceux d'entre eux qui auraient participé au jugement de l'affaire en *premier instance (du Procureur général, de l'Avocat général près la Cour Suprême ou d'un substitut du Procureur général, du Greffier en chef de le Cour Suprême ou d'un Greffier).*

La Consécration en 1972 de l'unification conduit au remplacement des deux Cours suprêmes des entités fédérés et de la CFJ par une nouvelle Cour suprême à vocation nationale, à laquelle est confié le contentieux administratif *(art. 32 al. 2 de la Constitution du 02 juin 1972). L'Ordonnance 72 /06 (texte de base avant les lois de 2006)* complète ces attributions de la Cour suprême *(art.9).* A travers l'analyse de la composition des différentes juridictions administratives ayant existé au Cameroun, on s'aperçoit qu'elles ont été, soit dépendantes de l'Administration active *(CCA initial),* soit fortement dépendantes de la Cour suprême qui est la plus haute juridiction en matière judiciaire.

Considérons maintenant la période post 1972. Sous l'empire de *l'Ordonnance 72/6*, on est frappé par la formation privatiste du personnel chargé de juger les litiges administratifs. C'est *l'art. 11* de l'Ordonnance qui précise la composition de ces différentes formations. Ceci apparait clairement à l'analyse de la composition de *la Chambre administrative (juge administratif de 1er ressort)* que de celle de *l'Assemblée plénière (juge administratif d'appel et de dernier ressort) :«1) l'Assemblée Plénière comprend :*

> *a) Cinq Magistrats, membres de la Cour à l'exception de celui ou de ceux d'entre eux qui auraient participé au jugement de l'affaire en première instance.*
>
> *b) Le Procureur Général ou l'Avocat Général près la Cour Suprême ou un Substitut du Procureur Général près ladite Cour ;*
>
> *c) Le Greffier en Chef de la Cour Suprême ou un Greffier de ladite Cour.*

2) La Chambre Administrative se compose :

> *a) d'un Conseiller titulaire ou suppléant, président, assisté deux Magistrats ayant voix délibérative, choisis parmi les Magistrat du siège des Cours ou Tribunaux ;*
>
> *b) du Procureur Général ou de l'Avocat Général ou d'un Substitut ;*
>
> *c) d'un Greffier.*

3) Le Président de la Chambre Administrative de même que les Assesseurs près ladite Chambre sont nommés par Décret.

4) Le Greffier de la Chambre Administrative est désigné par Ordonnance du Président de la Cour Suprême parmi le personnel en service dans le Greffe de sa juridiction. » Cette situation sera décriée par Alain BOCKEL, le constat qu'il fait pour les différentes « juridictions administratives » qui se sont succédées au Cameroun est valablement transposable à celle issue de l'Ordonnance 72/06 : *« Ce sont les magistrats de l'ordre judicaire, formés uniquement en vue de leur mission principale, consacrant l'essentiel de leur temps à l'activité des juridictions, qui vont nécessairement se prononcer sur des problèmes délicats de droit administratif (…) le droit administratif camerounais ne peut manquer d'être influencé par les techniques et les méthodes de raisonnement de droit privé*[192] *(…) »* La récente reforme de 2006 qui affecte la structuration de la juridiction administrative ouvre quand même un pan à cette spécialité *L'art. 8 al. 2 de la nouvelle loi n°2006/022 du 29 décembre 2006 fixant l'organisation et le fonctionnement des Tribunaux administratifs dispose que pour les besoins de service : « peuvent être nommés juges ou substituts en service extraordinaire au tribunal administratif pour une période de cinq (5) ans ; les professeurs de droit des Universités ayant exercés comme enseignant pendant au moins dix (10) années consécutives ; Les chargés de cours en droit des Universités ayant exercés comme enseignant pendant au moins (15) années consécutives ; les fonctionnaires de la catégorie A et les cadres contractuels d' administration titulaires d'une maîtrise en droit ayant exercé leurs fonctions pendant au moins quinze (15) années consécutives. »* En dépit de ces dispositions qui font la place à un personnel ayant potentiellement une grande maîtrise du droit public, le principe reste la non spécialisation des Magistrats des Tribunaux administratifs, le Tribunal administratif est composé au Siège, *d'un Président, deux juges, d'un Greffier en chef, de Greffiers* et au Parquet *du Procureur général près la Cour d'appel du ressort du Tribunal administratif,* ses membres tant au Siège qu'au Parquet sont des Magistrats relevant du statut de la magistrature *(articles 6,7 et 8 alinéa 1 de la loi 2006/022).*On se refera aussi *à l'art. 5 de la loi 2006/015 sur l'organisation et le fonctionnement de la Cour suprême :« (1) Les membres de la Cour Suprême sont des magistrats relevant du statut de la magistrature.*

(2) Toutefois, pour les besoins du service, peuvent être nommés Conseillers ou Avocats Généraux en service extraordinaire à la Cour Suprême, en matière administrative ou des comptes :

> *a) les professeurs de rang magistral en droit ou en économie des Universités ayant exercé comme enseignants pendant au moins 15 années consécutives.*
>
> *b) les Avocats inscrits au Barreau du Cameroun et ayant exercé leurs fonctions pendant au moins 20 années consécutives;*

---

192 BOCKEL (A), *Le juge et l'administration en Afrique Noire francophone (Introduction à l'étude du problème),* Pédone, Paris, 1973, p. 11 et ss.

c) les fonctionnaires de la catégorie A, et les cadres contractuels d'administration titulaires d'une maîtrise en droit ayant exercé leurs fonctions pendant au moins vingt (20) années consécutives».

En ce qui concerne les Tribunaux administratifs, le mandat est limité à 5 ans, toutefois 10 ans d'enseignement sont requis pour les professeurs de rang magistral, 15 ans pour les chargés de cours et 15 années consécutives pour les fonctionnaires de la catégorie A. En ce qui concerne la Cour suprême, on note la présence dans sa composition, de quelques membres qui peuvent être des rompus du droit public, à savoir : les professeurs de rang magistral en droit ou en économie des Universités ayant exercé comme enseignants pendant au moins 15 années consécutives et les fonctionnaires de la catégorie A, les cadres contractuels de l'Administration titulaires d'une maîtrise en droit ayant exercé leurs fonctions pendant au moins vingt (20) années consécutives.
Les exigences du législateur en ce qui concerne les professeurs de droit et d'économie nous paraissent très lourdes. Si la Cour suprême –plus haute juridiction en matière judiciaire, requiert de ce fait un personnel hautement qualifié, on ne voit pas pourquoi, on exigerait non seulement des enseignants de droit et d'économie qu'ils fussent de rang magistral, mais aussi qu'ils justifiassent de quinze années d'ancienneté. Cette disposition illustre en tout cas les réflexes gérontocratiques qui caractérisent les Administrations à tous les niveaux au Cameroun. Dans ces conditions, l'autonomie du droit administratif par rapport au droit privé semble compromise.

C) La privatisation du contentieux administratif

Nous pouvons, eu égard à ce qui vient d'être dit, émettre de sérieux doutes sur le caractère spécial du contentieux administratif au Cameroun. La lecture de la jurisprudence administrative fait état de la constante application du Code civil à l'Administration. Ce qui a priori rompt avec le contenu de *l'arrêt Blanco,* rendu dans le contexte français. Cette privatisation du contentieux administratif est appelée à croitre.

Première observation, la constante application du Code civil à l'Administration. Le juge administratif camerounais –c'est une constance, applique dans bien des cas le Code civil à l'Administration. Rapportons quelques exemples concrets – Un premier exemple –**Jugement n°58/02-03 du 27 mars 2003 INACK NJOKI Martin c/ Etat du Cameroun** : *« Attendu*

qu'ainsi, non seulement, il n'ya pas eu d'action en résolution ou en annulation de la vente mais aussi, il résulte de l'article 2265 du Code Civil que celui qui acquiert de bonne foi et par juste titre un immeuble en prescrit la propriété par 10 ans si le véritable propriétaire est dans le ressort de la Cour d'Appel dans l'étendue de la quelle l'immeuble est situé et par 20 ans s'il est domicilié hors dudit ressort ;
Qu'en l'espèce la propriété de INACK NJOKI Martin est couverte par la prescription : qu'il s'en suit que son action est fondée et que l'arrêté n°0732/Y.6/MINUH/D000 du 4 décembre 1997 encourt l'annulation. » Si le juge administratif était un juge spécial, il devait en pareille hypothèse poser une question préjudicielle au juge judiciaire qui devait au préalable se prononcer sur la question de la propriété avant qu'il ne statut sur le litige administratif. Dans le cas exposé, le juge résout le conflit avec une finesse qui traduit sa formation privatiste. Prenons un second exemple – **Jugement n°62/2002-2003 du 24 avril 2003 Dame veuve KAYA née TITI TONGO c/ Etat du Cameroun (MINUH)** : *« Attendu que ladite décision est encore annulable pour violation des articles 731 du Code Civil en ce que le Ministre ne pouvait ordonner la mutation du titre foncier n°9597/ WOURI au profit de NTOKO NJIBA sans excéder son pouvoir, car ce dernier n'avait jamais saisi cette autorité à cette fin pour la bonne raison que depuis l'arrêt n°6 du 20 janvier 1953 ,il est toujours porté absent. »* Ce cas est flagrant, c'est à croire que le Code civil fait partie du *bloc de Légalité administrative* au Cameroun *(nous laissons cette affirmation à la diligence des futurs chercheurs).* Les exemples sont légion, limitons nous toutefois à ces deux cas qui nous semblent remettre clairement en cause la spécialité du juge administratif au Cameroun. En pratique, les décisions des juridictions judiciaires comme le révèlent plusieurs espèces s'imposent à la juridiction administrative[193] . Il s'agit d'un argument supplémentaire.

Seconde observation, une privatisation du contentieux administratif appelée à s'étendre. Nous avons vu dans notre ouvrage sur *la Légalité administrative au Cameroun,* que le droit OHADA est partie intégrante du *bloc de Légalité,* le juge administratif aura désormais affaire à ce droit qui peut intervenir en matière de Marchés publics ou dans des litiges relatifs à l'Administration fiscale et celle des douanes. La spécialité du droit administratif est appelée à se réduire comme une peau de chagrin. L'étude des principales réglementations laissent apparaître non pas une certaine spécialité, mais une technicité des textes sur le droit administratif, notamment le Code

---

193 En ce sens CS/CA. ETOUNDI ATANGANA Dieudonné c/ETAT du Cameroun (MINUH), jugement n°26/2002-2003 du 28 novembre 2002. Dame veuve KAYA née TITI TONGO et DOUMBE Japite c/ETAT du Cameroun(MINUH), jugement n°62/2002-2003 du 24 avril 2003.

des Marchés publics. Les séminaires de formation à l'intention des juges administratifs doivent tenir compte de ces réalités irréductibles.

Il ressort de cette première analyse que *« la juridiction administrative »* n'a jamais été et n'est pas organiquement séparée de la juridiction judiciaire. Les juges administratifs sont choisis parmi les Magistrats de l'ordre judiciaire. Ceci permet d'émettre des doutes sur la spécialité du contentieux administratif. Pour éviter de faire la confusion, il faudrait que l'on s'entende sur le sens de l'expression *« spécialité du contentieux administratif »*. Si elle est employée pour dire qu'il y'aurait un corps de règles spécifiquement applicables aux litiges administratifs, elle ne nous pose aucun problème, la spécialité du contentieux administratif serait donc *formelle*. Ce que nous tendons à contester en revanche, c'est la spécialité *matérielle* du contentieux administratif, c'est-à-dire celle qui concerne le fond des règles. Notre questionnement repose sur deux raisons mentionnées plus haut : le juge administratif est de formation essentiellement privatiste, il applique de manière constante les sources de droit privé. Terminons par deux schémas qui représentent respectivement l'ancienne structuration de la juridiction administrative *(c'est-à-dire celle issue de l'Ordonnance 72/06)* et la nouvelle *(celle issue des lois de 2006).*

Schéma de l'ancienne structuration de « la juridiction administrative »
(Issue de la Constitution du 02 juin 1972 et de l'Ordonnance 72/2)

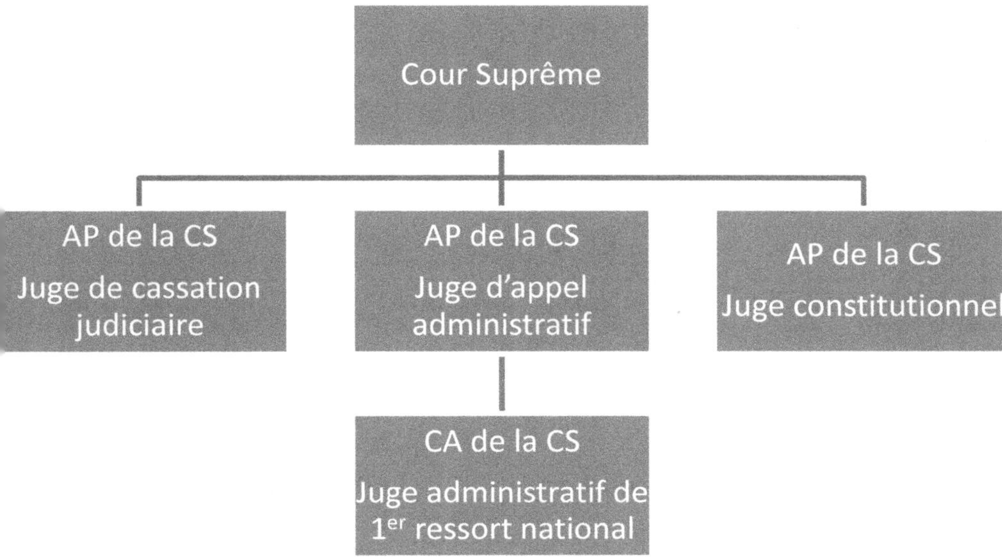

CS : Cour suprême

AP : L'Assemblée plénière de la Cour Suprême qui avait trois caquettes ou formations : juge de cassation judiciaire ; juge administratif d'appel, d'après l'art. 10 de l'Ordonnance 72/06 et juge constitutionnel.

CA/CS : Chambre administrative de la Cour Suprême qui était juge administratif de 1er ressort à l'échelon national.

<u>Schéma de la nouvelle structuration de « la juridiction administrative »</u>
<u>(issue de la révision constitutionnelle de 1996 et des lois de 2006)</u>

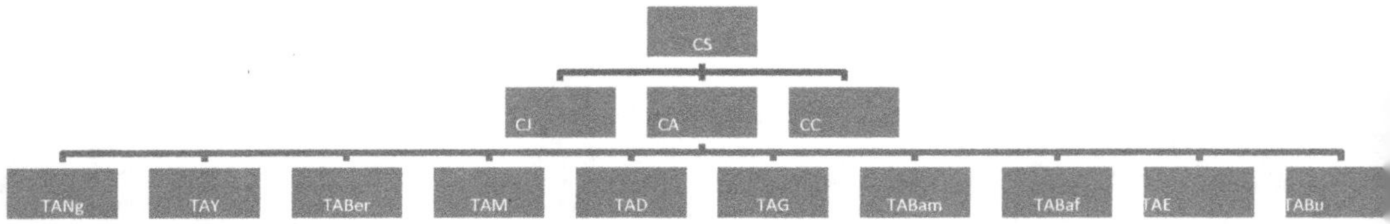

CS : Cour suprême
CJ : Chambre judiciaire
CA : Chambre administrative (juge administratif d'appel et de cassation, situé à Yaoundé la capital politique)
TANg : Tribunal administratif de Ngaoundéré
TAY : Tribunal administratif de Yaoundé
TABer : Tribunal administratif de Bertoua
TAM : Tribunal administratif de Maroua
TAD : Tribunal administratif de Douala (capital économique)
TAG : Tribunal administratif de Garoua
TABam : Tribunal administratif de Bamenda
TABaf : Tribunal administratif de Bafoussam
TAE : Tribunal administratif d'Ebolowa
TABu : Tribunal administratif

Section 2. Absence des immunités de procédure

De ce qui ressort de l'interprétation jurisprudentielle des règles, la procédure administrative n'est pas conçue dans un objectif de protection de l'Administration. Nous avons déjà dans le cadre de notre thèse de doctorat, au départ de l'examen de la jurisprudence administrative, démontré que l'interprétation du *recours gracieux préalable* (RGP) opérée par le juge administratif, n'était pas, contrairement à ce que beaucoup d'auteurs semblent affirmer, tendancieusement protectrice de l'Administration ; non seulement parce que le juge a une position tout à fait stable sur ces règles, mais également qu'il a admis beaucoup d'exceptions, insuffisamment mises en lumière malheureusement. Nous nous limiterons dès lors dans le présent propos à évoquer quelques aspects de cette règle précontentieuse *(paragraphe 1),* avant de nous intéresser à la procédure proprement contentieuse. Quelles sont les raisons qui nous poussent à dire qu'il n'y a pas une protection procédurale de l'Administration au Cameroun ? *(paragraphe 2)*

Paragraphe 1. Absence d'une protection précontentieuse de l'Administration

Le RGP a été institué au Cameroun par *l'Ordonnance n° 61/OF/6 du 04 octobre 1961*[194]. C'est une institution dont le régime juridique diffère à la fois de la règle de *la décision préalable* en France et du *recours hiérarchique.* L'obligation de s'adresser à l'Administration avant de saisir le juge vaut quelque soit la forme et le contentieux en cause *(contentieux de la responsabilité, contentieux des contrats ou contentieux de la Légalité ; contentieux ordinaire ou contentieux des procédures accessoires, avec toutefois quelques nuances pour ce dernier type de contentieux).* Le RGP a ensuite été l'objet de *l'art. 12 de la l'Ordonnance n°72/06 du 26 aout 1972,* qui a récemment été remplacé par *l'art.17 de la loi de 2006.* Cette disposition mérite d'être reproduite *in extenso : « Le recours devant la Cour Suprême n'est recevable qu'après rejet d'un*

194 Avant *l'Ordonnance 72/06*, le RGP ne pouvait être adressé qu'à une autorité soit désignée par Décret en ce qui concerne la République Fédérale et les Etats fédérés, soit statutairement habilitée à représenter la Collectivité publique ou l'Etablissement public en cause, JACQUOT (H), « Le contentieux administratif au Cameroun », *Revue camerounaise de droit* n° 8, juillet-décembre 1975, voir aussi OWONA (J), *Le contentieux administratif de la République du Cameroun,* l'Harmattan 2011, p. 85.

recours gracieux adressé au Ministre compétent ou à l'autorité statutairement habilitée à représenter la Collectivité publique ou l'Etablissement public en cause. Constitue un rejet du recours gracieux le silence gardé par l'autorité pendant un délai de trois mois sur une demande ou réclamation qui lui est adressée. En cas de demande en indemnisation, l'autorité compétente dispose cependant, après s'être le cas échéant, prononcée favorablement sur le principe de l'indemnisation, d'un délai supplémentaire de trois mois pour en proposer le montant. Le recours gracieux doit, à peine de forclusion, être formé :
a) dans les deux mois de publication ou de notification de la décision attaquée ;
b) en cas de demande d'indemnisation dans les six mois suivant la réalisation du dommage ou sa connaissance ;
c) en cas d'abstention d'une autorité ayant compétence liée dans les quatre ans à partir de la date à laquelle ladite autorité était défaillante. » Le RGP quoi que l'on dise répond juridiquement à des justifications théoriques qui méritent d'être rappelées.

A) Les justifications du RGP

Que l'on soit bien clair, la règle en elle-même nous semble théoriquement recevable pour deux raisons au moins :

Première raison : l'exigence de saisir l'Administration préalablement à toute requête contentieuse semble remplir juridiquement au moins deux fonctions :

- *Une fonction précontentieuse,* le RGP serait alors une forme de préalable de conciliation, ce qui n'est que normal. Vu la complexité du fonctionnement de l'Administration, il semble conforme au bon sens qu'elle puisse se corriger quant à une éventuelle illégalité ou une injustice commise, préalablement à tout recours contentieux. C'est ce que nous dit le juge dans **l'Arrêt n °47/CFJ/SCAY, 30 /04/1968, MBASSI MEDJO Nicholas c/ Etat du Cameroun** : *« Considérant que le recours gracieux a pour but non pas d'informer l'administration de l'existence d'une revendication, mais de lui permettre éventuellement de prendre ou de reformer telle décision. »*[195]

---

[195] Cette décision semble être en contradiction avec une décision rendue deux ans plus tôt, qui laissait penser que le but du RGP fût d'informer l'Administration : *« Attendu qu'il résulte des pièces du dossier que par lettre du 10 janvier 1966 le requérant avait saisi le Secrétaire d'Etat auprès du premier ministre, auteur de l'Arrêté attaqué de son recours gracieux ; la circonstance*

- Il remplit également une *fonction contentieuse* : grâce à la règle de l'immutabilité de la demande, autrement appelée *l'identité de l'objet du recours gracieux et de l'objet de la requête contentieuse*, il permet de lier le contentieux, il est de ce fait une forme de *prémâchage* qui permet d'éclairer le juge et en même temps d'endiguer[196] éventuellement les requêtes en cas de flux.

Seconde raison : le RGP n'est pas une prérogative de protection de l'Administration, mais une institution dans l'intérêt de tous les acteurs au procès administratif (Administration, juge, particuliers), comme l'explique avec un sens éprouvé de pédagogie, le juge administratif camerounais dans une vielle décision –**Affaire sieur EKINDI Joël c / Etat du Cameroun** : *« Sans doute la règle de la décision préalable de l'ordonnance n°61/0F/6 susvisé offre l'avantage de protéger l'administration qui ne peut être traduite en justice avant d'avoir elle-même pris position sur la question litigieuse, de protéger les justiciables en les empêchant de former des pourvois inutiles sur des simples impressions avant d'être certain de l'existence d'un litige, de faciliter la tache au juge puisque l'obligation où le requérant se trouve d'attaquer une décision limite le champs des débats et par suite précise l'étendue du litige à trancher (…) »* La jurisprudence nous semble également stable et prévisible sur la sanction de l'absence du RGP.

B) Stabilité de la jurisprudence sur le RGP

De manière constante en effet, le juge administratif a affirmé que le RGP est *obligatoire* et d'*ordre public.* Bien qu'à l'analyse de la rédaction des décisions, la différence n'apparait pas toujours assez clairement entre ces deux caractéristiques, il ne fait aucun doute qu'elles recouvrent pourtant des significations différentes. Elles sont dès lors cumulatives. Voyons le **Jugement de la CA/CS, ITEM Dieudonné c/ État du Cameroun, n°12/CS-CA/77-78 du 27 avril 1978** : *« Qu'il résulte de ce texte [art.12 de l'Ordonnance 72/06] que ce recours, organisé et prévu par une disposition législative spéciale, revêt un caractère obligatoire ; qu'il s'ensuit que l'inobservation des dispositions susvisées, peut être soulevé d'office par le juge. »* Dans le même sens, on peut lire les **Jugements n°14/77-78/CS-CA du 27 avril 1978,**

---

que le demandeur ait à tort saisi cette autorité est inopérante, l'Administration ne pouvait valablement soutenir qu'elle a été attraite en justice à son insu. »

[196] Cette fonction est –elle utile dans un contexte de pauvreté de requêtes ?

ATANGANA ESSOMBA Protais c/ État du Cameroun ; et **n°30/77-78/CS-CA du 13 juillet 1978, AKA'A Jules c/ État du Cameroun**. Ceci étant, nous examinerons les enseignements de la jurisprudence d'abord sur le caractère *obligatoire* du *RGP,* pour ensuite voir ceux relatifs au caractère *d'ordre public.*

En premier lieu, le RGP est *obligatoire,* c'est l'enseignement qui se dégage non seulement des textes successifs sur le contentieux administratif, mais également de l'interprétation que le juge a opérée de ces différents textes. Déjà, *l'Ordonnance n° 67 /0F/6 du 04 octobre 1961* obligeait tout justiciable à saisir d'abord les autorités administratives préalablement à la saisine du juge administratif, *les lois du 19 novembre 1965* et du *14 juin 1969 relatives à la reforme du contentieux administratif sous la République fédérale du Cameroun* vont reprendre ce principe. Le juge administratif dans plusieurs espèces confirmera ce principe. On citera à titre d'exemple **l'Arrêt n°19/CFJ/AP, TAGNY Mathieu c/ Etat du Cameroun** : *« La règle de la décision préalable vise à oblige les justiciables à soumettre d'abord leur réclamation à l'autorité administrative [avant de saisir] la juridiction administrative. » Voy.* aussi **Arrêt n° 31/ CFJ/SCAY, 15 novembre 1966.** Le juge déclare clairement : *« (...) que l'Ordonnance n°61/OF/06 du 04 octobre 1961 a voulu rendre moins facile l'accès au prétoire aux justiciables en imposant à ceux-ci de déférer tout d'abord à l'Administration les actes administratifs qui leurs font grief avant d'en saisir en cas de désaccord le juge administratif. » Le caractère obligatoire* du RGP est donc une constante que tout justiciable ne saurait prétendre ignorer, il en va de même de son caractère d'ordre public.

En second lieu, le RGP est d'ordre public, une illustration de cette position nous est fournie par le **Jugement n°30/2011 du 12 janvier 2011, KINGUE BWANGA François c/ Etat du Cameroun (COMMUNAUTE URBAINE DE DOUALA** *: « Considérant que le recours gracieux préalable est un moyen d'ordre public ce qui signifie que l'inobservance ou la violation de la loi qui l'instituent peuvent être soulevée d'office par le juge : CS/CS jugement n°12/77/78 du 28 avril 1978. ITEM Dieudonné c/ Etat du Cameroun. »* Dire que le RGP est *obligatoire* signifie que les requérants ne peuvent s'en passer. Une requête qui n'est pas précédée d'un RGP est donc normalement irrecevable ; dire qu'il est *d'ordre public* signifie que le juge peut soulever l'absence de recours d'office, logiquement ceci devait signifier aussi que le moyen peut être soulevé pour la première fois en degré d'appel. Il n'en est rien apparemment pour ce second aspect. Dans une affaire rendue en 1978, le juge administratif met en lumière ces deux aspects **–Jugement n°**

30/SC/CA du 13 juillet 1978 : *« Considérant (…) qu'il résulte de l'article 12 de l'Ordonnance du 26 aout 1972 que le recours gracieux organisé et prévu par une disposition législatives spéciale , revêt un caractère obligatoire, qu'il importe de rappeler que ces dispositions sont d'ordre public qu'en conséquence, leur violation peut être soulevé d'office par le juge. »* Il ne reste plus qu'à mettre en lumière la stabilité de la jurisprudence administrative en matière d'irrégularités du RGP. On vise ici les hypothèses où le requérant a fait précédé sa requêté contentieuse d'un RGP, mais où celle-ci sera irrecevable parce que ne répondant pas aux conditions fixées par la loi. Les enseignements du juge sur ce point nous semblent stables et limpides.

- *Stabilité de principe de la jurisprudence sur les irrégularités du RGP.* La jurisprudence sur l'irrecevabilité tirée des irrégularités du RGP nous parait assez stable. Il convient de voir *en premier lieu* quelles sont aux termes de la loi, ces irrégularités. Elles se rapportent pour l'essentiel au *non respect des délais du RGP, à l'erreur sur l'autorité habilitée à le recevoir et au non respect de l'identité de l'objet du RGP et de l'objet du recours contentieux.*

En premier lieu, on note une constance de la jurisprudence sur les délais du RGP. Ces délais de recours ont posé au juge essentiellement les questions du *point de départ,* de la *durée* et celles de la *computation ou du décompte des délais.*

La jurisprudence est assez stable et claire sur *le point de départ* des délais. Le juge administratif a dans un premier temps affirmé le principe des *délais francs,* en référant à la jurisprudence du Conseil d'Etat français. Quoi de plus normal –pourrait -on dire, vu qu'on était avant les Indépendances, il n'y avait aucune anomalie de référer à la jurisprudence du Conseil d'Etat, qui –rappelons le, était *juge d'appel* des décisions du CCA : *« Considérant qu'aux termes de la jurisprudence bien affirmé du conseil d'Etat, le délai prévu à l'article 11 du décret du 05 aout 1981 est un décret franc, c'est- à dire qu'il n'est pas tenu compte du dies a quo 'jour où la décision a été notifiée', ni du dies a quem 'jour où le délai arrive à expiration' (…) »* Dans un second temps, le juge camerounais prendra son autonomie *(après l'Indépendance),* il considérera que les délais de recours ne sont pas francs : *« En introduisant son recours contentieux le 3 aout 1970, la demanderesse se trouvait déjà forclose ; car il résulte de l'examen de ce dossier que la collectivité MVOG Betsi et ANGOK a saisi le premier ministre d'un premier recours le 24 mars 1969, puis d'un second le 24 février 1970 ; qu'aucune suite n'ayant été donnée aux dits recours gracieux par l'autorité habilité à les recevoir, leur rejet implicite est intervenu respectivement les 25 juin 1969 et 25 mai 1970…, que la collectivité disposait d'un délai de deux mois à compter des deux dates susmentionnées pour saisir la chambre administrative. »* Cette jurisprudence sera confirmée par la suite et appliquée de manière constante sur une longue période. A remarquer que le revirement sur ce point ne viendra pas du juge administratif, mais du législateur *: l'art .7 al. 1er de la loi n°75/17 du 08 décembre 1975* va consacrer un retour aux délais francs : *« Sous peine de forclusion, les recours contre les décisions administratives doivent être introduits dans les délais de soixante jours à compter de la décision de rejet de recours gracieux préalable visé à l'article 12 de l'Ordonnance 72/06 du 26 aout 1972. »* **Les Arrêts NGONGANG Richard[197], NYEMECK NYEMECK[198] et ESSOMBA NTONGA Gabriel[199]**sont les premières décisions où le juge fait application de cette disposition légale. Depuis lors, les délais de recours sont des *délais francs. Le point de départ* des délais est la notification de la décision attaquée dans le cas d'un acte individuel et la publication dans celui des actes réglementaires. Le juge considère aussi qu'un RGP qui ne porte pas la date et le numéro d'enregistrement au bureau de l'autorité habilitée à le recevoir n'est pas pris en compte –cela équivaut à une absence de recours. Le juge administratif applique depuis toujours *la théorie de la connaissance acquise,* qui peut-être définie comme la conception selon laquelle, en l'absence d'une publicité régulière, le délai est considéré comme commençant à courir s'il s'avère d'une manière quelconque que l'intéressé avait connaissance de l'acte. Le juge administratif français dans bien des cas considère que *« (...) le fait que l'acte a été porté à la connaissance de l'intéressé par une démarche de l'administration sert, lorsqu'il n'est pas douteux, de point de départ au délai. »* Elle constitue ainsi une exception à la publicité formelle des actes administratifs. Cette théorie peut être dangereuse en ce sens que la publicité *(notification formelle)* constitue dans bien des régimes administratifs, une garantie de l'administré, elle ne vise pas simplement à l'informer de l'existence d'un acte, mais détermine également le point de départ de l'opposabilité de celui-ci *(notification).* En écartant beaucoup de RGP pour cause de forclusion, par l'effet de l'application de *la théorie de la connaissance acquise,* le juge vide de sa substance la garantie de notification, c'est ce que relève le Doyen Maurice HAURIOU[200] à propos justement de cette théorie. Il

[197]Jugement n°19/CS-CA du 27 avril 1978, NGONGANG Richard c/ État du Cameroun.

[198]Jugement n° 27/77-78 du 15 juillet 1978, NYEMECK NYEMECK Emmanuel c/Etat.

[199]Jugement n°24/CS-CA du 13 Juillet 1978 ; ESSOMBA NTONGA Gabriel.

[200] HAURIOU (M), Note sous CE, 30 mai 1913, *Préfet de l'Eure,* S.1915.3.9.

souligne qu'elle est dangereuse : *« (…) en ce qu'elle ne permet plus de distinguer si l'intéressé a eu connaissance du texte de la décision ou simplement de son existence (…) en ce qu'elle remplace par des présomptions la certitude de la notification (…) le danger de l'absence des formalités solennelles est que l'on tombe dans les questions de fait. »*La *loi n°75-17 du 8 décembre 1975* n'a pas expressément fait mention de la *«connaissance acquise »*, il s'agit donc d'une création jurisprudentielle importée du juge administratif français **–Jugement n° 71/05-06 du 05 avril 2006, Veuves AMBASSA née MENGUE Henriette et ZANGA MEWOLI c/ Etat du Cameroun** : *« (…) Attendu qu'aux termes de l'article 12 de l'ordonnance n°72/6 du 26 août 1972 fixant l'organisation judiciaire (…) le recours doit à peine de forclusion être formé dans les deux mois de la publication ou de la notification de la décision attaquée ;*
Attendu qu'il résulte de ce dernier alinéa qu'en dehors de la publication et de la notification, le délai sus indiqué court à partir de la date à laquelle le recourant a pris connaissance de l'acte litigieux. » Il s'agit clairement d'un ajout au texte de la loi, le point (a) ne parle que de publication et notification, pourtant le juge déduit qu'on devrait y ajouter l'hypothèse de *la connaissance acquise.* Ce premier point nous permet en tout cas d'illustrer la constance de la jurisprudence camerounaise sur les délais de recours. Cette stabilité apparaît plus clairement en ce qui concerne la durée des délais.

La durée des délais nous semble également irréprochable du point de vue de la sécurité juridique. La jurisprudence distingue comme dans le texte de la loi le délai qui court entre la publicité ou la connaissance de la décision et l'introduction du RGP et le délai que le requérant doit observer après l'introduction du RGP, qui lui varie en fonction de l'objet de la demande et de l'attitude observée par l'Administration. S'agissant du premier délai, il est de deux mois (2) en cas de rejet explicite du RGP *–Art. 7 al.1 de la loi de 75-17 :«Les recours contre les décisions administratives doivent être introduits dans un délai de 60 jours à compter de la décision de rejet du recours gracieux préalable, sous peine de forclusion.»*Il est de trois mois (3) en cas de rejet implicite du RGP, c'est-à-dire dans l'hypothèse où l'Administration observe le silence et ne donne pas suite au recours – **Jugement n°65/04-05/ CS-CA du 23 mars 2005, MINDANG Michel c/ État du Cameroun (MFPCE)** : *« Attendu qu'aux termes de l'article 12 de l'ordonnance n°72/6 du 26 août 1972, le silence gardé par l'Administration pendant un délai de trois mois sur une demande ou une réclamation qui lui est adressée constitue un rejet du recours gracieux. L'autorité administrative dispose cependant, en cas de demande d'indemnisation après s'être le cas échéant prononcé sur le principe de l'indemnisation, d'un délai supplémentaire de 3 mois pour en proposer le montant. »* Voyons à cet effet **–Arrêt n° 137/CFJ/CAY du**

26 janvier 1971 Alain BELOBO c/ Etat du Cameroun et Jugement n° 8 CS /CA du 29/ 11/1979 MBOUENDEU Jean de Dieu c/ Etat du Cameroun. *En cas de pluralité de recours gracieux, seul le premier est pris en compte.* La jurisprudence est tout aussi prévisible sur *les cas de prorogation des délais.* Les délais sont prorogés en cas *d'assistance judiciaire,* également dans l'hypothèse où *le requérant aurait saisi une juridiction incompétente*[201] *(en revanche il n'ya pas prorogation des délais dans l'hypothèse où le requérant aurait saisi une autorité incompétente –affaire* ***n°154/ CFJ/CAY du 23 mars 1971 IBAA Ruben*** *c/ Etat fédéral du Cameroun. On ne comprend d'ailleurs pas pourquoi le juge admettrait une prorogation des délais en cas de méprise sur la juridiction compétente et se montrerait moins souple dans le cas d'une autorité saisie à tort).* Ces cas de prorogation n'ont pas appelé de grands commentaires en doctrine, ils sont pourtant à mettre au crédit du juge administratif.

La computation des délais semble également fixée de manière claire et stable. Le juge administratif camerounais a depuis longtemps affirmé que les mois se comptent de *quantième à quantième.* Dans l'espèce susmentionnée, rendue en 1957, il affirme clairement *: « (…) il a été jugé, en outre, que les mois se comptent de quantième à quantième. »* Cette position ne changera pas par la suite par rapport à la position du Conseil d'Etat français à laquelle il fait référence dans cette espèce. Une abondante jurisprudence permet d'appuyer notre propos sur ce point. La date à prendre en compte en cas d'envoi du recours par la poste est la date de la réception du courrier –la thèse réceptrice *: « Un pli remis à la poste ne devient la propriété du destinataire qu'à la réception*[202]*. »*

En second lieu, la stabilité de la jurisprudence sur les autorités habilitées à le RGP. L'art. 12 de l'Ordonnance de 1972 qui vient d'être remplacé par *l'art. 17 de la loi de 2006* parle du *« Ministre compétent et de l'autorité statutairement habilité à représentée l'Etablissement public où la Commun 'Collectivité territoriale décentralisée –nouvelle dénomination de ce qu'on appelait Collectivité publique décentralisée. »* Sauf les exceptions que nous examinerons plus loin, la jurisprudence semble également fixée sur ces points. Le juge est constant à dire que le RGP adressé à une autorité administrative incompétente est irrecevable. Voyons par exemple –**CA/CS, Jugement n° 48/02-03 du 27 mars 2003 –affaire DJOU ESSOMBA Charles contre État du Cameroun *(MINUH)*,** où il souligne clairement *: « (…) en revenant précisément sur la*

---

201 OWONA (J), *contentieux administratif de la République du Cameroun,* op.cit. p.88. *Voy* aussi BIYOUM (J), *Cours de droit administratif,* Université de Yaoundé II, *inédit,* p. 158-161.

202 Arrêt n°1/A/CS-AP du 8 novembre 1973, YOUMBI André c/ État du Cameroun.

recevabilité du recours et en tenant strictement compte des dispositions rigoureuses de l'article 12 de l'ordonnance n° 72/6 (...), il y a lieu de constater que (...) le recours gracieux mal orienté constitue, dans le respect de l'article 12 précité, un défaut de recours gracieux qui motive l'irrecevabilité du recours contentieux (...) ; Djou Essomba doit, en conséquence, être déclaré irrecevable pour défaut de recours gracieux préalable ou pour recours gracieux mal orienté (...) » Le juge s'est également clairement exprimé sur les différentes autorités visées à *l'art. 12* de l'Ordonnance :

- S'agissant du *Ministre compétent,* le texte de la loi nous semble assez limpide, de même que la jurisprudence y relative *(sauf les cas que nous analyserons plus loin).* Pour rappel, *l'art. 12 de l'Ordonnance 72/06 fixant l'organisation de la Cour Suprême en matière administrative dispose : « Le recours devant la Cour Suprême n'est recevable qu'après rejet d'un recours gracieux préalable adressé au ministre compétent (...) »* Pour lever toute équivoque, *le Décret n°73-51 du 10 février 1973 relatif a la représentation de l'Etat en justice* précise que par l'expression *« Ministre compètent »,* il faut entendre *« les chefs des départements ministériels directement intéressés »* par un litige. Ces dispositions et la jurisprudence nous paraissent assez claires, du moins dans l'hypothèse où c'est un Ministère qui est en cause. L'analyse n'a en réalité qu'un intérêt historique et heuristique car *l'art 17* de la reforme comme on l'a dit apporte une nouveauté.

- S'agissant de *l'autorité statutairement habilitée à représenter l'Etablissement public en cause.* Reprenons les dispositions de *l'art. 12 de l'Ordonnance 72/06* : *« Le recours devant la Cour Suprême n'est recevable qu'après rejet d'un recours gracieux préalable adressé (...) à l'autorité statutairement habilitée à représenter l'établissement public en cause. »* La nomenclature des Etablissements du Secteur public a changé au Cameroun *(notre analyse concerne donc la jurisprudence d'avant la loi de 1999 sur les Entreprises publiques et avant celle de 2006 sur le contentieux administratif qui rendent finalement sans objet la difficile question de l'autorité compétente pour recevoir le RGP dans cette hypothèse).* On se refera à l'article de monsieur LIBOUYE YEM, intitulé *« Le problème de la détermination de l'autorité habilitée à recevoir le recours gracieux préalable lorsque les collectivités et établissements publics sont en cause. »*[203] Excepté *l'Arrêt GUIFFO Philippe*[204] où le juge s'est éloigné de sa ligne jurisprudentielle, disons que

---

203 *Lex Lata*, n° 14, mai 1995.

204 Arrêt n°16/A / CS-AP du 13 juin 1985, GUIFFO Jean-Philippe c/ État du Cameroun, Arrêt infirmatif du Jugement n°40/CS-CA/80-81 du 30 avril 1981, GUIFFO Jean -Philippe c/ État du Cameroun rendu par la Chambre Administrative. *Voy.* KAMTO (M), *Droit administratif processuel de la République du Cameroun, op.cit.*, p.149.

ses décisions sont claires sur *l'autorité habilitée à recevoir le* RGP pour le compte de *l'Etablissement public (le juge avait cédé dans l'affaire GUIFFO à l'argumentaire du professeur de droit en admettant que le Ministre de l'éducation nationale était statutairement habilité à recevoir le* RGP *dans une affaire mettant en cause l'Université de Yaoundé –Etablissement public administratif, alors que l'autorité statutairement habilitée à représenter l'Université en l'espèce était le Chancelier).* Dans l'affaire –objet du **Jugement *n°106/02-03 /CS-CA, SOBGUI Gabriel Alexis c/ État du Cameroun (Ministère de l'Enseignement supérieur, de l'Informatique et de la Recherche scientifique (MESIRES) et Université de Yaoundé)*,** le juge corrige l'incertitude laissée par l'affaire GUIFFO. Il faut toutefois voir si en *appel,* la Chambre Administrative *(désormais juge administratif d'appel)* confirmera la solution *: « Attendu cependant que depuis le décret n°73/477du 27 août 1973, l'Université de Yaoundé est placée sous l'autorité d'un Chancelier qui, aux termes de l'article 23 dudit décret est sans nul doute l'autorité habilitée à recevoir le recours gracieux lorsque l'Université est mise en cause, encore qu'il est constant qu'elle est devenue un établissement public doté de la personnalité juridique autonome. »*

- S'agissant des *Collectivités territoriales décentralisées,* la loi parle de la Commune. Sous le coup de l'ancienne loi, la jurisprudence a été fixée : le juge a très clairement décidé dans un premier temps que pour les Communes urbaines, rurales et les Communautés urbaines, c'est l'autorité statutairement habilitée à représenter la Collectivité en justice qui devait recevoir le recours *(respectivement le Maire, l'Administrateur municipal et le Délégué du gouvernement).* On est sous l'empire de la *loi n° 74-23 du 05 décembre 1974 portant organisation communale (art. 62 al.11*[205]*).* On aurait pu penser que *l'art. 12 de l'Ordonnance 72 /06* s'appliquât aussi aux *Communautés urbaines,* à partir du moment où *le Décret n°77/91 du 25 mars 1977 déterminant les pouvoirs de tutelle sur les Communes, Syndicats de communes et Etablissements communaux,* modifié par *le Décret n°90/1464 du 09 novembre 1990* prévoit en son *art. 31 que : « Les actes du Délégué du Gouvernement, du Maire ou de l'Administrateur municipal peuvent faire l'objet d'un recours gracieux auprès de leur auteur. En cas d'insuccès ou si le magistrat municipal garde silence pendant un mois, ils sont soumis à l'appréciation du Préfet qui dispose de deux mois pour y donner avis. Le silence gardé par le Préfet vaut décision implicite de rejet. En cas de recours contentieux, les délais cours à partir de la notification du rejet explicite*

---

205 La législation sur les Collectivités territoriales a changé la nomenclature des Communes, ceci est toutefois sans incidence sur notre problématique.

ou à partir du rejet implicite. » Que non ! Le législateur de 1987 *(art. 56)* de la *loi n°015 du 15 juillet 1987*, intervint pour opérer un revirement. Cet article dispose que dans le cas des *Communautés,* le recours contentieux doit être précédé d'un RGP adressé à *l'autorité auteure de la décision*, le cas échéant à *l'autorité de tutelle,* en la personne du Préfet, autrement, la requête est déclarée irrecevable. *L'art. 12 de l'Ordonnance* devenait alors le texte général auquel dérogeait *l'art. 56 de la loi n°87/15 du 15 juillet 1987 portant création des Communautés*, formulé comme suit : *« Aucune action contre la Communauté Urbaine n'est recevable si le demandeur n'a pas préalablement adressé à l'autorité de tutelle une requête exposant l'objet et les motifs de sa réclamation et les délais prévus par la législation en matière de contentieux administratif. »* Par un **Jugement n° 66/2008/ CA/CS, affaire Entreprise de Travaux d'Hydraulique et de Génie Civil c/ Communauté Urbaine de Yaoundé** ***(CUY)***, *la Chambre administrative* fait application de cette disposition, elle rejette une requête contentieuse, au motif qu'un second RGP n'a pas été adressé au Préfet après insuccès de celui destiné au Délégué du Gouvernement *: « Qu'en l'espèce , il ressort des pièces du dossier de procédure que le recours gracieux en date du 15 juin 1990 sollicitant la condamnation de la Communauté Urbaine de Yaoundé au paiement de la somme de 5.300.000 francs CFA à titre de préjudice subi du fait de la démolition irrégulière des bureaux sur lequel s'appuie le présent recours contentieux était adressé uniquement au Délégué du Gouvernement ;*

Qu'il s'ensuit que ledit recours gracieux est irrecevable tout comme le recours contentieux subséquent. » Voyons aussi **–Jugement n°90/2008/CS-CA du 13 août 2008, KWANYA NGANGWA André Richard c/ État du Cameroun** ***(Communauté Urbaine de Douala)*** *: « Attendu en l'espèce que si le requérant a adressé un recours gracieux au Délégué du Gouvernement de la Communauté Urbaine de Douala conformément à la loi, aucune requête n'a été adressée à l'autorité de tutelle de ladite Communauté Urbaine, en l'occurrence le préfet. » Le Code fiscal* contient des règles particulières en matière d'*autorités habilitées à recevoir le* RGP et en matière de *délais.* Selon*l'art. 418 du Code Général des Impôts de 2008 : « Avant d'introduire une instance contre l'Administration tout redevable doit au préalable adresser une requête au Ministre dont relève la Direction des Impôts aux fins de savoir quelle suite peut être donnée à sa déclaration. À défaut de répondre dans les quatre mois qui suivent ou en cas de réponse défavorable, le redevable pourra assigner valablement l'État en justice. » L'art.* L *119* dispose que *« la réclamation présentée au Ministre (...) tient lieu de recours gracieux préalable (…) »* La demande doit remplir certaines conditions, elle doit : *« être signée du réclamant (…) timbrée (…) présentée dans un délai de deux mois à compter de la date de notification de la décision du Directeur Général des Impôts (…) mentionner la nature de l'impôt, l'exercice d'émission, le* *numéro de l'article de l'avis de mise en recouvrement et le lieu d'imposition (...) contenir l'exposé sommaire des moyens et les conclusions de la partie (...) être appuyée de justificatifs de paiement de la partie non contestée de l'impôt et de 10 % supplémentaires de la partie contestée. »* La requête n'est pas directement adressée au Ministre, elle doit suivre un cheminement, et c'est en définitive la requête adressée au Ministre qui est considérée comme le RGP. *Voyons l'art. L 117 du CGI : « Lorsque la décision du Chef de Centre Principal des Impôts ou le responsable de la structure chargée de la gestion des « grandes entreprises » ne donne pas entièrement satisfaction au demandeur, celui-ci doit adresser sa réclamation au Directeur Général des Impôts dans un délai de trente (30) jours, lequel dispose d'un délai de soixante 60) jours pour répondre. Le Directeur Général des Impôts peut, lorsque le requérant en a formulé expressément la demande, consulter au préalable la Commission Centrale des impôts sur la réclamation contentieuse dont il est saisi. La Commission ainsi consultée émet un avis motivé sur le dossier qui lui est transmis dans un délai de 30 jours à compter de la date de sa saisine. Ledit avis est notifié au requérant par le Directeur Général des impôts en marge de sa décision. Toutefois, en cas de non-respect par la Commission du délai ci-dessus imparti, le Directeur Général des impôts notifie sa décision au requérant. Mention y est faite de l'absence d'avis de la Commission. La saisine de la Commission Centrale des impôts est suspensive des délais de recours ultérieurs. Lorsque les arguments du contribuable sont reconnus, le dégrèvement est prononcé par le Directeur Général des impôts dans la limite de cent millions (100. 000. 000 F CFA) de francs. »* Le juge administratif veille à ces règles –**Jugement n°128/02-03/ CS-CA du 24 septembre 2003, Mme N'DENGUE Thomas c/ État du Cameroun (MINFIB)** : *« Lorsque la décision du Directeur des impôts ne donne pas entièrement satisfaction au réclamant, celui-ci doit adresser sa réclamation au Ministre des finances. La réclamation ainsi présentée doit pour être recevable remplir les conditions suivantes ;...être présentée dans un délai d'un mois à partir de la notification de la décision du Directeur des impôts, ou dans les soixante jours de la date de mise au recouvrement du rôle ou de la connaissance certaine de l'imposition. »* La jurisprudence sur *l'autorité habilitée à recevoir le RGP* nous semble globalement claire *(sous réserve de quelques zones d'ombres).*

En troisième lieu, illustrons la clarté de *la règle de l'intangibilité de la demande,* que l'on peut dénommer dans le contexte camerounais –la *règle du respect d'une identité parfaite entre l'objet du RGP et l'objet du recours contentieux.* Certaines décisions relatives à cette condition semblent choquantes, il faut tout de suite constater qu'elles concernent le domaine de *la responsabilité administrative* où le juge est plus sévère, dans le souci visiblement de ménager la fortune publique. Bien que rigoureuse, la condition de *l'immutabilité de la demande* fait l'objet d'une application constance en jurisprudence, il en ressort en effet que le juge administratif exige une *identité parfaite* entre l'objet du RGP et l'objet du recours contentieux, ceci lui permet de considérer que cette exigence est violée dans au moins trois hypothèses :

La première hypothèse est évidente, elle recouvre les situations ou *l'objet du RGP est totalement différent de l'objet de la requête purement contentieuse,* le cas le plus courant est celui où le requérant demande *l'annulation* d'une décision dans le RGP et les *dommages et intérêts* dans le recours contentieux et vice-versa. Le juge déclare la requête irrecevable pour absence d'identité entre les objets de recours ou tout simplement pour absence de RGP. Plusieurs décisions sont illustratives à ce propos **–Jugement n°22/CS/CA/77-78 du 27 avril 1978, NDJANA Pascal Bether** : *« Le requérant fonctionnaire de son état, avait sollicité du ministre des finances, la rectification d'un arrêté pris par ce dernier pour le remboursement de ses frais médicaux. Devant le refus de ce dernier, il intente devant la chambre administrative un recours de pleine juridiction dans lequel il sollicite non seulement le versement par l'Etat d'une somme de 1.578.650 f au titre de remboursement intégral de ses frais médicaux, mais également une indemnité du fait du préjudice que lui cause le retard de l'administration. Il est débouté pour défaut de recours gracieux dès lors que l'objet du recours contentieux est autre que celui formulé dans la requête adressé à l'autorité administrative compétente. »* Le juge administratif a rappelé avec force cette règle fondamentale, il va insister aussi sur l'exigence d'une *identité parfaite* de l'objet du RGP et celui du recours contentieux **–Jugement n° 129/03-04 du 25 aout 2004, DIAB FC de BANDJA ET PANTHERE FC DE BAGANGTE c/ Fédération Camerounaise de Football (FECAFOOT)** : *« ATTENDU qu'aux termes de l'article 12 de l'ordonnance n°72 /6 du 26 aout 1972 fixant l'organisation de la Cour Suprême, le recours devant la Chambre administrative n'est recevable qu'après rejet d'un recours gracieux adressé au Ministre compétent ou à l'autorité statutairement habilité à représenter la collectivité publique ou l'établissement public en cause ;*
Qu'il ressort du texte de loi suscité qu'il dit exister une identité parfaite entre les demandes contenues dans le recours gracieux préalable et le recours contentieux, à peine d'irrecevabilité du recours contentieux pour défaut de recours préalable. » On peut également rentrer dans cette hypothèse, le cas où le requérant dans le RGP demande *le rétablissement de sa situation en droit* et des *dommages et intérêts* dans le recours contentieux. Dans le même sens, **Jugement n°86/03-04 du 26 mai 2004, affaire MOAMIDI Lucien Hector c/ Etat du Cameroun (MINFIB)** *: « ATTENDU que de l'examen des pièces du dossier, il appert que le 7 décembre 1992, MOAMIDI Lucien Hector adressait au Ministre des Finances un recours gracieux en la cause, enregistré dans les services*

de cette haute autorité le 17 décembre 1992 sous le numéro n°2133 ; Aux termes du dit recours, l'intéressé sollicitait sa reprise en solde ainsi que le paiement de ses arriérés de solde bloqués à la porte 220 depuis le 26 novembre 1992 ;
ATTENDU que le recours contentieux subséquent en dommages-intérêts introduit par le recourant devant le juge administratif par requête du 07 mai 1993 n'ayant pas le même objet que celui porté devant le Ministre des Finances encourt dès lors l'irrecevabilité notamment pour le défaut de recours gracieux ;
ATTENDU que le recours contentieux subséquent en dommages –intérêts introduit par le recourant devant le juge administratif par requête du 07 mai 1993 n'ayant pas le même objet que celui porté devant le Ministre des Finances encourt dès lors l'irrecevabilité notamment pour le défaut de recours gracieux ». Voyons aussi, le **Jugement n°09 :2003-2004 du 29 octobre 2004, affaire GERALDA Louis c/ Etat du Cameroun (MINFI)** : *« Qu'enfin il y'a lieu de relever l'absence d'identité entre le recours gracieux et le recours contentieux.*
Attendu que dans son recours gracieux, sieur Geralda Louis sollicite le paiement des salaires qu'il aurait dû percevoir pendant sa détention injustifiée ;
Que par contre dans son recours contentieux, outre ce chef de demande, il sollicite la condamnation de l'Etat au paiement de la somme de 10.000.000 de francs à titre de dommages et intérêts ;
Attendu que cette absence d'identité entre le recours gracieux et le recours contentieux entraine également, d'après la jurisprudence constante de la Chambre administrative de la Cour Suprême l'irrecevabilité du recours sur ce chef. » Cette décision semble particulièrement sévère, reconnaissons toutefois que *le paiement des salaires dus* et *les dommages et intérêts* sont deux choses différentes.

La seconde hypothèse apparait lorsque l'indemnisation est chiffrée dans l'une des deux demandes et évasive dans l'autre. Plusieurs exemples en ce sens **–Arrêt n° 3/CFG/AP du 08 octobre 1970, ONANA Jean Pierre** : *« Attendu, en l'espèce (…) que de l'examen de la requête du 14 octobre 1965, classé au dossier il constituait le recours gracieux préalable introduit par Onana, il ne résulte pas qu'il ait soumis à l'autorité habilité à statuer sur le recours gracieux, la question de la régulation sur sa signature administrative, et encore moins celle du paiement par l'Etat d'un rappel de solde de 531.163 f …d'où il suit que le moyen proposé n'est pas fondé. »* Voyons aussi le **Jugement n° 14/CS/CA/77-78 du 27 avril 1978, ESSOMBA Protais**. Voyons aussi le **Jugement n°29/2008/CS-CA du 02 avril 2008, ZONG OKOMO c/ État du Cameroun (SESI),** le juge souligne: *« Les demandes de reconstitution de carrière et de paiement en dommages-intérêts sont irrecevables comme n'ayant pas figuré sur le recours gracieux préalable. »* Lorsqu'une nouvelle prétention s'ajoute au niveau du recours contentieux à la prétention qui avait déjà été formulée dans le RGP[206] **–Jugement n°23/2011 du 12 janvier 2011, KINGUE BWANGA François c/ Etat du Cameroun *(PORT AUTONOME DE DOUALA)*** : *« Qu'il en est de même de sa demande additive [rejet] de rétrocession du terrain en cause, laquelle n'a, au demeurant, pas fait l'objet d'un recours gracieux préalable. »* Pour le professeur JACQUOT, *« La règle du recours gracieux préalable serait effectivement tournée si le requérant pouvait présenter au contentieux des demandes nouvelles, différentes de celles sur lesquelles l'administration s'est prononcé. »* La règle concerne aussi bien le contentieux de l'annulation que le contentieux de la réparation– CS/CA, **Jugement n° 45/2004-2005 du 02 février 2005 Société NKUITE c/ Etat du Cameroun (MINEFI)** : *« Or attendu non seulement que les requérants n'ont pas établi la cessation de leurs activités en 1988 pour prétendre à l'exonération d'impôts correspondants à la période de ladite cessation, mais le défaut d'identité d'objet du recours gracieux et du recours contentieux et l'absence de preuve des paiements affirmés par les intéressés ne permettent pas à cette juridiction de déterminer les impôts dus ou non ; Qu'il échet dès lors de déclarer le présent recours irrecevable pour défaut de recours gracieux préalable et de condamner les recourants aux dépens (…) »* **CS/CA Jugement n°47/2004-2005 du 02 février 2005 MBACK Jean Pierre c / L'ETAT du Cameroun** (Présidence de la République) : *« Attendu que l'objet du recours gracieux étant différent de celui du recours contentieux, ce dernier doit être déclaré irrecevable pour défaut d'identité d'objets (…) Article 1er Le recours de MBACK Jean Pierre Antoine est irrecevable à la fois pour défaut de recours gracieux préalable et pour forclusion. »* Bien que la jurisprudence semble fixée et prévisible sur ces points importants, il faut noter qu'il y'a des zones de turbulence, la confusion est imputable au législateur et non au juge administratif.

- *Exceptions à la stabilité de la jurisprudence sur le RGP –les zones obscures.* Dans la jurisprudence administrative camerounaise, on note deux cas qui semblent obscurs. Rien d'étonnant, dans la mesure où le texte de la loi ne parle que du *« Ministre compètent »* et de *« l'autorité statutairement habilitée à représenter l'Etablissement public ou la Commune en cause »*. Il appartenait dès lors au juge administratif de combler les lacunes, à propos des actes d'autres autorités administratives non expressément mentionnées par le texte de la loi. Sa jurisprudence est emprunte dans ce domaine de confusions, on le verra tout *d'abord* pour le cas des autorités présentant

---

206 Jugement n°40 du 25 mai 1989, ZENGUE NGOULOU Dagobert c/ Etat du Cameroun ; Jugement n°22/CS/CA/77-78 du 27 avril 1978, NDJANA Pascal Bether.

une doublure fonctionnelle, *ensuite* celui des Délégations rattachées à la Présidence de la République, *enfin* le cas des procédures accessoires.

Cas des autorités présentant une doublure fonctionnelle. Les zones de turbulence concernent les autorités présentant une doublure fonctionnelle. Il est important de relever que la confusion dans ces hypothèses résulte du législateur et non pas du juge. On est en présence de deux hypothèses essentiellement : *en premier lieu,* le cas où la décision met en cause deux Départements ministériels. En matière de sanctions disciplinaires par exemple, *le Décret n°74/138 du 18 février 1974* fait intervenir plusieurs autorités. *L'art. 1er al. 2* parle du Président de la République auquel appartient en vertu de *l'art. 9 de la Constitution* le pouvoir disciplinaire. Par ailleurs *l'art. 142 al.1* donne compétence au Ministre de la Fonction publique d'infliger après consultation du Conseil de Discipline, des sanctions autres que *les blâmes et les avertissements*, qui elles ne peuvent être prononcées que par le chef de Département ministériel duquel relève le fonctionnaire en cause. La question dès lors était de savoir laquelle de ces deux autorités fût compétente pour recevoir le RGP. On peut citer dans ce sens **–CS/CA, Jugement n°24 du 13 juillet 1978 ESSOMBA TONGA Gabriel** : le requérant, candidat malheureux au concours d'Inspecteur de la jeunesse et des sports saisit le Ministre de la Jeunesse et des Sports d'un RGP en vue de l'annulation des résultats dudit concours. Déçu par la réponse du Ministre, il saisit la Chambre administrative de la Cour Suprême. Malheureusement, celle-ci déclare la requête irrecevable au motif qu'il devait adresser son RGP au Ministre de la Fonction publique puisque l'organisation du concours lui revenait, non pas au Ministre de la Jeunesse et des Sports. *En deuxième lieu,* les chefs des Unités administratives décentralisées. La jurisprudence y relative concerne surtout le Préfet[207] et le Gouverneur. S'agissant du Gouverneur de Province, le juge estime : *« Qu'au regard des dispositions législatives visées ci-dessus [article 12 de l'Ordonnance du 26 aout 1972] bien que le bulletin de note émane du Gouverneur, celui-ci n'a pas qualité pour représenter l'Etat devant la chambre administrative bien que l'article 3 paragraphe 2 du décret du 9 novembre 1978 fixant les attributions des chefs des circonscriptions administratives prévoit que le gouverneur représente l'Etat en justice. Qu'en effet, une chose est de représenter l'Etat en justice, une autre est d'avoir compétence pour recevoir le recours gracieux. »* La question est évidemment assez complexe, car les chefs des Unités administratives représentent plusieurs autorités ministérielles dans leurs

---

[207] Une jurisprudence sur la doublure fonctionnelle du Préfet qui a à sa tête, le MINUH et le MINAT.

ressorts territoriaux respectifs, ils peuvent dès lors être appelés à prendre contre les fonctionnaires où les particuliers, des actes mettant en jeu l'une ou l'autre de ces autorités. Il n'était dès lors pas facile de dire pour tel acte de l'autorité administrative, quelle devait être l'autorité ministérielle habilitée à recevoir le RGP. Ces zones d'ombre ci-dessus examinées proviennent des interstices de *l'art. 12 de l'Ordonnance*, il revenait au juge de déterminer par un recoupement parfois laborieux des textes, quelle devait être l'autorité habilitée à recevoir le RGP dans ces hypothèses. L'éparpillement des textes ne lui a pas rendu la tache facile. Dans un tel contexte, on peut une fois encore saluer le législateur camerounais qui –une fois n'est pas coutume, a adopté une disposition qui vient résoudre un problème crucial en jurisprudence. En disposant que le RGP doit être adressé à l'autorité auteure de la décision, il élimine tout risque de se tromper. Il pouvait utilement profiter pour codifier les autres aspects du régime juridique, dégagés par la jurisprudence afin de les rendre lisibles pour tous les justiciables. *En troisième lieu,* dans le domaine fiscal et des cotisations sociales, il faut se référer respectivement au Code général des impôts et à des lois particulières.

Cas des délégations générales. Par *Décret N°098 / 273 du 22 Octobre 1998,* le PR a réorganisé la Présidence de la République. Celle-ci comprend entre autres services, des Administrations rattachés au Secrétariat Général de la Présidence de la République : la Grande Chancellerie des Ordres Nationaux, les Services du Contrôle Supérieur de l'Etat, le Ministère des Marchés Publics, la Délégation Générale à la Sûreté Nationale –en ce qui concerne son administration, la Direction Générale à la Recherche Extérieure –en ce qui concerne son administration, le Programme de Formation Bilingue, le Conseil National de Sécurité, la Commission Nationale Anti Corruption, la Commission Nationale des Frontières, le Comité de Suivi des Grands Projets. L'organisation de chacune de ces Administrations rattachées fait l'objet d'un texte. La question de l'autorité habilitée à recevoir le RGP s'est posée particulièrement en ce qui concerne la Délégation Générale à la Sûreté Nationale (DGSN). Fallait-il adresser un tel recours au Délégué à la Sûreté, au Secrétaire General de la Présidence de la République ou au Président de la République en personne ? La solution du juge administratif sur ce point n'a pas été linéaire. Selon certains commentateurs, le problème a été résolu dans l'espèce **ESSIMI Fabien c/ Etat du Cameroun – Jugement n°01/79-80/CS-CA du 29 novembre 1979**[208], dans lequel le

[208] Recueil Penant n°779, Janvier 1983, p. 69 et s.

premier juge avait considéré valable, le recours adressé au Président de la République par un fonctionnaire de police révoqué. Relevant appel de cette décision, l'Assemblée Plénière de la Cour Suprême déboute l'Etat et fait droit au Sieur ESSIMI Fabien. Des affaires récentes révèlent que la confusion continue de régner en cette matière. C'est justement à ce niveau que la clarification opérée par le législateur semble salutaire.

Cas des procédures accessoires. En ce domaine, l'exigence ou non du RGP ne transparait pas toujours nettement dans la jurisprudence administrative. Les anciens textes de base –*Ordonnance 72/06 et loi 75/17* ne prévoient pas explicitement l'exigence d'un RGP, le problème était de savoir s'il fallait donner aux dispositions de *l'art. 12 de l'Ordonnance 72/06* qui institue la formalité, une interprétation telle qu'elles s'appliqueraient également à ces procédures particulières ou alors tenir compte de l'urgence à statuer qui imposerait de les dispenser du RGP. En matière de *sursis,* le juge camerounais a consacré dans un premier temps la règle selon laquelle le requérant devait justifier d'un RGP –formalité obligatoire. Dans un second temps, il va se rendre compte de l'incohérence de cette solution et attribuer au fil de ses décisions au RGP un caractère facultatif en matière de *sursis.* Les lois de 2006 sur ce point rendent les choses assez souples. En matière de *référé administratif,* le juge emprunte curieusement le chemin inverse ; après avoir affirmé que le RGP n'était pas une formalité obligatoire, il opérera un revirement plus tard. Retenons tout simplement que le domaine des *procédures accessoires* est une inflexion au principe de la stabilité de la jurisprudence sur la règle du RGP. Il faut maintenant voir l'innovation portée par la loi 2006 en cette matière.

C) L'innovation de la loi de 2006

Le législateur de 2006 *(art. 17 alinéa 1 de la loi n°2006/022 du 29 décembre 2006 fixant l'organisation et le fonctionnement des Tribunaux administratifs)* a déconstruit toute la jurisprudence antérieure en matière *d'autorités habilitées à recevoir* le RGP, pour apporter lumière et simplicité *: « Le recours devant le tribunal administratif n'est recevable qu'après rejet d'un recours gracieux adressé à l'autorité auteur de l'acte attaqué. »* Cette disposition mérite d'être hautement saluée, elle apporte de la lumière sur une zone qui était considérée comme le véritable mouroir des requêtes, le trou noir de la procédure administrative contentieuse. Que faut-il entendre par *autorité auteure de la* *décision ?* Une récente jurisprudence datant de 2009 nous dit plus à propos –**Arrêt n°01/P/2009/CA/CS du 09 septembre 2009, BABA AHMADOU c/ Etat du Cameroun (DGSN)** : *« Attendu en l'espèce qu'il ressort des mentions du Message Radio Porté reprises dans l'ordonnance querellée qu'il a été signé par le Directeur de la Police Judiciaire agissant comme Officier de Police Judiciaire et non comme représentant du Délégué Général à la Sûreté Nationale (…) »* On peut déplorer le fait que plus de 6 ans après l'adoption de ces textes, la lecture des récentes décisions *(2008-2009-2010)* laisse apparaître que c'est *l'art. 12 de l'Ordonnance* au lieu de *l'art. 17* qui continue d'être visé par le juge administratif comme si la reforme n'était pas encore en vigueur.

Paragraphe 2. Absence d'une protection contentieuse de l'Administration

Dans ce domaine, le cadre juridique est constitué des *lois n°2006/015 du 29 décembre 2006 portant organisation judiciaire, n°2006/016 du 29 décembre 2006 fixant l'organisation et le fonctionnement de la Cour Suprême et loi n° 2006/022 du 29 décembre 2006 fixant l'organisation et le fonctionnement des Tribunaux Administratifs qui remplacent les Ordonnances 72/04 du 26 août 1972 portant organisation judiciaire, Ordonnance n°72/06 du 26 août 1972 fixant l'organisation de la Cour Suprême et les lois n°76/28 du 14 décembre 1976 modifiant et complétant certaines dispositions de l'Ordonnance n°72/06 du 26 août 1972 fixant l'organisation de la Cour Suprême, n°75/06 du 08 décembre 1975 fixant la procédure et le fonctionnement de la Cour Suprême.* Il n'est pas question d'exposer toute les règles de procédure administrative contentieuse, en rappelant une fois encore que le but de ces pages est plus dialectique qu'une mise en lumière du droit en vigueur, le lecteur pourra pour une connaissance de la procédure, consulter les différents ouvrages sur le contentieux administratif au Cameroun publiés récemment aux éditions l'Harmattan (Yaoundé) entre 2010 et 2012 précisément. Notre analyse se limitera donc aux points les plus saillants de la procédure, précisément ceux qui sont brandis comme illustration de la protection contentieuse de l'Administration. Examinons tour à tour la question de la charge de la preuve (A), la prétendue impossibilité d'adresser des injonctions à l'Administration (B) et l'incertaine immunité d'exécution de l'Administration (C).

A) La charge de la preuve

La procédure est dite *accusatoire* lorsqu'elle est laissée à la diligence des parties au procès, elle est dite *inquisitoire* lorsque c'est le juge qui conduit la recherche des preuves. Le juge administratif camerounais s'est reconnu un pouvoir inquisitorial contre l'Administration pour faciliter la manifestation de la vérité, cela rompt avec la réputation d'un juge acolyte de l'Administration dont il a souvent été étiqueté. Selon Charles DEBBASH, *« le plus souvent, les éléments de preuve sont détenu par l'administration. On ne peut donc pas la dispenser de toute collaboration à la recherche de la preuve*[209]*. »* La règle d'administration de la preuve est *« actori probatio incombit »,* il est dès lors difficile généralement pour l'administré de fournir la preuve de ses allégations vu la complexité de l'Administration et le la loi de l'omerta qui entoure souvent ses documents. Déjà dans une espèce du **4 novembre 1966 DIWOUTA LOTH Pierre c/ Etat du Cameroun oriental,** le juge se reconnaît le droit d'ordonner à l'Administration, la communication du dossier administratif : *« (…) Article 1 –Ordonne à l'Etat fédéré du Cameroun Oriental de produire dans les plus bref délais le dossier administratif du sieur Diwouta Loth Pierre, document dont la production est nécessaire à la manifestation de la vérité (…) »* Comment les choses se passent-elles en pratique ? Le juge procède techniquement en deux étapes pour s'arroger ce pouvoir d'injonction : il va renverser la charge de la preuve en fonction de l'évolution des débats, de manière à la faire peser sur l'Administration ; le cas échéant, sanctionner le silence de l'Administration en adjugeant au requérant l'entier bénéfice des ses prétentions. Dans l'affaire **Conseillers municipaux de la commune rurale de Nanga Eboko du 29 mars 1996**, le juge établit l'irrégularité de l'élection du Maire, en se fondant sur l'attitude de l'Administration qui refusait de produire le procès verbal de l'élection du Maire et de ses adjoints. Pour le juge administratif, il résulte de *l'art. 52 (nouveau) de la loi n°92/003 du 14 aout 1992 modifiant et complétant la loi n°74/23 du 05 décembre 1974 portant organisation communale* que l'Administration, étant le seule destinataire du procès verbal de l'élection du Maire et de ses adjoints, *« c'est à elle qu'il revient de la produire en cas de contestation de ladite élection ».* Ne l'ayant pas fait, elle a selon le juge

[209]DEBBASCH (C), Contentieux administratif, *RIDC,* 1977, Vol. pp. 437-439.

confirmé les irrégularités dénoncées par le requérant. Il considère ainsi cette mise en demeure restée sans suite comme un acquiescement.

B) L'injonction contre l'Administration

Le principe selon lequel on ne pourrait adresser des injonctions à l'Administration est parfaitement fragile en droit public camerounais. Certains auteurs le rattachent à *la séparation des pouvoirs*, *aux privilèges juridictionnels administratifs*, au *Code pénal*. *L'art. 126 b du Code pénal* dispose en effet : *« Est puni de la détention de six mois à cinq ans, le magistrat qui intime des ordres ou des défenses à des autorités exécutives ou administratives. »* Ces différents fondements nous semblent toutefois fragiles. S'agissant de *la séparation des pouvoirs,* c'est aller chercher le fondement de l'impossibilité d'adresser des injonctions à l'Administration très loin que de le rattacher à un tel principe, il découlerait plutôt du principe plus spéciale de *la séparation des autorités administratives et judiciaires*, d'une série d'interdictions portées par des Décrets et des lois sous l'Ancien régime français et de manière générale, de l'idée selon laquelle *« juger l'Administration, c'est administrer »*. Le fondement qui semble le plus pertinent en droit public camerounais est *l'art. 126 b du Code pénal* ci-dessus. Malgré sa formulation, il ne viendrait jamais au Procureur de la République d'instruire une affaire contre un Magistrat parce que celui-ci aurait adressé des injonctions à l'Administration. De plus, le juge administratif peut déduire son pouvoir d'injonction des textes supérieurs au Code pénal, en l'occurrence la Constitution, de telle sorte que cela constituerait une cause d'exonération de la responsabilité pénale. De manière plus pratique, le juge administratif camerounais s'est reconnu un véritable pouvoir d'injonction. Serait –il de ce fait un prisonnier qui s'ignore au regard du Code pénal ? *L'art. 126 b* du Code pénal devrait à notre avis être correctement interprété. Analysons *d'abord* les injonctions classiques du juge judiciaire contre l'Administration, *ensuite,* le pouvoir d'injonction que le juge administratif s'est arrogé.

- Injonctions du juge judiciaire contre l'Administration. La première de ces injonctions est classique, elle concerne le juge judiciaire en général, la seconde est spéciale, elle est portée par le Code pénale, en matière de protection des libertés (*l'Habeas corpus),* le juge peut ordonner à l'Administration pénitentiaire la libération des personnes incarcérées. *L'injonction classique –C'est l'art. 16 §1 de l'ordonnance n°72/04 du 26 Août fixant l'organisation judiciaire de l'Etat* qui donne compétence au Tribunal de

Grande instance de connaître des requêtes tendant à obtenir l'accomplissement par toute personne ou autorité d'un acte qu'elle juge juridiquement tenue d'accomplir . Avant l'institution de *la procédure de libération immédiate* par le CPP, c'est sur ce fondement qu'était obtenue la libération des personnes incarcérées. On peut dans ce sens citer plusieurs décisions : dans l'affaire **Justice NYO WAKAI and 172 others vs. The People,** les autorités administratives chargées du maintien de l'ordre avaient procédé à des arrestations de personnes soupçonnées d'avoir commandité ou participé aux destructions des biens et autres crimes perpétrés au cours des manifestations qui ayant conduit à la proclamation de *l'état d'urgence* dans la Province du Nord-ouest en octobre 1992. Leurs avocats ont alors introduit devant la « High Court » de Bamenda, une demande en *libération immédiate* de leurs clients détenus sans titre et de ceux dont le délai de détention était expiré. La « High Court » ordonna la *libération immédiate* des personnes détenues, au motif que ces incarcérations constituaient une violation grossière des droits fondamentaux, constitutive de *voies de fait administratives.* Dans l'affaire OLOMO NZANA, objet du **Jugement du Tribunal de Grande Instance du Mfoundi n° 348/ CRIM du 03 novembre 1993**, le juge constata que Mr OLOMO NZANA avait passé plus de 70 jours de garde à vue au Groupement Spécial d'Opération à Yaoundé, ce qui constituait évidemment une violation de ses droits fondamentaux. Deux ans plus tard, le même Tribunal de Yaoundé ordonna la libération immédiate de dame YOH dont la garde à vue à la police judiciaire *(PJ)* de Yaoundé avait dépassé 60 jours. TGI du Mfoundi, **Jugement n° 26/CRIM du 03 novembre 1995.**

Le Code de procédure pénale institue également un pouvoir spécial d'injonction au profit du juge judiciaire. *L'art. 584* du CPP qui reprend en effet la procédure dite de *libération immédiate*, permet de résoudre le problème des détentions entachées d'irrégularités : *« (1) Le Président du Tribunal de Grande Instance du lieu d'arrestation ou de détention d'une personne, ou tout autre magistrat du siège dudit Tribunal désigné par lui, est compétent pour connaître des requêtes en libération immédiate, fondées sur l'illégalité d'une arrestation ou d'une détention ou sur l'inobservance des formalités prescrites par la loi ;(2) Il est généralement compétent pour connaître des recours intentés contre les mesures de garde à vue administrative. »* Depuis l'entrée en vigueur de cette disposition, plusieurs Ordonnances ont été rendues en matière *d'Habeas corpus.* On peut citer l'**Ordonnance du 30 octobre 2008 du Président du Tribunal de Grande Instance du Mfoundi, affaire AMAZEBE Jean Louis c/ Ministère public** par lequel il est ordonné *la libération immédiate* du requérant qui a été notifié de son renvoi devant le Tribunal de Grande Instance le 03 novembre 2006, mais n'a pas fait l'objet de jugement deux ans après son incarcération. Voyons aussi **l'Ordonnance du 25 septembre 2008 affaire TCHOFFO NGUEMETHA Serges c/ Ministre public** par lequel, le Président de Grande Instance a ordonné la libération immédiate d'un détenu dont le dossier d'instruction traînait depuis 26 mois sans qu'un acte d'instruction n'ait été posé. Dans le même sens l'**Ordonnance n° 1/HC/PTribunal de Grande Instance de Kribi du 13 février 2009** par lequel il est ordonné la *libération immédiate* de Mr. MBONGA Mauger, gardé à vue par la police de Kribi du 30 janvier au 13 février 2009, soit pendant plus de 8 jours *(délai maximum de la garde à vue).*

- *Injonctions du juge administratif contre l'Administration.* Contrairement à ce qui est traditionnellement enseigné[210], le juge administratif camerounais dispose d'un véritable pouvoir d'injonction, qu'il a contribué à construire. On peut citer trois domaines : l'injonction après annulation; le pouvoir d'injonction en matière d'administration de la preuve au cours du procès administratif –il s'est en effet reconnu, au départ des textes sur le contentieux administratif d'obtenir de l'Administration réticente, des pièces ou des documents susceptibles d'éclairer sa religion sur une affaire dont il est saisie ; enfin le juge des référés en matière de procédure administrative contentieuse dispose d'un pouvoir d'injonction, autrement la procédure des référés serait un vain mot .

En premier lieu, le pouvoir d'injonction après annulation du juge administratif. La doctrine française fait généralement la distinction entre *le plein contentieux* où dit-on le juge peut substituer sa décision à la décision attaquée et *le recours pour excès de pouvoir* où le juge annule tout simplement l'acte administratif en cause, sans exercer d'autres pouvoirs. Ainsi le professeur Yves GAUDEMET écrit par exemple: « *Le juge de l'excès de pouvoir ne peut que annuler l'acte critiqué ou rejeter la requête. Au premier cas, le juge ne peut que procéder à l'annulation elle-même ; il ne peut déduire les conséquences de l'annulation. Ainsi il ne peut : a) substituer à la décision annulé une décision inverse, par exemple*

[210] Les thèses qui tendent à denier ce pouvoir au juge administratif prennent appui sur le droit administratif français, or dans ce contexte, le pouvoir d'injonction a été reconnu au Médiateur de la République ; puis au Président du Tribunal administratif en matière de Marchés Publics, enfin en 1995, au juge administratif en général qui l'exerce sans qu'il soit fait réserve *(loi du 08 février 1995 instituant une procédure générale d'injonction par la juridiction administrative), voy.* aussi EBANG MVE (U), *le titre foncier au Cameroun* : recherche sur la spécificité d'un acte administratif unilatéral, l'Harmattan 2011, p. 224.

s'il annule un refus d'autorisation, accorder lui-même l'autorisation ; b) ni condamner pécuniairement l'administration en conséquence de l'annulation[211]. » Cette distinction est reprise également par la doctrine camerounaise, ainsi le professeur KAMTO écrit : *« Pour [le contentieux de l'annulation], il [le juge administratif] ne lui appartient pas de prendre une décision à la place de l'Administration. Lorsqu'il estime que vous avez eu raison de présenter votre recours contentieux, il peut (…) annuler la décision administrative attaquée, attribuer une indemnité [ou ordonner les deux mesures à la fois] (..) la décision annulé n'est censée n'avoir jamais existée, elle ne peut produire aucune conséquence*[212]. » Mêmes idées chez des auteurs comme NGOLLE Philippe et le professeur BIYOUM, ils soulignent que : « *(…) En effet le juge de l'excès de pouvoir se contente de prononcer une annulation pure et simple de la décision litigieuse .Il ne peut adresser des injonctions à l'Administration, ni se substituer à celle-ci pour prendre la décision à sa place un acte régulier ; ex en ordonnant la nomination d'un agent, le paiement de son traitement, sa réintégration, ni sa reconstitution de carrière*[213]. » Sur la base du **Jugement n° 87/CS/CA du 30/ 06 / 1983 ONAMBELE Germain c/ Etat du Cameroun**, ces deux auteurs ajoutent : *« A l'opposé des particuliers envers lesquels, le juge dispose d'une plénitude de compétence, puisqu'il peut non seulement lui adresser des injonctions, mais même dans certains ça ordonner leur expulsion lorsque ces derniers occupent abusivement le domaine public ou privé de l'Etat , il n'en est rien lorsqu'il est question de l'Administration . En effet le juge administratif ne dispose d'aucun pouvoir d'injonction à l'égard de l'administration. Il se contente d'annuler les décisions administratives reconnues illégales ou de condamner la personne publique au paiement des dommages –intérêts. En d'autres termes cela signifie que le juge ne peut prescrire une obligation positive de faire ou de ne pas faire à l'Administration. »* Idées partagées par ABANE, EBANG MVE[214].

En France tout d'*abord,* cette impossibilité est relativisée par *les articles 61 et 81 de la loi n°95-125 du 08 février 1995 relative à l'organisation des juridictions et à la procédure civile, pénale et administrative* qui prévoient l'injonction contre l'Administration. Le dispositif des cette loi se retrouve aujourd'hui aux *articles L. 91 et L. 911-2 du Code de justice administrative.* Dans le même sens, une partie de la doctrine française a récemment remis en cause une telle distinction, Didier TRUCHET par exemple parle du développement

---

211 GAUDEMET (Y), *Droit administratif,* LGDJ, 19ème éd. P. 127 et ss.

212 KAMTO (M), *Droit administratif processuel du Cameroun, op.cit., p. 145.*

213 BIYOUM(J) et NGOLE NGWESE (P), *Eléments de contentieux administratif camerounais,* l'Harmattan, 2010.

214 *Voy.* EBANG MVE (U), *le titre foncier au Cameroun :* recherche sur la spécificité d'un acte administratif unilatéral, op.cit., p. 224.

d'un *« plein contentieux objectif »*, il souligne : *« Le juge y est saisi notamment de certaines sanctions prononcées par les ministres ou les autorités administratives indépendantes contre les opérateurs économiques ; il peut non seulement les annuler comme dans le contentieux de l'annulation, mais aussi-et contrairement à ce dernier-leur substituer sa propre décision*[215]*. »* Au Cameroun *ensuite*, disons que le juge administratif ne se sent pas lié par le mythe selon lequel il ne pourrait adresser des injonctions administratives. Il est toutefois prudent en faisant une nuance –contestable, entre *l'injonction* et *la conséquence de l'Arrêt d'annulation.* La différence semble être très lâche à notre avis. Qu'est ce qui fait la particularité de l'injonction ? Est-ce la formulation syntaxique du langage du juge[216] ? C'est-à- dire un commandement donné en termes comminatoires, ou alors on va considérer que c'est la marge de manœuvre laissée à l'Administration quant à la décision à prendre suite à une annulation qui caractérise l'injonction ? Nous comprenons pourtant l'opinion des auteurs ci dessus cités, car elle semble prendre appui sur la jurisprudence ancienne **–CFJ/SCAY, arrêt n° 37, du 30 avril 1968, NYANDJA Félix c/ Etat Fédéral du Cameroun et l'Arrêt n°97 /CFJ/ du 27 /1 /1970,** où le juge soulignait *: « Considérant qu'il résulte du principe de la séparation des tribunaux administratifs et de l'administration active , que le juge fût-il administratif , ne peut sans excéder ses pouvoirs , faire des injonctions à l'administration active .Qu'ainsi dans le cas de l'espèce , la cour n'a pas qualité pour enjoindre à l'administration de reprendre la reconstitution de la carrière du sieur ELOUNDOU Martin, Qu'à fortiori , elle ne peut se substituer à l'Administration pour procéder à la reconstitution de ladite carrière. »* Cette vision toutefois ne correspond hélas plus à la réalité. La jurisprudence a en effet évolué, il s'agit d'un véritable revirement. Deux domaines particuliers méritent d'être soulignés *(en matière de contentieux de la fonction publique et en matière de contentieux foncier)* :

-S'agissant du premier domaine, dans plusieurs décisions, le juge administratif camerounais a usé des pouvoirs qui ressemblent fort au *Mandamus*[217]alors même qu'il n'était pas –pour certaines d'entre elles,

---

215 TRUCHET (D), « Les modalités et la portée du contrôle de l'Administration par le juge administratif », *Zbornik radova Pravnog fakulteta u Splitu, god.* 47, 3/2010., str. 540.

216En Grande Bretagne, les juges qui ont une grande autorité et un grand prestige peuvent adresser des injonctions de faire ou de ne pas faire. Ils disposent également du délit de *contempt of court* pour réprimer les agissements contraires à la chose jugée. Ainsi on distingue trois voies de recours de *common Law* (*trois writs*), auxquelles il faut ajouter une action récente *-la déclaration,* qui sont fréquemment présentées à la *Queen's Bench division* pour censurer l'Administration, plus une action issue de *l'Equity.*

217**The Mandamus** *is a judicial remedy in the form of an order from a superior court, to any government subordinate court, corporation, or public authority —to do (or forbear from doing) some*

saisi des conclusions en ce sens. Déjà dans l'**Arrêt n°473 NYANDJA Félix c / Etat fédéral du Cameroun du 30 avril 1968,** la *Section du CA de la CFJ souligne : « CONSIDERANT que si le juge administratif ne peut sans excès de pouvoir faire des injonctions à l'administration, et par la suite en l'espèce ordonner à celle-ci de restituer au requérant son arme ou alors au cas de la perte de celle-ci, de lui procurer une autre en remplacement, il est de son pouvoir lorsque les conditions de la mise en jeu de la responsabilité de l'Etat se trouvent réunies, de condamner celui-ci à des dommages et intérêt envers le recourant, la réparation du préjudice qu'il a pu lui causer (…) »* Voyons aussi, **CS/CA, Jugement n°102 /02-03 du 27 aout 2003** : *« (…) Qu'il s'en suit que la demande de ZE ENDANGTE est fondée et que la décision querellée encourt l'annulation avec toutes les conséquences de droit notamment : la reprise de service par ce dernier dès notification du présent jugement au Ministère de l'Urbanisme et de l'Habitat ; la reprise en solde et le versement de ce dernier de tous les salaires à compté de juillet 1998 à ce jour, ce fonctionnaire ayant subi un manque à gagner correspondant au montant desdits salaires ceci par la faute de l'Administration ; la reconstitution de sa carrière notamment par la régularisation des avancements dits automatiques : échelon, classe ;- la réparation du préjudice moral subi par ce fonctionnaire du cadre B2 de la fonction publique, à tort considéré comme agent de l'Etat licencié, préjudice qu'il convient d'évaluer à la somme de dix millions (10.000.000) de francs CFC ;*
Attendu que contrairement aux affirmations du représentant de l'Etat , la Chambre Administrative ne saurait se déclarer incompétente au motif qu'il ne s'agit pas des injonctions contre l'administration, qu'il s'agit plutôt de considérer que le sieur ZE ENDANGTE doit, être considéré au regard de l'annulation de la décision querellé comme n'avoir jamais été licencié et par conséquent bénéficier de tous les avantages ci-dessus énumérés qui sont liés à sa qualité de fonctionnaire et qui sont la conséquence de l'annulation (…) » Il importe de souligner que dans cette espèce, la Chambre administrative ne donne pas simplement une injonction mais annule la décision *ex nunc*, c'est-à-dire avec effet rétroactif. Le raisonnement de l'AP dans les trois espèces que nous allons examiner parait plus explicite et appuyé. Il nous permet par ailleurs de mieux comprendre la solution des premiers juges. Les Arrêts de l'*Assemblée Plénière de la Cour Suprême* sont illustratifs à cet égard **–CS/AP, EDINGUELE TITI Jean c/ETAT du Cameroun (MINFI), Arrêt n°38/A du 25 avril 2002**. L'appelant fait grief à la décision du premier juge *(CA)* d'avoir donné une injonction à l'Administration. Le dispositif du *Jugement n°10/94-95 rendu le 27 octobre 1994 Etat du Cameroun (M.F.P.C.E) c/ LIBAM Michelin* en question était ainsi conçu : *« Article*

---

specific act which that body is obliged under law to do (or refrain from doing) —and which is in the nature of public duty, and in certain cases one of a statutory duty.

1er : Le recours de LIBAM Michelin est recevable en la forme ; Article 2 : il est fondé et par conséquent la décision attaquée est annulé avec toutes les conséquences de droit. Article 3 : Conformément à l'article 1 du décret n°74/611 du 1er juillet 1974, le requérant a droit d'être intégré au premier échelon de la 2ème classe en catégorie « A » premier grade de la fonction publique (indice 430) à compter du 05 janvier 1988 date de prise de service à la direction du trésor (...) » Face à l'argumentaire du Représentant de l'Etat qui y voyait une injonction donnée à l'Administration, ce que ne peut faire le juge administratif, L'AP souligne *: « Considérant que par ces énonciations [ci-dessus], le juge administratif, loin de donner une in jonction à l'Administration, a tout simplement annulé la décision litigieuse parce que irrégulière et constaté que le requérant avait droit d'être intégré ; que ce faisant ledit juge a usé de son pouvoir d'appréciation et de contrôle des actes administratif. »* Il s'agit en réalité de deux Arrêts aux préludes et circonstances tout à fait similaires : **CS/AP, Arrêt n° 10/A du 14 novembre 2002 ETAT du Cameroun (MFPCE) c/ TCHAMBA Robert.** Le Représentant de l'Etat relève appel du *Jugement n° 08/94-95 du 27 octobre 1994 de la CA/CS, le Jugement dont il s'agit était libellé ainsi qu'il suit : « Article 1er : Le recours de TCHAMBA Robert est recevable en la forme ; Article 2 : Il est fondé et par conséquent la décision attaquée est annulée avec toutes les conséquences de droit ; Article 3 : Conformément à l'article 1er du décret n°74/611 du 1er juillet 1974, le requérant a droit d'être intégré au 1er échelon de la 2ème classe catégorie « A » premier grade de la Fonction Publique (Indice 430) à compter du 16 janvier 1990 date de sa prise de service au Ministère des Finances »* Selon le Représentant de l'Etat, il y aurait violation des règles jurisprudentielles relatives aux condamnations prononcées contre l'Administration, il soutient en effet que le juge administratif ne peut à l'occasion d'un *recours en annulation* se substituer à l'Administration et prononcer lui-même la décision régulière à la place de la décision annulée, tout comme il ne peut adresser des injonctions à l'Administration. L'AP approuve l'argumentaire du premier juge sur ce moyen. Pour rappel, le premier juge réfutait l'argument du RE au motif que la question de savoir si l'Administration est tenue par une règle de droit à intégrer TCHAMBA dans la Fonction publique, autrement dit, si elle a compétence liée, ressortit au contrôle du juge administratif. L'AP souligne en substance *: « Considérant que par ces énonciations [ci-dessus], le juge administratif, loin de donner une injonction à l'Administration , a tout simplement annulé la décision litigieuse, parce que irrégulière et constaté que le requérant avait droit d'être intégré ; que ce faisant ledit juge a usé de son pouvoir d'appréciation et de contrôle des actes administratifs ;*

Considérant que c'est donc vainement que le représentant de l'Etat soutiendrait que le premier juge aurait commis un excès de pouvoir. » Quoi qu'il en soit, l'AP

procède à une interprétation tout à fait remarquable des compétences du juge en matière de contrôle de *la Légalité administrative.* Autre illustration – **CS /AP. Arrêt n°15/A du 27 mars 2003 AHANDA Dominique c/ Etat du Cameroun (MINUH),** ***Dame TANG NOAH Géneviève et NGONO ETOUNDI Faustine.*** Le Représentant de l'Etat relève appel contre le Jugement *n°10/94-95 rendu le 27 octobre 1994 par le CS/CS dans l'instance opposant l'Etat du Cameroun (M.F.P.C.E.) à LIBAM Michelin et dont le dispositif était ainsi conçu : « Article 1er : Le recours de LIBAM Michelin est recevable en la forme ; Article 2 : Il est fondé et par conséquent la décision attaquée est annulée avec toutes les conséquences de droit. Article 3 : Conformément à l'article 1er du décret n° 74/611 du 1er juillet 1974 , le requérant a droit d'être intégré au 1er échelon en la 2ème classe catégorie « A » premier grade de la Fonction Publique (indice 430) à compter du 05 janvier 1988 date de prise de service à la Direction du Trésor ».* Le Représentant de l'Etat reprend le même argumentaire que dans l'espèce TCHAMBA Robert. Par identité de motifs, la Haute juridiction va suivre le raisonnement qu'elle a effectué dans la susdite espèce : « *Considérant que par ces énonciations, le juge administratif, loin de donner une injonction à l'Administration, à tout simplement annulé la décision litigieuse parce que irrégulière et constaté que le requérant avait droit d'être intégré ; que ce faisant ledit juge a usé de sont pouvoir d'appréciation et de contrôle des actes administratifs ;*
---Considérant que c'est donc vainement que le Représentant de l'Etat soutiendrait que le premier juge a commis un excès de pouvoir (…) » Le raisonnement de l'AP autant que celui de la CA est assez sibyllin ! L'injonction est un ordre donné à l'Administration d'agir d'une certaine manière, le juge ne pourra jamais ordonner à l'Administration d'agir contrairement à la loi, distinguer l'injonction de l'ordre d'agir conformément à la loi nous semble peu convaincant. Lorsque le juge dégage les conséquences de l'Arrêt d'annulation, il fait une injonction de nature légale à l'Administration, elle est enjointe à respecter la loi **–Jugement n° 102/02-03) du 27 août 2003 ZE ENDANGTE contre ETAT du Cameroun.** Il faut constater que les affaires ci-dessus citées, le juge administratif est assez précis quant aux mesures à prendre.

Nous pouvons résumer en disant que le juge administratif se reconnait un pouvoir d'injonction *(du moins subsumé sous des dispositions légales)* chaque fois que l'Administration est tenue en vertu d'un texte de prendre un acte particulier. A suivre le raisonnement de la Haute Cour, cela serait exclu dans l'hypothèse où l'Administration aurait un pouvoir discrétionnaire. Qu'en est-il exactement ? Cette nuance n'est pas pertinente car nous avons montré en première partie de cette étude, l'extension inexorable des domaines de *la compétence liée,* par ailleurs nous avons déjà souligné que *le pourvoir discrétionnaire,* sauf en matière de nomination à des postes de responsabilité était très peu fonctionnel dans la jurisprudence administrative camerounaise

Le domaine du contentieux foncier fleurit également des exemples d'*injonctions après annulation.* Il en est ainsi lorsque le juge ordonne à l'issue du procès l'adjonction du nom d'une partie prenante dans le titre foncier. Parallèlement à ce pouvoir, le juge administratif s'est forgé un pouvoir d'obtenir de l'Administration la communication du dossier administratif, par la sanction qu'il applique au cas où celle-ci serait rétive. En pareille hypothèse, il va tout simplement –si l'Administration est défenderesse à l'action et pour autant que la demande soit recevable en la forme, adjuger au requérant le bénéfice de ses écritures. Si c'est l'Administration qui est demanderesse, il va déclarer sa demande non fondée.

- *le pouvoir spécial d'injonction du juge administratif en matière de référé administratif.* Reprenons les dispositions de *la loi 75/17 sur la procédure devant la Chambre administrative de la Cour Suprême (articles 122 à 124), la loi n° 2006/022* confirme ce pouvoir *–l'art. 27* précise clairement que le président du Tribunal ou le Magistrat qu'il délègue peut lorsque les conditions de recevabilité et de fond sont remplies ordonner en référé *toutes les mesures utiles,* sans faire préjudice au principal. La notification de la requête est irrémédiablement faite au défendeur *(dans la majorité des cas –l'Administration)* avec fixation immédiatement d'un délai de réponse ne pouvant excéder cinq (5) jours. L'Ordonnance de référé est susceptible d'*appel* devant la Chambre administrative de la Cour Suprême. Toutefois, elle est exécutoire par provision *(art. 29).* Il découle de l'économie générale de ces dispositions que le juge des référés dispose d'un véritable pouvoir d'injonction. Il peut ordonner *toutes mesures utiles* en veillant simplement à ne pas faire préjudice au principal. Aucune réserve n'est faite sur la possibilité d'adresser des injonctions à l'Administration. De même, en disposant que l'Ordonnance de référé est exécutoire par provision, le législateur confirme le pouvoir d'injonction du juge des référés, dans la mesure où ces mesures n'auraient de sens que s'il fût possible de recourir à la force publique afin de veiller à leur application, peu importe le caractère public de la personne en cause, sauf les immunités prévues par les textes spéciaux. La procédure de *référé* serait complètement dénuée de signification s'il n'était pas possible d'adresser des injonctions à l'Administration. C'est ainsi que dans l'affaire **NDJOFANG Frédéric du 31 mars 1977**[218], le juge considéré que *« la remise au requérant du relevé des notes qu'il a obtenus à l'examen d'entrée en 4ème année ainsi que les thermocopies des épreuves écrites qu'il a subies en vue d'une contestation éventuelle de l'authenticité de ces documents constitue une mesure utile qui ne fait pas préjudice au principal (...) »* et que le requérant avait donc droit à la communication desdits documents. Ce faisant, le juge a crée à l'égard de l'Administration *une obligation de faire.*

Que peut-on conclure de ce qui précède ? Que l'impossibilité d'adresser des injonctions à l'Administration est en fait un mythe construit par la doctrine : jamais admise par le juge judiciaire, elle *(cette impossibilité)* l'est de moins en moins par le juge administratif. De même, on ne pourrait plus soutenir de manière absolue l'idée d'une impossibilité d'exercer des voies d'exécution forcée contre l'Administration, plusieurs arguments l'attestent. A quoi servirait l'enregistrement des requêtes, l'instruction du dossier, l'échange des Mémoires, la consultation d'un Avocat ou d'un Mandataire, le prononcé de la décision, si toutes cette extraordinaire dépense d'énergies pouvait se solder par une inexécution pure et simple de la décision juridictionnelle –de la part de l'Administration ? Le principe de *l'immunité d'exécution des personnes publique* est une atteinte grave à la notion d'*Etat de droit*, à *la séparation des pouvoirs* et à *l'Economie,* dans la mesure –pour cette dernière matière, qu'il conduit à marginaliser l'Etat dans les affaires *(ses partenaires craignant d'être abusés),* il met donc en cause la *sécurité juridique* et les *anticipations légitimes d'autrui.* Avant de développer ces points, il serait peut être judicieux de voir ce que recouvre exactement ce principe, quelle est sa portée réelle ?

Le pouvoir d'injonction du juge de l'exécution. Selon *l'art. 49* de l'AUPSRVE : *« La juridiction compétente pour statuer sur tout litige ou toute demande relative à une mesure d'exécution forcée ou à une saisie conservatoire est le président de la juridiction statuant en matière d'urgence ou le magistrat délégué par lui. Sa décision est susceptible d'appel dans un délai de quinze jours à compter de son prononcé. Le délai d'appel comme l'exercice de cette voie de recours n'ont pas un caractère suspensif, sauf décision contraire spécialement motivée du président de la juridiction compétente. »*Dans le cadre du Cameroun, il s'agit des juges de fond et non du juge des référés sauf si selon les dispositions de *l'art. 49* ci-dessus, il est compétent pour statuer sur le litige en cause devant lui. Le législateur a adopté la *loi n° 2007/01 du 19 avril 2007qui institue un juge du contentieux de l'exécution et la fixation des conditions de l'exécution au Cameroun, selon l'art. 3*

[218] Ordonnance de référé n°60/77/OR1/CS/CA du 31 mars 1977.

de la loi qui dispose : « Le juge du contentieux de l'exécution des décisions judiciaires nationales est le président de la juridiction dont émane la décision contesté statuant en matière d'urgence ou le magistrat de sa juridiction qu'il délègue à cette effet. » La compétence qu'institue le droit OHADA a été éclatée entre quatre juridictions en principe[219], à savoir : le Président du Tribunal de première instance, le Président du Tribunal de grande instance, le Président de la Cour d'Appel, le Président de la Cour Suprême.

Une question intéressante de se poser est celle de savoir si cette compétence en matière d'exécution concerne la juridiction administrative ? On pourrait répondre positivement pour plusieurs raisons : *d'abord* la généralité des termes employés par la loi, ainsi *l'art. premier* de la loi dispose clairement : *« La présente loi institue le juge du contentieux de l'exécution et fixe les conditions de l'exécution des décisions judiciaires et actes publics étrangers ainsi que des sentences arbitrales. »* Selon *l'art. 2,* le juge du contentieux de l'exécution connaît : de tout ce qui a trait à l'exécution forcée des décisions de justice et autres actes, des demandes en reconnaissance et en exequatur des décisions judiciaires et actes publics étrangers, des demandes de reconnaissance et en exequatur des sentences arbitrales nationales et étrangères. *Ensuite* une référence explicite est faite à « la juridiction administrative » à *l'art. 9 : « L'exécution des décisions étrangères rendues en matières administrative est poursuivie devant le président de la juridiction administrative compétente, qui se conforme aux prescriptions des articles précédents. »* On ne pourrait pas concevoir cette compétence sans un pouvoir d'injonction corrélatif, qui assurerait au moins l'exécution des décisions concernées, le droit OHADA rappelons-le est incontestablement supérieur aux textes règlementaires qui dans le contexte camerounais sont les fondements de certaines immunités. Aux immunités précisément, venons-en !

C) La question de l'immunité d'exécution

Le procès ne s'achève pas par le prononcé de la décision, encore faut-il l'exécuter. La Cour EDH considère que l'exécution des décisions de justice fait partie de la notion de *procès équitable* de *l'art. 6 de la CEDH*

---

[219] FOMEUTEU (J), « Le juge de l'exécution au pluriel ou la parturition au Cameroun de l'article 49 de l'acte uniforme OHADA portant voies d'exécution », *Juridis périodique* n° 70, Avril, mai, juin 2007, p. 97-109.

dont l'application à l'Administration est reconnue avec des nuances dans la plupart des pays membres du Conseil de l'Europe. A l'issue d'un procès, la partie qui succombe peut exécuter la décision rendue d'elle-même –c'est la voie normale ; bien souvent, elle est réticente malgré le caractère *exécutoire* de la décision, c'est ici qu'interviendra l'exécution forcée. Si la partie en cause est une personne morale de droit public, on opposera souvent à une telle exécution *le principe de l'immunité d'exécution.*

Dans le contexte camerounais, l'exécution des décisions de justice constitue le véritable *trou noir* du contrôle juridictionnel de l'Administration –et partant de l'*Etat de droit.* C'est un problème qui débonde toutefois le cadre de la réflexion juridique, car le juge administratif doit rendre sa décision dans les conditions du *procès équitable* et après, il appartient à la force publique et à l'Administration de veiller à ce que les décisions de justice ne soient pas privées d'effet, c'est le principe de *l'autorité de la chose jugée* qui constitue l'essence même de l'Etat de droit. Nous proposons une analyse en deux temps, comme pour les autres matières, il faut d'abord rechercher le droit en vigueur, c'est-à-dire les dispositions pertinentes et la jurisprudence qui sont au fondement juridique d'une telle idée (A), après seulement, nous pourrons questionner le droit positif, au regard de la cohérence interne du système et du droit étranger. Il faut en *premier lieu* rechercher les fondements juridiques d'une telle immunité en Droit OHADA et en droit interne et voir en *second lieu* quelles seraient les exceptions possibles.

-Fondement supranational de l'Immunité d'exécution des P.P. (OHADA). L'immunité d'exécution des personnes morales de droit public est clairement affirmée par le droit OHADA et la jurisprudence de la Cour d'Arbitrage de l'OHADA. Il faut se référer à *l'art. 30 alinéa 1 de l'Acte Uniforme sur les Voies d'Exécution* (AUVE) qui dispose : *« L'exécution forcée et les mesures conservatoires ne sont pas applicables aux personnes qui bénéficient d'une immunité d'exécution. » L'immunité d'exécution de l'Etat et de ses démembrements* ne laisse subsister aucun doute, il en est autrement de celle liée aux Entreprises publiques, qui sont bien évidemment des personnes morales de droit public, mais ont une forme particulière pour accomplir une mission précise. Au sujet d'elles, la Cour de Justice dit dans un Arrêt de ne rien espérer quant à la levée de l'immunité, elle est claire : *« Qu'en application de l'article 30 (1er et 2) des Actes uniformes sur les voies d'exécution, les Entreprises publiques, quelles qu'en soit la forme et la mission bénéficient du principe général de l'immunité d'exécution accordée aux personnes morales de droit public. Il en est ainsi même si la loi de l'Etat partie où est domiciliée l'Entreprise concerné en*

dispose autrement. Par conséquent, en jugeant que l'article 30 (1er) de l'Acte uniforme sur les voies d'exécution pose le principe de l'immunité d'exécution et que les Entreprises publiques, catégorie dans laquelle est classée TOGO Télécom, figurent dans l'énumération des sociétés contre lesquelles s'applique la compensation, il n'y a aucun doute à l'égard de cette dernière sur sa qualité de bénéficiaire de l'immunité d'exécution. » Cette importante décision de la CCJA appelle quelques commentaires :

- La Cour a une conception très extensive de *l'immunité d'exécution,* dans la mesure où elle l'étend aux Entreprises publiques quelles qu'en soit les formes et missions, ce qui pose problème dans la perspective de *l'Etat actionnaire.* Il devient difficile de mener des affaires avec l'Etat s'il pourrait brandir son *immunité d'exécution* ;

- La Cour réserve très bien *l'exception de compensation (que nous examinerons ci-dessous),* prévue par la même disposition ;

- Elle rappelle par un *obiter dictum* le principe de *la primauté du droit OHADA* sur le droit national, dans la mesure où elle précise que ses dispositions trouvent à s'appliquer même si la loi de l'Etat partie en dispose autrement.

- Fondement de l'Immunité d'exécution des PP en droit public interne. L'immunité d'exécution des personnes morales de droit public est également reconnue et consacrée par certains textes en droit public interne. On pourrait citer entre autres *l'Ordonnance de 74 sur le régime domanial* qui pose le principe de *l'insaisissabilité des biens du domaine public (supra Section 2 Chapitre 2).* Ce principe est reconnu par la jurisprudence notamment judiciaire. Deux Ordonnances en ce sens : *d'abord,* l'**Ordonnance n°12/ORD du 11 septembre 2000** : l'affaire oppose l'Université de Dschang à l'un de ses anciens employés. A la suite d'un différend social, l'Université a été condamnée à payer à son employé la somme de 2.299.721 FCFA. La décision étant devenue exécutoire, l'ex-employé recourut à une saisie-attribution des créances sur les comptes de l'Université domiciliés dans une banque à Dschang. L'Université assigna son créancier en nullité de la saisie devant le juge des référés de Dschang en opposant entre autres son *immunité d'exécution* prévue par *l'art. 30* de l'Acte uniforme OHADA portant organisation des procédures simplifiées de recouvrement. Le juge des réfères de Dschang déclara la requête fondée et annula la saisie-attribution pratiquée au préjudice de l'Université par l'Ordonnance du 11 septembre 2000.

Il est important de constater ici que l'ex-employé évoquait *l'art. 48* du *Décret camerounais n°93/032 du 19 janvier 1993* fixant le régime financier applicable aux Universités pour faire remarquer au juge que cette disposition laisse une brèche quant à la saisie des biens de l'Etablissement public administratif en cause, dans les faits de l'espèce. Selon cette disposition: *« Toutes saisies-arrêts ou opposition sur les sommes dues par l'Université doivent être faites entre les mains de l'agent comptable. »* Le juge des référés préfère *appliquer* les principes du droit OHADA pour faire échec aux prétentions de l'ex-employé. Mr KENFACK[220] conclut qu'il s'agirait d'une occasion manquée de restreindre *l'immunité d'exécution* des personnes morales de droit public, analyse que nous approuvons, dans la mesure où s'il se fonde sur la primauté de l'Acte uniforme OHADA pour écarter le Décret national, rien ne l'empêchait le juge de se fonder sur la maxime *lex specialli genralli derogans* pour faire application du Décret sur lequel la saisie-attribution était fondée. Il y'aurait eu discordance avec la jurisprudence récente de la CCJA de 2005 ci-dessus examinée mais l'évitement de la discordance jurisprudentielle n'est pas un motif suffisant.

La seconde –**Ordonnance n°339 du 09 novembre 1998**, par laquelle le juge des requêtes de Douala donne main levé de la saisie pratiquée par la SFIC sur les comptes bancaires de l'ONCP *(actuel Port autonome de Douala)*. Les faits ayant donné lieu à l'Ordonnance n° 339 sont simples : la Société des Fournitures Industrielles du Cameroun (SFIC), société de droit camerounais ayant son siège social à Douala, entretenait depuis de nombreuses années des relations d'affaires avec l'Office National des Ports du Cameroun *(ONPC) (Entreprise publique)*. La SFIC était chargée de fournir des biens d'équipement au Port de Douala et effectuait autres prestations de service en sa faveur. Compte tenu de l'ancienneté du partenariat entre parties, la SFIC avait ouvert un compte ONPC dans ses livres ainsi qu'un crédit fournisseur en faveur de l'ONPC. Ce compte courant faisait ressortir sur la période 1995-1997 un solde créditeur d'environ un milliard et demi de FCFA en faveur de la SFIC, créance reconnue par l'ONPC qui accepta les traites émises par la SFIC en garantie du paiement de ladite créance. A la suite d'un changement intervenu à la direction générale de l'ONPC, la SFIC qui éprouvait des difficultés pour se faire payer par l'ONPC fit pratiquer une saisie-arrêt

---

220 KENFACK (G), « L'exécution forcée contre les personnes morales de droit public dans l'espace OHADA » in *Revue camerounaise de l'Arbitrage* n° 18, juillet-aout-septembre 2002.

(appelé aujourd'hui saisie-attribution des créances) entre les mains des tiers au préjudice de l'ONPC en date du 12 novembre 1998, saisie destinée à obtenir le paiement de la somme d'un milliard six cent seize millions neuf cent trente-huit mille cinq cent trente-six (1.616.938.536) FCA. En réaction, l'ONPC sollicita du juge des requêtes de Douala qu'il soit donné mainlevée de ladite saisie. A l'appui de sa requête, l'ONPC expliquait *« qu'il est un Etablissement public investi d'une mission de service public et qu'a ce titre, il bénéficie de l'immunité d'exécution telle que prévue par l'art. 30 de l'Acte uniforme portant organisation des procédures simplifiées de recouvrement et des voies d'exécution. »* Le juge affirme clairement que *« s'agissant des biens appartenant à des personnes publiques, même exerçant une activité industrielle et commerciales, le principe de l'insaisissabilité de ces biens ne permet pas de recourir à des voies d'exécution de droit privé (...) Que très abondamment d'ailleurs, cette immunité d'exécution participe du privilège reconnu à l'ONPC par l'article 43 du décret n°72-DF 201 du 11 avril 1972. Il fait également recours à un principe général de droit (...) Qu'il est particulièrement urgent de mettre fin à cette violation flagrante de la loi qui met en péril le principe de continuité du service public dont est investi l'ONPC .Que dans ce contexte, le juge des requêtes peut compétemment donner main levée de telles saisies, compte tenu de leur gravité (...) » Par Ordonnance n°339 du 03 novembre 1998,* le juge des requêtes de Douala donna main levée de la saisie pratiquée par la SFIC sur les comptes bancaires de l'ONCP réaffirmant ainsi l'immunité d'exécution dont bénéficie l'ONPC. Pour Mr KENFACK, ces décisions sont de nature à flouer les partenaires commerciaux qui seront à l'avenir réticents à faire affaire avec les personnes morales de droit public. Si l'Etat s'engage à faire des affaires, il devra assumer les risques et la responsabilité sans devoir brandir la bouée de sauvetage qu'est *l'immunité d'exécution.* Le juge judiciaire est favorable en tout cas à cette immunité de la personne morale de droit public. La règle de l'immunité n'est pas absolue et c'est le point essentiel de notre analyse, une atténuation importante serait *la compensation,* mais cela pose un problème d'égalité dans la mesure où le débiteur qui est créancier de l'Etat serait favorisé par rapport au débiteur qui ne l'est pas, dans la mesure où sa créance sera soldée pour cette seule circonstance. Du point de vue du droit privé, cela ne pose aucun problème car c'est un privilège lié à la compensation, mais la personne publique est tenue au respect de l'égalité avec ses partenaires.

- *Exception au privilège d'immunité d'exécution des personnes publiques : la compensation.* Une application stricte du *principe de l'immunité d'exécution* interdirait non seulement des voies d'exécution forcée contre les personnes publiques, mais aussi toute action qui pourrait avoir le même effet. *La compensation* a été admise avec beaucoup de réticence dans le cas des personnes publiques. Trois fondements peuvent être présentés comme les bases de la compensation en droit public camerounais, *d'abord le droit OHADA* –la règle qui porte immunité des personnes morales de droit public aménage une possibilité de *compensation ; ensuite* en matière fiscale, une Ordonnance est intervenue pour régler *la compensation* avec la personne publique au sujet de la dette d'impôt, ce qui ne fait que confirmer ce qui était prévu depuis longtemps par *le Code général des impôts ; enfin* nous avons vu que le juge camerounais avait souvent fait application du Code civil a l'Administration, il n'est dès par lors dénuée de sens d'évoquer aussi la compensation légale du *Code civil.*

Dans le cadre du droit OHADA, le principe de *l'immunité d'exécution* des personnes morales de droit public connaît un tempérament prévu à *l'al. 2 de l'art. 30 l'Acte uniforme sur les procédures simplifiées de recouvrement et les voies d'exécution.* Après avoir affirmé le principe d'immunité, le texte apporte un bémol : *« (...) Toutefois, les dettes certaines, liquides et exigibles des personnes morales de droit public ou des entreprises publiques, quelle qu'en soit la forme et la mission, donnent lieu à compensation avec les dettes également certaines, liquides et exigibles dont quiconque sera tenu envers elles, sous réserve de réciprocité. »* Les dettes des personnes et Entreprises visées ne peuvent toutefois être considérées comme certaines, que si elles résultent d'une reconnaissance par elles ou d'un titre ayant le caractère exécutoire sur le territoire de l'Etat ou se situent lesdites personnes et Entreprises. La lecture de cette disposition laisse apparaître que *la compensation* est envisagée comme une dérogation au *principe de l'immunité d'exécution* des personnes morales de droit public. Les opérateurs économiques et le juge national doivent tenir compte de cette importante dérogation.

En matière fiscale. Le code général des Impôts prévoit au moins trois cas de compensation entre l'Administration et le contribuable, *En matière de TVA, l'art. 149 CGI* dispose que *: « les crédits de TVA non imputables sont sur demande des intéressés et sur autorisation express du Directeur général des impôts compensés par l'émission des chèques spéciaux du trésor valables pour le paiement des impôts de même nature , ainsi que des droits de douane, à condition que ces derniers justifient d'une activité non interrompue depuis plus de deux ans et qu'ils ne soient pas en cours de rectification de responsabilité. »* La disposition nous semble- t'il est assez claire pour qu'on ne s'y attarde guère. *L'art. 77 du CGI* dispose sans autres précisions que les déclarations annuelles des revenus fiscaux faisant apparaître un crédit d'impôt peuvent donner lieu à *compensation.* Dans le même sens, les *compensations fiscales* peuvent être encouragées par des lois de finances *–la loi de finances pour l'exercice 2008* par exemple comprend un certain nombre de mesures incitatives, adoptées à l'égard du secteur privé. Elle appuie les dispositions de *l'Ordonnance de 1994* qui institue *la compensation* comme mode d'apurement des crédits d'impôts.

En matière civile, l'art. 1289 du C.civ dispose : « Lorsque deux personnes se trouvent débitrices l'une envers l'autre, il s'opère entre elles une compensation qui éteint les deux dettes. » La Compensation éteint les deux dettes à concurrence de la plus faible, la plus forte subsiste pour la différence. *Selon l'art. 1290 : « La compensation s'opère de plein droit par la seule force de la loi n, même à l'insu des débiteurs les deux dettes s'éteignent réciproquement, à l'instant où elles se trouvent exister à la fois, jusqu'à concurrence de leur quotités respectives. »* La compensation constitue ainsi une procédure simplifiée de paiement dont l'avantage est d'éviter les déplacements de fonds et les frais et risques qui y sont liés, elle est comme on l'a dit plus haut, un quasi-privilège au profit du créancier solvable qui échappera ainsi au concours avec les autres créanciers en cas d'insolvabilité de la personne publique *(liquidation d'une Entreprise publique par exemple).* Rien n'interdit à celui qui est à la fois créancier et débiteur de l'Administration de se prévaloir de cette disposition, mais il faudrait tenir compte des principes budgétaires et d'organisation administrative.

- Immunité d'exécution des personnes publiques –point de vue à la lumière de la solution belge. Il faut maintenant que l'on s'interroge sur ce *principe d'immunité* d'exécution des personnes publiques, d'où vient –il ? Autrement dit, quels sont ses fondements théoriques, il est intéressant de rechercher les fondements car ils vont nous permettre de déduire des implications intéressantes dans la perspective d'une autre lecture, le recours au droit étranger pourrait venir en argument supplémentaire. Recherchons préalablement quelle est l'origine du *principe de l'immunité d'exécution.* Il serait fondé sur le principe de *souveraineté* au niveau supranational et au plan national sur *les principes de la séparation des autorités administratives et judiciaires et le principe de la continuité de service publique. L'immunité d'exécution* des personnes morales de droit public comme nous l'avons souligné plus haut, trouve son siège dans l'histoire du droit public français, avant et après la Révolution de 1789, notamment dans le principe de *la séparation des autorités administratives et judiciaires.* Ainsi avant la Révolution, par *l'Édit de Saint-Germain de 1641* RICHELIEU limite le droit de remontrance du Parlement de Paris : *« Déclarons que nous faisons très expresses inhibition et défenses à notre Cour de Parlement de Paris et à toutes nos autres Cours, de prendre connaissance d'affaires qui peuvent concernées l'état,*

administration et gouvernement d'icelui que nous réservons à notre seule personne[221]. » Les révolutionnaires vont mettre en avant ce principe. S'ils sont hostiles à la Monarchie, ils sont tout aussi hostiles aux *Parlements (organes judiciaires), aux Chambres des comptes, aux Tables de marbre* et de manière générale à toutes les institutions administratives et judiciaires qui connaissent du contentieux administratif. Le principe révolutionnaire de *la séparation des pouvoirs* s'accompagnait du *principe de la séparation des autorités administratives et judicaires* qui lui-même donnera naissance à la dualité des juridictions. *Les lois des 16 et 24 août 1790* portent ces idées *(voyons notamment l'art. 13 du titre II qui est toujours en vigueur) :* « *Les fonctions judiciaires sont distinctes et demeureront toujours séparées des fonctions administratives. Les juges ne pourront, à peine de forfaiture, troubler de quelque manière que ce soit les opérations des corps administratif, ni citer devant eux les administrateurs pour raison de leurs fonctions.* » L'interdiction faite aux juridictions judiciaires d'administrer et d'après l'idée répandue par Henrion de PENSEY[222] selon laquelle *« juger l'administration c'est administrer »*, l'interdiction faite aux juridictions judiciaires de connaître des affaires de l'Administration. Ce principe sera réaffirmé constamment, à au moins deux reprises durant la Révolution, par la *Constitution de 1791 et par le Décret du 16 fructidor an III (2 septembre 1795)*: *« Défenses itératives sont faites aux tribunaux de connaître des actes d'administration, de quelque espèce qu'ils soient, aux peines de droit, sauf aux réclamants à se pouvoir devant le comité des finances pour leur être fait droit, s'il y a lieu, en exécution des lois, et notamment de celle du 13 frimaire dernier. »* A l'origine *le principe de l'immunité d'exécution* découle de ce *principe de la séparation des autorités administratives et judiciaires.* On ne concevait pas que l'on pût troubler de quelque façon les activités des autorités administratives. On pourrait y voir un fondement beaucoup plus récent, à savoir le principe de *la continuité du service public,* mis en évidence par les *lois du service public.* Dans la continuité des travaux de Léon DUGUIT, Louis ROLLAND, dans ses Cours entre 1934 et 1946 énonce *les lois du service public.* Par *« lois »,* ROLLAND voulait désigner non pas des textes de droit positif, ni même des énoncés normatifs, mais des *« lois de nature »,* au sens scientifique du XVIIIème, lorsque la Science consistait encore en la révélation des lois de la nature. Il pensait à des lois qui découleraient de la nature même du service public et qui en décriraient l'essence. Ces *« lois »* ou encore *« principes »* sont tirés de la jurisprudence du début du XXème siècle. On en dénombre généralement

---

221 MESTRE (A), *Introduction historique au droit administratif français*, PUF, 1985.

222DE PANSEY (H), *De l'autorité judiciaire en France*, 1827.

trois : *continuité, mutabilité* ou *adaptation, égalité*[223]. *La continuité des services publics* consiste en une obligation d'assurer le fonctionnement régulier du service public, lequel est pensé comme le prolongement de la continuité de l'action publique en général. Mais continuité ne signifie pas permanence. Il arrive en effet que le service public cesse de fonctionner[224]. La jurisprudence a reconnu à ce principe la valeur d'un principe général du droit[225]. Cela ne signifie pas pour autant que le Gouvernement pourrait supprimer le droit de grève. Le Conseil constitutionnel a lui aussi reconnu une valeur constitutionnelle au principe de continuité[226]. *La continuité du service public* s'opposerait à ce que l'on procède à une saisie ou plus généralement à une mesure d'exécution forcée contre des autorités publiques. Celles-ci bénéficieraient dès lors d'une *immunité d'exécution* en vertu de *la continuité du service* dont elle à la charge.

- *Implication logiques de l'immunité d'exécution des PP.* Les origines de *l'immunité d'exécution* des personnes morales nous permet de sortir au moins des présomptions vagues du genre *« on ne peut pas exercer des voies d'exécution contre l'Administration parce que c'est la puissance publique »,* suppositions qui très généralement ne reposent sur aucun fondement et constituent dès lors des truismes sans conséquences, pourtant suffisants à désarmer les partenaires de l'Administration. L'analyse des origines du principe nous permet de voir qu'il se rattache au principe de *la séparation des autorités administratives et judiciaires,* de manière plus intéressante et plus forte au *principe de la continuité du service public.* Cela comporte au moins deux implications logiques importantes :

-Que les activités et biens de l'Administration qui ne participent pas du *service public* ne s'opposent pas aux voies d'exécution forcée ;

- Que les voies d'exécution sont possibles pour autant qu'elles ne portent pas atteinte à la *continuité du service public* ;

223BRUNET (P), Fiche de niveau 4. Droit public de l'économie / Les services publics / Les « Lois » du service public /2007, inédit.

224*Ibidem.*

225CE, Ass., 7 juillet 1950, *Dehaene,* le pouvoir réglementaire peut limiter le droit de grève en vue d'éviter un usage abusif et contraire aux nécessités de l'ordre public.

226Décision n°79-105 DC du 25 juillet 1979, *loi modifiant les dispositions de la loi n 74-696 du 7 août 1974 relatives à la continuité du service public de la radio et de la télévision en cas de cessation concertée du travail*) dans laquelle il range la continuité du service public au rang des principes à valeur constitutionnelle.

- Que les personnes privées qui participent d'une mission de *service public* devraient par identité de motifs bénéficier du même principe.

A la lumière de ces observations, nous laissons le soin aux juridictions communautaires *(au niveau de la CEMAC et de l'OHADA)*, au législateur national et aux juridictions administratives de corriger ce principe. Il n'est pas inintéressant de mettre en lumière la solution belge qui est un exemple d'approche fonctionnelle du principe de *l'immunité d'exécution.*

- *Pour une autre lecture de l'immunité d'exécution des PP.* En droit belge en général, *le principe de l'immunité d'exécution des personnes morales de droit public*, est envisagé de manière fonctionnelle, c'est-à-dire dans les limites de ce qu'il tend à sauvegarder. Cette idée est défendue par une partie de la doctrine française sur base d'une jurisprudence assez convaincante. Arrêtons-nous d' abord sur la solution belge._En droit belge, le principe se fonde sur *la continuité du service public* qui protège les personnes morales de droit public contre des voies d'exécution de droit privé qui viseraient à réclamer d'elles l'accomplissement de leurs obligations *(donner, faire, ne pas faire)*. Parmi les implications de ce principe en droit belge on a :

- *L'insaisissabilité des biens de la personne publique* qui est un aspect du principe de *l'immunité d'exécution,* mais le principe ne se réduit pas à l'insaisissabilité ;

- L'interdiction –à titre d'exemple, à la victime d'un acte illicite de l'autorité publique à se substituer à celle-ci pour procéder à des travaux à l'exécution desquels cette autorité à été condamnée[227] ;

- *L'immunité d'exécution* qui fait également obstacle à ce qu'une disposition que sa décision tient lieu de l'acte juridique[228].

La doctrine et la jurisprudence en Belgique estiment que la portée de *l'immunité d'exécution* doit être déterminée à la lumière de son fondement, c'est-à-dire qu'on devrait admettre *le principe de l'immunité d'exécution* que

[227]Cass. Belg., 26 juin 1980, P., 1980, I, 1381 et *concl.* du proc. Gén. J. VELU alors av. gén.

[228]Par exemple un acte authentique de vente d'un immeuble, à l'accomplissement duquel l'Administration a été condamnée, Cass. Belg. , 24 octobre 1958, P., 1959, I, 202.

pour autant que la mesure envisagée contre l'Administration soit susceptible d'entraver *in concreto* la continuité du *service public*[229]. Le législateur belge a expressément consacré cet assouplissement pour les saisies des biens de l'Administration, il a inséré en 1994, *un art. 1412 bis dans le Code judiciaire* ; dans un *premier paragraphe,* le législateur affirme *le principe de l'insaisissabilité des biens des personnes publiques,* ensuite, il autorise la saisie des biens de la personne publique inscrits sur une liste des biens qu'elle juge saisissable et qu'elle est tenue d'élaborer *(paragraphe 2 de l'art. 1412 bis).* En cas de négligence de l'Administration quant à cette obligation de tenir à disposition la liste de ses biens saisissables, soit qu'elle ne l'ait pas élaborée, soit que la liste qu'elle présente est insuffisante, le créancier peut alors saisir tout bien appartenant à la personne publique, à condition qu'il ne soit pas *« manifestement utile (...) à toute personne (...) pour l'exercice de ses missions ou pour la continuité du service public ».* La personne publique peut dans ce cas proposer au créancier de saisir un autre bien en lieu et place de celui qu'il veut saisir. Selon Patrick GAUFFAUX, cette solution doit être logiquement étendue aux biens des personnes privées qui accomplissent une mission de *service public*[230].

En droit français, la Cour d'appel de Paris dans l'affaire **BRG**[231] avait tenté une percée dans ce sens, avant d'être rattrapée par le législateur, elle considérait en effet que ne devait être insaisissable qu*e les biens qui sont nécessaires pour le fonctionnement régulier et continu du service public.* Elle admettait en l'espèce, l'application des voies d'exécution de droit privé aux Etablissements publics non dotés d'un comptable public, sous la réserve que : *« cette procédure ne soit pas de nature à compromettre le fonctionnement régulier et continue du service public ».* Dans le même sens *l'avis du 30 janvier 1992* de *la Section des finances du CE français admettait* qu'une personne publique *(Etablissement public industriel et commercial –la Caisse centrale de coopération économique)* puisse être *tiers-ainsi.* Rappelant *la jurisprudence BRG,* le CE français a jugé que dans le cadre de *la loi du 16 juillet 1980,* le Préfet en cas de carence d'une Collectivité territoriale pour l'exécution d'une décision passée en force de chose jugée la condamnant à payer une somme d'argent au titre de son pouvoir de substitution, peut

229Cass. Belg. 30 septembre 1993, P., 1993, I, p.778, à propos d'une saisie ; 24 avril 1998, P., 1998, I, 210 à propos d'une autorisation de réaliser des travaux en lieu et place de l'Administration ; 24 janvier 1999, P., 1999, I, 49, à propos d'une saisie arrêt exécution.

230 GAUFFAUX (P), *Dictionnaire élémentaire de droit administratif,* Bruylant 2006, p.132.

231 GAUDEMET (Y), *l'entreprise publique a l épreuve du droit public,* Mélanges en l honneur du professeur Roland DRAGO, Paris Economica 1996, p. 270.

procéder a la vente des biens appartenant à la Collectivité *dès lors que ceux-ci ne sont pas indispensables au bon fonctionnement des services publics dont elle a la charge*[232]. Le juge administratif français sera malheureusement désavoué par le législateur. Ce qui fait dire au professeur Yves GAUDEMET : *« Jamais ces règles encore incertaines ou nuances dans les jurisprudences des années 1950 n avaient été aussi absolues dans leur formulation aussi générale dans leur champs d'application*[233]. » Pourtant les décisions de la Cour d'Appel et du Conseil d'Etat nous semblent correctes et réalistes. On ne pourrait avoir une conception organique du *principe de l'immunité d'exécution* qu'au prix d'une fragilisation de la crédibilité de l'Administration dans l'univers des affaires. Quel partenaire pourrait accepter de traiter avec l'Administration en courant le risque d'une inexécution de la part de celle-ci, de ses obligations, surtout pécuniaires ? Une conception fonctionnelle de *l'immunité d'exécution* est impérative.

Le droit OHADA et *le droit administratif camerounais* devraient s'inspirer de cette solution belge. Poser de manière abstraite *le principe de l'immunité d'exécution des personnes publiques* nous semble être la pire des injustices. C'est une atteinte à *l'Etat de droit*, à *la sécurité juridique* à *la théorie des anticipations légitimes d'autrui (théorie de la légitime confiance)*. L'admission de la *compensation* n'est pas suffisante, car elle est entourée des conditions. Qu'est qu'une décision si elle ne peut être exécutée ?

---

232 CE, avis Assemble générale (Section des finances) n 350083 du 30 janvier 1992, ECDE 1992.

233 *Ibidem.*

Que dire en conclusion à ce chapitre ? Que *les immunités* et *protections* en matière de procédure contentieuse sont fortement contestables dans le conteste camerounais, il faut se garder d'une transposition hâtive des règles, tout en les remettant pour mieux les comprendre dans leur contexte de maturation. De même, la jurisprudence du juge administratif doit être abordée sans parti pris, ni apriori négatifs, le fait que le RGP soit la plus grande cause de rejet des requêtes en instance n'est pas suffisant pour conclure à une politique jurisprudentielle de protection de l'Administration, on ne peut mêmement continuer d'écrire qu'en matière de contentieux de *la Légalité administrative*, le juge se limiterait à annuler l'acte en cause sans devoir adresser des injonctions à l'Administration, du moins lui indiquer la voie à suivre ou même que l'Administration jouirait d'une immunité d'exécution. Voilà autant d'exemples qui à notre avis ont le mérite d'ébranler quelques grandes certitudes en contentieux administratif camerounais.

CONCLUSION (Partie II)

Il ressort des développements précédents que l'Administration camerounaise ne jouit pas juridiquement *des prorogatives de protection* –à tout le moins dans une portion communément considérée. Les règles d'inspiration française entourant *le domaine public* sont désormais problématiques –depuis au moins les années baptisées dans le contexte camerounais « années de braise » où le pays connût l'une des plus importantes crises économiques de son histoire, la protection de l'Administration en matière de *dettes* et *créances* semble également être une illusion d'optique, à condition que l'on ne se limite pas à une lecture cursive des textes. On ne peut donc sans d'importantes nuances, affirmer que l'Administration est avantagée dans sa relation avec le particulier. De la même manière, le juge administratif camerounais semble avoir été sous-estimé, il est étonnant que les conclusions qui sont jusqu'ici servies à son propos, se fondent soit sur des présomptions théoriques, soit sur des interprétations contestables, soit sur de vielles décisions administratives. Pourtant le revirement de jurisprudence existe et l'interprétation d'une décision doit être débarrassée de tout préjugé. L'importante œuvre du juge en matière de charge de la preuve, en matière d'injonction contre l'Administration et d'immunité d'exécution ne représente pas l'entièreté de ses apports, mais de simples illustrations. Le juge administratif camerounais –même s'il appartient au pouvoir judiciaire qui dans le contexte camerounais est théoriquement subordonné au pouvoir exécutif, n'est pas pour autant le gardien des intérêts administratifs, il faut s'intéresser au miel *(ses décisions)* plutôt qu'à la ruche *(le jeu des pouvoirs constitutionnels)* pour conclure sur ce point. *Les prérogatives de protection de l'Administration* sont juridiquement un vain mot dans le contexte camerounais, mais les perceptions psychosociales à ce sujet restent très importantes.

EN GUISE DE CONCLUSION GENERALE

Saisissons l'occasion de cette conclusion pour tenter d'apporter quelques éléments de réponse aux Rapporteurs de notre jury de soutenance : les professeurs émérites Jean du BOIS de GAUDUSSON et Alain Serges MESCHERIAKOFF. Ceux –ci après avoir noté l'importance de notre apport, émirent communément une réserve, ils se demandèrent en effet s'il n'eût pas été plus judicieux, dans un contexte *« d'autoritarisme administratif »* comme celui du Cameroun, que nous proposassions plutôt des solutions pour rendre la protection des droits des particuliers effective, plutôt que de prendre le parti de défendre le passage de la *Légalité administrative au Cameroun,* de l'objectivation à la subjectivation, comme nous choisîmes de faire ? Question plein d'intérêt surtout quand on sait qu'il se pose un problème d'exécution des décisions de justice au Cameroun. Ces quelques éléments de réponses peuvent être soulignés :

- Il était question pour nous dans un travail de thèse, de suivre rigoureusement la méthode juridique *–le positivisme,* c'est –à dire analyser les textes et la jurisprudence dans un contexte évolutif. L'approche n'était pas *prescriptive* et *prospective,* mais *descriptive* et *analytique.* C'était selon nous un pas qui devait servir à mieux comprendre à quel niveau se situe le problème du droit administratif en général, elle (l'approche) nous permît en effet d'atténuer les critiques habituellement adressées au juge et de constater dans le même temps que la responsabilité était surtout à la charge des justiciables et de l'Administration qui n'exécute pas les décisions de justice.

- Rappelons que les faiblesses du droit administratif et les responsabilités avaient pourtant été pointées du doigt. Ainsi, nous reprochions par exemple au justiciable et à leurs conseils, la grande méconnaissance des règles du contentieux administratif, particulièrement de la jurisprudence ; au juge, sa grande lenteur dans la résolution des litiges et à l'Administration, son défaut d'exécution. S'agissant de cette dernière question, notons que les solutions à cette défaillance ont été proposées par les professeurs Roger Gabriel NLEP, Maurice KAMTO, Joseph OWONA etc. dans des études sérieuses, la persistance du phénomène ne peut traduire dès lors qu'une mauvaise volonté des pouvoirs publics, loin d'être avantage, cette inaction touche à l'essence même de *l'Etat de droit* et de *la séparation des pouvoirs.* Dans ce contexte, nous refusons formellement d'ajouter par d'autres propositions, des maillons au chapelet des solutions proposées par ces remarquables auteurs.

- Disons pour terminer qu'il était aussi question pour nous d'essayer une autre lecture du droit administratif camerounais sur base des développements intervenus dans les années 1990 et de mettre en lumière l'importante œuvre du juge administratif qui nous semblait avoir été sous-estimée.

BIBLIOGRAPHIE

Manuels

ABA'A OYONO (J.C), *La compétence de la juridiction administrative en droit camerounais (thèse dact.), Nantes 1992.*

ATANGANA FONGUE (R), *Contrôle discal et protection du justiciable dans un contexte d'ajustement structurel, l'Harmattan 2007.*

AUBY (J.M) *(Introduction générale), Vers une démocratie administrative ? – Des administrés aux citoyens, numéro double 137/138, RFDA 2011.*

BENOIT (F.P), *Le droit administratif français, Dalloz, 1968.*

BOCKEL(A), *le juge et l'administration en Afrique Noire francophone (Introduction à l'étude du problème), Pédone, Paris, 1973.*

CHAPUS (R), *Droit administratif général tome 1, 15ème édition, Paris, Montchrestien 2001.*

DE LAUBADERE (A.), *Traité élémentaire de droit administratif, 5ème édition, Paris, L.G.D.J, 1970.*

De LAUBADERE, VENEZIA, GAUDEMET, traité de droit administratif, tome 1, 9 ème, Paris, LGDJ, 1984.

DEMICHEL (A), *le droit administratif –Essai de réflexion théorique, Paris, LGDJ, 1978.*

DUGUIT (L), *Traite de droit constitutionnel, (3e édition) / Cinq volumes, Bordeaux 1927-1930 - Monographies.*

DE PANSEY (H), *De l'autorité judiciaire en France, Paris, Th. Barrois, 3 e éd., 1827.*

DUFAU (V), *Les sujétions exorbitantes de droit commun, l'Harmattan 2000.*

DUPUIS (G), *Les privilèges de l'Administration (thèse dact.), Paris 1962.*

EBANG MVE (U), *Le titre foncier au Cameroun : recherche sur la spécificité d'un acte administratif unilatéral, l'Harmattan 2011.*

EISENMANN (C), *Cours de droit administratif, tome 1, LGDJ, Paris 1982.*

EISENMANN (C), *Cours de droit administratif, tome 2, LGDJ, Paris 1982.*

FLAMME (M.A) *et al. Droit administratif, tome 1, Bruylant, 1989.*

GAUFFAUX (P), *Dictionnaire élémentaire de droit administratif, Bruylant, 2006.*

GAUFFAUX (P), *L'inexistence des privilèges de l'administration et le pouvoir d'exécution forcée», Bruylant en 2002.*

GERARD (P), *l'Esprit des droits –philosophie des droits de l'Homme, FUSL, 2007.*

HAURIOU (M), *Précis de droit administratif et de droit public, Sirey 1927.*

KEUTCHA (C), Précis de contentieux administratif au Cameroun –aspect de l'évolution récente, l'Harmattan 2013.

LAFERRIERE (E), *Traité de la juridiction administrative, tome 2, éd. Berger Levrault et Cie 1888.*

LEROY (M), *contentieux administratif (belge), 4ème éd. Bruylant 2008.*

MBALLA (R), *La notion d'acte unilatéral au Cameroun : contribution à la théorie de la décision administrative, éditions universitaires européennes (ŒUE) Sarrebruck 2011.*

MELLERAY (F) *(dir), L'exorbitance du droit administratif en question(s), LGDJ, 2003.*

MESTRE (A*), Introduction historique au droit administratif français, PUF, 1985.*

MINKOA SHE (A*) Droits de l'Homme et droit pénal au Cameroun, Economica, 1999.*

MODERNE (F), *Recherches sur la Puissance publique et ses prérogatives (thèse dact.), Bordeaux 1960.*

NIHOUL (M), *le privilège du préalable et l'exécution d'office –pour une relecture civile et judiciaire a l'aide du droit commun de l'exécution, la Charte 2001.*

ONDOA (M), *le droit de la responsabilité publique dans les Etats en développement –Contribution à l'étude de l'originalité des droits africains (Thèse dact.), Yaoundé 1997.*

OWONA(J), *Contentieux administratif de la République du Cameroun, l'Harmattan, 2011.*

PAILLET (M) *(dir) la modernisation de la justice administrative en France, Larcier 2010.*

PAQUES (M), *De l'acte unilatéral au contrat dans l'action administrative, Bruxelles, Story Scientia, 1991.*

RICCI (J-C), *Droit administratif, Paris Hachette, 1996*

ROLLAND (L), *Précis de droit public, Dalloz 1943.*

ROUSSET (M), *L'idée de puissance publique en droit administratif (thèse dact.), Grenoble 1960.*

SALMON (J), *Le Conseil d'Etat, tome 1, Bruylant, 1994,*

SEILLER (B), *Droit administratif – L'action administrative, Paris, Flammarion, 2001.*

SINDJOUN (L), *Les grandes décisions de la justice constitutionnelle africaine, Bruylant 2009.*

SFEZ (L), *Contribution du Doyen HAURIOU au droit administratif français, LGDJ, 1966.*

WALINE (M), *Droit administratif, 8e éd. Sirey, 1959.*

WIGNY(P.), *Droit administratif, Principes généraux,* éd. Emile Bruylant 1953

YANNAKOPOULOS (C), *La notion de droits acquis en droit administratif français, Paris, LGDJ, 1997.*

Articles et autres

BILONG *(S), « le droit des fédérations sportives au Cameroun : le cas de la Fécafoot », Revue juridique et Economique des Sports, ESPORT n° 45, décembre 1997.*

CHEVALIER (J), *Le droit administratif, droit de privilèges? Pouvoirs 1988, n°46.*

COLLET (M), *« Le droit déclaratoire - A propos des lois mémorielles et autres dispositions législatives 'non-normatives' » in le Préambule de la Constitution de 1946,* éd. Panthéon- Assas, 2008

DEBBASCH (C), Contentieux administratif, RIDC, 1977, Vol. pp. 437-439.

EISENMANN (C), *« Deux théoriciens du droit : HAURIOU et DUGUIT », Revue philosophique 1930.*

GAUDEMENT (Y), *Faut-il retirer l'arrêt TERNON, AJDA 2002.*

KAMTO (M) et GUIMDO (R*), «Le silence de l'administration en droit administratif camerounais», in Lex Lata n° 005 du 15 décembre 1994.*

FOMEUTEU (J), *« le juge de l'exécution au pluriel ou la parturition au Cameroun de l'article 49 de l'acte uniforme OHADA portant voies d'exécution », Juridis périodique n° 70, Avril, mai, juin 2007.*

KENFACK (G), *« l'exécution forcée contre les personnes morales de droit public dans l'espace OHADA » in Revue camerounaise de l'Arbitrage n° 18, juillet-aout-septembre 2002.*

KEUTCHA (C), *« l'autorisation tacite, cinq ans après sa consécration en droit positif camerounais », juridis périodique n°28, octobre-décembre 1996 et* RJPIC *n° 3, septembre- décembre 1997.*

KEUTCHA (C), *«Les mutations récentes du droit administratif au Cameroun», AFrilex 2000/1.*

KEUTCHA (C) *« « Note sous Cour Suprême du Cameroun (Ch. Adm.), jugement n° 38 du 30 mars 1995. NYAM Charles c/ Etat du Cameroun (MINSUP)», Juridis périodique n° 37, janvier mars 1999.*

HAURIOU (M), *La formation du droit administratif depuis l'an VIII, paru à la Revue générale d'administration, 1892.*

MBALLA OWONA (R), *La notion d'acte administratif unilatéral au Cameroun –Contribution à la théorie générale de la décision administrative*, EUE, *13 mai 2011.*

MILLARD (E), *« Les disciples administrativistes de Maurice HAURIOU», (contribution au colloque A propos de Maurice HAURIOU, Revista Opiniâo 3,6 (2002).*

NLEP(R.G), *« Note sous CS/ CA jugement n° 48 du 25 mai 1989, Aigle Royal de Dschang – El Pacha c/ Etat du Cameroun», Revue juridique et Economique du Sport n° 21, 1992.*

NLEP (R.G), *Le juge de l'Administration face à la protection des libertés... (Discours inaugural de la rentrée académique 1997), Inédit, Douala 1997.*

NLEP(R.G), *note sous CS/ CA jugement n° 48 du 25 mai 1989, Aigle Royal de Dschang « El Pacha c/ Etat du Cameroun, ESPORT n° 21, 1992.*

RIVERO (J), *« Existe- t'il un critère du droit administratif ?» RDP 1953.*

ROBLOT-TROIZIER (A) *«L'applicabilité directe du préambule de la Constitution de 1946 », in le préambule de la Constitution de 1946, LGDJ, 2008.*

SORBARA (J-G), «Les principes du préambule sont-ils toujours nécessaires à notre temps ? » in Le préambule de la Constitution de 1946, LGDJ, 2008.

TRUCHET (D), «Les modalités et la porté du contrôle de l'Administration par le juge administratif», *Zbornik radova Pravnog fakulteta u Splitu, god.* 47, 3/2010., str. 533.-542.

VAN GERVEN (W) et WIJCKAERT (M), *« overeenkomsten met de overheid »* T.P.R., *1987.*

WAFFO MONGO, MBOTO FOUDA, *« comprendre la privatisation, les réponses aux questions que l'on pose » Cameroon Tribune n° 6607 du vendredi 29 mai 1998.*

ANNEXES[234]

Annexe 1 –Extraits de la Constitution de la République du Cameroun du 02 juin 1972, telle que modifiée le 18 janvier 1996 et le 14 avril 2008

Annexe 2 – Code des Marchés publics (Décret n° 2004/275, du 24 décembre 2004)

Annexe 3 – Loi sur l'Urbanisme au Cameroun (Loi n° 2002/003 du 21 avril 2002)

Annexe 4 –Statut général de la Fonction Publique (Décret N° 94/199 du 09 octobre 1994 portant statut général de la Fonction Publique de l'Etat tel que modifié et complété par le Décret n° 2000/287 du 12 octobre 2000)

Annexe 5 –Ordonnance portant régime domanial (Ordonnance n°74/2 du 06 juillet 1974)

Annexe 6 – Loi sur l'expropriation pour cause d'utilité publique (loi n° 85/09 du 04 juillet 1985)
Annexe 7 –Loi sur les Entreprises du Secteur public (loi n° 99/016 du 22 décembre 1999)

Annexe 8 –Loi portant régime financier de l'Etat (Loi n°2007/006 du 26 décembre 2007)

Annexe 9 –Loi portant régime financier des Collectivités territoriales décentralisées (loi n° 99/011 du 10 juillet 2009)

---

234 Les Annexes sont constituées des principaux textes du Droit administratif analysés dans notre étude. Nous ne pouvons pas passer sous silence la récente publication par le professeur Magloire ONDOA *(enseignant à l'Université de Yaoundé II)* aux éditions *kilimandjaro,* de d'un ouvrage encyclopédique de 160 000 pages en 65 volumes rassemblant les principaux textes réglementaires de 1815 à 2012. Il s'agit d'une œuvre qu'il faut hautement saluer. Reste à souhaiter qu'une œuvre d'égale importance soit consacrée à la jurisprudence administrative.

Annexe 1 –Extraits de la Constitution de la République du Cameroun du 02 juin 1972, telle que modifiée le 18 janvier 1996 et le 14 avril 2008

Préambule

Le Peuple camerounais,

Fière de sa diversité linguistique et culturelle, élément de sa personnalité nationale qu'elle contribue à enrichir, mais profondément conscient de la nécessité impérieuse de parfaire son unité, proclame solennellement qu'il constitue une seule et même Nation, engagée dans le même destin et affirme sa volonté inébranlable de construire la patrie camerounaise sur la base de l'idéal de fraternité, de justice et de progrès ; Jaloux de l'indépendance de la Patrie camerounaise chèrement acquise et résolu à préserver cette indépendance ; convaincu que le salut de l'Afrique se trouve dans la réalisation d'une solidarité de plus en plus étroite entre les peuples africains, affirme sa volonté d'œuvrer à la construction d'une Afrique unie et libre, tout en entretenant avec les autres Nations du monde des relations pacifiques et fraternelles conformément aux principes formulés par la charte des Nations-Unies ; Résolu à exploiter ses richesses naturelles afin d'assurer le bien-être de tous en relevant le niveau de vie des populations sans aucune discrimination, affirme son droit au développement ainsi que sa volonté de consacrer tous ses efforts pour le réaliser et se déclare prêt à coopérer avec tous les états désireux de participer à cette entreprise nationale dans le respect de sa souveraineté et de l'indépendance de l'état camerounais.

Le Peuple camerounais,

Proclame que l'être humain, sans distinction de race, de religion, de sexe, de croyance, possède des droits inaliénables et sacrés ; Affirme son attachement aux libertés fondamentales inscrites dans la déclaration universelle des droits de l'homme, la charte des Nations-Unies, la Charte africaine des Droits de l'Homme et des Peuples et toutes les conventions internationales y relatives et dûment ratifiées, notamment aux principes suivants :

Tous les hommes sont égaux en droits et en devoirs. L'Etat assure à tous les citoyens les conditions nécessaires à leur développement ; L'Etat assure la protection des minorités et préserve les droits des populations autochtones conformément à la loi ;

La liberté et la sécurité sont garanties à chaque individu dans le respect des droits d'autrui et de l'intérêt supérieur de l'Etat ;
Tout homme a le droit de se fixer en tout lieu et de se déplacer librement, sous réserve des prescriptions légales relatives à l'ordre, à la sécurité et à la tranquillité publics ;
Le domicile est inviolable.
Nulle perquisition ne peut y avoir lieu qu'en vertu de la loi ;
Le secret de toute correspondance est inviolable. Il ne peut y être porté atteinte qu'en vertu des décisions émanant de l'autorité judiciaire ;
Nul ne peut être contraint de faire ce que la loi n'ordonne pas ;
Nul ne peut être poursuivi, arrêté ou détenu que dans les cas et selon les formes déterminées par la loi ;
La loi ne peut avoir d'effet rétroactif. Nul ne peut être jugé et puni qu'en vertu d'une loi promulguée et publiée antérieurement au fait punissable ;
La loi assure à tous les hommes le droit de se faire rendre justice ;
Tout prévenu est présumé innocent jusqu'à ce que sa culpabilité soit établie au cours d'un procès conduit dans le strict respect des droits de la défense ;
Toute personne a droit à la vie et à l'intégrité physique et morale. Elle doit être traitée en toute circonstance avec humanité. En aucun cas, elle ne peut être soumise à la torture, à des peines ou traitements cruels, inhumains ou dégradants ;
Nul ne peut être inquiété en raisons de ses origines, de ses opinions ou croyance en matière religieuse, philosophique ou politique sous réserve du respect de l'ordre public et des bonnes mœurs ;
L'Etat est laïc. La neutralité et l'indépendance de l'Etat vis-à-vis de toutes les religions sont garanties ;
La liberté du culte et le libre exercice de sa pratique sont garantis ;
La liberté de communication, la liberté d'expression, la liberté de presse, la liberté de réunion, la liberté d'association, la liberté syndicale et le droit de grève sont garantis dans les conditions fixées par la loi ;
La nation protège et encourage la famille, base naturelle de la société humaine. Elle protège la femme, les jeunes, les personnes âgées et les personnes handicapées ;
L'Etat assure à l'enfant le droit à l'instruction. L'enseignement primaire est obligatoire.
L'organisation et le contrôle de l'enseignement à tous les degrés sont des devoirs impérieux de l'Etat ;
La propriété est le droit d'user, de jouir et de disposer des biens garantis à chacun par la loi. Nul ne saurait en être privé si ce n'est pour cause

d'utilité publique et sous la condition d'une indemnisation dont les modalités sont fixées par la loi ;
Le droit de propriété ne saurait être exercé contrairement à l'utilité publique, sociale ou de manière à porter préjudice à la sûreté ; à la liberté, à l'existence ou à la propriété d'autrui ;
Toute personne a droit à un environnement sain. La protection de l'environnement est un devoir pour tous. L'Etat veille à la défense et la promotion de l'environnement ;
Tout homme a le droit et le devoir de travailler ;
Chacun doit participer, en proportion de ses capacités, aux charges publiques ;
Tous les citoyens contribuent à la défense de la patrie ;
L'Etat garantit à tous les citoyens de l'un et de l'autre sexes, les droits et libertés énumérés au préambule de la Constitution.

Titre Premier
De l'Etat Et De La Souveraineté
.
Article premier :

(1) La République Unie du Cameroun prend, à compter de l'entrée en vigueur de la présente loi, la dénomination de République du Cameroun (loi n° 84-1 du 4 février 1984).

(2) La République du Cameroun est un Etat unitaire décentralisé. Elle est une et indivisible, laïque, démocratique et sociale. Elle reconnaît et protège les valeurs traditionnelles conformes aux principes démocratiques, aux droits de l'homme et à la loi. Elle assure l'égalité de tous les citoyens devant la loi.

(3) La République du Cameroun adopte l'anglais et le français comme langues officielles d'égale valeur. Elle garantit la promotion du bilinguisme sur toute l'étendue du territoire. Elle œuvre pour la protection et la promotion des langues nationales.

(4) La devise de la République du Cameroun est : « Paix - Travail - Patrie ».

(5) Son drapeau est : Vert, Rouge, Jaune, à trois bandes verticales d'égales dimensions. Il est frappé d'une étoile d'or au centre de la bande rouge.

(6) L'hymne national est : «Ô Cameroun, Berceau de nos Ancêtres».

(7) Le Sceau de la République du Cameroun est une médaille circulaire en bas relief de 46 millimètres de diamètre, présentant à l'avers et au centre le profil d'une tête de jeune fille tournée à dextre vers une branche de caféier à deux feuilles et jouxtée à senestre par cinq cabosses de cacao avec, en exergue, en français sur l'arc inférieur la devise nationale : « Paix - Travail - Patrie », au revers et au centre les armoiries de la République du Cameroun avec en exergue, en anglais, sur l'arc supérieur : « Republic of Cameroon », et sur l'arc inférieur, «Peace, Work, Fatherland ». Les armoiries de la République du Cameroun sont constituées par un écu chapé surmonté côté chef par l'inscription « République du Cameroun », et supporté par un double faisceau de licteurs entrecroisés avec la devise : « Paix - Travail - Patrie », côté pointe.

L'écu est composé d'une étoile d'or sur fond de simple et d'un triangle de gueules, chargé de la carte géographique du Cameroun d'azur, et frappé du glaive de la balance de justice de sable.

8) Le siège des institutions est à Yaoundé.

Art. 2.

(1) La souveraineté nationale appartient au peuple camerounais qui l'exerce soit par l'intermédiaire du Président de la République et des membres du Parlement, soit par voie de référendum. Aucune fraction du peuple ni aucun individu ne peut s'en attribuer l'exercice. (2)
Les autorités chargés de diriger l'Etat tiennent leurs pouvoirs du peuple par voie d'élections au suffrage universel direct ou indirect, sauf dispositions contraires de la présente Constitution.

(3) Le vote est égal et secret ; y participent tous les citoyens âgés d'au moins vingt (20) ans.

Art. 3

Les partis et formations politiques concourent à l'expression du suffrage. Ils doivent respecter les principes de la démocratie, de la souveraineté et de l'unité nationale. Ils se forment et exercent leurs activités conformément à la loi.

Art. 4

L'autorité de l'Etat est exercée par :
Le Président de la République ;
Le Parlement.

Titre II Du Pouvoir Exécutif

Chapitre I

Du Président De La République
Art. 5

(1) Le Président de la République est le Chef de l'Etat. (2) Elu de la Nation tout entière, il incarne l'unité nationale ; Il définit la politique de la nation ; Il veille au respect de la
Constitution ; Il assure, par son arbitrage, le fonctionnement régulier des pouvoirs publics ; Il est le garant de l'indépendance nationale, de l'intégrité du territoire, de la permanence et de la continuité de l'Etat, du respect des traités et accords internationaux.

Art. 6

(1) Le Président de la République est élu au suffrage universel direct, égal et secret, à la majorité des suffrages exprimés. (2) Le Président de la République est élu pour un mandat de sept (7) ans renouvelable une fois.
(3) L'élection a lieu vingt (20) jours au moins et cinquante
(50) jours au plus avant l'expiration des pouvoirs du Président de la République en exercice.
(4) En cas de vacance de Présidence de la République pour cause de décès, de démission ou d'empêchement définitif constaté par le Conseil constitutionnel, le scrutin pour l'élection du nouveau Président de la République doit impérativement avoir lieu vingt (20) jours au moins et quarante (40) au plus après l'ouverture de la vacance. a- l'intérim du Président de la République est exercé de plein droit, jusqu'à l'élection du nouveau Président de la République, par le président du Sénat, et si ce dernier est, à son tour, empêché, par son suppléant, suivant l'ordre de préséance du Sénat.
b- Le Président de la République par intérim - le Président du Sénat ou son suppléant - ne peut modifier ni la Constitution, ni la composition du

gouvernement. Il ne peut recourir au référendum. Il ne peut être candidat à l'élection organisée pour la Présidence de la République. (5) Les candidats aux fonctions de Président de la République doivent être des citoyens camerounais d'origine, jouir de leurs droits civiques et politique et avoir trente - cinq (35) ans révolus à la date de l'élection. (6) le régime de l'élection à la Présidence de la République est fixé par la loi.

Art. 7

(1) le Président de la République élu entre en fonction dès sa prestation de serment. (2) Il prête serment devant le peuple camerounais, en présence des membres du Parlement, du Conseil constitutionnel et de la Cour Suprême réunis en séance solennelle. Le serment est reçu par le Président de l'Assemblée Nationale. (3) La formule du serment et les modalités d'application des dispositions des alinéas 1 et 2 ci - dessus sont fixées par la loi. (4) Les fonctions de Président de la République sont incompatibles avec toute autre fonction publique élective ou toute activité professionnelle.

Art. 8

(1) Le Président de la République représente l'Etat dans tous les actes de la vie publique.

(2) Il est le Chef des Forces Armées. (3) Il veille à la sécurité intérieure et extérieure de la République. (4) Il accrédite les ambassadeurs et les envoyés extraordinaires auprès des puissances étrangères. Les ambassadeurs et les envoyés extraordinaires des puissances étrangères sont accrédités auprès de lui. (5) Le Président de la République promulgue les lois dans les conditions prévues à l'article 31 ci - dessous. (6) Le Président de la République saisit le Conseil constitutionnel dans les conditions déterminées par la Constitution. (7) Il exerce le droit de grâce après avis du Conseil supérieur de la Magistrature. (8) Il exerce le pouvoir réglementaire.

(9) Il crée et organise les services publics de l'Etat. (10) Il nomme aux emplois civils et militaires de l'Etat. (11) Il confère les décorations et les distinctions honorifiques de la République.

(12) Le Président de la République peut, en cas de nécessité et après consultation du
Gouvernement, des bureaux de l'Assemblée Nationale et du Sénat, prononcer dissolution de l'Assemblée Nationale. L'élection d'une nouvelle Assemblée a lieu conformément aux dispositions de l'article 15 alinéa 4 ci - dessous.

Art. 9

(1) Le Président de la République peut, lorsque les circonstances l'exigent, proclamer par décret, l'état d'urgence qui lui confère des pouvoirs spéciaux dans les conditions fixées par la loi.

(2) Le Président de la République peut, en cas de péril grave menaçant l'intégrité du territoire, la vie, l'indépendance ou les institutions de la République, proclamer, par décret, l'état d'exception et prendre toutes mesures qu'il juge nécessaires. Il en informe la Nation par voie de message.

Art. 10

(1) le Président de la République nomme le Premier ministre et, sur proposition de celui - ci, les autres membres du Gouvernement.
Il fixe leurs attributions ;
Il met fin à leurs fonctions ;
Il préside les conseils ministériels.

(2) Le Président de la République peut déléguer certains de ses pouvoirs au Premier Ministre, aux autres membres du Gouvernement et à certains hauts responsables de l'administration de l'Etat, dans le cadre de leurs attributions respectives.

(3) En cas d'empêchement temporaire, le Président de la République charge le Premier ministre ou, en cas d'empêchement de celui - ci un autre membre du Gouvernement, d'assurer certaines de ses fonctions, dans le cadre d'une délégation expresse.

Chapitre II

Du Gouvernement

Art. 11

(1) le Gouvernement est chargé de la mise en œuvre de la politique de la Nation telle que définie par le président de la République. (2) Il est responsable devant l'Assemblée
Nationale dans les conditions et selon les procédures prévues à l'article 34 ci - dessous.

Art. 12
(1) le premier Ministre est le Chef du Gouvernement et dirige l'action de celui - ci.

(2) Il est chargé de l'exécution des lois.

(3) Le Premier ministre exerce le pouvoir réglementaire et nomme aux emplois civils, sous réserve des prérogatives reconnues au Président de la République dans ces domaines.
(4) Il dirige tous les services administratifs nécessaires à l'accomplissement de sa mission.
(5) Il peut déléguer certains de ses pouvoirs aux membres du Gouvernement et à des hauts responsables de l'administration de l'Etat.

Art. 13

Les fonctions de membre du Gouvernement et assimilés sont incompatibles avec l'exercice de tout mandat parlementaire, la présidence d'un exécutif ou d'une assemblée d'une collectivité territoriale décentralisée, toute fonction de représentation professionnelle.

Annexe 2 – Code des Marchés publics (Décret n° 2004/275, du 24 décembre 2004)

Le Président de la République,

Vu la Constitution ;
Vu la loi n° 73/7 du 7 décembre 1973 relative aux droits du Trésor pour la sauvegarde de la fortune publique ;
Vu la loi n° 74/18 du 5 décembre 1974 relative au contrôle des ordonnateurs, gestionnaires et gérants des crédits publics et des entreprises de l'Etat, modifiée par la loi n° 76/4 du 8 juillet 1976 ;
Vu la loi n° *20041018* du 22 juillet 2004 fixant les règles applicables aux communes ;
Vu la loi n° *20041019* du 22 juillet 2004 fixant les règles applicables aux régions ;
Vu la loi n° *991016* du 22 décembre 1999 portant statut général des établissements publics et des entreprises du secteur public et parapublic ;
Vu le décret n° 2001/048 du 23 février 2001 portant création, organisation et fonctionnement de l'Agence de Régulation des Marchés Publics ;
Vu le décret n° 2002/216 du 24 août 2002 portant réorganisation du Gouvernement ;

Décrète :

TITRE UNIQUE

DISPOSITIONS GENERALES

ARTICLE 1er :

(1) Le présent décret porte Code des Marchés Publics.

(2) Il fixe les règles applicables à la passation, à l'exécution et au contrôle des Marchés Publics.

ARTICLE 2 : Les règles fixées par le présent code reposent sur les principes de liberté d'accès à la commande publique, d'égalité de traitement des candidats et de transparence des procédures.

ARTICLE 3 : Le Code des Marchés Publics s'applique à tout marché public financé ou cofinancé :

a) par le budget de l'Etat ;

b) sur fonds d'aide extérieure, bilatérale ou multilatérale ;

c) sur emprunt avalisé par l'Etat ;

d) par le budget d'un établissement public ou d'une entreprise du secteur public ou parapublic ou d'une collectivité territoriale décentralisée.

ARTICLE 4 :

(1) Nonobstant les dispositions de l'article 3 ci-dessus, le Code des Marchés Publics ne s'applique aux marchés conclus dans le cadre des conventions internationales signées par l'Etat qu'en ses dispositions non contraires aux dites conventions.

(2) Les dispositions du Code des Marchés Publics relatives à la passation, à l'exécution, aux organes de passation et de contrôle des Marchés Publics ne sont pas applicables aux prestations de montant inférieur à cinq (5) millions de francs CFA.

ARTICLE 5 :

(1) Pour l'application du présent Code, les définitions ci-après sont admises :

a) Marché Public: contrat écrit, passé conformément aux dispositions du présent Code, par lequel un entrepreneur, un fournisseur, ou un prestataire de service s'engage envers l'état, une collectivité territoriale décentralisée, un établissement public ou une entreprise du secteur public ou para public, soit à réaliser des travaux, soit à fournir des biens ou des services moyennant un prix ;

b) Marché: ensemble des pièces visées dans le présent Code auxquelles il est fait expressément référence dans les clauses administratives générales et les clauses administratives particulières du contrat. Il fait l'objet d'un document unique rédigé recto-verso ;

c) Délégation de services publics: délégation de la gestion d'un service public à un tiers dont la rémunération est substantiellement liée au résultat de l'exploitation du service. Elle est soumise au régime des marchés publics ;

d) Ouvrage: toute construction, installation, tout édifice, assemblage et d'une façon générale, tout bien matériel créé ou transformé par l'exécution des travaux ;

e) Prestations: tous travaux, toutes fournitures, tous services ou toutes prestations intellectuelles à exécuter ou à fournir conformément à l'objet du marché ;

f) Maître d'Ouvrage: chef de département ministériel ou assimilé, chef de l'exécutif d'une collectivité territoriale décentralisée, directeur général et directeur d'un établissement public et d'une entreprise du secteur public et para public, représentant l'administration bénéficiaire des prestations prévues dans le marché ;

g) Maître d'Ouvrage Délégué: personne exerçant en qualité de mandataire du Maître d'Ouvrage, une partie des attributions de ce dernier. Il s'agit du Gouverneur de province et du Préfet de département, du chef d'une mission diplomatique du Cameroun à l'étranger, habilités à passer et à signer les marchés financés sur crédits délégués par un Maître d'Ouvrage, et le cas échéant, du chef d'un projet bénéficiant d'un financement extérieur ;

h) Chef de service du marché: personne physique accréditée par le Maître d'Ouvrage ou le Maître d'Ouvrage Délégué pour une assistance générale à caractère administratif, financier et technique aux stades de la définition, de l'élaboration, de l'exécution et de la réception des prestations objet du marché.

Responsable de la direction générale de l'exécution des prestations, il arrête toutes les dispositions technico-financières et représente le Maître d'Ouvrage ou le Maître d'Ouvrage Délégué auprès des instances compétentes d'arbitrage des litiges ;

i) Ingénieur du marché: personne physique ou morale de droit public accréditée par le Maître d'Ouvrage ou le Maître d'Ouvrage Délégué, pour le suivi de l'exécution du marché.

Responsable du suivi technique et financier, il apprécie, décide et donne toutes les instructions n'entraînant aucune incidence financière. Il rend compte au Chef de service du marché;

j) Maître d'œuvre: personne physique ou morale de droit public ou privé chargée par le Maître d'Ouvrage ou le Maître d'Ouvrage Délégué d'assurer la défense de ses intérêts aux stades de la définition, de l'élaboration, de l'exécution et de la réception des prestations objet du marché ;

k) Cocontractant de l'Administration: toute personne physique ou morale partie au contrat, en charge de l'exécution des prestations prévues dans le marché, ainsi que son ou ses représentant (s), personnel(s), successeur (s) et / ou mandataire (s) dûment désigné (s) ;

l) Groupement d'entreprises: groupe d'entreprises ayant souscrit un acte d'engagement unique, et représentées par l'une d'entre elles qui assure une fonction de mandataire commun. Le groupement d'entreprises est conjoint ou solidaire ;

m) Commission des Marchés Publics: organe d'appui technique placé auprès d'un Maître d'Ouvrage ou d'un Maître d'Ouvrage Délégué pour la passation des marchés ou organe technique placé auprès de l'Autorité chargée des Marchés Publics pour le contrôle a priori des procédures de passation des marchés ;

n) Sous-commission d'analyse: comité ad-hoc désigné par la Commission de Passation des Marchés pour l'évaluation et le classement des offres aux plans technique et financier ;

o) Autorité chargée des Marchés Publics: autorité placée à la tête de l'administration publique compétente dans le domaine des marchés publics ;

p) Observateur Indépendant: consultant recruté par l'Administration afin de veiller au respect de la réglementation, aux règles de transparence et aux principes d'équité dans le processus de passation des marchés publics ;

q) Auditeur Indépendant: cabinet de réputation établie recruté par l'Administration et chargé de l'audit annuel des marchés publics ;

r) Avenant: acte contractuel modifiant certaines clauses du marché de base pour l'adapter à des événements survenus après sa signature ;

s) Montant du marché: montant total des charges et rémunérations des prestations faisant l'objet du marché, sous réserve de toute addition ou déduction qui pourrait y être apportée en vertu des stipulations dudit marché ;

t) Lettre-commande: marché public dont le montant est au moins égal à cinq (5) millions et inférieur à trente (30) millions de FCFA ;

u) Demande de cotation: procédure simplifiée de consultation d'entreprises pour la passation de certaines lettres-commandes ;

v) Commission de suivi et de recette technique: commission constituée des membres choisis en fonction de leur domaine de compétence et chargée de suivre et de valider les prestations effectuées dans le cadre des marchés de prestations intellectuelles dont les montants sont supérieurs ou égaux à cent (100) millions de FCFA.

(2) Un arrêté du Premier Ministre détermine les modalités d'application de la demande de cotation prévue à l'alinéa [(1) u)] ci-dessus.

ARTICLE 6 :

(1) Avant tout appel à la concurrence, les spécifications et la consistance des prestations doivent faire l'objet d'une étude préalable et déboucher soit sur un avant-projet définissant toutes les caractéristiques de l'ouvrage à réaliser ou des fournitures à livrer soit sur les termes de référence des services concernés.

(2) Ladite étude doit être assortie d'une estimation des coûts correspondants. Elle doit notamment tenir compte lorsqu'il s'agit des marchés de travaux, des destructions de biens, de la nue propriété, des déplacements des réseaux (eau, électricité, téléphone, etc.) de la libération

du site retenu et des conditions d'accès.

(3) La passation des marchés y relatifs doit faire l'objet d'une programmation par le Maître d'Ouvrage ou le Maître d'Ouvrage Délégué, en relation avec les services techniques et les administrations compétents.

(4) Tout appel à la concurrence ne peut intervenir que sur la base d'un dossier d'appel d'offres élaboré par le Maître d'Ouvrage ou le Maître d'Ouvrage Délégué après les études préalables visées à l'alinéa 1 du présent article.

LIVRE 1

DE LA PASSATION ET DE L'EXECUTION DES MARCHES PUBLICS

TITRE I

DE LA PASSATION DES MARCHES PUBLICS

ARTICLE 7 :

(1) Les marchés publics sont passés après mise en concurrence des cocontractants potentiels de l'Administration sur appel d'offres.

(2) Ils peuvent exceptionnellement être attribués selon la procédure de gré à gré dans les conditions définies dans le présent Code.

(3) Les marchés publics sont soumis au régime fiscal et douanier en vigueur au Cameroun, sauf dérogations expresses prévues par les textes législatifs ou réglementaires, et sous réserve des dispositions des conventions de financement d'aides extérieures ou des conventions et accords internationaux.

(4) Le Maître d'Ouvrage ou le Maître d'Ouvrage Délégué est tenu de s'assurer de la mise en place et de la disponibilité du financement avant le lancement de la consultation.

Toutefois, l'Autorité chargée des Marchés Publics peut accorder des dérogations expresses dans des cas de marchés pluriannuels, de projets dont l'exécution est tributaire d'une campagne ou d'une saison et de projets pour lesquels la période s'écoulant entre le vote de la loi de finances de l'année ou l'autorisation de mise en consommation du budget voté par le Conseil d'Administration, et la date de démarrage effectif des prestations est insuffisante pour le lancement des consultations.

(5) Dans les cas de dérogations visés à l'alinéa (4) ci-dessus, la signature de l'ordre de service de démarrage des prestations est conditionnée par l'existence des financements.

CHAPITRE I

DES MARCHES SUR APPEL D'OFFRES

SECTION 1

DES GENERALITES

ARTICLE 8 :

(1) L'appel d'offres est la procédure par laquelle l'attribution d'un marché intervient après appel public à la concurrence.

(2) Les critères de choix tiennent compte :

- du prix des prestations et variantes proposées ou du coût de leur utilisation ;
- de leur valeur technique et fonctionnelle notamment, les conditions d'exploitation et d'entretien ainsi que de la durée de vie potentielle des ouvrages produits ou des fournitures et services concernés ;
- de la qualité et de la capacité professionnelle des candidats ;
- du délai d'exécution ou de livraison.

SECTION
DES TYPES D'APPELS D'OFFRES

ARTICLE 9 :

(1) L'appel d'offres peut être national ou international, ouvert ou restreint ou avec concours.

(2) L'appel d'offres n'est valable que si, après avoir respecté toutes les dispositions réglementaires, la commission des marchés compétente a reçu au moins une soumission jugée recevable.

ARTICLE 10 : L'appel d'offres est :

a) national, lorsqu'il s'adresse aux personnes physiques ou morales ayant leur domicile ou leur siège social au Cameroun ;

b) international, lorsqu'il s'adresse aux personnes physiques ou morales ayant leur domicile ou leur siège social à l'intérieur ou à l'extérieur du territoire national.

Paragraphe 1

Appel d'offres ouvert

ARTICLE 11 :

(1) L'appel d'offres est dit ouvert lorsque l'avis public invite tous les candidats intéressés à remettre, pour une date fixée, leurs offres.

(2) Le dossier d'appel d'offres est, après publication de l'avis, mis à la disposition de chaque candidat qui en fait la demande, contre paiement des frais y afférents dont le barème est fixé par l'Autorité chargée de Marchés Publics.

Paragraphe 2Appel d'offres restreint

ARTICLE 12 :

(1) L'appel d'offres restreint est un appel d'offres ouvert précédé d'une pré-qualification.

(2) L'appel d'offres restreint s'adresse à un nombre de candidats retenus à l'issue d'une procédure de pré-qualification.

(3) La pré-qualification s'effectue à la suite d'un appel public à candidatures par insertion dans des publications habilitées, d'un avis relatif à un appel d'offres particulier ou à un ensemble d'appels d'offres au cours d'une période d'un même exercice budgétaire, pour des prestations de même nature, sous réserve des dispositions des conventions internationales.

(4) L'appel public à candidatures doit préciser les critères de qualification notamment: les conditions administratives, les références concernant les marchés analogues, les effectifs, les installations, le matériel et la situation financière.

(5) Le rapport de pré-qualification, rédigé par le Maître d'Ouvrage ou le Maître d'Ouvrage Délégué, accompagné du projet de Dossier d'Appel d'Offres comprenant la proposition de listes restreintes, sont soumis à la commission des marchés compétente pour examen.

(6) L'avis d'appel d'offres restreint tient lieu de résultat de la pré-qualification.

(7) Les Dossiers d'Appel d'Offres approuvés sont mis à la disposition des candidats pré-qualifiés dans les mêmes conditions que celles prévues à l'article 11 (2) ci-dessus et des lettres d'invitation à soumissionner leur sont adressées. Il est ensuite procédé comme dans le cas d'un appel d'offres ouvert.

ARTICLE 13 : L'appel d'offres restreint peut être utilisé pour les cas suivants :

- travaux ou équipements spécifiques de grande importance ou complexes ;
- fournitures et services spécialisés.

Paragraphe 3
Appel d'offres avec concours

ARTICLE 14 :

(1) Lorsque des motifs d'ordre technique, esthétique ou financier justifient des recherches particulières, l'appel d'offres peut être assorti

d'un concours.

(2) Le concours porte sur la conception d'une œuvre ou d'un projet architectural.

ARTICLE 15 : L'appel d'offres avec concours s'effectue selon la procédure d'appel d'offres ouvert ou restreint.

ARTICLE 16 :

(1) Le règlement particulier de l'appel d'offres avec concours doit prévoir :

a) des primes, récompenses ou avantages à allouer aux soumissionnaires les mieux classés ;

b) soit que les projets primés deviennent en tout ou partie propriété du Maître d'Ouvrage ou du Maître d'Ouvrage Délégué ;

c) soit que le Maître d'Ouvrage ou le Maître d'Ouvrage Délégué se réserve le droit de faire exécuter par l'entrepreneur ou le fournisseur de son choix tout ou partie des projets primés, moyennant le versement d'une redevance fixée dans le règlement particulier d'appel d'offres lui-même ou déterminée ultérieurement à l'amiable ou après expertise ;

(2) Le règlement particulier de l'appel d'offres avec concours doit, en outre, indiquer si et dans quelles conditions les hommes de l'art, auteurs des projets, seront appelés à coopérer à l'exécution de leur projet primé.

(3) Les primes, récompenses ou avantages prévues à l'alinéa (1) du présent article peuvent ne pas être accordées en tout ou en partie si les projets reçus ne sont pas jugés satisfaisants.

SECTION III

DU CONTENU DU DOSSIER D'APPEL D'OFFRES. DE L'AVIS D'APPEL D'OFFRES

ET DU REGLEMENT PARTICULIER D'APPEL D'OFFRES

ARTICLE 17 : Le dossier d'appel d'offres comprend notamment :

a) l'avis d'appel d'offres (MO) rédigé en français et en anglais ;

b) le règlement particulier de l'appel d'offres (RPAO) ;

c) le cahier des clauses administratives particulières (CCAP) ;

d) le cahier des clauses techniques particulières (CCTP), les termes de référence (TOR) ou le descriptif de la fourniture ;

e) le cadre du bordereau des prix unitaires ;

f) le cadre du détail estimatif comprenant les quantités à exécuter ;

g) le cadre du sous-détail des prix ;

h) les formulaires types relatifs notamment à la soumission et la caution ;

i) le cas échéant, les documents techniques ou tout autre document jugé nécessaire par le Maître d'Ouvrage ou le Maître d'Ouvrage Délégué.

ARTICLE 18 : L'avis d'appel d'offres doit mentionner notamment :

a) la référence de l'appel d'offres comprenant le numéro, l'identification de la commission des marchés publics et du Maître d'Ouvrage ou du Maître d'Ouvrage Délégué, l'objet et la date de signature ;

b) le financement ;

c) le type d'appel d'offres ;

d) le ou les lieux où l'on peut consulter le dossier d'appel d'offres ;

e) la qualification des candidats et les conditions d'acquisition du dossier d'appel d'offres ;

f) les principaux critères d'évaluation des offres exprimés de manière quantitative et/ou qualitative ;

g) le lieu, la date et les heures limites de dépôt et d'ouverture des offres ;

h) le délai pendant lequel les candidats restent engagés par leurs offres ;

i) les conditions auxquelles doivent répondre les offres, notamment le montant de la caution de soumission ;

j) le nombre maximum de lots dont un soumissionnaire peut être attributaire en cas d'allotissement.

ARTICLE 19 : Le règlement particulier d'appel d'offres doit préciser entre autres :

a) la présentation et la constitution des offres ;

b) les conditions de rejet des offres ;

c) les critères d'évaluation des offres pour les marchés de travaux et de fournitures, les critères sont ceux dits essentiels et ceux éliminatoires. Ils doivent être objectifs, vérifiables et quantifiables autant que possible monétairement ;

d) pour les marchés de prestations intellectuelles, les critères doivent être détaillés par des sous-critères. Ceux-ci doivent être objectifs, vérifiables et autant que possible qualitatifs ;

e) les modes et les critères d'attribution du marché ;

f) les règles de pré-qualification et de post-qualification, le cas échéant.

SECTION IV

DE LA PUBLICITE ET DU DELAI DE REMISE DES OFFRES

ARTICLE 20 : L'avis d'appel d'offres doit faire l'objet d'une large diffusion par insertion dans le journal des marchés publics édité par l'organisme chargé de la régulation des marchés publics ou dans toute autre publication habilitée. Les autres moyens de publicité tels que le communiqué radio, la presse disponible en kiosque et la presse spécialisée, les voies d'affichage et électronique ne pourront être utilisés qu'en sus.

ARTICLE 21 :

1) Les délais accordés aux soumissionnaires pour la remise des offres varient entre trente (30) et soixante (60) jours.

(2) Ce délai, qui court à compter de la date de publication de l'avis d'appel d'offres, peut être ramené à vingt (20) jours dans le cas d'urgence manifeste ou de demande de cotation et porté au plus à quatre vingt dix (90) jours pour les appels d'offres internationaux.

SECTION V

DES SOUMISSIONNAIRES

ARTICLE 22 :

(1) Ne peuvent postuler à la commande publique, les personnes physiques ou morales :

a) qui n'ont pas souscrit les déclarations prévues par les lois et règlements en vigueur ou n'ont pas acquitté les droits, taxes, impôts, cotisations, contributions, redevances ou prélèvements de quelque nature que ce soit ;

b) en état de liquidation judiciaire ou en faillite ;

c) visées à l'article 102 du présent Code ;

d) frappées de l'une des interdictions ou déchéances prévues par la législation en vigueur.

(2) Les soumissions présentées par les personnes physiques ou morales visées à l'alinéa 1 ci-dessus sont irrecevables.

ARTICLE 23 :

(1) Tout soumissionnaire est tenu de produire dans son offre :

a) les documents fournissant des renseignements utiles, et dont la nature est précisée dans le dossier d'appel d'offres ;

b) l'attestation de non-faillite ;

c) le quitus des autorités compétentes pour l'acquittement des impôts, taxes, droits, contributions, cotisations, redevances ou prélèvements de quelque nature que ce soit ;

d) une attestation certifiant que le soumissionnaire n'est frappé d'aucune interdiction ou déchéance prévue par la législation en vigueur ;

e) la caution de soumission dont les modalités et le montant sont précisés dans le dossier d'appel d'offres, en conformité avec la réglementation en vigueur.

(2) Le délai de validité des cautions de soumission doit excéder de trente (30) jours celui des offres.

(3) La caution de soumission peut être remplacée par la garantie d'une caution délivrée conformément aux dispositions de l'article 70 (1) et (2) du présent Code.

(4) L'organisme ayant produit une caution personnelle et solidaire, est tenu de se conformer, mutatis mutandis, aux dispositions de l'article 70 (3) et (4) du présent Code.

SECTION VI

DE LA RECEVABILITE ET DU DEPOUILLEMENT DES OFFRES

ARTICLE 24 :

(1) Les offres sont adressées sous pli cacheté et scellé, portant le numéro et l'objet de l'appel d'offres. Il ne doit donner aucune indication sur l'identité du soumissionnaire, sous peine de rejet. Dans les cas de marchés d'études, l'offre technique et l'offre financière doivent être placées dans deux enveloppes différentes et remises sous pli cacheté dans les mêmes conditions que précédemment.

(2) Les plis contenant les offres doivent être déposés contre récépissé au lieu indiqué dans l'avis d'appel d'offres.

(3) A leur réception, les plis sont revêtus d'un numéro d'ordre, de l'indication de la date, de l'heure de remise, et enregistrés dans l'ordre d'arrivée sur un registre spécial délivré par l'organisme chargé de la régulation des marchés publics. Ils doivent rester cachetés jusqu'au moment de leur ouverture, conformément aux dispositions de l'article 25 ci-dessous.

(4) Seuls peuvent être ouverts les plis reçus dans les conditions fixées ci-dessus.

(5) L'ouverture de la séance de dépouillement doit se faire au plus tard une heure après celle limite de réception des offres fixée dans le dossier d'appel d'offres.

(6) Les offres parvenues postérieurement aux dates et heures limites de dépôt sont irrecevables.

ARTICLE 25 : Les plis contenant les offres sont ouverts par la commission des marchés compétente selon les modalités définies à "article 125 du Livre" du présent Code.

ARTICLE 26 :

(1) Les offres des soumissionnaires doivent être conformes aux dispositions du dossier d'appel d'offres.

(2) Le soumissionnaire peut proposer, en plus de "offre de base, des variantes lorsqu'elles sont demandées ou lorsque la possibilité leur est offerte de manière explicite dans le dossier d'appel d'offres.

(3) Le dossier d'appel d'offres doit préciser de manière claire, la façon dont les variantes doivent être prises en considération pour le jugement des offres.

SECTION VII

DE L'EVALUATION DES OFFRES

ARTICLE 27 :

(1) Les copies des offres reçues sont confiées à une sous-commission d'analyse pour évaluation et classement.

(2) La sous-commission d'analyse établit un rapport d'analyse dans un délai prescrit lors de l'ouverture des plis, par la commission des marchés compétente. Ce délai qui ne peut en aucun cas excéder trente (30) jours comprend la vérification des pièces administratives et l'évaluation des offres techniques et financières.

(3) Le rapport d'analyse fait l'objet d'un document unique, paraphé et signé de tous les membres de la sous-commission.

(4) Le Président de la commission des marchés compétente peut, sur proposition de la sous-commission d'analyse, demander aux soumissionnaires des éclaircissements sur leurs offres. Les éclaircissements demandés et fournis par écrit ne peuvent, en aucune façon, avoir pour effet de modifier les éléments de l'offre en vue de la rendre plus compétitive.

Le soumissionnaire dispose d'un délai de sept (7) jours pour fournir les éclaircissements demandés.

Les éclaircissements des soumissionnaires font l'objet d'un rapport de synthèse paraphé et signé de tous les membres de la sous-commission d'analyse.

(5) Les rapports d'analyse et de synthèse sont soumis à la commission des marchés compétente. Cette dernière émet des propositions d'attribution selon les modalités prévues dans le Livre Il du présent Code.

(6) En cas de divergence, les membres non signataires du rapport d'analyse et du rapport de synthèse sont tenus d'exprimer leur opinion par note écrite adressée au Président de la commission des marchés compétente.

CHAPITRE Il

DES MARCHES DE GRE A GRE

ARTICLE 28 : Un marché est dit de gré à gré lorsqu'il est passé sans appel d'offres, après autorisation spéciale de l'Autorité chargée des Marchés Publics et selon la procédure décrite aux articles 127 et 128 du Livre Il du présent Code.

ARTICLE 29 : Il ne peut être passé de marché de gré à gré que dans l'un des cas limitatifs suivants :

a) pour les travaux, fournitures et services exécutés à titre de recherche, d'études, d'essai, d'expérimentation ou de mise au point, et qui ne peuvent être confiés qu'à des entreprises ou prestataires dont le choix s'impose par leur spécialité, leurs connaissances ou leurs aptitudes particulières ;

b) pour le remplacement, en cas d'urgence, d'entrepreneurs ou de fournisseurs défaillants ;

c) pour les travaux, fournitures ou services qui, dans le cas d'urgence impérieuse motivée par des circonstances imprévisibles, ne peuvent subir les délais d'une procédure d'appel d'offres ;

d) pour les besoins ne pouvant être satisfaits que par une prestation nécessitant l'emploi d'un brevet d'invention, d'un procédé, d'un savoir-faire ou d'un organisme de gestion et de commercialisation.

CHAPITRE III

DES MARCHES SPECIAUX

ARTICLE 30 : Les marchés spéciaux sont des marchés qui ne répondent pas, pour tout ou partie, aux dispositions relatives aux marchés sur appel d'offres ou aux marchés de gré à gré. Ils comprennent essentiellement les marchés relatifs à la défense nationale, à la sécurité aux intérêts stratégiques de l'Etat.

ARTICLE 31 :

(1) Les marchés visés à l'article 30 ci-dessus comportent des clauses secrètes pour des raisons de sécurité et d'intérêts stratégiques de l'Etat, et échappent de ce fait à l'examen de toute commission des marchés publics prévue par le présent Code.

(2) Les marchés visés à l'alinéa (1) ci-dessus ne concernent que l'acquisition de tous équipements ou fournitures et les prestations de toute nature directement liés à la défense nationale, à la sécurité et aux intérêts stratégiques de l'Etat.

CHAPITRE IV

DE LA PROCEDURE D'ATTRIBUTION DES MARCHES PUBLICS

ARTICLE 32 :

(1) Lors de la passation d'un marché, soit sur appel d'offres, soit de gré à gré, la priorité est accordée, à offres équivalentes en fonction des critères d'évaluation fixés dans le dossier de consultation, à la soumission présentée par :

a) une personne physique de nationalité camerounaise ou une personne morale de droit camerounais ;

b) une personne physique ou une personne morale justifiant d'une activité économique sur le territoire du Cameroun ;

c) une petite et moyenne entreprise nationale dont le capital est intégralement détenu par des personnes de nationalité camerounaise ou de droit camerounais ;

d) des groupements d'entreprises associant des entreprises camerounaises ou prévoyant une importante sous-traitance aux nationaux.

(2) Lorsqu'un marché porte, en tout ou partie, sur des prestations susceptibles d'être fournies par ou trouvées auprès d'une personne physique ou morale visée à l'alinéa (1) du présent article, le Maître d'Ouvrage ou le Maître d'Ouvrage Délégué doit préalablement à la mise en concurrence, déterminer lesdites prestations et en faire mention dans les documents d'appel d'offres.

(3) Une priorité est accordée au soumissionnaire qui, à égalité de prix ou d'offres, a présenté une proposition dont la part en valeur des prestations prévues à l'alinéa (2) ci-dessus, est la plus importante en comparaison aux parts contenues dans les autres soumissions.

(4) La marge de préférence nationale est au plan financier de dix pour cent (10 %) pour les marchés de travaux et de quinze pour cent (15 %) pour ceux de fournitures, à offres techniques équivalentes.

(5) Il n'est pas prévu de préférence nationale pour les marchés de prestations intellectuelles.

ARTICLE 33 :

(1) Sous réserve du respect des conditions de conformité des offres :

a) l'attribution des marchés de travaux et de fournitures se fait au soumissionnaire présentant l'offre évaluée la moins-disante et remplissant les capacités techniques et financières requises résultant des critères dits essentiels ou de ceux éliminatoires;

b) l'attribution des marchés de prestations intellectuelles se fait au soumissionnaire présentant l'offre évaluée la mieux-disante, par combinaison des critères techniques et financiers.

(2) Toute attribution d'un marché est matérialisée par une décision du Maître d'Ouvrage ou du Maître d'Ouvrage Délégué et notifiée à l'attributaire.

(3) Dès publication des résultats portant attribution du marché par le Maître d'Ouvrage ou le Maître d'Ouvrage Délégué, les soumissionnaires non retenus sont avisés du rejet de leurs offres, et invités à retirer celles-ci dans un délai de quinze (15) jours, à l'exception de l'exemplaire destiné à l'organisme chargé de la régulation des marchés publics. Les offres non retirées dans ce délai sont détruites, sans qu'il y ait lieu à réclamation.

(4) Toute décision d'attribution d'un marché public par le Maître d'Ouvrage ou le Maître d'Ouvrage Délégué est insérée, avec indication de prix et de délai, dans le journal des marchés publics édité par l'organisme chargé de la régulation des marchés publics ou dans toute autre publication habilitée.

ARTICLE 34 :

(1) Le Maître d'Ouvrage ou le Maître d'Ouvrage Délégué peut annuler un appel d'offres, sans qu'il y ait lieu à réclamation. Toutefois, lorsque les offres sont déjà ouvertes, cette annulation est subordonnée à l'accord de l'Autorité chargée des Marchés Publics.

(2) Le Maître d'Ouvrage ou le Maître d'Ouvrage Délégué notifie sa décision d'annulation au Président de la commission des marchés compétente, avec copie à l'organisme chargé de la régulation des marchés publics.

(3) La décision mentionnée à l'alinéa (2) ci-dessus est publiée par le Maître d'Ouvrage ou le Maître d'Ouvrage Délégué par insertion dans le Journal des Marchés Publics ou dans toute autre publication habilitée.

ARTICLE 35 :

(1) Un appel d'offres peut être déclaré infructueux, lorsqu'à l'issue du dépouillement, il n'est enregistré aucune offre conforme aux prescriptions du dossier d'appel d'offres ou lorsque la procédure suivie n'est pas conforme à la réglementation en vigueur ou si aucune offre financière n'est compatible avec les financements disponibles.

(2) En cas d'appel d'offres ouvert, lorsque la seule offre recevable est jugée satisfaisante aux plans technique et financier, le Maître d'Ouvrage ou le Maître d'Ouvrage Délégué attribue le marché.

(3) Lorsqu'une seule offre est jugée recevable, mais est supérieure au montant du financement disponible. Le Maître d'Ouvrage ou le Maître d'Ouvrage Délégué peut entamer avec le candidat ayant remis cette offre des négociations, dans le souci d'obtenir un marché satisfaisant.

Ces négociations, qui ne doivent pas avoir pour effet de modifier substantiellement l'étendue et la nature du marché, sont sanctionnées par un procès verbal signé des deux parties.

(4) Un appel d'offres ne peut être déclaré infructueux qu'après avis de la commission des marchés compétente.

(5) Le Maître d'Ouvrage ou le Maître d'Ouvrage Délégué notifie la décision déclarant l'appel d'offres infructueux au Président de la commission des marchés compétente avec copie à l'organisme chargé de la régulation des marchés publics.

(6) La décision déclarant l'appel d'offres infructueux est publiée par le Maître d'Ouvrage ou le Maître d'Ouvrage Délégué par insertion dans le Journal des Marchés Publics ou dans toute autre publication habilitée.

(7) En cas d'allotissement les dispositions prévues aux alinéas ci-dessus sont applicables à chacun des lots.

ARTICLE 36 :

(1) Le Maître d'Ouvrage ou le Maître d'Ouvrage Délégué peut, après accord de l'Autorité chargée des Marchés Publics, annuler sans qu'il y ait lieu à réclamation, sa décision d'attribution d'un marché tant que ledit marché n'est pas notifié.

(2) La décision d'annulation est publiée conformément aux dispositions de l'article 34 (3) ci-dessus.

ARTICLE 37 :

(1) Une commission des marchés publics peut proposer au Maître d'Ouvrage ou au Maître d'Ouvrage Délégué, le rejet des offres anormalement basses, sous réserve que le candidat ait été invité à présenter des justifications par écrit et que ces justifications ne soient pas jugées acceptables.

(2) Le Maître d'Ouvrage ou le Maître d'Ouvrage Délégué est tenu de communiquer les motifs de rejet des offres des soumissionnaires concernés qui en font la demande.

ARTICLE 38 :

(1) Le Maître d'Ouvrage ou le Maître d'Ouvrage Délégué dispose d'un délai de sept (07) jours pour la signature du marché à compter de la date de réception du projet de marché adopté par la commission des marchés compétente et souscrit par l'attributaire.

(2) Il notifie le marché à son titulaire dans les cinq (05) jours qui suivent la date de signature.

CHAPITRE V

DISPOSITIONS PARTICULIERES

SECTION 1

DE LA PROGRAMMATION DES DEPENSES

ARTICLE 39 : Lorsque pour la réalisation d'un projet, l'intégralité du financement ne peut être mobilisée au cours d'un seul exercice budgétaire et que les prestations peuvent être réparties en phases étalées sur plusieurs années ou en tranche ferme et tranches conditionnelles, le Maître d'Ouvrage doit, en accord avec le Ministre en charge des investissements pour les administrations publiques et avec les organes délibérants pour les établissements publics administratifs et les collectivités territoriales décentralisées, prévoir la programmation des dépenses liées à chaque exercice.

ARTICLE 40 :

(1) Les marchés visés à l'article 39 doivent indiquer la durée pour laquelle ils sont conclus.

(2) Ils doivent, en outre, comporter une clause de dénonciation éventuelle avec préavis en faveur de l'une ou l'autre partie.

SECTION II

DE LA DELEGATION DES SERVICES PUBLICS

ARTICLE 41 : L'Etat, les collectivités territoriales décentralisées, les établissements publics ou entreprises du secteur public ou para public, peuvent déléguer la gestion d'un service public à un délégataire de droit privé appelé concessionnaire, dont la rémunération est substantiellement liée aux résultats de l'exploitation du service. Les délégations comprennent les régies intéressées, affermages, l'opération de réseaux ainsi que les concessions de service public, qu'elles incluent ou non l'exécution d'ouvrages publics.

ARTICLE 42 : Les concessions font l'objet d'une mise en concurrence conformément aux dispositions prévues par le présent Code. Cette mise en concurrence est toujours précédée d'une pré-qualification telle que décrite aux articles 43 et 44 ci-dessous.

ARTICLE 43 :

(1) La pré-qualification a pour objet d'identifier les co-contractants potentiels qui offrent des garanties techniques et financières suffisantes et qui ont la capacité d'assurer la continuité du service public dont ils seront délégataires.

(2) La procédure de pré-qualification des soumissionnaires s'effectue selon les modalités décrites à l'article 12 du présent Code.

ARTICLE 44 : L'attribution du contrat s'effectue sur la base de la combinaison optimale de différents critères d'évaluation, tels que les spécifications et normes de performance proposées, les tarifs imposés sur les usagers ou reversés à l'Etat, aux collectivités territoriales décentralisées, aux établissements publics ou entreprises du secteur public ou parapublic, toute autre recette que les équipements procureront à l'autorité délégante, le coût et le montant du financement offert, et la valeur de rétrocession des installations.

SECTION III

DES MARCHES DE PRESTATIONS INTELLECTUELLES

ARTICLE 45 : Les marchés de prestations intellectuelles recouvrent les activités qui ont pour objet des prestations à caractère principalement intellectuel, dont l'élément prédominant n'est pas physiquement quantifiable; ils incluent notamment les études, la maîtrise d'œuvre et les services d'assistance informatique. Ils sont attribués après mise en concurrence des candidats pré-qualifiés conformément aux dispositions de l'article 12 du présent Code.

ARTICLE 46 : La liste restreinte des candidats pré-qualifiés est arrêtée à la suite d'une sollicitation de manifestation d'intérêt. Les candidats sont pré-qualifiés en raison de leur aptitude à exécuter les prestations en question et sur la base des critères publiés dans ladite sollicitation, sous réserve des dispositions des conventions internationales.

ARTICLE 47 : La pré-qualification est effectuée sur la base d'une sollicitation de manifestation d'intérêt qui comprend les termes de référence, la lettre d'invitation indiquant les critères de pré-qualification et leur mode d'application détaillé. La sollicitation de manifestation d'intérêt indique le cas échéant, les exclusions à la participation future aux marchés de travaux, fournitures et services qui résulteraient des prestations qui font l'objet de l'invitation.

ARTICLE 48 : L'attribution s'effectue soit sur la base de la qualité technique de la proposition notamment l'expérience de la firme, la qualification des experts et la méthodologie de travail proposée, et du montant de la proposition, soit sur la base d'un budget prédéterminé dont le consultant doit proposer la meilleure utilisation possible, soit sur la base de la meilleure proposition financière soumise par les candidats ayant obtenu la note minimale requise.

ARTICLE 49 : Dans les cas où les prestations sont d'une complexité exceptionnelle ou d'un impact considérable ou bien encore lorsqu'elles donneront lieu à des propositions difficilement comparables, .Ie consultant peut être retenu exclusivement sur la base de la qualité technique de sa proposition selon la procédure d'appel d'offres restreint telle que définie aux articles 12 et 13 du présent Code.

ARTICLE 50 :

(1) Les marchés peuvent faire l'objet de négociations entre le Maître d'Ouvrage ou le Maître d'Ouvrage Délégué et le candidat dont la proposition est retenue.

(2) En aucun cas des négociations ne peuvent être conduites avec plus d'un candidat à la fois.

(3) Ces négociations, qui ne doivent pas porter sur les prix unitaires, sont sanctionnées par un procès-verbal signé par les deux parties.

SECTION IV

DE LA DEMATERIALISATION DES PROCEDURES

ARTICLE 51 : Les échanges d'informations intervenant en application du présent Code peuvent faire l'objet d'une transmission par voie électronique dans les conditions définies aux articles 52, 53 et 54 ci-dessous.

ARTICLE 52 : Les documents d'appel d'offres ou de consultation peuvent être mis à la disposition des candidats par voie électronique dans les conditions fixées par voie réglementaire, sous réserve que ces documents soient également mis à la disposition des candidats par voie postale, s'ils en font la demande.

ARTICLE 53 : Sauf disposition contraire prévue dans l'avis d'appel à candidatures ou l'avis d'appel d'offres, les candidatures et les offres peuvent également être communiquées au Maître d'Ouvrage ou au Maître d'Ouvrage Délégué par voie électronique, dans des conditions définies par voie réglementaire.

ARTICLE 54 : Les dispositions du présent Code qui font référence à des écrits ne font pas obstacle au remplacement de ceux-ci par un support ou un échange électronique dans la mesure où de telles dispositions sont applicables aux actes du Maître d'Ouvrage ou du Maître d'Ouvrage Délégué.

TITRE Il

DE L'EXECUTION DES MARCHES PUBLICS

CHAPITRE I

DISPOSITIONS GENERALES

ARTICLE 55 :

(1) Tout marché fait l'objet d'un document unique rédigé recto verso auquel sont annexées les pièces contractuelles visées à l'article 56 (g) ci-dessous.

(2) Tout marché public doit être conclu avant tout commencement d'exécution.

(3) Est par conséquent irrecevable toute réclamation portant sur l'exécution des prestations avant l'entrée en vigueur du marché correspondant.

SECTION 1

DU CONTENU DES MARCHES PUBLICS

ARTICLE 56 : Chaque marché doit contenir au moins les mentions suivantes :

a) l'objet et le numéro du marché ;

b) l'indication des moyens de financement de la dépense et de la rubrique budgétaire d'imputation ;

c) l'indication des parties contractantes ;

d) l'indication du Maître d'Ouvrage ou du Maître d'Ouvrage Délégué ;

e) le chef de service du marché et l'ingénieur du marché ;

f) la justification de la qualité de la personne signataire du marché et de la partie co-contractante ;

g) l'énumération, par ordre de priorité, des pièces constitutives du marché comprenant notamment: la soumission ou l'acte d'engagement, le cahier des clauses administratives particulières, le devis ou le détail estimatif, le bordereau des prix unitaires, le sous-détail des prix et le cahier des clauses administratives générales auquel il est spécifiquement assujetti ;

h) le montant du marché, assorti des modalités de sa détermination ainsi que de celles, éventuelles, de sa révision ;

i) les obligations fiscales et douanières ;

j) le délai et le lieu d'exécution ;

k) les conditions de constitution des cautionnements ;

l) la date de notification ;

m) la domiciliation bancaire du co-contractant de l'administration ;

n) les conditions de réception ou de livraison des prestations ;

o) les modalités de règlement des prestations ;

p) le comptable chargé du paiement ;

q) les modalités de règlement des litiges ;

r) les conditions de résiliation ; et

s) la juridiction compétente en cas d'appel d'offres international.

ARTICLE 57 :

(1) La rédaction ou la mise en forme de tous les documents définitifs constitutifs du marché, est assurée par le Maître d'Ouvrage ou le Maître d'Ouvrage Délégué et, le cas échéant, par le Maître d'œuvre.

(2) Le marché définitif ne peut, en aucun cas, modifier l'étendue et la nature des prestations prévues au dossier d'appel d'offres. Seuls les aménagements mineurs, sans incidence financière ni influence technique par rapport à l'offre retenue, sont acceptables, sous réserve des dispositions de l'article 35 (3) du présent Code.

ARTICLE 58 : Les marchés publics et leurs avenants sont notifiés par le Maître d'Ouvrage ou le Maître d'Ouvrage Délégué et, le cas échéant, par le maître d'œuvre.

SECTION Il

DES OBLIGATIONS D'ORDRE COMPTABLE

ARTICLE 59 :

(1) Le co-contractant de l'Administration est tenu d'ouvrir et de tenir à jour:

a) un document comptable spécifique au marché et faisant ressortir les différentes sources de financement, les états des sommes facturées et des sommes réglées, ainsi que la ou les sources de financement;

b) un état des déclarations fiscales et douanières relatives au marché.

(2) Le Maître d'Ouvrage ou le Maître d'Ouvrage Délégué, le cas échéant, l'organisme chargé de la régulation des marchés publics peut accéder, aux fins de vérification, au document comptable visé à l'alinéa (1) ci-dessus, jusqu'à un délai maximum de trois (3) ans à compter de la date de réception définitive des prestations ou de celle de la dernière livraison relative au marché concerné.

ARTICLE 60 : La comptabilité du co-contractant de l'Administration doit retracer les opérations se rapportant au marché de la manière suivante :

a) les dépenses afférentes aux approvisionnements, à l'acquisition de matériaux, matières premières ou d'objets fabriqués destinés à entrer dans la composition du marché ;

b) les frais relatifs à la main d'œuvre exclusivement employée ainsi que toutes autres charges ou dépenses individualisées ;

c) le bordereau des quantités exécutées ou des fournitures livrées.

SECTION IIIDES CAHIERS DES CHARGES

ARTICLE 61 : Les cahiers des charges déterminent les conditions dans lesquelles les marchés sont exécutés. Ils comprennent les documents généraux et les documents particuliers suivants :

a) le cahier des clauses administratives générales qui fixe les dispositions relatives à l'exécution et au contrôle des marchés publics, applicables à toute une catégorie de marchés;

b) les cahiers des clauses administratives particulières qui fixent les dispositions administratives et financières propres à chaque marché ;

c) tous les autres cahiers techniques et documents généraux et documents particuliers définissant les caractéristiques des travaux, fournitures ou de services et prestations intellectuelles.

SECTION IVDES CHANGEMENTS EN COURS D'EXECUTION DU CONTRAT

ARTICLE 62 :

(1) Les stipulations d'un marché public ne peuvent être modifiées que par voie d'avenant.

(2) L'avenant est adopté et notifié selon la même procédure d'examen que le marché de base. Il ne peut modifier ni l'objet du marché, ni le titulaire du marché, ni la monnaie de règlement, ni la formule de révision des prix.

(3) Les ordres de services relatifs aux prix, aux délais et aux programmes constituent des actes contractuels de gestion d'un marché et ne peuvent être émis que dans les conditions suivantes:

a) lorsqu'un ordre de service est susceptible d'entraîner le dépassement du montant du marché, sa signature est subordonnée aux justificatifs des finances;

b) en cas de dépassement du montant du marché dans une proportion d'au plus égale à dix pour cent (10 %), les modifications du marché peuvent être apportées par ordre de service et régularisées par voie d'avenant, sous réserve des dispositions de l'alinéa 2 du présent article;

c) lorsque le dépassement du montant du marché est supérieur à dix pour cent (10%), les modifications ne peuvent se faire qu'après signature de l'avenant y afférent.

(4) Le montant global des avenants est plafonné à trente pour cent (30%) du montant du marché de base.

(5) En tout état de cause, toute modification touchant aux spécifications techniques doit faire l'objet d'une étude préalable sur l'étendue, le coût et

les délais du marché.

(6) La variation dans la quantité des prestations s'effectuera dans les conditions définies par le cahier des clauses administratives générales.

SECTION V

DE LA SOUS-TRAITANCE

ARTICLE 63 :

(1) Un marché public peut faire l'objet de sous-traitance ou donner lieu à des sous-commandes suivant des modalités fixées par le cahier des clauses administratives générales.

(2) Les marchés sous-traités sont des contrats par lesquels le titulaire d'un marché cède à des tiers l'exécution d'une partie de ce marché.

(3) Les sous-commandes sont des commandes faites à des tiers par le titulaire d'un marché en vue :

a) soit de la fabrication d'objets ou de matières intermédiaires devant entrer dans la composition de la prestation ;

b) soit de l'exécution de certaines opérations conditionnant la réalisation de cette prestation.

ARTICLE 64 :

(1) Tout recours à des sous-traitants ou sous-commandiers est subordonné à l'autorisation préalable du Maître d'Ouvrage ou du Maître d'Ouvrage Délégué.

(2) Nonobstant tout recours à une sous-traitance ou à une sous-commande, le co-contractant de l'Administration demeure responsable de l'exécution de toutes les obligations résultant du marché.

SECTION VI

DE LA CO-TRAITANCE

ARTICLE 65 :

(1) Il Y a co-traitance lorsque les prestations objet d'un marché sont réalisées par des entreprises distinctes dans le cadre d'un groupement.

(2) En cas de co-traitance, le dossier d'appel d'offres en précise les modalités.

ARTICLE 66 :

(1) Le cahier des clauses administratives particulières (CCAP) doit préciser si les entreprises groupées sont conjointes ou solidaires.

(2) Les entreprises groupées sont solidaires lorsque chacune d'elles est engagée pour la totalité du marché et doit pallier une éventuelle défaillance de ses partenaires. L'une d'entre elles doit être désignée dans le CCAP comme mandataire et représenter l'ensemble des entreprises vis-à-vis du Maître d'ouvrage ou du Maître d'Ouvrage Délégué. Les co-traitants se repartissent les sommes qui sont réglées par l'Administration dans un compte unique.

(3) Les entreprises groupées sont conjointes lorsque, les prestations étant divisées en lots dont chacun est assigné à l'une de ces entreprises, chacune d'entre elles est engagée pour le ou les lots qui lui sont assignés. L'une d'entre elles doit être désignée dans le CCAP comme mandataire, celui-ci étant solidaire de chacune des autres entreprises dans les obligations contractuelles à l'égard du Maître d'Ouvrage ou du Maître d'Ouvrage Délégué. Le mandataire représente l'ensemble des entreprises conjointes vis-à-vis du Maître d'Ouvrage ou du Maître d'Ouvrage Délégué, pour l'exécution du Marché. Chaque entreprise est payée par l'Administration dans son propre compte.

SECTION VII

DES GARANTIES

ARTICLE 67 : Sous réserve des dispositions des articles 68 alinéa (2) et 72 du présent Code, tout titulaire d'un marché est tenu de fournir:

a) un cautionnement garantissant l'exécution intégrale des prestations, ci-après désigné «cautionnement définitif» ;

b) un cautionnement garantissant la bonne exécution du marché et le recouvrement des sommes dont il serait reconnu débiteur au titre du marché, ci-après désigné «retenue de garantie ».

ARTICLE 68 :

(1) Le cautionnement définitif ne saurait être inférieur à deux pour cent (2%) et supérieur à cinq pour cent (5%) du montant initial du marché, augmenté le cas échéant, du montant des avenants.

(2) La retenue de garantie est constituée lorsque le marché est assorti d'une période de garantie ou d'entretien. Elle ne peut être supérieure à dix pour cent (10%) du montant initial du marché, augmenté le cas échéant, du montant des avenants.

Elle n'est pas exigible pour les marchés de service et de prestations intellectuelles.

ARTICLE 69 :

(1) Le cautionnement définitif doit être constitué dans les vingt (20) jours qui suivent la notification du marché et, en tout cas, avant le premier paiement. En cas d'existence d'une caution de soumission, le cautionnement définitif doit être constitué avant que la caution de soumission n'expire.

(2) Au titre de la retenue de garantie, une partie des sommes dues au titre du marché est bloquée jusqu'à ce que la totalité du marché soit exécutée.

(3) La durée de validité du cautionnement correspondant doit dépasser suffisamment les délais prévus pour l'achèvement des prestations, pour couvrir la période

de garantie ou d'entretien indiquée dans le marché.

(4) Les modalités et l'époque de restitution des cautionnements sont fixées par les cahiers des clauses administratives générales, sous réserve des dérogations qui pourraient être introduites par le cahier des clauses administratives particulières.

ARTICLE 70 :

(1) Le cautionnement peut être remplacé par la garantie d'une caution d'un établissement bancaire agréé conformément aux textes en vigueur, et émise au profit du Maître d'Ouvrage ou du Maître d'Ouvrage Délégué ou par une caution personnelle et solidaire.

(2) Les petites et moyennes entreprises (PME) à capitaux et dirigeants nationaux peuvent produire à la place du cautionnement, soit une hypothèque légale, soit une caution d'un établissement bancaire ou d'un organisme financier agréé de premier rang conformément aux textes en vigueur.

(3) Tout organisme ayant produit une caution personnelle et solidaire, est tenu de s'engager à verser, sur ordre du Maître d'Ouvrage ou du Maître d'Ouvrage Délégué et jusqu'à concurrence du montant garanti, les sommes dont le co-contractant de l'Administration viendrait à se trouver débiteur au titre du marché

(4) Les dispositions des alinéas (1), (2) et (3) ci-dessus sont mises en œuvre conformément aux règles édictées par le Maître d'Ouvrage ou du Maître d'Ouvrage Délégué.

ARTICLE 71 :

(1) Lorsque le co-contractant de l'Administration a rempli ses obligations contractuelles, le cautionnement est restitué ou la caution visée à l'article 70 libérée, consécutivement à une mainlevée délivrée par le Maître d'Ouvrage ou le Maître d'Ouvrage Délégué, dans un délai de trente (30) jours à compter de l'expiration du délai de garantie ou, lorsque le marché

ne comporte pas un tel délai, suivant la réception des travaux, fournitures ou services.

(2) A l'expiration du délai de trente (30) jours fixés à l'alinéa (1) ci-dessus, l'organisme compétent est tenu de restituer le cautionnement ou de libérer la caution concernée, sur simple demande du cocontractant de l'Administration.

(3) A l'expiration du délai de trente (30) jours, la caution cesse d'avoir effet, même en l'absence de main levée, sauf si le Maître d'Ouvrage ou le Maître d'Ouvrage Délégué a dûment signifié au co-contractant qu'il n'a pas honoré toutes ses obligations.

Dans ce cas, il ne peut être mis fin à l'engagement de la caution que par main levée délivrée par le Maître d'Ouvrage ou le Maître d'Ouvrage Délégué.

ARTICLE 72 : Les entreprises titulaires d'un marché d'un montant au plus égal à trente (30) millions de francs CFA peuvent être dispensées par le Maître d'Ouvrage ou le Maître d'Ouvrage Délégué de l'obligation de fournir les cautionnements prévus à l'article 67 du présent Code.

SECTION VIII

DE LA POLICE D'ASSURANCE

ARTICLE 73 :

(1) Il est interdit, sauf dérogation expresse du Ministre en charge des assurances, de souscrire une assurance directe d'un risque concernant une personne, un bien ou une responsabilité situé au Cameroun auprès d'une entreprise étrangère qui ne s'est pas conformée aux prescriptions de l'article 326 du Code des Assurances de la CIMA.

(2) Toute cession en réassurance à l'étranger portant sur soixante quinze pour cent (75%) d'un risque concernant une personne, un bien ou une responsabilité situé au Cameroun à l'exception des branches mentionnées aux paragraphes 4, 5, 6, 11 et 12 de l'article 328 du Code

des assurances visé à l'alinéa (1) ci-dessus est soumise à l'autorisation du Ministre en charge des Assurances.

(3) Tout adjudicataire de nationalité étrangère ou de droit étranger ayant souscrit dans son pays d'origine une police d'assurance contre le risque à l'exportation, est tenu de transmettre ladite police au Maître d'Ouvrage ou au Maître d'Ouvrage Délégué et à la Caisse Autonome d'Amortissement, le cas échéant, dans un délai maximum de deux (2) mois à compter de la date de notification du marché.

(4) "est tenu d'informer les autorités et l'organisme visés à l'alinéa (3) ci-dessus de toute déclaration de menace de sinistre.

(5) Les dispositions du présent article concernent les titulaires des marchés et non les soumissionnaires.

CHAPITRE Il

DU PRIX DES MARCHES PUBLICS

SECTION 1

DES CARACTERISTIQUES DU PRIX

ARTICLE 74 :

(1) Le prix du marché rémunère le co-contractant de l'Administration.

(2) Les prestations faisant l'objet du marché sont réglées, soit par des prix forfaitaires appliqués à tout ou partie du marché quelles que soient les quantités, soit par des prix unitaires appliqués aux quantités réellement exécutées:

> a) est forfaitaire tout prix qui rémunère le titulaire pour un ensemble de prestations, un ouvrage ou une partie d'ouvrage, tel que défini dans le marché.
>
> La fixation d'un prix forfaitaire est imposée dès lors que les

prestations sont bien définies au moment de la conclusion du marché;

b) est unitaire, tout prix qui s'applique à une prestation élémentaire, à une nature ou à un élément d'ouvrage dont les quantités ne sont indiquées au marché qu'à titre prévisionnel.

ARTICLE 75 :

(1) Qu'il soit forfaitaire ou unitaire, le prix est ferme lorsqu'il ne peut être modifié en raison de mutations économiques.

(2) Dans le cas contraire aux dispositions de l'alinéa (1) ci-dessus, il est révisable.

Les modalités de révision du prix doivent être explicitement prévues dans le marché, et le prix soumis ou offert doit être fonction des conditions économiques sur lesquelles il est fondé. l'expiration:

(3) Le prix est actualisable lorsqu'il peut être modifié à compter de :

a) d'une période de six (6) mois après l'ouverture des plis ;

b) du délai contractuel, lorsque la prorogation du délai d'exécution n'est pas imputable à l'adjudicataire.

Les modalités d'actualisation du prix doivent être prévues dans le cahier des charges.

La formule d'actualisation ne doit pas comporter de marge de neutralisation.

ARTICLE 76 :

(1) Lorsqu'un marché comporte des prestations exécutées en régie, celles-ci sont réalisées à la diligence et sous la responsabilité du Maître d'Ouvrage ou du Maître d'Ouvrage Délégué.

Dans ce cas, le cahier des clauses administratives particulières doit indiquer la nature, le mode de décompte et la valeur des divers éléments qui concourent à la détermination du prix de règlement.

(2) Le montant des travaux en régie ne peut être supérieur à deux pour cent (2%) du montant toutes taxes comprises (TTC) du marché.

SECTION Il

DE LA VARIATION DU PRIX DES MARCHES

ARTICLE 77 :

(1) L'introduction d'une clause de révision des prix dans un marché n'est pas systématique, les prix devant être convenus fermes aussi souvent que possible.

(2) Tout marché dont la durée d'exécution est au plus égale à un (1) an ne peut faire l'objet de révision de prix.

(3) Une prestation est à prix révisable dès lors que le marché prévoit la modification du montant initial au fur et à mesure de son exécution.

(4) Un prix est susceptible d'ajustement lorsqu'il est calculé par référence à une mercuriale, un. catalogue, un barème, une série, ou lorsqu'il fait l'objet d'une mise à jour périodique.

(5) Le mécanisme décrit à l'alinéa (4) ci-dessus concerne particulièrement les marchés exécutables sur plusieurs années, sans préjudice de la possibilité d'en réviser le prix durant la période d'exécution de chacune des phases ou tranches prévues.

(6) Un marché peut prévoir une clause d'actualisation du prix, indépendamment de celle de révision dudit prix.

SECTION III

DES MODALITES DE REVISION DU PRIX DES MARCHES

ARTICLE 78 :

(1) Tout marché à prix révisable doit comporter :

a) une formule de révision unique, s'appliquant à l'ensemble de la prestation ;

b) soit plusieurs formules complètes, indépendantes, chacune d'entre elles s'appliquant à une prestation dont le prix est individualisé dans le marché ;

c) soit une formule par monnaie de paiement s'il en existe plusieurs, utilisant les indices du pays d'origine des intrants.

(2) Les formules de révision doivent comporter obligatoirement une partie fixe au moins égale à zéro virgule quinze (0,15).

(3) Le coefficient de révision s'applique :

- aux prestations exécutées pendant le mois, à l'exclusion des travaux en régie, des primes, du paiement et des remboursements des avances ;
- aux pénalités.

(4) L'introduction par voie d'avenant d'une clause de révision dans un marché passé sur la base d'un prix ferme est interdite.

(5) Lorsqu'un marché comporte une clause de révision du prix, il doit préciser la date d'établissement du prix initial, ainsi que les modalités de révision dudit prix.

CHAPITRE III

DU NANTISSEMENT

ARTICLE 79 :

(1) Tout marché public conclu conformément aux dispositions du présent Code peut être donné en nantissement, sous réserve de toute forme de cession de créance.

(2) Le nantissement prévu à l'alinéa (1) ci-dessus s'opère sous forme d'un acte synallagmatique entre le co-contractant de l'Administration et un tiers appelé «créancier nanti».

(3) Le créancier nanti notifie par tout moyen laissant trace écrite, ou fait signifier au Maître d'Ouvrage ou Maître d'Ouvrage Délégué et au comptable chargé du paiement, une copie certifiée conforme de l'original de l'acte de nantissement.

(4) A compter de la notification ou de la signification prévue à l'alinéa (3) ci-dessus, et sauf empêchement de payer, le comptable chargé du paiement règle directement au créancier nanti le montant de la créance ou de la part de créance qui lui a été donnée en nantissement.

Dans le cas où le nantissement a été constitué au profit de plusieurs créanciers, chacun d'eux encaisse la part de la créance qui lui a été affectée dans le bordereau dont les mentions sont notifiées ou signifiées au comptable chargé du paiement.

(5) Aucune modification dans la désignation du comptable chargé du paiement, ni dans les modalités de règlement, sauf dans ce dernier cas avec l'accord écrit du créancier nanti, ne peut intervenir après la notification ou la signification du nantissement.

(6) La main levée des notifications ou significations du nantissement est donnée par le créancier nanti au comptable chargé du paiement, détenteur de la copie de l'acte de nantissement prévue à l'alinéa (3) ci-dessus, par tout moyen laissant trace écrite.

Elle prend effet le deuxième jour ouvrable suivant celui de la réception par le comptable chargé du paiement du document l'en informant.

(7) Les droits des créanciers nantis ou subrogés ne sont primés que par les privilèges prévus par la législation ou la réglementation en vigueur.

TITRE III

DU CONTROLE DE L'EXECUTION ET DU REGLEMENT DES MARCHES PUBLICS

CHAPITRE 1

DES DISPOSITIONS COMMUNES

ARTICLE 80 :

(1) Les entreprises soumissionnaires doivent s'engager dans leurs offres, à se conformer à toutes dispositions législatives et réglementaires ou toutes dispositions résultant des conventions collectives relatives notamment aux salaires, aux conditions de travail, de sécurité, de santé et de bien être des travailleurs intéressés.

(2) Elles demeurent, en outre, garantes de l'observation des clauses de travail, et responsables de leur application par tout sous-traitant ou souscommandier.

CHAPITRE Il

DU CONTROLE DE L'EXECUTION

ARTICLE 81 :

(1) L'exécution des marchés publics fait l'objet de contrôle par :

a) le Maître d'Ouvrage et, le cas échéant, le Maître d'Ouvrage Délégué ou le Maître d'œuvre selon les modalités précisées dans les cahiers des clauses administratives générales ;

b) l'auditeur indépendant;

c) les autres corps de contrôle prévus par les lois et règlements en vigueur.

(2) Pour les marchés égaux ou supérieurs aux seuils ci-après, la maîtrise d'œuvre est exercée par une personne physique ou une personne morale de droit privé:

Travaux : 100.000.000 F CFA ;

Fournitures : 500.000.000 F CFA.

(3) Pour les marchés dont les montants sont inférieurs aux seuils visés à l'alinéa (2) ci-dessus, les maîtres d'ouvrage ne disposant pas de compétences requises doivent faire appel à une maîtrise d'œuvre externe à ses services.

(4) Pour les marchés de prestations intellectuelles dont les montants sont supérieurs ou égaux à cent *(100)* millions de FCFA, la maîtrise d'œuvre se fait sous forme de commission de suivi et de recette technique. Cette commission comprend, entre autres, des membres externes aux services du Maître d'Ouvrage.

CHAPITRE III DU REGLEMENT DES MARCHES PUBLICS

SECTION I

DES DISPOSITIONS COMMUNES

ARTICLE 82 :

(1) Sous réserve des dispositions découlant des accords ou conventions de prêt ou des conventions internationales, tout règlement relatif à un marché public intervient par transfert bancaire sur un établissement bancaire ou un organisme financier de droit camerounais agréé de

premier rang conformément aux textes en vigueur ou par crédit documentaire.

(2) Tout tirage sur crédit de financement extérieur est soumis au visa préalable de la Caisse Autonome d'Amortissement.

(3) Toute modification de domiciliation bancaire ne peut être réalisée que par voie d'avenant.

(4) Les opérations effectuées par le co-contractant de l'Administration et susceptibles de donner lieu à versement d'avances, d'acomptes ou à paiement pour solde, sont constatées par tout moyen laissant trace écrite par le Maître d'Ouvrage ou le Maître d'Ouvrage Délégué ou, le cas échéant, par le Maître d'œuvre, suivant les modalités prévues par le cahier des clauses administratives générales.

SECTION II

DES AVANCES

ARTICLE 83 :

(1) Des avances peuvent être accordées au co-contractant de l'Administration, en vue de la réalisation des opérations nécessaires à l'exécution des prestations prévues dans le marché.

(2) Le versement des avances visées à l'alinéa (1) ci-dessus doit être prévu dans le marché concerné.

(3) Le co-contractant de l'Administration peut, sur simple demande adressée au Maître d'Ouvrage ou au Maître d'Ouvrage Délégué et sans justificatif, obtenir une avance dite «de démarrage» ou « pour approvisionnement de matériaux» dont le montant ne peut excéder vingt pour cent (20%) du prix initial TTC du marché de travaux ou de prestations intellectuelles et trente pour cent (30 %) pour les marchés de fournitures.

(4) Cette avance doit être cautionnée à cent pour cent (100%) par un établissement bancaire de droit camerounais ou un organisme financier agréé de premier rang conformément aux textes en vigueur.

(5) Elle est remboursée par déduction sur les acomptes à verser au titulaire pendant l'exécution du marché, et suivant des modalités définies dans ledit marché.

(6) La totalité de l'avance doit être remboursée au plus tard dès le moment où la valeur en prix de base des prestations réalisées atteint quatre vingt pour cent (80%) du montant du marché.

(7) Les avances sont versées au co-contractant de l'Administration suivant des modalités fixées dans le cahier des clauses administratives générales.

(8) Le versement prévu à l'alinéa (7) ci-dessus intervient postérieurement à la mise en place des cautions exigibles, conformément aux dispositions du présent Code.

SECTION III

DES ACOMPTES

ARTICLE 84 :

(1) Sauf dérogation prévue dans le cahier des clauses administratives particulières, le co-contractant de l'Administration peut obtenir le paiement d'acomptes périodiques.

(2) Les modalités de paiement des acomptes sont fixées dans le cahier des clauses administratives particulières.

(3) Tout paiement d'acompte est subordonné à l'une des prestations suivantes :

- dépôt sur le chantier ou annexe du chantier, de matériaux, matières premières ou objets fabriqués destinés à l'exécution du marché, sous réserve :
- qu'ils aient été acquis en toute propriété par le co-contractant de l'Administration, et effectivement payés par lui;
- qu'ils soient lotis d'une manière telle que leur destination ne fasse l'objet d'aucun doute ;
- qu'ils puissent être contrôlés par le Maître d'ouvrage, le Maître

d'Ouvrage Délégué ou le Maître d'œuvre désigné à cet effet ;
- l'exécution des prestations prévues dans le marché, sous réserve de la preuve de leur paiement par le co-contractant de l'Administration lorsque ces prestations ont été exécutées par des sous-traitants.

ARTICLE 85 :

(1) Le montant d'un acompte ne peut excéder la valeur des prestations auxquelles il se rapporte, déduction faite des avances remboursées. Cette valeur est appréciée en fonction des dispositions prévues dans le marché.

(2) Dans le cas d'acomptes versés en fonction de phases techniques d'exécution, le marché peut fixer le montant de chaque acompte de manière forfaitaire, sous forme de pourcentage du montant initial du marché.

ARTICLE 86 :

(1) Les versements d'acomptes doivent intervenir au moins tous les trois (03) mois lorsque se trouvent réalisées les conditions indiquées à l'article 84 du présent Code.

(2) Les acomptes peuvent s'échelonner pendant la durée d'exécution du marché, suivant les termes périodiques, ou en fonction de phases techniques d'exécution, tels que définis dans le marché.

(3) Les versements d'acomptes interviennent dans les trente (30) jours à compter de la date de transmission au comptable compétent des constatations ouvrant droit à paiement.

(4) Les cahiers des clauses administratives générales précisent les délais ouverts au Maître d'Ouvrage ou au Maître d'Ouvrage Délégué ou, le cas échéant, au Maître d'Oeuvre pour procéder aux constatations ouvrant droit à acompte.

SECTION IV
DES INTERETS MORATOIRES ET DES PENALITES

ARTICLE 87 : Lorsqu'il est imputable au Maître d'Ouvrage ou au Maître d'Ouvrage Délégué ou au comptable assignataire, le défaut de paiement dans les délais fixés par le cahier des clauses administratives particulières, ouvre et fait courir de plein droit au bénéfice du titulaire du Marché, des intérêts moratoires calculés depuis le jour suivant l'expiration desdits délais, jusqu'au jour de la délivrance de l'avis dit "de règlement" du comptable assignataire.

ARTICLE 88 :

(1) Le taux des intérêts moratoires prévus à l'article 87 ci-dessus est le taux d'intervention sur les appels d'offres de la Banque des Etats de l'Afrique Centrale (BEAC), majoré d'un (1) point.

(2) Pour les paiements à effectuer en une monnaie autre que le franc CFA, le taux des intérêts moratoires correspond au taux d'escompte pratiqué par la Banque d'émission de cette monnaie, majoré au plus d'un (1) point.

(3) Le montant des intérêts moratoires est calculé par application de la formule :

l = M x (n/360) x (i) dans laquelle :

M = montant toutes taxes comprises (TTC) des sommes dues au titulaire ;

n= Nombre de jours calendaires de retard ;

i = taux d'intervention sur les appels d'offres de la BEAC majoré d'un point ou taux d'escompte pratiqué par la Banque d'émission de la monnaie considérée majoré au plus d'un (1) point, selon le cas.

(4) Les intérêts moratoires ne sauraient s'appliquer sur des montants comprenant déjà des indemnités pour retard de paiement.

(5) Les intérêts moratoires sont imposables.

ARTICLE 89 :

(1) En cas de dépassement des délais contractuels fixés par le marché, le titulaire est passible de pénalités après mise en demeure préalable.

(2) Sauf dérogations prévues aux marchés, le montant des pénalités de retard est fixé comme suit:

a) un deux millième (1/2000è) du montant TTC du marché de base par jour calendaire de retard du premier au trentième jour au delà du délai contractuel fixé par le marché;

b) un millième (1/1000è) du montant TTC du marché de base par jour calendaire de retard au-delà du trentième jour.

(3) La remise des pénalités de retard d'un marché ne peut être prononcée par le Maître d'Ouvrage ou le Maître d'Ouvrage Délégué qu'après avis favorable de l'organisme chargé de la régulation des Marchés Publics.

(4) Copie de la décision de remise des pénalités, soutenue par l'avis favorable ci-dessus est transmise à l'organisme chargé de la régulation des marchés publics à toutes fins utiles.

ARTICLE 90 :

(1) Indépendamment des pénalités pour dépassement du délai contractuel, le marché peut prévoir des pénalités particulières pour inobservation des dispositions techniques.

(2) En tout état de cause, le montant cumulé des pénalités ne saurait excéder dix pour cent (10 %) du montant TTC du marché de base avec ses avenants, le cas échéant, sous peine de résiliation.

TITRE IV

DU CONTENTIEUX ET DES SANCTIONS RELATIFS AUX MARCHES PUBLICS

CHAPITRE I

DU CONTENTIEUX

SECTION I

DES LITIGES

ARTICLE 91 :

(1) Les litiges résultant des marchés publics peuvent, en tant que de besoin, faire l'objet d'une tentative de règlement à l'amiable.

(2) La tentative de règlement à l'amiable prévue à l'alinéa (1) ci-dessus reste sans incidence sur la procédure de règlement de droit commun, sauf dérogation découlant des accords ou conventions de prêt ou d'autres conventions internationales.

(3) Les modalités de règlement à l'amiable sont précisées par décret du Premier Ministre.

SECTION I

DU RECOURS

ARTICLE 92 : Tout soumissionnaire qui s'estime lésé dans la procédure de passation des marchés publics peut introduire une requête, soit auprès du Maître d'Ouvrage ou du Maître d'Ouvrage Délégué soit directement auprès de l'autorité chargée des marchés publics, en transmettant dans chacun des cas une copie à l'organisme chargé de la régulation des marchés publics :

a) entre la publication de l'avis d'appel d'offres y compris la phase de pré-qualification des candidats et l'ouverture des plis ;

b) à l'ouverture des plis ;

c) entre la publication des résultats et la notification de l'attribution.

ARTICLE 93 : Entre la publication de l'avis d'appel d'offres y compris la phase de pré-qualification des candidats et l'ouverture des plis :

a) le recours doit être adressé au Maître d'ouvrage ou au Maître d'Ouvrage Délégué avec copies à l'organisme chargé de la régulation des marchés publics et au Président de la Commission ;

b) il doit parvenir au Maître d'Ouvrage ou au Maître d'Ouvrage Délégué au plus tard quatorze (14) jours avant la date d'ouverture des offres ;

c) le Maître d'Ouvrage ou le Maître d'Ouvrage Délégué dispose de cinq (05) jours pour réagir. La copie de la réaction est transmise à l'organisme chargé de la régulation des marchés publics ;

d) en cas de désaccord entre le requérant et le Maître d'ouvrage ou le Maître d'Ouvrage Délégué, le recours est porté par le requérant à l'autorité chargée des marchés publics avec une copie à l'organisme chargé de la régulation des marchés publics;

e) ce recours n'est pas suspensif.

ARTICLE 94 : A l'ouverture des plis, le recours ne porte que sur le déroulement de cette étape, notamment le respect des procédures et la régularité des pièces vérifiées. Une fiche de recours, mise à la disposition des soumissionnaires par l'organisme chargé de la régulation des marchés publics est remplie et signée à l'issue de cette séance. Par la suite :

a) le recours doit être adressé à l'autorité chargée des marchés publics avec copies à l'organisme chargé de la régulation des marchés publics et au Maître d'Ouvrage ou au Maître d'ouvrage Délégué ;

b) il doit parvenir dans un délai maximum de trois (03) jours ouvrables après l'ouverture des plis, sous la forme d'une lettre à laquelle est obligatoirement joint un feuillet de la fiche de recours dûment signée par le requérant et, éventuellement, par le Président de la Commission de Passation des marchés ;

c) la fiche de recours comporte trois feuillets dont l'original, détenu par le requérant, est destiné à l'autorité chargée des marchés publics et les deux autres feuillets sont remis séance tenante respectivement à l'Observateur Indépendant et au Président de la Commission de Passation des Marchés. L'Observateur Indépendant annexe à son rapport, le feuillet qui lui a été remis, assorti des commentaires ou des observations y afférents ;

d) ce recours n'est pas suspensif.

ARTICLE 95 : Entre la publication des résultats et la notification de l'attribution, les recours ne peuvent porter que sur l'attribution :

d) le recours doit être adressé à l'autorité chargée des marchés publics, avec copies à l'organisme chargé de la régulation des marchés publics, au Maître d'Ouvrage ou au Maître d'Ouvrage Délégué et au président de la commission ;

e) il doit intervenir dans un délai maximum de cinq (05) jours ouvrables après la publication des résultats ;

f) ce recours peut donner lieu à la suspension de la procédure à l'appréciation de l'autorité chargée des marchés publics ;

g) la notification de l'attribution doit s'effectuer au plus tard quinze (15) jours après ladite publication, en cas d'absence de recours.

ARTICLE 96 :

(1) Après publication des résultats d'attribution, le rapport de l'observateur indépendant ainsi que le procès-verbal de la séance d'attribution du marché y relatif auquel est annexé le rapport d'analyse des offres sont communiqués à tout soumissionnaire ou administration concernée, sur requête adressée au Maître d'Ouvrage ou au Maître d'Ouvrage Délégué.

(2) Sous peine de forclusion toute requête doit être formulée dans les délais visés aux articles 93 (b), 94 (b) et 95 (b) ci-dessus.

(3) L'examen des requêtes visées à l'article 92 ci-dessus peut entraîner la reprise ou l'annulation de la procédure suivie. Dans le cas contraire, l'autorité chargée des marchés publics donne l'autorisation au Maître d'Ouvrage de continuer la procédure.

(4) Après réception d'une requête, l'autorité chargée des marchés publics demande un avis technique à l'organisme chargé de la régulation des marchés publics qui doit lui répondre dans les dix (10) jours suivant la réception de ladite demande, selon les dispositions de l'article 110 du présent Code.

SECTION III

DE LA RESILIATION

Paragraphe 1

Des préalables à la résiliation

ARTICLE 97 :

(1) Lorsque le cocontractant de l'Administration ne se conforme pas aux stipulations du marché ou aux ordres de service s'y rapportant, suivant le cas, le Maître d'Ouvrage ou le Maître d'Ouvrage Délégué le met en demeure de s'exécuter dans un délai déterminé.

(2) Ce délai ne peut être inférieur à vingt et un (21) jours, sauf lorsqu'il s'agit des marchés relatifs à la défense nationale, à la sécurité et aux intérêts stratégiques de l'Etat ou par dérogation prévue dans le cahier des clauses administratives particulières.

(3) L'application des dispositions des alinéas (1) et (2) ci-dessus reste sans incidence sur les pénalités de retard.

ARTICLE 98 :

(1) Faute pour le co-contractant de l'Administration de s'exécuter en application des dispositions de l'article 97 ci-dessus, le Maître d'Ouvrage ou le Maître d'Ouvrage Délégué peut :

a) prescrire l'établissement d'une régie totale ou partielle aux frais et risques dudit co-contractant ;

b) ou prononcer la résiliation du marché, aux torts, frais et risques dudit co-contractant.

(2) Les modalités de résiliation des marchés publics, ainsi que les effets de celle-ci sont précisés dans le cahier des clauses administratives générales, sous réserve des dispositions des articles 101, 102 et 103 du présent Code.

ARTICLE 99 :

(1) Le Maître d'Ouvrage ou le Maître d'Ouvrage Délégué peut ordonner l'ajournement des prestations objet du marché avant l'échéance du délai contractuel.

(2) Lorsque le Maître d'Ouvrage ou le Maître d'Ouvrage Délégué ordonne l'ajournement de l'exécution du marché pour une durée de plus de deux mois, le titulaire a droit à la résiliation du marché. \1 en est de même en cas d'ajournements successifs dont la durée cumulée dépasse deux mois. Dans les deux cas, l'ajournement ouvre droit au paiement au titulaire du marché d'une indemnité couvrant les frais du préjudice subi, sauf cas de force majeure ou pour des raisons imputables au titulaire du marché.

Paragraphe 2 Des fondements de la résiliation

ARTICLE 100 : Le marché est résilié de plein droit par le Maître d'Ouvrage ou le Maître d'Ouvrage Délégué dans l'un des cas suivants : décès du titulaire du marché. Dans ce cas, le Maître d'Ouvrage ou le Maître d'Ouvrage Délégué peut, s'il y a lieu, autoriser que soient acceptées les propositions présentées par les ayant-droits pour la continuation des prestations ; faillite du titulaire du marché. Dans ce cas, le Maître d'Ouvrage ou le Maître d'Ouvrage Délégué peut accepter s'il y a lieu, des propositions qui peuvent être présentées par les créanciers pour la continuation des prestations ; liquidation judiciaire, si le co-contractant de l'Administration n'est pas autorisé par le tribunal à continuer l'exploitation de son entreprise ; en cas de sous-traitance, de co-traitance ou de sous-commande, sans autorisation préalable du Maître d'Ouvrage ou du Maître d'Ouvrage Délégué ; défaillance du co-contractant de l'Administration dûment constatée et notifiée à ce dernier par le Maître d'Ouvrage ou le Maître d'Ouvrage Délégué ; non-respect de la législation ou de la réglementation du travail ; variation importante des prix dans les conditions définies par le cahier des clauses administratives générales.

ARTICLE 101 : Nonobstant les dispositions de l'article 100 du présent Code, le Maître d'Ouvrage ou le Maître d'Ouvrage Délégué peut, en cas de force majeure et après avis de l'Autorité chargée des Marchés Publics, prononcer la résiliation d'un marché en l'absence de toute responsabilité du co-contractant de l'Administration, sans préjudice des indemnités auxquelles ce dernier peut prétendre.

Paragraphe 3

Des conséquences de la résiliation

ARTICLE 102 :

(1) Le co-contractant de l'Administration dont le marché est résilié pour des raisons évoquées à l'article 100 du présent Code, à l'exception des cas visés aux (a) et (g) dudit article ne peut, sauf dérogation spéciale exclusivement accordée par l'Autorité chargée des Marchés Publics, soumissionner pour un nouveau marché public avant une période de deux (2) ans à compter de la date de notification de la résiliation.

(2) Lorsque l'interdiction visée à l'alinéa (1) ci-dessus concerne une personne physique ou une entreprise unipersonnelle, celle-ci s'applique également sur toute autre entreprise créée ultérieurement par le mis en cause pendant ladite période.

(3) Le Maître d'Ouvrage ou le Maître d'Ouvrage Délégué est tenu de transmettre systématiquement les actes de résiliation à l'organisme chargé de la régulation des marchés publics en vue notamment de la constitution d'une base des données.

ARTICE 103 : Nonobstant la réparation à laquelle il peut être condamné pour non exécution de ses obligations, le co-contractant dont le marché est résilié pour défaillance supporte les frais engagés pour pourvoir à son remplacement.

ARTICLE 104 : Toute résiliation prononcée conformément aux

dispositions de l'article 101 ci-dessus n'emporte pas application des dispositions des articles 102 et 103 du présent Code.

CHAPITRE Il DES SANCTIONS AUX ATTEINTES A LA REGLEMENTATION

ARTICLE 105 :

(1) Les auteurs des marchés publics établis en violation des dispositions du présent Code sont passibles des sanctions prévues par les lois en vigueur; notamment la loi n073/7 du 07 décembre 1973 relative au droit du trésor pour la sauvegarde de la fortune publique et la loi n° 74/18 du 5 décembre 1974 relative au contrôle des ordonnateurs, gestionnaires et gérants des crédits publics et des entreprises de l'Etat telle que modifiée par la loi n° 76/4 du 8 juillet 1976, sans préjudice de l'invalidation desdits marchés, ainsi que toutes poursuites disciplinaires et judiciaires.

(2) Les violations des dispositions du présent Code sont considérées comme constitutives d'atteintes à la fortune publique et sont sanctionnées conformément aux lois en vigueur.

ARTICLE 106 : Sont considérées comme violations aux termes du présent Code :

a) la passation d'un marché sans avoir qualité pour le faire ou sans avoir reçu délégation à cet effet ;

b) le fractionnement d'un marché en marchés de moindre envergure, en lettres-commandes ou en bons de commande, dans le but de le soustraire à la compétence d'un autre organe ;

c) la passation d'un marché sans le visa financier ou sans l'autorisation de l'organe statutaire compétent ;

d) la passation d'un marché sans crédits disponibles ou délégués ;

e) la passation d'un marché en dépassement des crédits

ouverts, hormis les marchés comportant des tranches conditionnelles ou ceux exécutables sur plusieurs années ;

f) l'adjudication d'un marché au profit d'un prestataire sans existence légale ;

g) la certification et la liquidation des dépenses sans exécution des travaux, de la prestation des services ou de la fourniture des biens ;

h) le paiement d'un marché en dépassement de son montant et de celui de ses avenants, le cas échéant ;

i) la passation d'un marché à des prix unitaires non conformes aux mercuriales officielles ou n'entrant pas dans la fourchette des prix généralement admis ;

j) la passation de marchés avec des entreprises en déconfiture, avec des tiers ou sociétés en période suspecte de faillite ou de liquidation judiciaire ;

k) l'inobservation des dispositions régissant la passation, l'exécution et le contrôle des marchés publics ;

l) le détournement de l'objet du marché ;

m) la passation d'avenant en violation des dispositions réglementaires ;

n) le non respect de la procédure de passation des marchés de gré à gré ;

o) la passation de marchés avec des entreprises ne présentant pas la garantie financière, économique et technique suffisante.

ARTICLE 107 :

(1) La responsabilité du maître d'œuvre ou de tout autre surveillant des procédures de passation ou d'exécution d'un marché est engagée en cas de complicité.

(2) La complicité au sens du présent Code s'entend de :

a) l'omission ou la négligence d'effectuer les contrôles ou de donner les avis techniques prescrits ;

b) l'abstention volontaire de porter à la connaissance du Maître d'Ouvrage ou du Maître d'Ouvrage Délégué, les irrégularités sur les violations constatées à l'occasion de leurs interventions.

ARTICLE 108 :

(1) Les présidents, membres et secrétaires des Commissions des marchés et sous-commissions d'analyse des offres sont liés par le secret professionnel.

(2) Ils sont passibles des sanctions prévues par les lois et règlements en vigueur, sans préjudice de leur radiation de la commission concernée.

ARTICLE 109 :

(1) Toute personne physique ou mt9rale de droit public ou privé chargée du contrôle de l'exécution des marchés publics, reconnue coupable de malversations ou de défaillance dans l'exercice dudit contrôle, encourt des sanctions prévues par les lois et règlements en vigueur, sans préjudice de la réparation des dommages subis par le Maître d'Ouvrage ou le Maître d'Ouvrage Délégué.

(2) Elle peut être passible d'interdiction de contrôler l'exécution de marchés publics avant une période de trois (3) ans à compter de la date de constatation de sa défaillance.

ARTICLE 110 :

(1) L'organisme chargé de la régulation des marchés publics propose à l'autorité chargée des marchés publics, des mesures correctives en vue du respect de la réglementation chargée des marchés publics ainsi que des règles d'équité et de transparence.

(2) Toutefois, l'organisme chargé de la régulation des marchés Publics,

après exploitation des publications des Maîtres d'Ouvrage et des Maîtres d'Ouvrage Délégués, examen des rapports des Observateurs Indépendants, des fiches de recours des soumissionnaires et des documents des marchés publics qui lui sont transmis, saisit les concernés dans les délais réglementaires, pour les mesures suivantes :

a) les rectificatifs des avis d'appel d'offres et des communiqués d'attribution ;

b) le respect des procédures et des délais réglementaires ;

c) l'observation des seuils de compétence des commissions des marchés publics ;

d) la prévention des fractionnements des marchés publics ;

e) la transmission des documents des marchés publics ;

f) la prise en compte des avis techniques des instances e passation et de contrôle des marchés publics ;

g) l'utilisation des documents standards des marchés publics ;

h) l'exécution des missions de l'Observateur Indépendant ;

i) la prise des mesures conservatoires, en cas de procédure supposée irrégulière, en attendant l'aboutissement des investigations nécessaires et la décision de l'autorité chargée des marchés publics.

(3) Les actes de régulation visés à l'alinéa (2) ci-dessus doivent être pris en compte par leurs destinataires. L'organisme chargé de la régulation des marchés publics dresse régulièrement un bilan des actes de régulation qu'il communique à l'autorité chargée des marchés publics avec copies au Ministre en charge de l'administration du territoire en ce qui concerne les Maîtres d'Ouvrage Délégués, aux Gouverneurs uniquement pour les actes concernant les Préfets, ainsi qu'au Ministre de tutelle technique pour ceux concernant les Etablissements Publics Administratifs.

LIVRE Il

DES ORGANES DE PASSATION, DE CONTROLE

ET DE REGULATION DES MARCHES PUBLICS

TITRE I

DES ORGANES DE PASSATION DES MARCHES PUBLICS

CHAPITRE I

DES MAITRES D'OUVRAGE ET DES MAITRES D'OUVRAGE DELEGUES

ARTICLE 111 :

(1) L'initiative et la conduite de la passation d'un marché public incombent au Maître d'Ouvrage ou au Maître d'Ouvrage Délégué.

A ce titre, il :

a) élabore le plan de passation des marchés ;

b) s'assure de la disponibilité du financement et de celle du site du projet avant de saisir la commission des marchés compétente ;

c) prépare les projets de dossiers d'appel d'offres et de demande de cotation et les soumet à la commission des marchés compétente ;

d) lance les appels d'offres ;

e) reçoit les offres et les transmet à la Commission de Passation des Marchés ;

f) attribue, publie les résultats, signe et notifie les marchés sans limitation de seuil.

(2) En outre, il suit l'exécution physico-financière des marchés et les

résilie, le cas échéant.

CHAPITRE Il

DES COMMISSIONS DE PASSATION DES MARCHES

ARTICLE 112 :

(1) Les Commissions de Passation des Marchés sont des organes d'appui technique placés auprès des Maîtres d'Ouvrage et des Maîtres d'Ouvrage Délégués pour la passation des marchés publics, dont le montant est supérieur ou égal à cinq (5) millions de francs CFA.

A ce titre, elles :

a) examinent et émettent un avis technique sur les dossiers d'appel d'offres ainsi que les demandes de cotations préparés par le Maître d'Ouvrage ou le Maître d'Ouvrage Délégué ;

b) examinent et adoptent, le cas échéant, les grilles de notation avant le dépouillement des offres ;

c) organisent les séances d'ouverture des plis ;

d) commettent des sous-commissions pour l'analyse des offres ;

e) proposent au Maître d'Ouvrage ou au Maître d'Ouvrage Délégué l'attribution des marchés ;

f) préparent les dossiers à soumettre à l'avis des Commissions Spécialisées de Contrôle des Marchés, pour les marchés relevant de la compétence de ces dernières ;

g) examinent et émettent un avis technique sur les projets de marchés et d'avenants éventuels préparés par le Maître d'Ouvrage ou le Maître d'Ouvrage Délégué.

ARTICLE 113 :

(1) Une (01) Commission de Passation des Marchés est créée auprès du

Maître d'Ouvrage ou du Maître d'Ouvrage Délégué par l'Autorité chargée des Marchés Publics.

Toutefois, sur proposition du Maître d'Ouvrage ou du Maître d'Ouvrage Délégué, d'autres Commissions de Passation des Marchés peuvent être créées par l'Autorité chargée des Marchés Publics, en raison du volume d'activité, de la nature des prestations ou de la localisation des services.

(2) La liste des Commissions de Passation des Marchés créées et la composition desdites Commissions sont transmises à l'organisme chargé de la régulation des marchés publics par le Maître d'Ouvrage ou le Maître d'Ouvrage Délégué.

ARTICLE 114 :

(1) Des Commissions Spéciales de Passation des Marchés peuvent être créées en tant que de besoin par l'Autorité chargée des Marchés Publics en fonction des conditions de financement de certains projets.

(2) Dans le cas prévu à l'alinéa (1) ci-dessus, l'acte de création indique la composition de la Commission Spéciale, fixe les compétences de celle-ci ainsi que les attributions du chef de projet.

SECTION I

DE LA COMPOSITION ET DU FONCTIONNEMENT

ARTICLE 115 :

(1) Les Commissions de Passation des Marchés placées auprès des Maîtres d'Ouvrage se composent de la manière suivante :

a) Pour les Maîtres d'Ouvrage relevant des départements ministériels et assimilés :

- un (1) Président nommé par l'Autorité chargée des Marchés Publics, sur proposition du Maître d'Ouvrage ;
- deux (2) représentants du Maître d'Ouvrage ;
- le contrôleur financier auprès du Maître d'Ouvrage ;
- un (1) représentant du Ministère chargé des Investissements

Publics désigné par le Chef de ce département ministériel ;
- un (1) Secrétaire désigné par le Maître d'Ouvrage.

b) Pour les Maîtres d'Ouvrage relevant des collectivités territoriales décentralisées :

- un (1) Président nommé par l'Autorité chargée des Marchés Publics, sur proposition du Maître d'Ouvrage ;
- deux (2) représentants du Maître d'Ouvrage ;
- le contrôleur financier auprès du Maître d'Ouvrage ou le Receveur auprès de la collectivité territoriale décentralisée concernée le cas échéant ;
- un (1) représentant de l'autorité de tutelle territorialement compétent ;
- un (1) Secrétaire désigné par le Maître d'Ouvrage.

c) Pour les Maîtres d'Ouvrage relevant des établissements publics et des entreprises du secteur public et parapublic :

- un (1) Président nommé par l'Autorité chargée des Marchés Publics, sur proposition du Maître d'Ouvrage ;
- deux (2) représentants du Maître d'Ouvrage ;
- le contrôleur financier auprès du Maître d'Ouvrage s'il y a lieu ;
- un (1) représentant de l'administration de tutelle technique ;
- un (1) Secrétaire désigné par le Maître d'Ouvrage.

(2) La constitution de la Commission de Passation des Marchés visée à l'alinéa (1) ci-dessus est constatée par décision du Maître d'Ouvrage.

ARTICLE 116 :

(1) Les Commissions de Passation des Marchés placées auprès des Maîtres d'Ouvrage Délégués comprennent :

a) pour les Gouverneurs de province et les Préfets de département :

- un (1) Président nommé par l'Autorité chargée des Marchés Publics, sur proposition du Maître d'Ouvrage Délégué;
- le représentant territorialement compétent du Maître d'Ouvrage concerné;

- le Contrôleur des Finances territorialement compétent ou son représentant;
- le représentant territorialement compétent du Ministère chargé des Investissements Publics ou son représentant;
- un (1) représentant des services du Maître d'Ouvrage délégué;
- un (1) Secrétaire désigné par le Maître d'Ouvrage délégué;

b) pour les chefs de missions diplomatiques du Cameroun à l'étranger, un acte de l'Autorité chargée des Marchés Publics indique la composition de la Commission de Passation des Marchés et fixe les modalités de son fonctionnement.

(2) La constitution de la Commission de Passation des Marchés visée à l'alinéa (1) ci-dessus est constatée par décision du Maître d'Ouvrage Délégué concerné.

ARTICLE 117 :

(1) Sur proposition du Maître d'Ouvrage ou du Maître d'Ouvrage Délégué, les Présidents des Commissions de Passation des Marchés sont nommés par l'Autorité chargée des Marchés Publics, pour une période de deux (2) ans renouvelable une fois.

Toutefois, en cas de manquement grave, il peut être mis fin à leurs fonctions.

(2) Les Présidents et les membres des Commissions de Passation des Marchés sont choisis parmi les personnalités jouissant d'une bonne moralité et maîtrisant la réglementation et les procédures de passation des marchés publics. Ils sont astreints à l'obligation de réserve.

ARTICLE 118 : Dans le cas des projets s'exécutant sur plus d'un département, la commission compétente pour la passation du marché est celle du lieu d'affectation du crédit.

ARTICLE 119 :

(1) La Commission de Passation des Marchés se réunit sur convocation de son Président qui veille à son bon fonctionnement.

A ce titre, le Président

- propose un ordre du jour à adopter en séance ;
- fixe les jour, heure et lieu de chaque réunion ;
- signe les procès-verbaux de chaque séance ;
- transmet les rapports d'analyse et/ou les propositions d'attribution au Maître d'Ouvrage ou au Maître d'Ouvrage Délégué ;
- établit un rapport d'activités semestriel qu'il adresse au Maître d'Ouvrage ou au Maître d'Ouvrage Délégué avec copie à l'Autorité chargée des Marchés Publics et à l'organisme chargé de la régulation des marchés publics ;
- transmet pour conservation et archivage à l'organisme chargé de la régulation des marchés publics, dans un délai maximal de soixante douze (72) heures dès la fin des travaux de la commission, toute la documentation concernant des dossiers traités par la Commission de Passation des Marchés; notamment :
    - les dossiers d'appel d'offres ou les demandes de cotations approuvés par ladite commission ;
    - les procès-verbaux des séances ;
    - les avis d'appel d'offres signés et ses additifs éventuels ;
    - les procès-verbaux d'ouverture des plis ;
    - les rapports d'analyse des offres adoptés ;
    - la note écrite des membres non signataires du rapport d'analyse ou du rapport de synthèse, le cas échéant ;
    - les copies paraphées des offres des soumissionnaires ;
    - les résultats de la délibération sur la proposition d'attribution de la sous-commission d'analyse des offres ;
    - les requêtes des soumissionnaires et les réponses y afférentes ;
    - les copies des journaux contenant les publications des avis d'appel d'offres et additifs relatifs aux dossiers d'appel d'offres.

(2) Le Président d'une Commission de Passation des Marchés peut

inviter toute personne à prendre part aux travaux de ladite commission, avec voix consultative, en raison de sa compétence sur les points inscrits à l'ordre du jour.

(3) Les convocations et les dossiers à examiner par une Commission de Passation des Marchés doivent parvenir aux membres et à l'observateur indépendant dans un délai minimum de soixante douze (72) heures avant la date de la réunion.

(4) Le Maître d'ouvrage ou le Maître d'Ouvrage Délégué transmet à l'organisme chargé de la régulation des marchés publics, pour conservation et archivage, les documents des marchés publics relevant de sa compétence, dans les délais maximaux suivants :

- quarante huit (48) heures pour les avis d'appel d'offres, résultat d'attribution, marchés et avenants après leur signature ;
- soixante douze (72) heures pour tout autre document.

ARTICLE 120 :

(1) Le Président est l'ordonnateur délégué du budget de la Commission de Passation des Marchés.

(2) Les dépenses de fonctionnement de la commission de passation des marchés sont supportées par le budget du Maître d'Ouvrage ou des Services relevant de l'Autorité chargée des Marchés Publics pour les Maîtres d'Ouvrage Délégués.

(3) Les Présidents, les membres et les secrétaires des Commissions de Passation des Marchés perçoivent une indemnité de session dont le montant est fixé par l'Autorité chargée des Marchés Publics, sur proposition de l'organisme chargé de la régulation des marchés publics.

ARTICLE 121 : Sous l'autorité du Président de la Commission de Passation des Marchés, le Secrétaire prévu aux articles 115 et 116 du présent Code :

a) tient un fichier des marchés examinés par ladite Commission ;

b) tient dans un registre infalsifiable et numéroté, acquis auprès de l'organisme chargé de la régulation des marchés publics, les procès-verbaux des réunions dont les extraits sont régulièrement transmis à cette dernière ;

c) veille à la bonne tenue des archives des marchés passés par la commission ;

d) rédige et contresigne le procès-verbal de chaque séance.

ARTICLE 122 :

(1) la Commission de Passation des Marchés ne peut valablement délibérer qu'en présence de son Président, de deux (2) membres au moins et du Secrétaire. En outre, elle ne peut siéger et délibérer qu'en présence de l'Observateur Indépendant, dans les conditions prévues à l'article 150 du présent Code.

(2) Les résolutions des Commissions de Passation des Marchés sont prises à la majorité simple des membres présents. En cas de partage des voix celle du Président est prépondérante.

(3) Le quorum n'est pas requis lorsqu'une Commission de Passation des Marchés siège pour l'ouverture des plis. Toutefois, la présence du Président, du Secrétaire et de l'Observateur Indépendant est requise, dans les conditions prévues à l'article 150 du présent Code.

ARTICLE 123 :

(1) La Commission de Passation des Marchés dispose d'un délai maximal de quinze (15) jours à compter de la date de réception d'un dossier pour se prononcer, non compris les délais accordés à la sous-commission pour l'analyse des offres.

(2) Ce délai de quinze (15) jours peut être ramené à cinq (05) jours lorsque l'urgence le requiert.

SECTION Il

DES MODALITES D'EXAMEN DES DOSSIERS

Paragraphe 1 Marchés sur appel d'offres

ARTICLE 124 : Les dossiers sont soumis à l'examen d'une Commission de Passation des Marchés par le Maître d'Ouvrage ou le Maître d'Ouvrage Délégué.

Ils doivent contenir notamment :

a) pour l'examen du dossier d'appel d'offres :

- une note de présentation du Maître d'Ouvrage ou Maître d'Ouvrage Délégué concerné ;
- les pièces attestant de la disponibilité du financement ou de l'inscription budgétaire ;
- le dossier d'appel d'offres proprement dit, comprenant notamment le projet d'avis d'appel d'offres, les instructions aux soumissionnaires ou le règlement particulier de l'appel d'offres, les critères d'évaluation, le modèle du projet de marché, le cahier des spécifications techniques, les rapports d'études et les plans, le cas échéant ;

b) pour l'ouverture des plis :

- une copie de l'avis d'appel d'offres et des additifs subséquents publiés par voie de presse ;
- le registre d'enregistrement des offres ;
- un extrait des instructions aux soumissionnaires et/ou du règlement particulier de l'appel d'offres relatif à la présentation des offres ;

c) pour l'attribution :

- le procès-verbal de la séance d'ouverture des plis ;
- le rapport d'analyse et, éventuellement, le rapport de synthèse signés par les membres de la sous-commission d'analyse ;

d) pour l'examen des projets de marchés:

- une note de présentation du Maître d'Ouvrage ou du Maître d'Ouvrage Délégué concerné ;

- le procès-verbal de la séance d'attribution dudit marché ;
- le procès-verbal de négociation, le cas échéant ;
- le projet de marché souscrit par l'attributaire ;

e) pour l'examen des projets d'avenants :

- une note de présentation du Maître d'Ouvrage concerné ;
- l'étude préalable justifiant le projet d'avenant. le cas échéant ;
- le marché de base et, le cas échéant, les avenants déjà conclu ;
- le procès verbal de réception, le cas échéant ;
- le projet d'avenant souscrit par le co-contractant de l'Administration.

ARTICLE 125 :

(1) Lorsqu'une Commission de Passation des Marchés procède à l'ouverture des plis, le Président s'assure préalablement auprès des participants que les offres des soumissionnaires sont parvenues dans les délais prévus par la réglementation en vigueur avant de prononcer l'ouverture de la séance.

(2) Le Président de la Commission de Passation des Marchés est tenu de s'assurer que les plis sont fermés et cachetés. Il procède à leur ouverture, vérifie la conformité des pièces administratives produites par les soumissionnaires et paraphe les offres et les pièces administratives.

(3) Il donne ou fait donner publiquement lecture des pièces administratives et des principaux éléments des offres notamment. le montant pour les offres financières. Les rabais consentis et les délais.

(4) La séance d'ouverture des plis contenant les offres n'est pas publique. Les soumissionnaires sont invités à y participer ou à se faire représenter. Le nombre de représentants par soumissionnaire est limité à un (01), même en cas de groupement d'entreprises.

(5) A l'issue de l'ouverture des plis. Les copies des offres sont confiées à une sous-commission d'analyse présidée par un représentant du Maître d'Ouvrage ou du Maître d'Ouvrage Délégué et désignée par la Commission de Passation des Marchés.

(6) Il est établi, séance tenante. Un procès-verbal d'ouverture des plis qui mentionne la recevabilité des offres, leur régularité administrative. Leurs prix, leurs rabais et leurs délais ainsi que la composition de la sous-commission d'analyse. Une copie dudit procès-verbal à laquelle est annexée la feuille de présence est remise à tous les participants à la fin de la séance.

(7) Le Président veille à la conservation de l'original des offres y compris celles rejetées.

(8) La Commission fixe la durée d'évaluation des offres techniques et financières. Ce délai ne peut en aucun cas excéder trente (30) jours.

ARTICLE 126 :

(1) Le Maître d'Ouvrage ou le Maître d'Ouvrage Délégué lance les appels d'offres ou attribue les marchés sur proposition de la Commission de Passation des Marchés pour les marchés ne relevant pas de la compétence des Commissions Spécialisées de Contrôle des Marchés. Il notifie sa décision au Président de ladite Commission dans un délai de cinq (05) jours à compter de la date de réception de la proposition de la Commission.

(2) Lorsque le Maître d'Ouvrage ou le Maître d'Ouvrage Délégué n'approuve pas la proposition, il est tenu de demander un nouvel examen du dossier par la Commission en mentionnant ses réserves, dans un délai de sept (07) jours à compter de la date de réception de la proposition de la commission concernée.

(3) Après réexamen, le Président de la Commission de Passation des Marchés notifie les résultats de la nouvelle délibération au Maître d'Ouvrage ou au Maître d'Ouvrage Délégué.

(4) Si le désaccord persiste :

- en phases d'adoption du dossier d'appel d'offres ou d'examen du projet de marché ou d'avenant, le Maître d'Ouvrage ou le Maître d'Ouvrage Délégué lance l'appel d'offres ou signe le marché ou l'avenant. Dans ce cas, la Commission de Passation des Marchés mentionne, à chaque étape de la procédure, dans les procès-verbaux de séance, ses réserves ;

- en phase d'attribution, le Maître d'Ouvrage ou le Maître d'Ouvrage Délégué attribue le marché et en fait rapport à l'Autorité chargée des Marchés Publics. Dans ce cas, la publication des résultats est subordonnée à la décision de l'Autorité chargée des Marchés Publics.

Paragraphe 2Marchés de gré à qré

ARTICLE 127 :

(1) Le Maître d'Ouvrage ou le Maître d'Ouvrage Délégué sollicite l'Autorité chargée des Marchés Publics, l'autorisation préalable de passer le marché selon la procédure de gré à gré. Sa demande devra être motivée.

(2) L'Autorité chargée des Marchés Publics examine la demande et notifie sa réponse.

(3) En cas d'accord et sous réserve des dispositions de l'article 128 (3) ci-dessous, le Maître d'Ouvrage ou le Maître d'Ouvrage Délégué procède à la consultation directe, sans obligation de publicité, d'au moins trois (03) sociétés sauf dans le cas visé à l'article 29 (a) et (d) du présent Code.

ARTICLE 128 :

(1) Les dossiers de consultation, les offres des soumissionnaires ainsi que l'autorisation de gré à gré sont soumis à la Commission de Passation des Marchés pour examen. Celle-ci dispose d'un délai de sept (07) jours pour formuler sa proposition d'attribution.

(2) Pour les marchés ne relevant pas de la compétence de la Commission Spécialisée de Contrôle des Marchés, le Maître d'Ouvrage ou le Maître d'Ouvrage Délégué attribue le marché.

(3) Pour les marchés visés à l'article 29 (c) du présent Code, le Maître d'Ouvrage ou le Maître d'Ouvrage Délégué attribue directement le

marché dès que l'autorisation de l'Autorité chargée des Marchés Publics est donnée. Dans ce cas, le projet de marché accompagné de l'autorisation de gré à gré, du dossier de consultation, de l'offre de l'attributaire et du rapport d'évaluation, est soumis à la Commission de Passation des Marchés pour avis. La commission dispose d'un délai de cinq (05) jours pour émettre son avis.

(4) Pour les marchés autres que ceux visés à l'alinéa (2) ci-dessus, le Maître d'Ouvrage ou le Maître d'Ouvrage Délégué transmet le dossier à la Commission Spécialisée de Contrôle des Marchés compétente, pour avis. Cette commission dispose d'un délai de sept (07) jours pour émettre son avis.

(5) En application de l'article 22, le candidat retenu doit impérativement fournir un dossier administratif avant l'attribution définitive du marché.

TITRE Il

DES ORGANES DE CONTROLE DES MARCHES PUBLICS

CHAPITRE I

DES COMMISSIONS SPECIALISEES DE CONTROLE DES MARCHES

ARTICLE 129 :

(1) Les Commissions Spécialisées de Contrôle des Marchés sont des organes techniques placés auprès de l'Autorité chargée des Marchés Publics, chargés du contrôle a priori des procédures de passation des marchés publics initiées et conduites par les Maîtres d'Ouvrage ou les Maîtres d'Ouvrage Délégués.

A ce titre, elles émettent un avis sur :

- les dossiers d'appels d'offres préparés par les Maîtres d'Ouvrage ou les Maîtres d'Ouvrage Délégués et adoptés par les Commissions de Passation des Marchés; la procédure de passation des marchés ;

- les propositions d'attribution des Maîtres d'Ouvrage ou des Maîtres d'Ouvrage Délégués ;
- les projets de marchés et d'avenants éventuels.

(2) Elles sont saisies par les Maîtres d'Ouvrage ou par les Maîtres d'Ouvrage Délégués en fonction de la nature des prestations, pour les marchés dont les montants sont supérieurs aux seuils fixés aux articles 130, 131, 132 et 133 du présent Code.

(3) Elles comprennent :

- la Commission Spécialisée de Contrôle des Marchés de Routes et autres Infrastructures ;
- la Commission Spécialisée de Contrôle des Marchés de Bâtiments et des Equipements Collectifs ;
- la Commission Spécialisée de Contrôle des Marchés des Approvisionnements Généraux ;
- la Commission Spécialisée de Contrôle des Marchés de Services et de Prestations Intellectuelles.

SECTION I

DES DOMAINES ET SEUILS DE COMPETENCE

ARTICLE 130 :

(1) La Commission Spécialisée de Contrôle des Marchés de Routes et autres Infrastructures est compétente pour :

a)

- les travaux routiers (travaux neufs, réhabilitation et entretien routier) ;
- les travaux de voiries et réseaux divers ;
- les travaux de construction d'ouvrages d'art (ponts, aéroports, infrastructures ferroviaires, digues, barrages, réseaux de transport stockage.. .) ;
- les travaux d'hydraulique, d'électrification et de télécommunications.

- ports, et de

b) les fournitures et les installations annexes directement ou indirectement rattachées audits travaux (caniveaux, réseaux de distribution d'eau potable, d'électricité, de téléphone et de gaz...) ;

c) les études, les prestations de Maîtrise d'œuvre et autres prestations géotechniques et topographiques relatives aux travaux énumérés aux paragraphes a) et b) ci-dessus.

(2) Elle est saisie pour les marchés de travaux d'un montant supérieur à un (1) milliard de FCFA et pour ceux des études, fournitures et prestations de services sus indiquées s'y rattachant.

ARTICLE 131 :

(1) La Commission Spécialisée de Contrôle des Marchés de Bâtiments et des Equipements Collectifs est compétente pour :

a)

- les travaux de bâtiments (construction, réhabilitation, réaménagement et maintenance...) ;
- les travaux d'aménagement des places publiques, d'espaces verts, des terrains de sport ou de loisirs ;

b) les fournitures et installations annexes directement ou indirectement rattachées aux dites activités ;

c) les études, les prestations de maîtrise d'œuvre et autres prestations géotechniques et topographiques relatives aux travaux énumérés aux a) et b) ci-dessus.

(2) Elle est saisie pour les marchés de travaux d'un montant supérieur à 500 millions de FCFA et pour ceux des études, fournitures et prestations de services sus indiquées s'y rattachant.

ARTICLE 132 :

(1) La Commission Spécialisée de Contrôle des Marchés des

Approvisionnements Généraux est compétente pour:

a)

- la fourniture du matériel de bureau ;
- la fourniture du livre, du matériel scolaire, pédagogique et didactique ;
- la fourniture des médicaments, des consommables, des équipements sanitaires et du matériel biomédical, dans les domaines de la santé publique, de la santé animale et des pêches ;
- les intrants agricoles et les matières premières ;
- la fourniture du matériel électronique ;
- la fourniture, l'installation et la maintenance des matériels et réseaux informatiques et des progiciels associés ;
- la fourniture et la maintenance des véhicules et engins.

b) les autres fournitures ne relevant pas de la compétence d'une autre Commission de Contrôle des Marchés ;

c) les études, les définitions, les choix de matériels informatiques et la réalisation de logiciels.

(2) Elle est saisie pour les marchés de fournitures d'un montant supérieur à cent cinquante (150) millions de FCFA et pour ceux des études sus indiquées s'y rattachant.

ARTICLE 133 :

(1) La Commission Spécialisée de Contrôle des Marchés de Services et de Prestations Intellectuelles est compétente pour :

a) les études diverses liées à l'élaboration et à la mise en œuvre des stratégies sectorielles ;

b) la délégation des services publics, à l'exception de celle soumise à des textes particuliers ;

c) les audits, les enquêtes, les contrôles et les prestations d'assurance ;

d) toutes autres prestations à caractère intellectuel ou de services.

(2) Elle est saisie pour les marchés d'un montant supérieur à cent (100) millions de FCFA.

ARTICLE 134 : Lorsque les prestations répondant à un même appel d'offres sont réparties en lots ou lorsque plusieurs appels d'offres portent sur les prestations de même nature ou lorsqu'ils sont imputables sur la même ligne budgétaire, le montant total prévisionnel de l'ensemble des marchés à passer doit être pris en compte pour déterminer le seuil de compétence de la Commission.

SECTION IIDE LA COMPOSITION ET DU FONCTIONNEMENT

ARTICLE 135 :

(1) Les Commissions Spécialisées de Contrôle des Marchés sont composées de la manière suivante :

a) pour la Commission Spécialisée de Contrôle des Marchés de Routes et autres infrastructures :

- un Président ;
- un représentant de la Présidence de la République ;
- un représentant des Services du Premier Ministre ;
- un représentant du Ministère chargé des Finances ;
- un représentant du Ministère chargé des Investissements Publics ;
- un représentant de la Société Civile désigné en fonction de sa compétence avérée dans le domaine concerné ;
- un représentant du Ministère chargé des Travaux Publics ;
- un représentant du Ministère chargé de l'Urbanisme et de l'Habitat ;
- un représentant du Ministère chargé des Mines, de l'Eau et de l'Energie ;
- un représentant du Ministère chargé de la Ville ;
- un représentant du Ministère chargé des Transports ;

b) pour la Commission Spécialisée de Contrôle des Marchés de Bâtiments et des Equipements Collectifs :

- un Président ;
- un représentant de la Présidence de la République ;
- un représentant des Services du Premier Ministre ;
- un représentant du Ministère chargé des Finances ;
- un représentant du Ministère chargé des Investissements Publics ;
- un représentant de la Société Civile désigné en fonction de sa compétence avérée dans le domaine concerné ;

- un représentant du Ministère chargé de la Construction ;
- un représentant du Ministère chargé de l'Urbanisme et de l'Habitat ;
- un représentant du Ministère chargé de la Ville ;
- un représentant du Ministère chargé des Mines, de l'Eau et de l'Energie ;
- un représentant du ministère chargé de l'Enseignement Technique ;

c) pour la Commission Spécialisée de Contrôle des Marchés des Approvisionnements Généraux :

- un Président ;
- un représentant de la Présidence de la République ;
- un représentant des Services du Premier Ministre ;
- un représentant du Ministère chargé des Finances ;
- un représentant du Ministère chargé des Investissements Publics ;
- un représentant de la Société Civile désigné en fonction de sa compétence avérée dans le domaine concerné ;

- un représentant du Ministère chargé du Commerce ;
- un représentant du Ministère chargé de l'Informatique ;
- un représentant du Ministère chargé de l'Education ;
- un représentant du Ministère chargé de la Santé ;
- un représentant du Ministère chargé de l'Agriculture ;
- un représentant du ministère chargé de l'Enseignement

Technique;

d) pour la Commission Spécialisée de Contrôle des Marchés de Services et de Prestations Intellectuelles :

- un Président ;
- un représentant de la Présidence de la République ;
- un représentant des Services du Premier Ministre ;
- un représentant du Ministère chargé des Finances ;
- un représentant du Ministère chargé des Investissements Publics ;

- un représentant de la Société Civile désigné en fonction de sa compétence avérée dans le domaine concerné ;

- un représentant du Ministère chargé de la Ville ;
- un représentant du Ministère chargé de la Culture ;
- un représentant du Ministère chargé de la Recherche ;
- un représentant du Ministère chargé de l'Enseignement Supérieur ;
- un représentant du Ministère chargé de l'Urbanisme et de l'Habitat ;
- un représentant du Ministère chargé de l'Education.

(2) Les représentants des départements ministériels techniques doivent avoir des compétences avérées dans les domaines concernés.

(3) Le Président et les membres des Commissions Spécialisées de Contrôle des Marchés sont nommés par acte de l'Autorité chargée des Marchés Publics, pour une période de deux (02) ans renouvelable une fois. Toutefois, en cas de manquement grave, il peut être mis fin à leur fonction.

(4) Les Présidents et les membres des Commissions Spécialisées de Contrôle des Marchés sont choisis parmi les personnalités jouissant d'une bonne moralité et maîtrisant la réglementation et les procédures de passation des marchés publics.

ARTICLE 136 :

(1) Pour chaque dossier à examiner, le Président de la Commission spécialisée de Contrôle des Marchés choisit un Rapporteur, sur une liste dressée et régulièrement mise à jour par l'organisme chargé de la régulation des marchés publics, en raison de sa compétence dans le domaine concerné par le projet.

(2) Le Rapporteur examine les aspects techniques des documents reçus du Maître d'Ouvrage ou du Maître d'Ouvrage délégué et rédige un rapport qu'il présente à la Commission Spécialisée de Contrôle des Marchés dans un délai maximal de sept (07) jours. Il répond aux questions éventuelles des membres de la Commission Spécialisée de Contrôle des Marchés mais ne peut, en aucun cas, prendre part à la délibération.

ARTICLE 137 :

(1) La Commission Spécialisée de Contrôle des Marchés ne peut valablement siéger qu'en présence du tiers de ses membres, de son Président, du Rapporteur, du Secrétaire et de l'Observateur Indépendant.

(2) Elle ne peut délibérer qu'en présence de la majorité simple de ses membres désignés, de l'Observateur Indépendant et du Secrétaire.

ARTICLE 138 : Les décisions des Commissions Spécialisées de Contrôle des Marchés sont prises à la majorité simple des membres présents. En cas de partage des voix, celle du Président est prépondérante.

ARTICLE 139 :

(1) Le Président de la Commission Spécialisée de Contrôle des Marchés veille au bon fonctionnement de celle-ci.

A ce titre, il :

- propose un ordre du jour à adopter en séance ;
- fixe en liaison avec le secrétaire permanent les jour et heure de réunion ;
- signe les procès-verbaux de chaque séance ;

- notifie les avis de ladite commission conformément aux articles 142 et 143 ci-dessous ;

- transmet pour conservation et archivage à l'organisme chargé de la régulation des marchés publics, dans un délai maximal de soixante douze (72) heures dès la fin des travaux de la Commission, toute la documentation concernant les dossiers traités par la Commission.

(2) Il peut inviter toute personne à prendre part aux travaux de ladite commission, en raison de sa compétence sur les points inscrits à l'ordre du jour.

(3) Il est l'ordonnateur du budget de la Commission Spécialisée de Contrôle des Marchés.

(4) Les dépenses de fonctionnement des Commissions Spécialisées de Contrôle des Marchés sont inscrites sur une ligne spécifique du budget des Services relevant de l'Autorité chargée des Marchés Publics.

ARTICLE 140 : Les présidents, les membres et les rapporteurs des Commissions Spécialisées de Contrôle des Marchés perçoivent une indemnité de session dont le montant est fixé par acte de l'Autorité chargée des Marchés Publics, sur proposition de l'organisme chargé de la régulation des marchés publics.

ARTICLE 141 :

(1) Les Commissions Spécialisées de Contrôle des Marchés disposent d'un Secrétariat Permanent chargé d'assurer la préparation et le suivi des travaux desdites Commissions, placé sous l'autorité d'un secrétaire permanent.

A ce titre, le Secrétariat permanent :

- reçoit, du Maître d'Ouvrage ou du Maître d'Ouvrage Délégué, les dossiers adressés au Président de la Commission Spécialisée de Contrôle des Marchés compétente ;

- assure la ventilation des dossiers enregistrés ;

- tient dans un registre infalsifiable et numéroté, fourni par l'organisme chargé de la régulation des marchés publics, les procès-verbaux des réunions dont les extraits sont régulièrement transmis à cette dernière ;

- rédige et contresigne le procès-verbal de chaque séance ;

- tient un fichier des marchés examinés par la Commission sus évoquée ;

- établit un rapport d'activités semestriel qu'il adresse à l'Autorité chargée des Marchés Publics avec copie à l'organisme chargé de la régulation des marchés publics ;

- veille à la conservation des documents et exécute toutes autres tâches à lui confiées par le Président de la Commission Spécialisée de Contrôle des Marchés dans le cadre des travaux de ladite Commission.

(2) L'organisation et le fonctionnement du Secrétariat Permanent sont fixés par un texte particulier.

ARTICLE 142 :

(1) Les Commissions Spécialisées de Contrôle des Marchés émettent sur chaque dossier l'un des avis suivants :

- avis favorable: dans ce cas, le Maître d'Ouvrage ou le Maître d'Ouvrage Délégué poursuit la procédure engagée ;

- avis favorable assorti de réserves: dans ce cas, le Maître d'Ouvrage ou le Maître d'Ouvrage Délégué est tenu de corriger les points ayant suscité les réserves avant de poursuivre la procédure ;

- avis défavorable: dans ce cas, le Maître d'Ouvrage ou le Maître d'Ouvrage Délégué ne peut poursuivre la procédure engagée, sans préjudice des dispositions de l'article 143 ci-dessous.

(2) Elles disposent d'un délai de quinze (15) jours au maximum à compter de la date de réception d'un dossier complet pour émettre leur avis et le notifier au Maître d'Ouvrage ou au Maître d'Ouvrage Délégué. Passé ce délai, l'avis est réputé favorable.

(3) Les avis des Commissions Spécialisées de Contrôle des Marchés doivent être motivés.

(4) Ils peuvent être transmis à tout soumissionnaire intéressé qui en fait la demande.

ARTICLE 143 :

(1) Le Président de la Commission Spécialisée de Contrôle des Marchés notifie au Maître d'Ouvrage ou au Maître d'Ouvrage Délégué et à l'organisme chargé de la régulation des marchés publics les avis de la Commission de la manière suivante :

- dans un délai maximum de quarante huit (48) heures à compter de la date de clôture des travaux, lorsque lesdits travaux aboutissent à une non objection sur l'attribution ;

- dans un délai maximum de soixante douze (72) heures à compter de la date de clôture des travaux, pour tout autre avis.

Ces délais ne tiennent pas compte des jours non ouvrables.

(2) En cas d'accord, le Maître d'Ouvrage ou le Maître d'Ouvrage Délégué, selon le cas, lance l'appel d'offres ou attribue le marché et notifie sa décision au Président de ladite Commission dans un délai de cinq (5) jours à compter de la date de réception de la notification de l'avis visé à l'alinéa (1).

(3) En cas de désaccord, le Maître d'Ouvrage ou le Maître d'Ouvrage Délégué est tenu de demander un nouvel examen du dossier par la Commission en mentionnant ses réserves, dans un délai de sept (7) jours à compter de la date de réception de la notification des résultats de la délibération de la Commission concernée.

(4) L'examen des observations de la Commission Spécialisée de Contrôle des Marchés par les services techniques du Maître d'Ouvrage ne nécessite pas un recours à la Commission de Passation des Marchés compétente.

(5) Après réexamen, le Président de la Commission Spécialisée de

Contrôle des Marchés notifie les résultats des travaux au Maître d'Ouvrage ou au Maître d'Ouvrage Délégué.

(6) Si le désaccord persiste entre le Maître d'Ouvrage ou le Maître d'Ouvrage Délégué et la Commission Spécialisée de Contrôle des Marchés, celui-ci notifie sa décision finale à ladite Commission dans un délai de cinq (05) jours à compter de la date de réception de la notification de l'avis définitif de la Commission.

(7) Passé ce délai, le Président de cette Commission transmet, dans un délai de cinq (05) jours, le dossier à l'Autorité chargée des Marchés Publics pour arbitrage et en informe le Maître d'Ouvrage ou le Maître d'Ouvrage Délégué par courrier séparé du même jour. Ce recours est suspensif.

(8) L'Autorité chargée des Marchés Publics requiert l'avis technique de l'organisme chargé de la régulation des marchés publics pour se prononcer. Ce dernier dispose d'un délai de vingt et un (21) jours pour rendre l'avis requis.

(9) La décision de l'Autorité chargée des Marchés Publics s'impose aux deux parties.

ARTICLE 144 :

(1) Le Maître d'Ouvrage ou le Maître d'Ouvrage Délégué décide de l'attribution du marché après avis de la Commission Spécialisée de Contrôle pour les marchés relevant du seuil de compétence de celle-ci et publie les résultats.

(2) Lorsque le montant d'un marché public est supérieur à cinq (05) milliards de FCFA, le Maître d'Ouvrage ou le Maître d'Ouvrage Délégué est tenu, préalablement à la publication des résultats, de soumettre sa décision au visa de l'Autorité chargée des Marchés Publics.

(3) En cas de refus du visa sollicité, l'Autorité chargée des Marchés Publics notifie sa décision au Maître d'Ouvrage ou au Maître d'Ouvrage Délégué, avec copie à l'organisme chargé de la régulation des marchés publics.

SECTION III

DES MODALITES D'EXAMEN DES DOSSIERS

ARTICLE 145 :

(1) Les dossiers soumis à l'examen d'une Commission Spécialisée de Contrôle des Marchés doivent contenir notamment :

a) pour l'examen du dossier d'appel d'offres :

- une note de présentation du Maître d'Ouvrage ou du Maître d'Ouvrage Délégué concerné ;

- les pièces attestant de la disponibilité du financement ou de l'inscription budgétaire;

- le dossier d'appel d'offres examiné et adopté par les Commissions de Passation des Marchés, comprenant notamment l'avis, les instructions aux soumissionnaires ou le règlement particulier de l'appel d'offres, les critères d'évaluation, le modèle du projet de marché, les rapports d'études et les plans, le cas échéant ;

- le procès verbal de la séance d'adoption du dossier d'appel d'offres par la Commission de Passation des Marchés ;

- le rapport de l'Observateur Indépendant y afférent ;

b) pour l'attribution :

- le procès-verbal de la séance d'ouverture des plis ;

- l'autorisation du gré à gré, le cas échéant ;

- le rapport d'analyse et, éventuellement, le rapport de synthèse signés par les membres de la sous-commission d'analyse ;

- le procès-verbal de la séance d'examen du rapport d'analyse par la Commission de Passation des Marchés ;

- la proposition du Maître d'Ouvrage ou Maître d'Ouvrage Délégué ;

- le rapport de l'Observateur Indépendant y afférent ;

- les copies des offres financières et techniques des soumissionnaires, qui sont retournées au Maître d'Ouvrage ou Maître d'Ouvrage Délégué après examen des projets de marchés y relatifs ;

c) pour l'examen des projets de marchés :

- une note de présentation du Maître d'Ouvrage ou du Maître d'Ouvrage Délégué concerné ;

- le projet de marché ;

- le procès-verbal de la séance d'examen desdits projets de marché par la Commission de Passation des Marchés ;

- le rapport de l'Observateur Indépendant y afférent ;

- le projet de marché souscrit par l'attributaire ;

d) pour l'examen des projets d'avenants :

- une note de présentation du Maître d'Ouvrage ou du Maître d'Ouvrage Délégué concerné ;

- l'étude préalable justifiant le projet d'avenant, le cas échéant ;

- le marché de base et, le cas échéant, les avenants déjà conclu ;

- le procès-verbal de la séance d'examen desdits projets d'avenants par la Commission de Passation des Marchés ;

- le rapport de l'Observateur Indépendant y afférent ;

- le projet d'avenant souscrit par le co-contractant de l'Administration.

ARTICLE 146 : Les convocations et les dossiers à examiner par une commission des marchés publics doivent parvenir aux membres et à l'Observateur Indépendant dans un délai minimum de soixante douze (72) heures avant la date de la réunion.

ARTICLE 147 :

(1) La présentation d'un dossier à la Commission Spécialisée de Contrôle des Marchés est assurée par un membre de la Commission de Passation des Marchés désigné par le Maître d'Ouvrage ou le Maître d'Ouvrage Délégué. Ce membre est accompagné, le cas échéant, du responsable du projet ou d'un technicien mandaté par le Maître d'Ouvrage ou le Maître d'Ouvrage Délégué.

(2) Les personnes visées à l'alinéa (1) ci-dessus fournissent toutes les informations de nature à éclairer les membres de la Commission Spécialisée de Contrôle des Marchés. Elles sont tenues, en tant que de besoin, de répondre à toutes questions ou observations formulées par lesdits membres.

CHAPITRE IIDE L'OBSERVATEUR INDEPENDANT

ARTICLE 148 : Un observateur indépendant, recruté sur appel d'offres par l'organisme chargé de la régulation des marchés publics, assiste aux séances de la commission des marchés compétente ainsi qu'aux travaux de la sous-commission d'analyse, à l'effet :

- d'évaluer le déroulement du processus en signalant à chaque étape, à l'Autorité chargée des Marchés Publics, à l'organisme chargé de la régulation des marchés publics, au Maître d'ouvrage ou au Maître d'Ouvrage Délégué et au Président de la commission des marchés compétente, les manquements au respect de la réglementation, aux règles de la transparence et aux principes d'équité;

- de signaler les pratiques contraires à la bonne gouvernance dans le processus de passation des marchés publics notamment dans les cas de trafic d'influence, de conflit d'intérêt ou de délits d'initié.

ARTICLE 149 :

(1) L'observateur indépendant reçoit copie de toute la documentation relative aux dossiers traités par la Commission des marchés compétente.

(2) Il adresse à l'Autorité chargée des Marchés Publics, à l'organisme chargé de la régulation des marchés publics, au Maître d'Ouvrage ou au Maître d'Ouvrage Délégué, dans les soixante douze (72) heures à compter de la fin des travaux de la commission, un rapport détaillé sur lesdits travaux et sur ceux de la sous-commission d'analyse. L'observateur adresse, dans les mêmes délais, copie de son rapport au Président de la commission qui peut notifier aux autorités susmentionnées ses observations dans un délai de soixante douze (72) heures à compter de sa réception.

(3) L'Autorité chargée des Marchés Publics, l'organisme chargé de la régulation des marchés publics, le Maître d'ouvrage ou le Maître d'Ouvrage Délégué examinent le rapport de l'observateur en même temps que les propositions de la commission accompagnées du procès verbal des travaux. Les autorités susmentionnées tiennent compte, autant que possible, des recommandations de ce rapport dans le processus d'attribution des marchés.

ARTICLE 150 :

(1) Un observateur indépendant assiste aux travaux des Commissions de Passation des Marchés et des sous-commissions d'analyse suivant les modalités fixées aux articles 148 et 149 ci-dessus, pour tous les Marchés relatifs à un appel d'offres dont le montant cumulé des lots est supérieur ou égal à trente (30) millions de francs CFA.

(2) Il assiste également aux travaux des Commissions Spécialisées de Contrôle des Marchés dans les conditions définies aux articles 148 et 149 ci-dessus.

ARTICLE 151 : Sur la base des rapports de l'observateur indépendant ou de l'organisme chargé de la régulation des marchés publics, l'autorité chargée des marchés publics peut annuler l'attribution d'un marché effectuée en violation de la réglementation ou en marge des règles de transparence et d'équité.

CHAPITRE III

DE L'AUDITEUR INDEPENDANT

ARTICLE 152 : L'auditeur indépendant est un cabinet de réputation établie recruté par voie d'appel d'offres par l'organisme chargé de la régulation des marchés publics.

ARTICLE 153 : L'auditeur indépendant est chargé de réaliser annuellement des audits à posteriori d'un échantillon comprenant tous les marchés supérieurs à cinq cent (500) millions FCFA et vingt cinq pour cent (25 %) des marchés compris entre trente (30) et cinq cent (500) millions FCFA choisis de façon aléatoire.

TITRE III

DE L'ORGANE CHARGE DE LA REGULATION DES MARCHES PUBLICS

ARTICLE 154 : La régulation, le suivi et l'évaluation du système des marchés publics sont assurés par l'Agence de Régulation des Marchés Publics.

TITRE IV

DES INCOMPATIBILITES

ARTICLE 155 :

(1) Nul ne peut être Président de plus d'une Commission de Passation des Marchés.

(2) Nul ne peut être Président de plus d'une Commission Spécialisée de Contrôle desMarchés.

(3) Nul ne peut être à la fois Président d'une Commission de Passation des Marchés et d'une Commission Spécialisée de Contrôle des Marchés.

ARTICLE 156 :

(1) Nul ne peut être membre de plus de deux (02) Commissions de Passation des Marchés.

(2) Nul ne peut être à la fois membre d'une Commission de Passation des Marchés et d'une Commission Spécialisée de Contrôle des Marchés.

(3) Nul ne peut être à la fois secrétaire de deux commissions des marchés publics.

(4) Nul ne peut exercer la fonction de secrétaire permanent des Commissions Spécialisées de Contrôle des Marchés et appartenir à une Commission de Passation des Marchés.

ARTICLE 157 :

(1) Aucun membre, ni le secrétaire d'une Commission de passation des marchés ne peut faire partie d'une sous-commission d'analyse constituée par la commission de passation concernée.

(2) Aucun membre d'une Commission Spécialisée de Contrôle des Marchés ne peut participer aux travaux d'une Commission de Passation des Marchés et/ou d'une sous-commission d'analyse des offres.

ARTICLE 158 : La fonction de rapporteur est incompatible d'une part, avec la qualité de personnel de l'organisme chargé de la régulation des marchés publics et d'autre part, avec celle de personnel du Maître d'Ouvrage ou du Maître d'Ouvrage Délégué pour lequel le dossier est soumis à l'examen de la Commission Spécialisée de Contrôle des Marchés.

ARTICLE 159 : Le personnel de l'organisme chargé de la régulation des marchés publics ne peut assister aux séances d'une Commission des marchés publics ni aux travaux des sous-commissions d'analyse, à l'exception de celles de sa propre commission des marchés, en tant que Maître d'Ouvrage.

TITRE UNIQUE

DISPOSITIONS DIVERSES, TRANSITOIRES ET FINALES

ARTICLE 160 : L'Autorité chargée des Marchés Publics est le Premier Ministre. A ce titre, il dispose de tous les pouvoirs et attributions à lui conférés par le présent Code, notamment en matière de visa, d'autorisation de procédures exceptionnelles et d'arbitrage en cas de conflit ou de recours des soumissionnaires.

ARTICLE 161 :

(1) Les membres de la sous-commission "d'analyse doivent être de bonne moralité, avoir une bonne maîtrise des procédures et de la réglementation des marchés publics et, disposer des compétences techniques avérées dans le domaine concerné. Ils doivent s'abstenir de toute action de nature à compromettre leur objectivité et, dans tous les cas, ne disposer d'aucun intérêt financier, personnel ou autre lié au marché sous examen.

(2) En cas de conflit d'intérêt, les Présidents, les rapporteurs, le représentant de la société civile au sein d'une Commission Spécialisée de Contrôle des Marchés, les membres des Commissions des Marchés Publics et ceux des sous-commissions d'analyse ainsi que les observateurs indépendants doivent le signaler par écrit à l'organisme chargé de la régulation des marchés publics, sous peine des sanctions prévues par la réglementation en vigueur. Dans ce cas, il est alors pourvu à leur remplacement pour les marchés concernés.

ARTICLE 162 :

(1) Un Président, un membre, un secrétaire ou un rapporteur d'une Commission des Marchés Publics ne peut se faire remplacer par une personne extérieure à la Commission.

(2) Lorsque le Président d'une commission est indisponible pour une partie de la séance ou pour une période n'excédant pas trente (30) jours, il désigne un membre de cette commission pour présider les travaux. Le Président ad hoc exerce la plénitude des compétences prévues par le présent Code.

(3) Lorsque qu'il est indisponible pour une période excédant trente (30) jours, il en informe l'Autorité chargée des Marchés Publics qui désigne un président par intérim.

(4) En cas d'empêchement temporaire d'un membre d'une commission, son autorité de rattachement désigne un membre intérimaire par lettre adressée au Président de ladite Commission avec copie à l'organisme

chargé de la régulation des marchés publics.

(5) L'intérim cesse de plein droit dès le retour du titulaire.

ARTICLE 163 : L'observateur indépendant s'interdit pendant la durée de son contrat de fournir des biens, travaux ou services destinés à l'administration auprès de laquelle il exerce.

ARTICLE 164 : Les marchés publics notifiés antérieurement à la date d'entrée en vigueur du présent Code demeurent régis, pour leur exécution, par les dispositions qui étaient applicables au moment de leur notification.

ARTICLE 165 : Sont abrogés tous les textes antérieurs au présent décret, portant réglementation des marchés publics, création, attribution, organisation et fonctionnement des commissions des marchés publics, notamment :

- le décret n° 95/101 du 09 juin 1995 portant réglementation des marchés publics, et son modificatif n° 2000/155 du 30 juin 2000 ;

- le décret n° 95/102 du 09 juin 1995 portant attribution, organisation et fonctionnement des commissions des marchés publics, et son modificatif n° 2000/156 du 30 juin 2000 ;

- le décret n° 2002/030 du 28 janvier 2002 portant création, organisation et fonctionnement des commissions des marchés publics.

ARTICLE 166 : Le présent décret sera enregistré et publié suivant la procédure d'urgence, puis inséré au Journal Officiel en français et en anglais. /-

Yaoundé, le 24 Septembre 2004

Le Président de la République,

(é) Paul Biya

Annexe 3 – Loi sur l'Urbanisme au Cameroun (Loi n° 2002/003 du 21 avril 2004)

L'Assemblée Nationale a délibéré et adopté, le Président de la Républiquepromulgue la loi dont la teneur suit:

TITRE I

DES REGLEMENTS GENERALES D'URBANISME

D'AMENAGEMENT URBAIN ET DE CONSTRUCTION

CHAPITRE

DES DISPOSITIONS GENERALES D'UTILISATION DU SOL

SECTION I

DES DISPOSITIONS GENERALES

Article 1er : La présente loi régit l'urbanisme, l'aménagement urbain et la construction sur l'ensemble du territoire camerounais.'

A ce titre, elle fixe les règles générales d'utilisation du sol, définit les prévisions, règles et actes d'urbanisme, organise les opérations d'aménagement foncier et les relations entre les différents acteurs urbains.

Article 2 : Le territoire camerounais est le patrimoine commun de la Nation. L'Etat et les collectivités territoriales décentralisées en sont les gestionnaires et les garants dans le cadre de leurs compétences respectives. Les collectivités : territoriales décentralisées harmonisent, dans le respect réciproque de leur, autonomie, leurs prévisions et leurs décisions d'utilisation de l'espace.

Article 3 : L'urbanisme est, au sens de la présente loi, l'ensemble des mesures législatives, réglementaires, administratives, techniques, économiques, sociales et culturelles visant le développement harmonieux et cohérent des établissements humains, en favorisant l'utilisation rationnelle des' sols, leur mise en valeur 'et l'amélioration du cadre de vie, ainsi que le développement économique et social.

Article 4 :

(1) Les établissements humains concernés' par le présent texte comprennent les centres urbains ou les communautés rurales concentrées d'au moins deux mille (2 000) habitants, occupant un espace bâti de façon continue et manifeste.

(2) Le classement d'un établissement humain en centre urbain est prononcé par décret.

Article 5 : La délimitation du périmètre urbain, ainsi que les modifications subséquentes de celui-ci sont déterminées par un arrêté du .Ministre chargé des domaines, à l'initiative de l'Etat ou de la commune concernée, après avis des Ministres chargés de l'urbanisme ou des questions urbaines selon le cas.

Article 6 : Dans les périmètres considérés, le champ d'application des règles générales d'utilisation du sol s'étend à la localisation, à la desserte, à l'implantation et à l'architecture des bâtiments, au mode de clôture et à la tenue décente des propriétés foncières et des constructions.

Article 7 :

(1) L'urbanisme est régi au Cameroun par des règles générales d'urbanisme et mis en œuvre par des documents de planification urbaine, des opérations d'aménagement et des actes d'urbanisme.

(2) Les formes et conditions d'établissement de ces documents et de ces actes, ainsi que les .formes et conditions d'exécution des opérations visées, sont précisées par voie réglementaire.

Article 8 : Les communes ne possédant pas de document de planification urbaine en cours de validité, ou comprenant des zones de leur centre urbain non couvertes par un plan en vigueur, appliqueront les dispositions prévues aux règles générales d'urbanisme et de construction définies dans la section Il ci-après.

SECTION Il

DES REGLES GENERALES D'URBANISME ET DE CONSTRUCTION

Article 9 :

(1) Sont inconstructibles, sauf prescriptions spéciales, les terrains exposés à un risque naturel (inondation, érosion, éboulement, séisme, etc.); les parties du domaine public classées comme telles et les aires écologiquement protégées telles que définies par la législation relative à la gestion de l'environnement.

(2) Sont impropres à l'habitat les terrains exposés à un risque industriel ou à des nuisances graves (pollutions industrielles, acoustiques etc.) et ceux de nature à porter atteinte à la santé publique ou aux valeurs culturelles locales.

(3) Les zones dans lesquelles se trouvent ces terrains sont précisées dans les documents de planification urbaine ou, à défaut, par un arrêté municipal.

(4). Les mesures de protection, ainsi que les périmètres de sécurité à prendre en compte dans l'élaboration des documents de planification urbaine, sont précisés par les administrations compétentes, notamment celles chargées des mines, de la défense, de l'environnement, du tourisme et des domaines.

Article 10 : Les études d'urbanisme doivent intégrer les études d'impact environnemental prescrites par la législation relative à la gestion de l'environnement.

Article 11 :

(1) Sauf prescription spéciale des documents de planification urbaine ou du Maire de la commune concernée, notamment en matière de restructuration urbaine, la constructibilité des terrains est subordonnée à leur desserte par des voies publiques ou privées d'une emprise minimale de sept (7) mètres.

(2) En tout état de cause, toute parcelle à bâtir doit permettre l'intervention des services de secours et de voirie (pompiers, assainissement, enlèvement des ordures ménagères, etc.).

Article 12 : Le propriétaire, dont les fonds sont 'enclavés ou ne disposent pas de voies d'écoulement des eaux pluviales, est fondé à réclamer et à obtenir un passage sur les fonds voisins, particulièrement ceux situés en aval, dans les conditions prévues par les articles 682 à 710 du Code Civil.

Article 13 : L'emprise au sol d'un bâtiment est la projection libre de toute construction couverte, même partiellement. Celle-ci est déterminée par le coefficient d'emprise au sol qui est le rapport de la surface de la projection verticale du bâtiment sur la superficie de la parcelle. Ce coefficient ne peut dépasser 0.6, sauf dérogation expressément prévue dans les documents de planification urbaine tels que définis à l'article 26 ci-dessous.

Article 14 : Le coefficient d'occupation des sols est le rapport entre la surface totale de plancher construite et la surface de la parcelle. Il est fixé dans les documents de planification urbaine.

Article 15 :

(1) Il ne peut être construit sur la partie restante d'un terrain dont la totalité des droits de construire, compte tenu notamment du coefficient d'occupation des sols en vigueur, a été préalablement utilisée.

(2) Tout acte sanctionnant une transaction doit reproduire les indications énoncées dans le certificat d'urbanisme défini à l'article 101 de la présente loi.

Article 16 : Sauf disposition contraire contenue dans les documents de planification urbaine, la façade principale donnant sur rue de toute nouvelle construction doit être implantée à une distance des limites parcellaires au moins égale à cinq (5) mètres.

Article 17 : Tout propriétaire d'un bâtiment existant non conforme aux dispositions de la présente loi est tenu d'y conformer ce dernier en cas de modifications effectuées sur celui-ci.

Article 18 : Les maires assurent la diffusion et l'application des dispositions prévues aux règles générales d'urbanisme et de construction, en recourant à tous les moyens nécessaires et en impliquant, notamment, les services locaux de l'urbanisme ou ceux chargés des questions urbaines, selon le cas, ainsi que les associations de quartiers.

Article 19 : Aucune construction provisoire ou définitive, aucune modification extérieure d'un bâtiment existant, aucune, installation matérialisée de façon permanente ou temporaire par l'occupation d'une emprise de quelques dimensions que ce soit sur une parcelle du périmètre urbain d'une commune, ne peut être édifiée sans autorisation préalable de la mairie compétente, sous peine des sanctions prévues au titre IV de la présente loi.

Article 20 : Toute construction doit permettre à ses occupants d'évacuer rapidement les lieux ou de recevoir aisément des secours extérieurs.

Article 21 : Les règles de construction en matière de sécurité, d'hygiène et d'assainissement sont précisées par décret, en ce qui concerne, notamment:

- les bâtiments à usage d'habitation:
- les bâtiments de grande hauteur:
- les bâtiments recevant le public;
- les bâtiments industriels;
- les bâtiments situés dans des zones à risques.
-

Article 22 : La hauteur, les matériaux employés, la forme architecturale des constructions et des clôtures situées en façade principale sont précisés par les documents de planification urbaine ou, à défaut, par un arrêté municipal.

Article 23: Les présentes règles s'imposent aux personnes qui aménagent ou font aménager, construisent ou font construire, ou. Installent des équipements de toute nature, notamment aux urbanistes, architectes, ingénieurs du génie civil, techniciens, entrepreneurs et autres personnes responsables de l'exécution des constructions.

Article 24 : Les dérogations aux règles édictées par le présent chapitre, notamment en ce qui concerne le changement de vocation des zones, la constructibilité ou la desserte des terrains, la hauteur, l'aspect ou les normes de construction, peuvent être accordées par le Ministre chargé de l'urbanisme et de l'architecture, sur avis motivé du Maire.

CHAPITRE-T-Il

DES PREVISIONS ET DES REGLES D'URBANISME

SECTION I

DES DISPOSITIONS COMMUNES

Article 25 : Les documents de planification urbaine déterminent les conditions permettant, d'une part, de limiter l'utilisation de l'espace, de maîtriser les besoins de déplacements, de préserver les activités agricoles, de protéger les espaces forestiers, le patrimoine culturel, les sites et paysages naturels ou urbains, de prévenir les risques naturels et les risques technologiques, ainsi que les pollutions et nuisances de toute nature *et,* d'autre part, de prévoir suffisamment d'espaces constructibles ,pour les activités économiques et d'intérêt général, ainsi que pour la satisfaction des besoins présents et futurs en matière d'habitat et d'équipements publics.

Article 26: Les documents de planification urbaine sont:

- Le Plan Directeur d'Urbanisme;
- Le Plan d'Occupation des Sols;
- Le Plan de Secteur;
- Le Plan Sommaire d'Urbanisme.

Article 27 : Tous les documents de planification urbaine comprennent :

- Un rapport justificatif ;
- Des documents graphiques ;
- Des annexes éventuelles ;
- Un règlement.

Les documents dûment approuvés par l'autorité compétente et rendus publics sont opposables à toute personne physique ou morale.

Article 28 : Dès qu'un document, d'urbanisme est prescrit, le Maire doit surseoir à statuer aux demandes d'occupation des sols à dater du jour de cette prescription, et jusqu'à ce que ledit document ait été approuvé et rendu public. Le sursis à statuer ne peut excéder deux (2) ans.

Article 29 : L'établissement et la révision des documents de planification urbaine visés à l'article 26 ci-dessus ont lieu dans les formes et délais prévus par décret.

Article 30 : Après délibération du ou des conseils municipaux concernés, tout document d'urbanisme est approuvé' par l'autorité compétente dans un délai de soixante (60) jours à compter de la date de sa transmission, dans les formes et conditions définies par décret. Passé ce délai, le document est réputé approuvé.

Article 31 :

(1) Les communes ou les groupements de communes effectuent des études d'élaboration des documents de planification urbaine sous la responsabilité d'un urbaniste inscrit au tableau de l'Ordre National des urbanistes, ou les font exécuter par un cabinet d'urbanisme agréé. Toutefois, en tant que de besoin, les services locaux de l'urbanisme ou

ceux chargés des questions urbaines, selon le cas, peuvent être mis à la disposition des communes ou des groupements de communes compétents, pour élaborer, modifier ou réviser des documents de planification urbaine.

(2) La recherche des financements nécessaires pour couvrir les dépenses entraînées par les études et pour l'établissement des documents de planification urbaine est de la responsabilité des communes ou des groupements de communes compétents pour leur élaboration.

(3) Les conditions de la mise à disposition des services locaux de l'Etat sont définies par, convention spécifique entre l'Etat et la commune concernée. Ces conventions sont passées dans les formes et conditions définies par les textes en vigueur.

SECTION II

DE LA DEFINITION ET DE L'ELABORATION DES DOCUMENTS D'URBANISME

PARAGRAPHE I

DU PLAN DIRECTEUR D'URBANISME

Article 32 :

(1) Le Plan Directeur d'Urbanisme est un document qui fixe les orientations; fondamentales de l'aménagement d'un territoire urbain, la destination 'générale .des sols et la programmation des équipements.

(2) Les documents graphiques du pIan Directeur d'Urbanisme sont élaborés à une échelle comprise entre 1/20 000e et 1/25 000e.

Article 33 : Le Plan Directeur d'Urbanisme est élaboré pour les Communautés urbaines et .pour des groupements de communes dont le développement nécessite une-action concertée.

Article 34 :

(1) L'initiative de l'élaboration d'un Plan Directeur d'Urbanisme appartient au Maire de la commune ou à un groupement de communes concernées.

(2) Le Plan Directeur d'Urbanisme est prescrit par arrêté du Ministre chargé de l'urbanisme ou du Ministre chargé des questions urbaines selon le cas, dans les conditions fixées par voie réglementaire. Il est réalisé sous l'autorité du Maire de la Communauté Urbaine ou du groupement visé à .l'alinéa (1) ci-dessus, conformément aux prescriptions d'intérêt général préalablement portées à la connaissance de l'Etat.

(3) Les études du Plan Directeur d'Urbanisme' sont suivies par un comité technique de pilotage dont la composition et le fonctionnement sont fixés par décret. '

(4) Le Plan Directeur d'Urbanisme est approuvé par arrêté du Préfet du département concerné, ou' par arrêté conjoint des Préfets des départements concernés si son champ d'application intègre les limites de plusieurs départements, conformément aux dispositions prévues à l'article 31. Ci-dessus.

Article 35 : Les chambres consulaires et les organismes de gestion des parcs naturels régionaux sont consultés lors de l'établissement d'un. Plan Directeur d'Urbanisme, en ce qui concerne les zones préférentielles d'implantation et l'importance des équipements industriels, commerciaux et artisanaux prévus. Les rapports produits par ces organismes sont pris en compte et, éventuellement; annexés aux documents de planification urbaine.

Article 36 : Les associations locales d'usagers sont consultées, à leur demande, pour l'élaboration ou la révision d'un Plan Directeur d'Urbanisme, dans les conditions prévues par décret.

PARAGRAPHE Il

DU PLAN D'OCCUPATION DES SOLS

Article 37 :

(1) Le Plan d'occupation des. sols est un document qui fixe l'affectation des sols et les règles qui la régissent pour le moyen terme (10 à 15 ans). Il

définit le périmètre de chacune des zones d'affectation et édicte, pour chacune d'entre elles, les règles, restrictions et servitudes particulières d'utilisation du sol.

(2) Les documents graphiques du plan d'occupation des sols sont élaborés à une échelle comprise entre 1/5 000e et 1/10000e.

Article 38 :

(1) Sous réserve des conditions prévues à l'article 44 ci-dessous, tous les centres urbains, toutes les communes urbaines et communes urbaines d'arrondissement doivent être dotés d'un Plan d'occupation des sols.

(2) Les dispositions du plan d'occupation des sols doivent être compatibles avec les orientations du plan Directeur d'Urbanisme, s'il en existe un.

Article 39 :

(1) L'initiative de l'élaboration d'un Plan d'Occupation des Sols appartient au Maire ou, en cas de nécessité, au Ministre chargé de l'urbanisme ou au Ministre chargé des questions urbaines selon le cas, dans les conditions fixées par voie réglementaire. Il est prescrit par arrêté préfectoral et élaboré sous l'autorité du Maire, conformément aux dispositions de l'article 34 ci-dessus.

(2) Les travaux d'élaboration du Plan d'Occupation des Sols sont suivis par un comité technique de pilotage présidé par le Maire, dont la composition et les modalités de fonctionnement sont fixées par arrêté du Ministre chargé de l'urbanisme ou du Ministre chargé des questions urbaines selon le cas, dans les conditions fixées par voie réglementaire, Ce comité suit les travaux afin d'en assurer la conformité avec la réglementation, les règles de l'art et les options retenues.

(3) Le Plan d'occupation des Sols est approuvé par arrêté préfectoral, après délibération du conseil municipal et avis des services locaux de l'urbanisme ou ceux chargés des questions urbaines selon le cas, dans les conditions fixées par voie réglementaire.

PARAGRAPHE III

DU PLAN DE SECTEUR

Article 40 :

(1) Le Plan de Secteur est un document qui, pour une partie d'agglomération, précise de façon détaillée l'organisation et les modalités techniques d'occupation du sol, les équipements et les emplacements réservés, et les caractéristiques techniques et financières des différents travaux d'infrastructures.

(2) Les documents graphiques du Plan de Secteur sont élaborés à une échelle comprise entre 1/500e et 1/1000e.

Article 41 :

(1) Le Plan de Secteur est élaboré pour une partie d'une localité couverte par un Plan d'Occupation des Sols.

(2) Les dispositions du Plan de Secteur doivent être compatibles avec les orientations du Plan d'Occupation des Sols et conformément à ce dernier, il doit tenir compte de la nécessaire cohérence de l'ensemble de l'agglomération.

Article 42 :

Le règlement du Plan de Secteur édicte, de manière détaillée, les prescriptions relatives aux servitudes, à la localisation, à la desserte, à l'implantation et à l'aspect des constructions dans le secteur concerné.

Article 43 :

(1) L'initiative de l'élaboration d'un Plan de Secteur appartient au Maire. Il est prescrit par arrêté municipal, après délibération du Conseil Municipal et avis des services locaux de l'Urbanisme ou ceux chargés des questions urbaines selon le cas, dans des conditions fixées par voie réglementaire.

(2) Le plan de Secteur est élaboré sous l'autorité du Maire et conformément aux dispositions de l'article 31 ci-dessus. Il est approuvé par arrêté municipal et conformément aux dispositions de l'article 30 ci-dessus.

PARAGRAPHE IV

DU PLAN SOMMAIRE D'URBANISME

Article 44 : En attendant de .se doter d'un Plan d'Occupation des Sols, les communes ont la possibilité d'élaborer un document de planification simplifié, dénommé Plan Sommaire d'Urbanisme.

Article 45. :

(1) Le Plan Sommaire d'Urbanisme est un document qui fixe l'affectation des sols et définit le périmètre de chacune des zones d'affectation. Il édicte de façon sommaire, pour chacune d'entre elles, les règles, restrictions et servitudes particulières d'utilisation du sol.

(2) Les documents graphiques du Plan Sommaire d'Urbanisme sont élaborés à une échelle comprise entre 1/5 000e et 1/10 000e.

(3) Les dispositions du Plan Sommaire d'Urbanisme doivent être compatibles avec les orientations du Plan Directeur d'Urbanisme, s'il en existe un.

Article 46 :

(1) L'initiative de l'élaboration d'un Plan Sommaire d'Urbanisme appartient au Maire. Il est prescrit par arrêté préfectoral après avis des services locaux de l'Urbanisme ou ceux chargés des questions urbaines selon le cas. Il est élaboré sous l'autorité du Maire et conformément aux dispositions de l'article 30 ci-dessus.

(2) Le Plan Sommaire d'Urbanisme est approuvé par arrêté municipal, après délibération du conseil municipal et avis des services locaux de

l'Urbanisme ou ceux chargés des questions urbaines selon le cas, dans les conditions fixées par décret.

SECTION III

DES SERVITUDES D'UTILITE PUBLIQUE AFFECTANT L'UTILISATION DU SOL'

Article 47 :

(1) Tous les documents de planification urbaine ci-dessus définis doivent préciser les servitudes d'utilité publique affectant l'utilisation du sol.

(2) Seules les servitudes mentionnées aux documents de planification urbaine peuvent être opposées aux demandes d'autorisation d'occupation du sol.

Article 48 : Après approbation par l'autorité compétente de tout document de planification urbaine, à l'exception du Plan Directeur d'Urbanisme, il est procédé, à l'initiative du Maire et à la charge du .maître d'ouvrage, au bornage et au classement au domaine public artificiel, au domaine privé de l'Etat ou au domaine privé des collectivités territoriales décentralisées, des emprises réservées aux voies et aux équipements programmés. À la suite de cette délimitation, il est dressé un plan d'alignement des voies concernées.

CHAPITRE III

DE L'IMPLICATION DES POPULATIONS ET DE LA SOCIETE CIVILE

Article 49 : L'implication des populations, des groupes organisés et de la société civile à la mise en œuvre des règles générales d'urbanisme, d'aménagement urbain et de construction, doit être encouragé à travers:

- Le libre accès aux documents d'urbanisme ;

- Les mécanismes de consultation permettant de recueillir leur opinion et leur apport ;
- Leur représentation au sein des organes de consultation;
- La production de l'information relative à l'aménagement et à l'urbanisme;
- La sensibilisation, la formation, la recherche et l'éducation en matière d'aménagement et d'urbanisme.

Article 50 : Les modalités d'implication et de participation des populations et de la société civile aux prévisions d'urbanisme et aux investissements à réaliser dans le secteur urbain, ainsi que les voies de recours et la publicitédonnée aux documents de planification urbaine, sont précisées par voie réglementaire.

TITRE Il

DE L'AMENAGEMENT FONCIER

CHAPITRE I

DES OPERATIONS D'AMENAGEMENT

Article 51 : Les opérations d'aménagement foncier ont pour objet d'organiser Ie maintien, l'extension ou l'accueil de l'habitat ou des activités, de réaliser des équipements collectifs, de sauvegarder ou de mettre en valeur le patrimoine bâti ou non bâti et les espaces naturels.

Sont considérés, au sens de la présente loi, comme opérations d'aménagement foncier :

- La restructuration et/ou rénovation urbaine;
- Les lotissements;
- Les opérations d'aménagement concerté ;
- Toute autre opération touchant au foncier urbain (voirie et réseaux divers équipement, remembrement, etc.).

Article 52 : Les procédures et les modalités d'exécution de chaque type d'opération d'aménagement sont précisées par décret.

SECTION 1

DE LA RESTRUCTURATION ET/OU DE LA RENOVATION URBAINE

Article 53 :

(1-) La restructuration urbaine est un ensemble d'actions d'aménagement sur des espaces bâtis de manière anarchique, dégradés ou réalisées en secteur ancien, destinées à l'intégration d'équipements déterminés ou à l'amélioration du tissu urbain des agglomérations.

(2) La rénovation urbaine est un ensemble de mesures et opérations d'aménagement qui consiste en la démolition totale ou partielle d'un secteur urbain insalubre, défectueux ou inadapté, en vue d'y implanter des constructions nouvelles.

Article 54 : La restructuration et la rénovation urbaine ont pour objet:

- L'amélioration des conditions de vie et de sécurité des populations, au regard:
    - de la situation foncière;
    - de l'état des constructions;
    - des accès aux habitations;
    - des espaces verts;
    - de l'environnement;
    - des voiries et réseaux divers
- Le renforcement de la fonctionnalité du périmètre considéré, au regard :
    - De la vie économique ;
    - Des équipements collectifs d'ordre social et culturel.

Article 55 :

(1) Les opérations de restructuration et/ou de rénovation urbaine sont localisées à, l'intérieur d'un, périmètre opérationnel appelé secteur de

restructuration urbaine ou secteur de rénovation urbaine. Délimité par les actes prescrivant l'opération visée.

(2) Dans la zone concernée. Le plan de restructuration et/ou de rénovation approuvé par arrêté municipal précise ou complète les documents de planification urbaine existants.

(3) Après approbation du plan de restructuration et/ou de rénovation, les emprises des voies, des servitudes et des équipements publics prévus sont reversées au domaine public.

(4) Les opérations de restructuration et/ou de rénovation urbaine sont entreprises à l'initiative de l'Etat ou d'une commune ou d'un groupement de communes et s'effectuent conformément à un plan de restructuration et/ou de rénovation.

Article 56 :

(1) Lès opérations de restructuration et/ou de rénovation urbaine sont réalisées sous la responsabilité des communes concernées, soit en régie. soit par voie de convention avec un aménageur public ou privé, avec l'aide éventuelle de l'État ou de toute autre forme d'intervention multilatérale, bilatérale ou décentralisée.

(2) En tant que de besoin, les services locaux de l'Etat peuvent être mis à la disposition des communes ou des groupements de communes compétents, pour la mise au point technique ou l'exécution des opérations de restructuration et/ou de rénovation urbaine.

(3) Les conditions de la mise à disposition des services locaux de l'Etat sont définies par convention spécifique entre l'Etat et la commune concernée. Ces conventions son passées dans les formes et conditions définies par la législation et la réglementation en vigueur.

Article 57 : En tout état de cause les opérations de restructuration et/ou de rénovation urbaine doivent être conduites en concertation avec les populations concernées conformément au prescriptions du titre I, chapitre III de la présente loi, et suivies des mesures appropriées d'accompagnement social.

Article 58: La recherche des financements nécessaires pour couvrir les dépenses entraînées par la mise au point et de l'exécution des opérations de restructuration et/oude rénovation urbaine est de la responsabilité de l'Etat, des communes ou des groupements de communes compétents.

SECTION Il

DES LOTISSEMENTS

Article 59 :

(1) Constitue un lotissement, l'opération ayant pour résultat la division d'une propriété foncière en lots.

(2) Tout lotissement de plus de quatre lots est subordonné à l'approbation de l'autorité compétente, sous peine de nullité des actes y afférents.

Article 60 : Les lotissements sont créés à l'initiative de l'Etat, des collectivités territoriales décentralisées, ou des personnes privées, physiques ou morales, sur leurs propriétés respectives, et sont réalisés dans le respect des documents de planification urbaine en vigueur ou à défaut, des règles générales d'urbanisme et de construction.

Article 61 : Les lotissements domaniaux sont approuvés par arrêté du Ministre chargé des domaines, les lotissements communaux par les préfets et les lotissements privés par les maires.

Article 62 :

(1) L'approbation d'un lotissement vaut autorisation de lotir et transfert au domaine public des emprises des voies, des servitudes et des équipements publics prévus.

(2) Les conditions, formes et délais d'élaboration, d'approbation et de modification des lotissements, notamment en ce qui concerne les interventions respectives des urbanistes et des géomètres, sont définis par décret.

Article 63 :

(1)L'initiateur du lotissement est tenu de prévoir en fonction du type, de la taille et de la situation du lotissement, un certain nombre d'équipements dont la nature et les caractéristiques sont précisées par les documents de planification urbaine.

(2)Préalablement à l'approbation du lotissement, les autorités visées à l'article 61 ci-dessus, veillent à la prévision des équipements d'utilité publique et des réseaux primaires par les concessionnaires de services publiques.

Article 64 :

(1) Préalablement à la commercialisation des lots, le lotisseur doit avoir fait procéder, au moins, à la délimitation physique par bornage des parcelles et emprises de voies sur son terrain.

(2) Après constat de cette délimitation physique par l'autorité ayant délivré l'autorisation de lotir, celle-ci délivre des autorisations de commercialisation sur un nombre de parcelles proportionnel à l'avancement des travaux de viabilisation, dans des conditions définies par décret. La dernière autorisation de commercialisation est délivrée dès l'achèvement des travaux.

(3) Toutefois, en cas de vente en état futur d'achèvement, le lotisseur doit présenter une garantie bancaire, sous forme de caution personnelle et solidaire, égale au montant global des travaux de lotissement.

SECTION III

DES OPERATIONS D' AMENAG EMENT CONCERTE

Article 65 : Les opérations d'aménagement concerté sont menées en vue de l'aménagement, de la restructuration ou de l'équipement de terrains situés en milieu urbain ou périurbain. Elles sont conduites sous forme concertée entre la puissance publique et les propriétaires fonciers identifiés ou, le cas échéant, entre un aménageur et les populations concernées.

Les zones faisant l'objet desdites opérations sont dénommées Zones d'Aménagement Concerté.

Article 66 : Préalablement à la mise en œuvre de l'opération d'aménagement concerté, sur proposition du Maire et après avis des services locaux de l'urbanisme ou ceux chargés des questions urbaines selon le cas, un arrêté préfectoral délimite le périmètre opérationnel de la Zone d'Aménagement Concerté.

Dans tout secteur concerné par une opération d'aménagement concerté, il est établi un plan d'aménagement qui doit être approuvé par arrêté municipal.

Article 67 : Les opérations d'aménagement concerté peuvent être autorisées sur les concessions, du domaine national octroyées à une personne morale constituée des populations concernées et de l'aménageur public ou privé.'

La convention signée entre les populations concernées et l'aménageur fait partie intégrante du cahier des charges de la concession provisoire, et la réalisation effective des travaux d'aménagement vaut mise en valeur pour l'obtention de la concession définitive.

Article 68 : Une opération d'aménagement concerté vise notamment:

- La maîtrise de l'occupation des sols par. une structuration de l'espace;
- La mise à disposition des parcelles de terrain équipées pouvant être affectées à l'habitat, à des activités économiques, sociales, éducatives, culturelles et de loisirs;
- L'apurement des statuts fonciers;
- La récupération éventuelle des coûts de l'urbanisation.

Article 69 :

(1) Les opérations d'aménagement concerté sont initiées par l'État, les collectivités territoriales décentralisées, les personnes physiques ou morales, publiques ou privées, ou les populations intéressées, et sont

conduites dans le respect des documents de planification urbaine en vigueur ou, à défaut, des règles générales d'urbanisme et de construction.

(2) La puissance publique veille, notamment, à la prévision des équipements d'utilité publique et des réseaux primaires par les concessionnaires de services publics.

Article 70 :

(1) Les opérations d'aménagement concerté font l'objet de conventions libres passées entre la puissance publique ou l'aménageur public ou privé et les populations intéressées, constituées en personne morale de droit commun;

(2) Ces conventions précisent, outre les limites du périmètre de la Zone d'Aménagement Concerté, les modalités de la concertation qui associera, pendant toute la durée de l'opération l'ensemble des personnes concernées._

CHAPITRE II '

DES ORGANISMES D'ETUDES ET D'EXECUTION

Article 71 : Les dispositions du présent chapitre s'appliquent aux organismes d'études et d'exécution œuvrant pour le compte de l'Etat et des collectivités territoriales décentralisées, susceptibles, par ailleurs d'exécuter en régie ou de faire exécuter leurs études et leurs travaux d'aménagement.

SECTION I

DES AGENCES D'URBANISME

Article 72 : Les communes et groupements de communes peuvent créer, avec l'Etat et les établissements publics ou autres organismes quicontribuent à l'aménagement et au développement de leur territoire, des organismes de réflexion, d'études et de contrôle appelés Agences d'Urbanisme. Ces agences ont notamment pour mission de suivre les évolutions urbaines, de participer à la définition des politiques d'aménagement et de développement et de préparer les projets de développement communaux, dans un souci d'harmonisation des politiques publiques. Elles peuvent prendre la forme d'association.

SECTION Il

DES ETABLISSEMENTS PUBLICS D'AMENAGEMENT

Article 73 : Les Etablissements Publics d'Aménagement créés en application du présent chapitre sont des établissements publics compétents pour réaliser pour leur compte ou, avec leur accord, pour le compte de l'État, d'une commune ou d'un autre établissement public, ou pour faire réaliser toutes les interventions foncières et opérations d'aménagement prévues par la présente loi.

SECTION III

DES GROUPEMENTS D'INITIATIVE FONCIERE URBAINE

Article 74 : Les Groupements d'Initiative Foncière Urbaine sont constitués entre propriétaires intéressés pour l'exécution des travaux et opérations énumérés à l'article 75 ci-dessous.

Article 75 : Peuvent justifier ta création d'un Groupement d'Initiative Foncière Urbaine:

- Les opérations de remembrement de parcelles, la modification corrélative des droits de propriété, ainsi que la réalisation des travaux d'équipement et d'aménagement nécessaires;
- Le groupement de parcelles en vue, soit d'en conférer l'usage à un tiers, notamment par bail à construction, soit d'en faire, apport ou d'en faire la vente à un établissement public ou société de construction ou d'aménagement;
- La construction, l'entretien et la gestion d'ouvrages d'intérêt collectif tels que voirie, aires de stationnement, espaces verts ou de loisirs;
- La conservation, la restructuration et la mise en valeur des secteurs sauvegardés;
- Les opérations de restructuration et/ou de rénovation urbaine.

Article 76 : L'autorité administrative peut autoriser la création d'un Groupement d'Initiative Foncière Urbaine, sur la demande des propriétaires intéressés. Elle recueille, préalablement à la création du groupement, l'avis du Maire sur l'opération envisagée.

Article 77 : Un décret fixe, en tant que de besoin, les modalités d'application du présent chapitre *et,* notamment, les conditions dans lesquelles l'assistance technique de l'Etat, des collectivités territoriales décentralisées, des établissements publics ou des personnes privées, peut être apportée aux Groupements d'Initiative Foncière Urbaine, ainsi que les formalités de publicité auxquelles sont soumis les actes concernant ces groupements.

CHAPITRE III

DES DISPOSITIONS FINANCIERES

SECTION I

DU FINANCEMENT DES DEPENSES D'AMENAGEMENT

Article 78 : Les dépenses obligatoires de l'Etat en matière d'urbanisation concernent tous les équipements structurants et stratégiques, notamment:

- Les grands équipements sanitaires, éducatifs et sportifs;
- Les voies et réseaux primaires;
- Les ports et aéroports ;
- Les gares ferroviaires.

Article 79 : Les dépenses obligatoires des collectivités territoriales décentralisées: en matière d'urbanisation sont définies par la législation relative à l'organisation de collectivités territoriales décentralisées.

Article 80 : L'accès à certains modes de financement des investissements est défini par la législation et la réglementation en vigueur, notamment :

- Les subventions et autres dotations de l'Etat ;
- Les crédits à taux bonifiés ;

- Les dons et legs ;
- Les opportunités de la coopération internationale, décentralisée ou non.

Article 81 : Le système de financement des dépenses d'aménagement des collectivités territoriales décentralisées est constitué de taxes, redevances et autres dotations de l'Etat, ainsi que de ressources provenant de la coopération décentralisée.

Ce système de financement n'est pas exclusif des mécanismes de prêt mis en place au travers des organismes de financement existants ou à créer.

SECTION II

DES RESSOURCES TIREES DE L'URBANISATION

Article 82 : L'Etat et les collectivités territoriales décentralisées tirent une partie de leurs ressources des taxes et redevances prélevées sur l'urbanisation notamment:

- Le permis de lotir;
- Le permis d'implanter;
- Le permis de construire;
- Le certificat d'urbanisme;
- La taxe foncière;
- Les droits de place;
- L'impôt libératoire sur les activités économiques et commerciales ;
- Les autres taxes spécifiques à l'urbanisme;
- L'organisation ou le développement d'activités économique.

Article 83 : Les taxes et redevances sont définies et instituées par rapport :

- A l'occupation des sols et aux transactions qui s'y rapportent ;
- A la fourniture des services publics urbains ;
- Aux activités économiques menées dans la Commune.

Article 84 : Afin d'en améliorer: le rendement, certaines de ces taxes peuvent être regroupées.

L'assiette les taux maxima et les modalités de recouvrement de ces taxes sont fixés par la législation en vigueur.

Article 85 : Le conseil municipal peut, compte tenu de la spécificité de sa commune, instituer des redevances et/ouprocéder à la concession de certains services municipaux, notamment:

- Les marchés;
- Les abattoirs;
- Les bornes fontaines publiques;
- Les toilettes publiques;
- Les équipements sportifs;
- Les gares routières.

CHAPITRE IV

DU DROIT DE PREEMPTION

Article 86 : le droit de préemption est un droit qui permet à la puissance publique de se porter acquéreur prioritaire d'un bien immobilier qu'un propriétaire désire vendre s'applique dans les zones où la puissance publique souhaite s'assurer de la maîtrise du sol, veut contrôler l'évolution des prix fonciers ou acquérir certains immeubles bâtis ou non bâtis, sans toutefois avoir recours à la procédure d'expropriation.

Article 87 : Etat et les collectivités territoriales décentralisées peuvent exercer un droit de préemption sur tout immeuble pour la réalisation de certaines opérations répondant à des objectifs tels que:

- La restructuration urbaine;
- L'organisation ou le développement d'activités économique ;
- La réalisation d'équipements collectifs ;

- La mise en place d'une politique globale de l'habitat ;
- La stabilisation des prix immobiliers.

Article 88 : Le droit de préemption s 'applique sur les terrains classés dans les documents de planification urbaine approuvés en tant que :

a) Quartier à restructurer et/ou à rénover ;
b) Immeuble à démolir pour non respect d'un plan d'alignement ou de servitude de construction ;
c) Espace à aménager en :

- Voie ou place ;
- Espace vert public ou de loisirs ;
- Equipement collectif;
- Zone de logements sociaux;
- Zone de restauration de bâtiment;
- Zone d'activités industrielles;
- Zone sensible à sauvegarder pour des raisons environnementales, culturelles, historiques ou touristiques;
- Réserve foncière.

Article 89 :

(1) Tout propriétaire d'un immeuble situé dans une zone faisant l'objet d'un droit de préemption, telle que définie à l'article 88 ci-dessus, et qui désire l'aliéner, informe le bénéficiaire de ce droit par voie de déclaration et de publicité, indiquant le prix souhaité et les conditions de vente.

(2) Le bénéficiaire du droit de préemption doit se prononcer dans un délai de deux (2) mois en indiquant le prix qu'il se propose de payer. Le silence du bénéficiaire du droit de préemption pendant ce délai vaut, pour le titulaire, renonciation à l'exercice du droit de préemption. Le propriétaire est alors fondé à aliéner son bien à un tiers au prix indiqué dans sa proposition.

Article 90 : Les dispositions relatives au droit de préemption doivent être inscrites sur le certificat d'urbanisme, tel que défini au titre III, chapitre Il de la présente loi.

CHAPITRE V

DES RESERVES FONCIERES URBAINES

Article 91 : Pour répondre à leurs besoins futurs liés au développement urbain, l'Etat ou les collectivités territoriales décentralisées se constituent des réserves foncières en zone urbaine ou périurbaine. Pour les constituer, ils sont habilités à acquérir des biens fonciers et immobiliers par voie de droit commun, incorporation, expropriation pour cause d'utilité publique ou exercice du droit de préemption.

Article 92 : Chaque bénéficiaire d'une réserve foncière est tenu d'en assurer la protection par toutes les voies de droit en vigueur: le Ministre chargé dés domaines dans le cas des réserves foncières situées sur le domaine privé de l'Etat et les collectivités territoriales décentralisées dans le cas des réserves foncières *situées* sur leur domaine.

(1) Le bénéficiaire d'une réserve foncière est autorisé, après une mise en demeure restée sans effet, à procéder sans délai à la démolition des constructions et installations irrégulièrement érigées sur cette réserve.

(2) Il peut, dans ce but, requérir l'assistance des forces de l'ordre.

Article 94 : Tout prélèvement dans une réserve foncière urbaine est subordonné à l'élaboration et à l'approbation d'un plan d'aménagement approprié ou d'un document de planification urbaine.

CHAPITRE VI

DE LA SECURITE FONCIERE URBAINE

Article 95 : La sécurité foncière urbaine est assurée par l'Etat aux détenteurs des titres de propriété, des actes transformables en titres fonciers, des actes de droit de jouissance et des autorisations d'occupation du sol.

Article 96 : Les dispositions des règles générales d'urbanisme et de construction, les règlements d'urbanisme et les servitudes publiques s'imposent:

- Aux titulaires de titres fonciers et d'autres droits réels immobiliers pour l'usage de leurs terrains;
- A l'Etat et aux collectivités territoriales décentralisées, lors de la conclusion des baux, des concessions et des ventes sur leur domaine privé ;
- Aux titulaires d'autorisation d'occupation du domaine public ;
- Aux occupants du domaine national ;
- Aux aménageurs fonciers.

Article 97 : Toute occupation des dépendances du domaine public de l'Etat ou des collectivités territoriales décentralisées est soumise à l'obtention préalable d'une autorisation d'occuper le sol à titre provisoire, délivrée par l'autorité compétente.

En tout état de cause, aucune de ces occupations ne doit constituer un blocage au fonctionnement normal de la ville.

Article 98 : Les droits de propriété peuvent également être consolidés par apurement au cours des opérations d'aménagement approuvées, chaque fois que cela est possible et dans le strict respect des dispositions de la législation et de la réglementation en vigueur.

TITRE III

DES REGLES RELATIVES A L'ACTE D'UTILISER LE SOL ET DE CONSTRUIRE

CHAPITRE I

DES DISPOSITIONS GENERALES

Article 99 :

(1) Les actes administratifs relatifs à l'utilisation du sol et à la construction sont:

Le Certificat d'Urbanisme ;

L'Autorisation de Lotir;

Le Permis d'Implanter;

Le Permis de Construire;

Le Permis de Démolir;

Le Certificat de Conformité.

(2) Les dispositions relatives au certificat de conformité relevant des mesures, de contrôle et de vérification des constructions sont définies au titre IV, de la présente loi.

Article 100 : Les actes visés à l'article 99 ci-dessus précisent les droits et les devoirs de leur titulaire, notamment en matière de jouissance du droit de propriété, d'utilisation de la voirie publique et de respect de voisinage.

CHAPITRE II

DU CERTIFICAT D'URBANISME

Article 101 :

(1) Le Certificat d'Urbanisme est un document d'information sur les règles d'urbanisme et les servitudes administratives auxquelles est assujetti un terrain. Il indique, si, compte tenu des dispositions d'urbanisme et des limitations administratives au droit de jouissance applicable à un terrain, ainsi que de l'état des équipements publics existants ou prévus, ledit terrain :

- être affecté à la construction ou,
- être utilisé pour la réalisation d'une opération déterminée.

(2) Le Certificat d'Urbanisme est obligatoire pour toute transaction immobilière et doit être joint à toute demande d'utilisation du sol.

Il n'est pas obligatoire, pour les concessionnaires de services publics, qui doivent soumettre leurs dossiers techniques au visa des services locaux de l'Urbanisme ou ceux chargés des questions urbaines selon le cas, dans les conditions fixées par décret.

Article 102 : Le Certificat d'Urbanisme est délivré par le Maire de la commune concernée si elle est dotée d'un document de planification, après avis technique des services locaux de 'l'Urbanisme ou ceux chargés des questions urbaines selon le cas, dans les conditions fixées par décret.

CHAPITRE III

DE L'AUTORISATION DE LOTIR

Article 103 : L'autorisation de lotir, accordée par l'autorité territorialement compétente, est préalable à la création de tout lotissement.

Elle est accordée dans les formes et conditions prévues à l'article 62 de la présente loi.

CHAPITRE 104.-

DU PREMIS D'IMPLANTER

Article 104 : Le Permis d'Implanter est un acte administratif d'urbanisme exigé pour toutes constructions non éligibles au permis de Construire.

Quiconque désire implanter une construction° non éligible au Permis de Construire, ou apporter des modifications à des constructions existantes de même statut doit au préalable, avoir obtenu un Permis d'Implanter délivré par le Maire de la Commune concernée.

Article 105 :

(1) Le Permis d'Implanter est délivré pour des constructions:

sommaires;précaires;temporaires.

(2) Sont également éligibles au permis d'Implanter les constructions projetées sur les dépendances du Domaine National et éventuellement dans les zones prévues à cet effet dans un document de planification urbaine, à l'exception des réserves foncières et des zones non aedificandi.

(3) La détention d'un permis d'implanter ne constitue en aucun cas une présomption de propriété.

Article 106 : Le Permis d'Implanter est instruit et délivré dans les formes, conditions et délais déterminés par décret.

CHAPITRE V

DU PERMIS DE CONSTRUIRE

Article 107 :

(1) Le Permis de Construire est un acte administratif qui autorise une construction après vérification de sa conformité avec les règles de l'art et les règles d'urbanisme en vigueur.

(2) Quiconque désire entreprendre une construction, même si celle-ci ne comporte pas de fondation, doit, au préalable, obtenir un Permis de Construire délivré par le Maire de la Commune concernée.

(3) Le Permis de Construire est également exigé pour les travaux exécutés sur les constructions existantes lorsqu'ils ont pour effet d'en changer la destination, de modifier leur aspect extérieur ou leur volume, ou de créer des niveaux supplémentaires.

Article 108 :

(1) Le Permis de Construire ne peut être accordé que si les constructions projetées sont conformes aux dispositions d'urbanisme concernant

l'implantation des. ouvrages, leur nature, leur destination, leur architecture, l'aménagement de leurs abords, et respectent les règles générales de construction en vigueur.'

(2) Les prescriptions spéciales en matière de Permis de Construire applicables aux établissements recevant du public, ainsi qu'aux bâtiments présentant un intérêt culturel ou historique, sont précisées pardécret.

Article 109 :

(1) Le Permis de Construire ne peut être accordé que pour les travaux dont le plan a été élaboré sous la responsabilité d'un architecte inscrit au tableau de l'Ordre national des architectes. '

(2) Un arrêté du Maire précise, pour chaque centre urbain, les zones et les seuils de surface ou de coût en dessous desquels l'intervention d'un architecte n'est pas exigée.

Article 110 :

(1) Dans le cas d'une opération d'habitat conduite par un aménageur public ou privé, le Permis de Construire peut être accordé pour l'ensemble de l'opération.

(2) Toutefois, le plan d'aménagement doit avoir été préalablement élaboré sous la responsabilité d'un urbaniste inscrit au tableau de l'Ordre national des urbanistes. . ,

Article 111 : Le Permis de Construire est instruit et délivré dans les formes, conditions et délais fixés par décret.

Article 112 : Le Permis de Construire est périmé si la construction n'est pas entreprise dans un délai de deux (2) ans à compter de la date de sa délivrance.

Les conditions de contrôle des présentes règles sont précisées au titre IV, chapitre I de la présente loi.

Article 113 :

(1) Sont exemptés du permis de construire, certaines constructions ou travaux relatifs à la défense nationale ou aux installations techniques nécessaires au fonctionnement des services publics, ainsi que les travaux de ravalement et les travaux ou ouvrages dont la faible importance ne justifie pas l'exigence d'un permis de construire.

(2) Les modalités d'application de l'alinéa premier ci-dessus sont fixées par voie réglementaire.

(3) Avant le commencement des travaux, les constructions ou travaux exemptés du permis de construire font l'objet d'une autorisation délivrée par le Maire de la Commune concernée.

(4) Les exemptions instituées par le présent article ne dispensent pas du respect des autres dispositions en vigueur.

CHAPITRE VI

DU PERMIS DE DEMOLIR

Article 114 :

(1) Le Permis de Démolir est un acte administratif qui autorise la destruction partielle ou totale d'un immeuble bâti.

(2) Quiconque désire démolir tout ou partie d'un bâtiment, quel que soit son usage, doit au préalable obtenir un Permis de Démolir. Cette obligation s'impose à l'Etat, aux collectivités territoriales décentralisées, aux établissements publics, aux concessionnaires de services publics et aux personnes privées.

(3) Est assimilé à une démolition toute intervention sur un bâtiment ayant pour effet de rendre l'utilisation de celui-ci impossible ou dangereuse.

Article 115 :

(1) Les démolitions effectuées en application des articles 125 et 126 de la présente loi, ne sont pas soumises à la délivrance d'un Permis de Démolir.

(2) Le Permis de Démolir est délivré par le Maire dans les formes, conditions et délais déterminés par décret.

Article 116 : En vue de protéger les occupants de locaux à usage d'habitation, le Permis de Démolir peut être différé si, dans un intérêt social, il est nécessaire de sauvegarder le patrimoine immobilier bâti, en attendant la libération du bâtiment dans les formes prévues par la législation et la réglementation en vigueur.

Article 117 : Le Permis de Démolition peut être refusé ou n'être accordé que sous réserve de l'observation de prescriptions, spéciales, si les travaux envisagés sont de nature à compromettre la protection ou la mise en valeur de quartiers, de monuments présentant un caractère culturel ou historique ou d'aires écologiquement protégées.

ARTICLE IV

DU CONTROLE, DES INFRACTIONS ET DES SANCTIONS

SECTION 1

DES DISPOSITIONS GENERALES

Article 118 :

(1) A l'initiative du Maire, et exceptionnellement à la demande de l'autorité administrative ou de tout citoyen, les responsables assermentés de la Mairie, les services techniques ou, en cas de nécessité, les fonctionnaires des services locaux de l'Etat dûment mandatés, peuvent, à tout moment, visiter les constructions en cours et procéder aux vérifications qu'ils jugent utiles, notamment avant toute reprise de chantier abandonné.

(2) Dans l'exercice du droit de, visite visé à l'alinéa (1) ci-dessus, le Maire s'assure du respect des prescriptions contenues dans les documents de planification urbaine ou, le cas échéant, dans les Règles Générales d'Urbanisme et de Construction.

(3) Le droit de visite peut être exercé après achèvement des travaux. Il s'exerce également dans le cas d'un suivi des travaux d'exécution d'un lotissement, en application des dispositions prévues à l'article 64 de la présente loi.

<u>Article 119 </u>:

(1) Le Maire est chargé du pouvoir de police municipale en matière d'urbanisme et de l'exécution des actes y relatifs en relation avec les autorités administratives compétentes, en vue d'assurer,. notamment, la salubrité publique et le respect des règles d'urbanisme.

(2) Le Maire assure également la police des voies., dans la Commune. Il délivre les autorisations d'occupation temporaire des rues et places publiques. conformément aux dispositions de l'article 97 de la présente loi.

(3) II autorise en outre l'installation de réseaux de toute nature sur la voie publique, ou des dépôts temporaires de matériaux sur les voies et autres places publiques communales, en tenant compte des nécessités d'utilisation de des lieux par le public.

<u>Article 120 :</u> Le Maire peut, en tant que de besoin, créer des commissions de contrôle, dont il assure la présidence, afin d'assurer le respect des dispositions en matière de sécurité des biens et des personnes et d'hygiène dans le périmètre urbain, notamment en ce qui concerne:

- Les établissements classés dangereux, insalubres ou incommodes;
- Les établissements recevant du public;
- Les zones d'interventions spéciales.

La création et le fonctionnement de ces commissions doivent respecter la réglementation en vigueur.

SECTION Il

DU CERTIFICAT DE CONFORMITE

Article 121 :

(1) Le Certificat de Conformité est l'acte par lequel le Maire constate que l'ouvrage réalisé est conforme aux indications contenues dans les documents ayant fait l'objet de la délivrance du permis de construire ou du permis d'implanter dudit ouvrage.

(2) Il doit constater la réalité des mesures prises en application de l'article 20 de la présente loi.

(3) Il revêt un caractère obligatoire et doit mentionner le coût de l'investissement réalisé.

Article 122 : Les plans de récolement de l'ouvrage' peuvent être exigés du requérant à l'établissement du Certificat de Conformité.

Article 123 : Le Certificat de Conformité est délivré dans les formes conditions et délais déterminés par décret.

CHAPITRE II

DES INFRACTIONS ET SANCTIONS

Article 124 : Sont considérées comme infraction au titre de la présente loi :

- Le non-respect des règles et obligations ci-après :
    - Alignements et servitudes publiques,
    - Présentation d'un permis de construire ou d'implanter,
    - Présentation de l'acte pris par l'autorité compétente pour approuver ou modifier un lotissement.
- Le non-respect des documents de planification urbaine en vigueur ou, à défaut, des Règles Générales d'urbanisme et de construction ;

- L'occupation ou l'empiètement sur le domaine public ou le domaine privé de l'Etat, ou des collectivités territoriales décentralises.
- Les sanctions correspondant aux infractions visées ci-dessus sont fixées par décret.

Article 125

(1) Le Maire peut prescrire la démolition de murs, bâtiments ou édifices quelconques dans les cas suivants:

- Bâtiment menaçant ruine ou sur un immeuble insalubre;
- En application des dispositions des documents de planification urbaine en vigueur;
- Bâtiments frappés de servitudes de reculement en application de documents de planification urbaine approuvés;
- En application d'une décision de justice devenue définitive.

(2) Les démolitions effectuées dans les cas visés à l'alinéa (1) ci-dessus ne sont pas soumises à la délivrance d'un Permis de Démolir, tel que défini au titre III, chapitre VI de la présente loi.

Article 126 : Les démolitions effectuées en application de l'article 93 de la présente loi, en vue de la-, protection des réserves foncières, ne sont pas soumises au permis de démolir.

Article 127 : Quiconque fait obstacle à l'exercice du droit de visite prévu à l'article 118 de la présente loi, sera puni d'une amende dont le montant est fixé par voie réglementaire. En cas de récidive, il sera fait application des dépositions de l'article 88 du Code Pénal.

Article 128

(1) La Commune et l'Etat peuvent dans tousles cas, se constituer partie civile, sans consignation préalable.

(2)Les décisions et actes pris par les maires et les responsables des servicestechniques sont susceptibles de recours devant les tribunaux compétents.

Article 129

Toute personne qui effectue à la demande et pour le compte d'une collectivité publique, les études nécessaires à la préparation des documents de planification urbaine est tenue au devoir de réserve et de confidentialité. Les infractions à cette mesure sont passibles des sanctions prévues à l'article 378 du Code pénal.

Article 130

(1) Les responsables de constructions ayant été sanctionnés pour des infractions prévues à l'article 124 ci-dessus, ne sont plus admis à prêter leurs services à l'Etat, aux collectivités territoriales décentralisées, et aux établissements publics d'aménagement.

(2) Les ordres professionnels seront informés des sanctions prises à l'encontre des professionnels du secteur urbain visés à l'article 23 de la présente loi. les sanctions prises au titre de la présente loi sont cumulatives à celles prévues dans les textes régissant leurs professions et ordres respectifs.

Article 131 : En matière de lutte contre la pollution en milieu urbain, les dispositions de la législation relative à la gestion de l'environnement sont appliquées.

Article 132 : Pour l'application des mesures de police prises en vertu de la présente loi, le Maire peut requérir l'intervention des forces de police ou de la gendarmerie, conformément à la législation relative à l'organisation communale.

TITRE V

DES DISPOSITIONS DIVERSES, TRANSITOIRES ET FINALES

Article 133 : Les documents de planification urbaine élaborés et approuvé, à la date de promulgation de la présente loi, restent en vigueur jusqu'à échéance de leur validité.

Ceux en cours d'élaboration devront se conformer au contenu des documents de planification tels que définis à l'article 26 de la présente loi, ainsi qu'aux procédures d'approbation et de révision définies aux articles 29 et 30 ci-dessus.

Article 134 : Les modalités d'application de la présente loi sont, en tant que de besoin précisées par voie réglementaire.

Article 135 : Sont abrogées toutes les dispositions antérieures contraires à la présente loi, notamment celles de l'ordonnance 73/20 du 29 mai 1973 régissant l'urbanisme en République Unie du Cameroun.

Article 136 : La présente loi sera enregistrée et publiée selon la procédure d'urgence puis insérée au Journal Officiel en français et en anglais.

Yaoundé, le 21 avril 2004,

Le Président de la République,

(é) Paul Biya

Annexe 4 –Statut général de la Fonction Publique (Décret N° 94/199 du 09 octobre 1994 portant statut général de la Fonction Publique de l'Etat tel que modifié et complété par le Décret n° 2000/287 du 12 octobre 2000)

Le Président de la République

Vu la Constitution ;

Vu le décret n° 97/205 du 07 décembre 1997 portant organisation du Gouvernement, modifié et complété par le décret n° 98/067 du 28 avril 1998

Vu le décret n° 94/199 du 07 octobre 1994 Portant Statut Général de la Fonction Publique de l'Etat ;

DECRETE :

ARTICLE 1er.- Les dispositions des articles 5, 12 (2), 19 (1), 37, 39 (1), 45, 47 (2), 60 (3), 62 (1), 66 (3), 71 (1), 72,74, 81 (2), 88 (3), 105, 106, 107, 112 (2), (3) et (4), 118, 119 (1) du décret n° 94/119 du 07 octobre 1994 portant Statut Général de la Fonction Publique de l'Etat sont modifiées et complétées ainsi qu'il suit :

ARTICLE 5 (nouveau).- Le corps est l'ensemble des Fonctionnaires exerçant une fonction spécifique dans un secteur d'activité déterminé et régi par les mêmes dispositions réglementaires.

ARTICLE 12 (2) (nouveau).- Toutefois, des recrutements distincts peuvent être opérés, après avis du Conseil Supérieur de la Fonction Publique, lorsque la situation du postulant est une condition déterminante pour l'accès à la Fonction Publique. Il en est de même lorsque des distinctions peuvent être faites pour tenir compte d'éventuelles inaptitudes à occuper certains postes de travail.

ARTICLE 19 (1) (nouveau).- Sous réserve des dispositions dérogatoires des statuts particuliers, tout fonctionnaire nouvellement recruté est soumis à un stage d'une durée d'un (1) an au cours duquel il doit confirmer sa valeur professionnelle, sa bonne moralité et son aptitude physique à assumer les fonctions auxquelles il aspire.

a) En cas de stage concluant, le fonctionnaire stagiaire est titularisé dans son emploi.

b) En cas de stage non satisfaisant, il est licencié après avis d'une commission « ad hoc ». Il peut aussi être révoqué pour faute disciplinaire par le Conseil Permanent de Discipline de la Fonction Publique prévu par le présent décret.

ARTICLE 37 (1) (nouveau).- Il est interdit à tout fonctionnaire régi par le présent statut :

a) d'avoir, dans une entreprise ou dans un secteur soumis à son contrôle direct ou en relation avec lui, par lui-même ou par personne interposée et sous quelque dénomination que ce soit, des intérêts de nature à compromettre ou à restreindre son indépendance ;

b) d'exercer, à titre personnel, une activité privée lucrative, sauf dérogation spéciale par un texte. Cette interdiction ne s'applique pas à la production rurale, à la production d'œuvres scientifiques, littéraires ou artistiques, aux enseignements donnés à titre complémentaire ou de vacataire.

(2) Lorsque le conjoint exerce à titre professionnel une activité privée lucrative, déclaration doit en être faite par le fonctionnaire au Ministre dont il relève. L'Administration prend, s'il y a lieu, les mesures propres à sauvegarder les intérêts du service.

ARTICLE 39 (1) (nouveau).- Tout fonctionnaire est responsable de l'exécution des tâches qui lui sont confiées. A cet titre, il est tenu d'obéir aux instructions individuelles ou générales données par son supérieur hiérarchique dans le cadre du service, conformément aux lois et règlements en vigueur.

Il n'est dégagé d'aucune des responsabilités qui lui incombent du fait de l'action de ceux qui sont placés sous ses ordres, son autorité ou son contrôle, sauf cas de faute personnelle commise par ces derniers.

ARTICLE 45 (nouveau).- L'avancement d'échelon à l'intérieur d'une classe est fonction d'une évaluation favorable du fonctionnaire. Il a lieu tous les deux (2) ans.

ARTICLE 47 (2) (nouveau).- L'avancement de grade en fonction de l'ancienneté et d'une évaluation favorable du fonctionnaire ne peut intervenir avant l'expiration d'une période de deux (2) années consécutives à compter de la date à laquelle le fonctionnaire a atteint le dernier échelon de la deuxième classe de son grade, sous réserve qu'il soit âgé de 40 ans au moins.

ARTICLE 60 (3) (nouveau).- Tous les autres cas de congé de maladie non traités dans le présent article sont réglés conformément à la législation sur les maladies et risques professionnels.

ARTICLE 62 (1) (nouveau).- Si la maladie ouvrant droit à un congé de longue durée est, de l'avis du Conseil National de Santé, imputable au service, le maximum est fixé à l'article 60 (2) ci-dessus est porté à Huit (8) ans.

ARTICLE 66 (3) (nouveau).- Le fonctionnaire de sexe féminin qui accouche avant d'avoir cessé ses activités conformément aux dispositions des alinéas (1) et (2) ci-dessus, bénéficie à titre de compensation, d'une prolongation de quatre (4) semaines en vue de la jouissance effective des quatorze (14) semaines dudit congé.

ARTICLE 71 (1) (nouveau).- Tout détachement de fonctionnaire est prononcé par arrêté du Ministre en charge de l'Administration d'origine du fonctionnaire concerné, après accord de l'organisme d'accueil. Le Ministre chargé de la Fonction Publique et le cas échéant, le Ministre utilisateur en sont informés.

ARTICLE 72 (nouveau).- Par dérogation aux dispositions de l'article 71 ci-dessus, est constaté de plein droit par arrêté du Ministre chargé de la Fonction Publique, le détachement du fonctionnaire appelé à exercer les fonctions de membre du Gouvernement, à siéger au Parlement en qualité de député ou de sénateur, ou à exercer à plein temps un mandat électif conféré par le suffrage universel ou un mandat syndical, et ce, pour la durée de ces fonctions.

ARTICLE 74 (nouveau).- Hormis les cas de détachement d'office prévus à l'article 70 (2) ci-dessus, le fonctionnaire ne peut être détaché :

a) s'il ne justifie d'un minimum de cinq (5) ans d'expérience professionnelle ;

b) s'il ne justifie des qualifications techniques et des habiletés requises pour occuper le poste à pourvoir ;

c) s'il est sous le coup de poursuites disciplinaires ou s'il n'a été réhabilité à la suite d'une sanction disciplinaire.

ARTICLE 81 (2) (nouveau).- La disponibilité est prononcée par arrêté du Ministre en charge de l'Administration d'origine du fonctionnaire concerné. Le Ministre chargé de la Fonction Publique et le cas échéant, le Ministre utilisateur en sont informés.

ARTICLE 88 (3) (nouveau).- La commission administrative paritaire donne son avis sur les décisions individuelles intéressant les membres du corps au sein duquel elle est instituée et, notamment en matière :

-

- d'avancement des grades ;
- d'octroi des récompenses suivantes prévues à l'article 111 ci-dessous : la mention honorable, le diplôme d'excellence et l'honorariat ; de licenciement tel que prévu à l'article 119 (3) ci-dessous.

ARTICLE 105 (1) (nouveau).- Constitue une absence irrégulière, tout manquement à l'obligation de présence effective au poste de travail, pour des motifs autres que ceux prévus par le présent statut, sauf cas de force majeure dûment justifié.

(2) La cessation temporaire de service consécutive à une absence irrégulière est constatée par le Ministre utilisateur ou, dans le cas des services extérieurs, par les autorités administratives locales ou les supérieurs hiérarchiques directs.

a) Lorsque l'absence irrégulière est constatée par le Ministre chargé de la Fonction Publique, il en informe, sans délai, le Ministre chargé des Finances.

b) Lorsque l'absence irrégulière est constatée par le Ministre utilisateur, il en informe, sans délai, les Ministres chargés de la Fonction Publique et des Finances.

c) Lorsque l'absence irrégulière est constatée par le supérieur hiérarchique direct, celui-ci est tenu de communiquer l'absence irrégulière par tout moyen laissant trace écrite à l'autorité administrative compétente qui la fait constater par décision.

L'autorité administrative en informe, sans délai et directement, les Ministres chargés de la Fonction Publique et des Finances et, par voie hiérarchique, le Ministre utilisateur.

(3) L'absence irrégulière est constatée à compter du jour où le fonctionnaire a cessé de se présenter à son poste de travail ou n'a pas rejoint son poste d'affectation.

Le supérieur hiérarchique direct qui s'abstient de communiquer l'absence irrégulière ou qui induit l'autorité compétente en erreur est passible de sanction disciplinaire.

(4) Toute absence irrégulière d'une durée d'au moins trente (30) jours consécutifs est considérée comme un abandon de poste et sanctionnée comme tel conformément aux dispositions de l'article 121 (2) b) ci-dessous.

(5) Toute justification relative à une absence irrégulière est portée auprès de l'autorité habilitée à prononcer la révocation d'office qui met éventuellement fin, par un acte dont notification est faite au fonctionnaire en cause, à toute poursuite disciplinaire engagée à son encontre.

ARTICLE 106 (1).(nouveau).- La cessation temporaire de service consécutive à une détention est constatée par décision du Ministre chargé de la Fonction Publique qui en saisit le Ministre des Finances. Ce dernier prend aussitôt les mesures conservatoires qui s'imposent.

(2) Aucune mesure disciplinaire, de reprise en solde ou de reprise de

service du fonctionnaire incriminé ne peut intervenir avant le prononcé d'une décision passée en force de chose jugée.

(3) Pendant la durée de la détention, le fonctionnaire dont la cessation temporaire de service a été constatée, perd droit à la solde indiciaire et aux indemnités et primes diverses, mais conserve, le cas échéant, l'intégralité de ses allocations familiales.

(4) La situation du fonctionnaire en détention n'est définitivement réglée qu'après la levée de la mesure de détention ou l'intervention de la décision rendue définitive par la juridiction saisie.

ARTICLE 107 (nouveau).- Le fonctionnaire dont la solde est suspendue par mesure conservatoire conserve, le cas échéant, l'intégralité de ses allocations familiales.

ARTICLE 112 (2) (nouveau).- Le témoignage officiel de satisfaction et la mention honorable sont décernés par le Ministre chargé de la Fonction Publique, sur proposition motivée du supérieur hiérarchique direct assortie d'un avis du Ministre utilisateur.

Toutefois, dans le cas de la mention honorable, la décision du Ministre chargé de la Fonction Publique est prononcée après avis de la commission administrative paritaire prévue à l'article 88 ci-dessus.

(3) (nouveau).- Le diplôme d'excellence est décerné par arrêté du Premier Ministre, sur proposition du Ministre chargé de la Fonction Publique assortie d'un rapport circonstancié, et après avis de la commission administrative paritaire prévue à l'article 88 ci-dessus.

Il est solennellement remis au lauréat par le Ministre chargé de la Fonction Publique.

(4) (nouveau).- L'honorariat est conféré par décret du Président de la République, sur proposition du Premier Ministre assortie d'un rapport circonstancié, et après avis de la commission administrative paritaire prévue à l'article 88 ci-dessus.

L'honorariat est conféré honoris causa au fonctionnaire admis à faire valoir ses droits à la retraite et ayant obtenu au cours de sa carrière au moins, soit la mention honorable, soit le diplôme d'excellence.

Le statut du fonctionnaire honoraire est fixé par le décret du Premier Ministre.

ARTICLE 118 (nouveau).- Sans préjudice des dispositions de l'article 19 (1) b) du présent décret, le licenciement est une mesure d'exclusion définitive du fonctionnaire dela Fonction Publique pour des cas ne relevant pas d'une sanction disciplinaire.

ARTICLE 119 (1) (nouveau).- Le licenciement du fonctionnaire peut intervenir :

a) pour inaptitude irréversible et incompatible avec le poste de travail occupé ;

b) pour insuffisance professionnelle au vu des résultats de son évaluation, notamment à la suite d'un retard à l'avancement d'échelon au terme d'une période de quatre (4) ans ;

c) à la suite de textes spéciaux prévoyant une réorganisation des services et entraînant une suppression des postes de travail, sans possibilité de redéploiement des effectifs.

ARTICLE 127 (5) (nouveau).- Un arrêté conjoint du Ministre chargé de la Fonction Publique et du Ministre chargé des Finances fixe les frais afférents à la mise en bière du fonctionnaire décédé.

ARTICLE 128 (1) c) (nouveau).- Lorsque deux fonctionnaires résidant dans des localités différentes sont unis par le lien du mariage, il appartient aux Ministres utilisateurs dont ils relèvent respectivement de leur offrir, selon la préférence exprimée par le couple, soit dans la localité où exerce le mari, soit dans celle où exerce l'épouse, l'un des postes de travail correspondant à leur qualification ».

Le reste sans changement.

ARTICLE 2.- A titre transitoire, les dispositions des statuts particuliers et des autres textes pris en application du décret n° 74/138 du 11 février 1974 portant Statut Général de la Fonction Publique, non contraires au présent décret, demeurent en vigueur tant qu'elles n'auront pas été abrogées ou remplacées.

ARTICLE 3.- La présent décret sera enregistré, publié suivant la procédure d'urgence, puis inséré au Journal Officiel en français et en anglais./-

Yaoundé, le 12 octobre 2000

Le Président de la République

(é) PAUL BIYA

Annexe 5 –Ordonnance portant régime domanial (Ordonnance n°74/2 du 06 juillet 1974)

Le Président de la République

Vu la Constitution du 02 juin 1972 ;
Vu la loi n°73-3 du 9 juillet 1973 autorisant le Président de la République à fixer par Ordonnance le régime foncier et domanial ;
Vu l'Ordonnance n°74-1 du 6 juillet 1974 fixant le régime foncier.

ORDONNE :

Article premier.

La présente ordonnance régit le domaine public, le domaine privé de l'Etat et des autres personnes morales du droit public.

CHAPITRE PREMIER
DU DOMAINE PUBLIC

Art.2.

Font partie du domaine public, tous les biens meubles et immeubles qui, par maître ou par destination, sont affectées soit à l'usage direct du public, soit aux services publics.
Les biens du domaine sont inaliénables, imprescriptibles et insaisissables. Sous réserve desdispositions de l'alinéa 3 de l'article 5 ci-dessous, ils sont insusceptibles d'appropriation privée.

Le domaine public se divise en domaine publicnaturel et domaine public artificiel.

Art.3.

Le domaine public naturel comprend :

-Le domaine public maritime ;
-Le domaine public fluvial ;
-Le domaine public terrestre et aérien ;

Le domaine public maritime est constitué par :

a) Les rivages de la mer jusqu'à la limite des plus hautes marées ainsi qu'une zone de cinquante mètres mesurée à partir de cette limite ;

b) Les rives des embouchures des cours d'eau subissant l'influence de la mer jusqu'à la limite des plus hautes marées, ainsi qu'une zone de vingt-cinq mètres à partir de cette limite ;

c) Le sol et le sous-sol de la mer territoriale.

Le domaine public fluvial est constitué par :

a) Les cours d'eau navigables ou flottables dans les limites déterminées par les plus hautes eaux, ainsi qu'une zone de vingt-cinq mètres à partir de cette limite :

b) Les marécages, à l'exception des plantations aménagées ;

c) Les cours d'eau non navigables, ni flottables dans les limites déterminées par la hauteur des plus hautes eaux coulant à plein bord ;

d) Des lacs, les étangs naturels et les lagunes dans les limites déterminées par la hauteur des plus hautes eaux.

Les domaines publics terrestre et aérien sont constitués respectivement par le sous-sol et l'espace atmosphérique situé du territoire de l'Etat et de la mer territoriale.

Art.4.

(Ordonnance n° 77-2 du 10 janvier 1977).

Fontpartie du domaine public artificiel :

a) Les autoroutes et une emprise de cent (100) mètres de part et d'autre de l'axe de la chaussée. Cette emprise est réduite à dix (10) mètres en ville à partir du bord extérieur du trottoir ;

b) Les routes nationales et provinciales et une emprise de quarante (40) mètres de part et d'autre de l'axe de la chaussée. Cette emprise est réduite à dix (10) mètres à partir du bord extérieur du trottoir dans les agglomérations et à cinq (5) mètres en ville ;

c) Les routes départementales et une emprise de vingt-cinq (25) mètres de part et d'autre de l'axe de la chaussée. Cette emprise est réduite à dix (10) mètres à partir du bord extérieur du trottoir dans les agglomérations et à cinq (5) mètres en ville ;

d) Les pistes carrossables d'intérêt local et une emprise de dix (10) mètres de part et d'autre de l'axe de la chaussée. Cette emprise est réduite à cinq (5) mètres dans les agglomérations et en ville ;

e) Les pistes non carrossables ;

f) Les chemins de fer et une emprise de trente-cinq mètres de chaque côté à partir de l'axe de la voie ;

g) Les ports commerciaux, maritimes ou fluviaux, leurs dépendances et une emprise fixée compte tenu des études spécifiques pour chaque port ;

h) Les ports militaires maritimes ou fluviaux, leurs dépendances et une emprise fixée compte tenu des études spécifiques pour chaque port ; tous les ouvrages de défense terrestre, aérienne et maritime de la nation ;

i) Les lignes télégraphiques, téléphoniques, leurs dépendances et une emprise de deux cents mètres autour des centres de télécommunications ;
j) Les allusions déposées en aval ou en amont d'ouvrages construits dans un but d'utilité générale ;

k) Les monuments et édifices publics créés et entretenus par l'Etat ou les autres personnes morales et de droit public notamment les halles, les marchés, les cimetières, les musées ;

l) La concession des chefferies traditionnelles et les biens y afférents et plus spécialement dans les provinces où la concession des chefferies est considérée comme un bien indivis de la communauté dont le chef n'a que la jouissance.

Art. 5.

(Ordonnance 77-2 du 10 janvier 1977). Les immeubles destinés à faire partie du domaine public artificiel de l'Etat sont classés par décret.
Le décret de classement vaut acte d'expropriation, opère le transfert de propriété au profit de la personne morale de droit public intéressée et permet de poursuivre la procédure d'indemnisation selon les règles applicables en matière.

Les dépendances du domaine public naturel ou artificiel reconnues sans utilité compte tenu de leur affectation initiale, peuvent être déclassées et intégrées par décret au domaine privé de l'Etat ou des autres personnes morales de droit public.

En cas de doute ou de contestation sur les limites du domaine public ou de l'étendue des servitudes établies en vertu de l'article 6 ci-dessous, il est statué par arrêté du ministre responsable des domaines, avec possibilité de recours devant la juridiction compétente.

Art.6.

Des servitudes de passage, d'implantation, d'appui et de circulation nécessaires à l'établissement, à l'entretien et à l'exploitation des lignes télégraphiques, des conducteurs d'énergie et des conduites d'eau classés dans le domaine public peuvent être imposées par décret à des immeuble privés. Des servitudes de non aedificandi ou des limitations de hauteur des bâtiments, des prescriptions d'abattage d'arbres peuvent également être édictées par décret dans les zones de protection des aérodromes ou des installations militaires, ainsi que la sauvegarde de la navigation aérienne. Seules les servitudes prévues à l'alinéa 1 er ci-dessus ouvrent droit à indemnisation.

Art.7

Les propriétaires et les occupants de bonne foi qui détiennent sur les dépendances du domaine public telles que définies aux articles 3 et 4 ci-dessus des droits antérieurs à l'entrée en vigueur de la présente ordonnance ne peuvent être dépossédés que si l'intérêt général l'exige et moyennant une indemnisation calculée comme en matière d'expropriation. Il en serait de même pour l'exercice des servitudes prévues à l'article précédent, de la démolition des constructions ou de l'enlèvement des clôtures ou plantations établies par lesdits propriétaires ou occupants.

Art.8

Les dépendances du domaine public naturel ou artificiel sont gérées par l'Etat.
Toutefois en raison de leur utilisation, cette gestion peut être assurée sous le contrôle de l'Etat, par d'autres personnes morales de droit public ou par des concessionnaires de service public. Les modalités de contrôle prévu à l'alinéa précédent sont fixées par décret.

Art.9

Sauf dispositions particulières contraires, sont également fixées par décret, les règles relatives à la délivrance des permis de stationnement, aux autorisations d'occupation ou d'exploitation, à la police et à la conservation du domaine public.

CHAPITRE II

DU DOMAINE PRIVE DE L'ETAT ET DES AUTRES PERSONES MORALES DU DROIT PUBLIC

Art 10

Font partie du domaine privé de l'Etat :

1- Les biens meubles et immeubles acquis par l'Etat à titre gratuit ou onéreux selon les règles du droit commun ;

2- Les terrains qui supportent les édifices, constructions, ouvrages, et aménagements réalisés et entretenus par l'Etat :

3- Les immeubles dévolus à l'Etat en vertu :

- De l'article 120 du Traité de Versailles du 28 juin 1919 ;
- De la législation sur les séquestres de guerre ;
- D'un acte de classement intervenu par application des législations antérieures
- à la présente ordonnance ;
- Du déclassement du domaine public ;
- De l'expropriation pour cause d'utilité publique.

4- Les concessions rurales ou urbaines frappées de déchéance ou du droit de reprise ainsi que les biens des associations dissoutes pour faits de subversion, atteintes à la sûreté intérieure ou extérieure de l'Etat ;

5- Les prélèvements décidés par l'Etat sur le domaine national par application des dispositions de l'article 18 de l'ordonnance fixant le régime foncier.

Art.11.

(Ordonnance n 77-2 du 10 janvier 1977) A partir du 5 août 1974, date d'entrée en
vigueur de l'ordonnance n° 2 du 6 juillet 1974, peuvent après mise en demeure restés sans effet, être incorporées au domaine privé de l'Etat, sans indemnité, les propriétés des zones rurales qui, depuis 10 ans au moins, n'ont fait l'objet d'aucune régénération.

Art. 12.

Le domaine privé de l'Etat peut être :

- Affecté à des services publics ;
- Cédé aux personnes morales de droit public ;
- Attribué en participation au capital des sociétés avec droit de réincorporation au

- domaine privé de l'Etat en cas de dissolution, faillite ou liquidation desdites sociétés ;
- Attribué en jouissance ou en propriété à des personnes physiques ou morales ;
- Attribué en jouissance ou en propriété aux organismes internationaux dont le
- Cameroun est membre ;
- Attribué en jouissance ou en propriété et sous réserve de réciprocité aux missions
- diplomatiques ou consulaires accréditées au Cameroun.
- Les modalités de ces affections, cessions et attributions sont fixées par décret.

Art. 13.

Font partie du domaine privé des autres personnes morales de droit public :

- Les biens et droits immobiliers acquis par des voies de droit privé ;
- Les biens et droits immobiliers provenant du domaine privé de l'Etat et transférés au domaine privé desdites personnes ;
- Les biens et droits immobiliers acquis dans les conditions visées à l'article 18 de l'ordonnance fixant le régime foncier ;
- Les actes d'aliénation du domaine privé des personnes morales de droit public autres que l'Etat doivent être revêtus, à peine de nullité, de visa du ministre chargé des domaines.

CHAPITRE III

DES DISPOSITIONS FISCALES

Art.14.

Les revenus du domaine sont :

a) Les produits des baux ou des aliénations du domaine privé ;

b) Les redevances pour occupation à titre privatif du domaine public ;

c) Les revenus des valeurs mobilières ;

d) Les redevances minières et des carrières ;

e) Les revenus des ventes aux enchères ou de gré à gré de tout matériel ou mobilier sorti des écritures des comptables publics ;

f) Le produit des confiscations ;

g) Les loyers des immeubles bâtis appartenant à l'Etat ;

h) Les produits forestiers et des chasses, sous réserve des ristournes à effectuer en faveur d'organismes spécialisés ;

i) Les retenues pour logements ;

Art.15.

Le recouvrement des revenus du domaine de l'Etat prévus à l'article précédent est effectué par les receveurs des domaines à l'exception de ceux qui, en raison de leur nature, sont perçus autrement.

Art.16.

La vente des biens mobiliers et immobiliers de l'Etat et des autres collectivités et établissements publics se fait aux enchères publiques.

Yaoundé, le 6 juillet 1974.

EL HADJ AHMADOU AHIDJO.

Annexe 6 – Loi sur l'expropriation pour cause d'utilité publique (loi n° 85/29 du 04 juillet 1985 et son décret d'application de 1987).

CHAPITRE I : DISPOSITIONS GENERALES
Article 1er :

1) Pour la réalisation des objectifs d'intérêt général, l'Etat peut recourir à la procédure d'expropriation pour cause d'utilité publique.
2) Cette procédure est engagée soit directement, lorsqu'elle à réaliser des opérations d'intérêt public, soit directement à a demande de collectivités publiques locales, des établissements publics, des concessionnaires de services publics ou de sociétés d'Etat.

Article 2 : l'expropriation pour une cause d'utilité publique affecte uniquement la propriété privée telle qu'elle est reconnue par les loi et règlements.

Article 3-1 : l'expropriation ouvre droit à l'indemnisation pécuniaire ou en nature selon les conditions définies par la présente loi.

3) L'indemnité due aux personnes évincées est fixée par le décret de l'expropriation.

Article 4-1 : le décret d'expropriation entraîne le transfert de propriété et permet de muter les titres existants au nom de l'Etat ou de toute autre personne de droit public bénéficiaire de cette mesure.

2) en principe, l'expropriation ouvre droit à une indemnisation préalable.

3) toutefois, dans certains cas, le bénéficiaire de l'expropriation peut, avant paiement effectif de l'indemnité, occuper les lieux dès la publication du décret de l'expropriation.

4) un préavis de xis mois à compter de la date de publication du décret de l'expropriation, est donné aux victimes pour libérer les lieux. Ce délai est de trois mois en cas d'urgence.

Article 5 : l'acte de déclaration d'utilité est suspensif de toute transaction et de toute mise en valeur sur les terrains concernés ; aucun permis de construire ne peut, sous peine de nullité d'ordre public être délivré sur les lieux.

CHAPITRE II : DE L'INDEMNISATION

Article 6 : les indemnités dues pour l'expropriation sont à la charge de la personne morale bénéficiaire de cette mesure.

Article 7-1 : l'indemnité porte sur le dommage matériel direct immédiat et certain causé par l'éviction. Elle couvre : les terrains nus ; les cultures ; les constructions ; toutes autre mise en valeur, quelle qu'en soit la nature, dûment constatée par une commission dite la commission de constat et d'évaluation.La composition et les modalités de fonctionnement de la commission de constat d'évaluation font l'objet d'un texte réglementaire.

Article 8-1 : l'indemnité est pécuniaire ; en ce qui concerne les terrains la personne morale bénéficiaire de l'expropriation peut substituer une compensation de même nature et de même valeur à l'indemnité pécuniaire.

2) en cas de compensation en nature, le terrain attribué doit, autant que faire se peut, être situé dans la même commune que le terrain frappé d'expropriation.

3) si la valeur terrain alloué en compensation est supérieure à celle du terrain frappé d'expropriation, la soulte es payée par le bénéficiaire de l'indemnité. Si elle est inférieure, lé bénéficiaire alloue une indemnité pécuniaire correspondant à la soulte ;

Article 9 : l'indemnisation des terrains nus et non viabilisés est faite selon les modalités ci-après. :

1) Lorsqu'il s'ait d'un terrain résultant d'une détention coutumière ayant donné lieu à l'obtention d'un titre foncier, l'indemnité ne peut dépasser le taux minimum officiel des terrains domaniaux non viabilisés de la localité de situation du titre foncier.

2) Lorsqu'il s'agit d'un terrain d'une transaction normale de droit commun ou d'u une acquisition des terrains domaniaux l'indemnité due est égale au prix d'achat, majoré des frais divers d'acquisition.

Article 10 : 1) les modalités de détermination de a valeur des cultures détruites, sont fixées par décret.

2) La valeur des constructions et des autres mises en valeur, est déterminée par la commission de constat et d'évaluation.

3) il n'est dû aucune indemnité pour destruction des constructions vétustes ou menaçant ruines ou de celles réalisées en infraction aux règles d'urbanisme ou aux dispositions législatives ou règlementaires fixant le régime foncier.

Article 11 : les indemnités allouées antérieurement à la date d'entrée en vigueur de la présence loi ne peuvent donne lieu à aucune révision.

CHAPITRE III : DU CONTENTIEUX

Article 12 : 1) en cas de contestation sur le montant des indemnités, l'exproprié adresse sa réclamation à l'administration chargée des domaines.

2) S'il n'obtient pas satisfaction, il saisit, dans un délai d'un mois, à compter de la date de notification de la décision contestée, le tribunal judiciaire compétent du lieu de situation de l'immeuble.

3) conformément à la procédure et sous réserve des voies de recours de droit commun, le tribunal confirme, réduit ou augmente le montant de l'indemnité suivant les modalités d'évaluation fixées dans la présente loi et ses textes d'application.

CHAPITRE IV : DISPOSITIONS DIVERSES

Article 13 : mes tuteurs et représentants légaux des incapables ou interdits expropriés, peuvent être habilités par ordonnance du président du tribunal à accepter l'indemnité offerte par l'administration.

Article 14 : les actions en résolution en revendication et toutes actions réelles ne peuvent arrêter l'expropriation ni en empêcher les effets. L'action en réclamation est transportée sur l'indemnité et le droit en demeure affranchi.

Article 15-1 : la procédure d'expropriation est fixée par voie réglementaire.

2) Les procédures d'indemnisation non définitivement réglées à la date d'entrée en vigueur de la présente loi, seront poursuivies conformément à l'ancienne législation jusqu'à leur aboutissement.

Article 16 : la présente loi qui abroge toutes les dispositions antérieures contraires, notamment celles de l'ordonnance n° 74-3 du 06 Juillet 1974, relatives à l'expropriation pour cause d'utilité publique, sera enregistré, promulguée puis publiée au journal officiel en français et en anglais.

Yaoundé le 04 Juillet 1985

Le président de la république (é) Paul Biya

Décret n° 87/1872 du 18 Décembre 1987 portant application de la loi 85/9 du 4 juillet 1985 relative à l'expropriation pour cause d'utilité publique et aux modalités d'indemnisation.

LE PRESIDENT DE LA REPUBLIQUE

Vu la Constitution ;
Vu l'ordonnance n° 74/1 du 6 Juillet 197/4 fixant le régime foncier
Vu la loi no 85/9 du 4 Juillet 1985 relative à l'expropriation pour cause d'utilité publique et aux modalités d'indemnisation.

DECRETE
Article 1er.
Le présent décret; fixe les modalités d'application de la loi no 85/9 du 4 Juillet 1985 susvisée, notammenten ce qui concerne la procédure d'expropriation et celle d'indemnisation.
TITRE I –
DE LA PROCEDURE D'EXPROPRIATION
CHAPITRE I:
DE L'EXPROPRIATION ENGAGEE A LA DEMANDE DES SERVICES PUBLICS

Section 1
Du déclenchement de la procédure.
ARTICLE 2.

Tout département ministériel désireux d'entreprendre une opération d'utilité publique saisit le Ministre chargé des Domaines d'un dossier préliminaire en deux exemplaires comprenant :
- Une demande assortie d'une note explicative indiquant l'objet de l'opération.
- Une fiche dégageant les caractéristiques principales des équipements à réaliser et précisant notamment :
a) la superficie approximative du terrain sollicité dûment justifiée
b) l'appréciation sommaire du coût du projet y compris les frais d'indemnisation,
c) la date approximative de démarrage des travaux,
d) la disponibilité des crédits d'indemnisation avec indication de l'imputation budgétaire ou de tous autres moyens d'indemnisation.

ARTICLE 3.

1) Dès réception du dossier, le Ministre chargé des domaines apprécie le bien fondé des justifications du projet.
2) Lorsqu'il juge le projet d'utilité publique, il prend un arrêté déclarant d'utilité publique les travaux projetés et définissant le niveau de compétence de la commission chargée de l'enquête d'expropriation dite commission de constat et d'évaluation.

Section II
De la Commission de Constat et d'Evaluation

ARTICLE4:

La commission de constat et d'évaluation est chargée au niveau national provincial ou départemental surdécision du Ministre de Urbanisme et de l'Habitat :
- de choisir et de faire borner les terrains concernés aux frais du bénéficiaire ;
- de constater les droits et d'évaluer les biens mis en cause
- d'identifier leurs titulaires et propriétaires,

- de faire les panneaux indiquant le périmètre de l'opération aux frais du bénéficiaire.

ARTICLE 5

La Commission de constat et d'évaluation comprend :

1) Au niveau départemental :

- le préfet ou son représentant –Président
- le responsable du service départemental des domaines–Secrétaire
- le responsable du service départemental du cadastre –membre
- le responsable du service local de l'Urbanisme et de l'Habitat –membre
- le responsable compétent des mines et de l'Energie –membre
- le responsable du service départemental de l'Agriculture –membre
- le responsable du service départemental des routes –membre
- le représentant du service ou de l'organisme demandeur –membre
- le ou les député (s) concerné (s) –membre
- le ou les Magistrat (s) Municipal (aux) concerné (s) –membre
- la ou les Autorité (s) traditionnelle (s) concernée(s) –membre

2) Au niveau provincial :

- Le gouverneur ou son représentant Président
- le responsable du service provincial des domaines Secrétaire
- le ou les préfet (s) concerné (s) ou leurs représentants Membre
- le responsable du service provincial du cadastre Membre
- le responsable du service provincial de l'Agriculture Membre
- le responsable du service provincial de l'Urbanisme et de l'Habitat Membre
- le responsable du service provincial chargé des Mines Membre
- le responsable du service provincial des routes Membre
- le représentant du service ou de l'organisme demandeur Membre
- le ou les Magistrat (s) Municipal (aux) concerné (s) Membre
- la ou les autorité (s) traditionnelle (s) concernée(s) Membre

3) Au niveau national :
- Le ministre chargé des domaines ou son représentant Président
- le Directeur des domaines ou son représentant Secrétaire
- le ou les Préfet (s) concerné (s) Membre
- le Directeur du cadastre ou son représentant Membre

- un représentant dm Ministre de l'Agriculture Membre
- un représentant du Ministre des Mines Membre
- le Directeur de l'Habitat ou son représentant Membre
- le représentant du service ou de l'organisme demandeur Membre
- le ou les député (s) concerné (s) Membre
- la ou les autorité (s) traditionnelle (s) concernée (s) Membre

ARTICLE 6.

Ces Commissions sont nommées :
- niveau départemental, par arrêté préfectoral,
- au niveau provincial, par arrêté du Gouverneur,
- au niveau national, par arrêté du Ministre chargé des domaines.

ARTICLE 7

1) La Commission se réunit en tant que de besoin sur convocation de son Président.
2) La convocation et l'ordre du jour doivent être adressés à chaque membre au moins 15 jours avant la date de la réunion.

3) Le quorum est de 2/3 des membres.
4) Les décisions sont prises à la majorité simple des membres présents.
5) En cas de partage de voix, celle du Président est prépondérante.

ARTICLE 8.

Les fonctions de membre de la commission de constat et d'évaluation sont gratuites. Toutefois, il peut en cas de disponibilités budgétaires être alloué aux Intéressés une indemnité de session fixée par arrêté du Ministre chargé des domaines. Les frais de fonctionnement de cette commission sont inscrits dans le budget du Ministère chargé des domaines. La fourniture et la pose des bornes et des panneaux sont à la charge du service ou de l'organisme demandeur.

Section III de l'enquête

ARTICLE 9 :
Dés réception de l'arrêté déclarant les travaux d'utilité publique, le Président de la Commission de Constat et d'évaluation le notifie au(x) Préfet et Magistrat (s) Municipal (aux) de la localité concernée. Une fois

saisi, le Préfet, en assure la publicité par voie d'affichage à la Préfecture, au service départemental des domaines, à la Mairie, à la Sous-préfecture, au Chef-lieu du district et à la Chefferie du Lieu de situation du terrain, ainsi que par tous autres moyens jugés nécessaires en raison de l'importance de l'opération.

ARTICLE 10.

En vue de leur participation à toutes les phases de l'enquête, les populations concernées sont informées au moins 30 (trente) jours n l'avance du jour et de l'heure de l'enquête par convocations adressées aux Chefs et notables par les moyens indiqués à l'article précédent.

ARTICLE 11.

L'enquête est menée dans toutes ses phases en présence des propriétaires du fonds et biens qu'il supporte, ainsi que des notabilités du lieu et des populations, par l'ensemble de la commission sous réserve des règles de quorum fixées à l'article 7 ci-dessus. Toutefois la commission peut après avoir au préalable arrêté elle-même la liste exhaustive des propriétaires des biens à détruire, constituer une sous-commission technique de 3 (trois) membres au moins à l'effet d'expertiser une catégorie de ces biens. Le travail de la sous-commission est exécuté sous la responsabilité et le contrôle de la commission entière qui en contresigne les documents.

ARTICLE 12.

A la fin de l'enquête, la commission de constat et d'évaluation produit :

- un procès-verbal d'enquête relatant tous les incidents éventuels ou observations des personnes évincées signé de tous ses membres présents.
- un procès-verbal de bornage et le plan parcellaire du terrain retenu, établis par le géomètre membre de la commission.
- un état d'expertise des cultures signé de tous les membres de la commission. Pour la préparation du décret d'expropriation, le Président de la commission (Chargé des domaines) produit dès la fin des travaux d'enquête un dossier comprenant
- l'arrêté désignant nommément les membres de la commission,
- les différentes pièces ci-dessus énumérées.

ARTICLE 13.

L'arrêté de déclaration d'utilité publique devient caduc, si, dans un délai de 2 (deux) ans à compter de la date de sa notification au service ou organisme bénéficiaire n'est pas suivi d'expropriation effective. Toutefois, sa validité peut être prorogée une seule fois par le Ministre chargé des domaines pour une durée n'excédant pas un an. Les arrêtés de déclaration d'utilité publique en vigueur à la date de publication du présent décret resteront en vigueur pendant une période de deux ans non susceptible de prorogation.

ARTICLE 14.

Conformément aux dispositions de l'article 5 de la loi no 85/9 du 4 juillet 1985, l'arrêté de déclaration d'utilité publique est suspensif de toute transaction, de toute mise en valeur, et de toute délivrance de permis de construire. Toutefois, il ne fait pas obstacle à la poursuite des procédures d'immatriculation du domaine national de première catégorie au profit de leurs occupants ou de leurs exploitants.

CHAPITRE II
DE L'EXPROPRIATION ENGAGEE A LE DEMANDE D'AUTRES PERSONNES MORALES DE DROIT PUBLIC :

ARTICLE15.

Avant le recours à l'expropriation pour cause d'utilité publique en faveur des collectivités publiques locales, des établissements publics, des concessionnaires de services publics ou des sociétésd'Etat en vue de la réalisation des travaux d'intérêt général, ces derniers doivent procéder aux négociations préalables avec les propriétaires ou ayant-droits concernés. En cas de désaccord, les résultats desdites négociations sont soumis à l'arbitrage du Ministre chargé des domaines. En cas d'arbitrage infructueux, il est procédé à l'expropriation aux frais du bénéficiaire dans les conditions prévues ci-dessus.

ARTICLE 16.

Les personnes morales de droit public visées à l'article précédent doivent, en cas d'aboutissement des négociations, se conformer aux règles d'acquisition de droit commun.

TITRE II
DE LA PROCEDURE D'INDEMNISATION
ARTICLE 17.

Outre le montant des indemnisations d'expropriation fixé conformément aux-dispositions de l'article 3 (2) de la loi n° 85/9 susvisée, le décret d'expropriation désigne l'autorité chargée de prendre la décision de mandatement des crédits correspondants

ARTICLE 18.

Les indemnités d'expropriation sont supportées par la personne morale de droit public, bénéficiaire de l'opération. En ce qui concerne l'Etat, elles sont supportées par le budget du département ministériel ayant sollicité l'expropriation.

ARTICLE 19.

En cas d'omission, les personnes intéressées saisissent le Préfet-, le Gouverneur ou le Ministre chargé des domaines, selon les régies de compétence fixés à l'article 6 ci-dessus, lequel soumet la réclamation à l' examen de la commission de constat et d'évaluation.

ARTICLE 20,

Le présent décret sera enregistré, puis publié au journal officiel en français et en anglais /-

YAOUNDE, le 18 DECEMBRE 1987
LE PRESIDENT DE LA REPUBLIQUE
(é) - PAUL BIYA -

Annexe 7 –Loi portant statut général des établissements publics et des entreprises du secteur public et parapublic (loi n° 99/016 du 22 décembre 1999)

TITRE I

DES DISPOSITIONS GENERALES

ARTICLE 1er (1) La présente loi fixe le statut général des établissements publics et des entreprises du secteur public et parapublic.

(2) Des lois particulières peuvent, en tant que de besoin, créer d'autres formes d'établissements publics ou parapublics.

CHAPITRE I

DEFINITIONS

ARTICLE 2.- Pour l'application de la présente loi et des actes réglementaires qui en découlent, les définitions ci-après sont admises

1 - Autonomie financière: capacité pour une personne morale d'administrer et de gérer librement les biens meubles ou immeubles, corporels ou incorporels ou en numéraire constituant son patrimoine propre, en vue de réaliser son objet social.

2 - Collectivité territoriale décentralisée : région, commune ou tout autre type de collectivité territoriale décentralisée créé par la loi.

3 - Etablissement public administratif : personne morale de droit public, dotée de l'autonomie financière et de la personnalité juridique ayant reçu de l'Etat ou d'une collectivité territoriale décentralisée un patrimoine d'affectation, en vue de réaliser une mission d'intérêt général ou d'assurer une obligation de service public.

4 - Patrimoine d'affectation: ensemble des biens meubles ou immeubles, corporels ou incorporels ou en numéraire, mis par l'Etat et les collectivités territoriales décentralisées à la disposition d'un établissement public administratif.

5 - Société à capital public: personne morale de droit privé, dotée de l'autonomie financière et d'un capital - actions intégralement détenu par l'Etat, une ou plusieurs collectivités territoriales décentralisées ou une ou plusieurs autres sociétés à capital public, en vue de l'exécution dans l'intérêt général, d'activités présentant un caractère industriel, commercial et financier.

6 - Société d'économie mixte: personne morale de droit privé, dotée de l'autonomie financière et d'un capital - actions détenu partiellement d'une part, par l'Etat, les collectivités territoriales décentralisées, ou les sociétés à capital public et d'autre part, par les personnes morales ou physiques de droit privé.

7 - Statuts : acte constitutif ou texte réglementaire en tenant lieu, d'un établissement public administratif, d'une société à capital public, ou d'une société d'économie mixte.

8 - Tutelle: pouvoir dont dispose l'Etat pour définir et orienter la politique du Gouvernement dans le secteur où évolue l'établissement public administratif ou l'entreprise du secteur public ou parapublic en vue de la sauvegarde de l'intérêt général. Elle s'exerce sur le plan technique et sur le plan financier par un département ministériel ou par toute autre administration ou organe désigné dans les statuts.

La tutelle technique a pour objet de fixer les objectifs assignés à l'ensemble des entreprises du secteur considéré et, en tant que de besoin, d'en assurer la régulation, en vue d'un fonctionnement normal.

La tutelle financière a pour objet d'apprécier les opérations de gestion incidence financière des établissements publics administratifs, et d'examiner a posteriori les comptes des autres catégories d'entreprises du secteur public et parapublic. Elle est exercée par le Ministère chargé des finances pour les établissements publics administratifs, les sociétés à capital public ayant l'Etat comme unique actionnaire, ainsi que les sociétés à capital public et les sociétés d'économie mixte où l'Etat détient au minimum vingt cinq pour cent *(25 %)* du capital.

CHAPITRE II

DES DISPOSITIONS COMMUNES

SECTION 1

DU REGIME JURIDIQUE

ARTICLE 3.- (1) Le secteur public et parapublic est essentiellement constitué d'établissements publics administratifs, de sociétés à capital public et de sociétés d'économie mixte, sans préjudice des dispositions de l'article 1er alinéa (2) ci-dessus.

(2) Les établissements publics administratifs sont créés et exercent leurs activités conformément aux dispositions de la présente loi et de leurs statuts.

(3) Les sociétés à capital public et les sociétés d'économie mixte sont créées et exercent leurs activités conformément aux lois, règlements et usages régissant les sociétés anonymes, sous réserve des dispositions de la présente loi.

ARTICLE 4.- (1) Les biens du domaine public et du domaine national, ainsi que les biens du domaine privé de l'Etat, transférés en jouissance à une entreprise conformément à la législation domaniale, conservent leur statut d'origine.

(2) Les biens du domaine privé de l'Etat transférés en propriété et notamment, par apport pour la formation du capital, sont intégrés de façon définitive dans le patrimoine de l'entreprise bénéficiaire.

(3) Les établissements publics administratifs, les sociétés à capital public et les sociétés d'économie mixte dans lesquelles l'actionnariat public est majoritaire sont soumis aux textes régissant les marchés publics, sous réserve des dérogations prévues par des textes particuliers.

ARTICLE 5.- (1) La privatisation des établissements publics administratifs, des sociétés à capital public et des sociétés d'économie mixte, notamment par une cession d'actifs ou d'actions au profit du secteur privé, s'opère conformément à la législation applicable en matière de privatisation.

(2) Les autres opérations qui n'entraînent pas de privatisation s'opèrent selon les règles de droit commun, en conformité avec les statuts.

ARTICLE 6.- (1) Les actions et titres qui sont détenus par l'Etat, les collectivités territoriales décentralisées, les sociétés à capital public et les sociétés d'économie mixte doivent revêtir la forme nominative.

(2) Les actions des sociétés à capital public et des sociétés d'économie mixte appartenant à I' Etat sont détenues au nom de I' Etat par le Ministre chargé des finances.

SECTION 2

DU SUIVI DE LA GESTION ET DES PERFORMANCES

ARTICLE 7. – L'Etat et les collectivités territoriales décentralisées interviennent dans la gestion des établissements publics administratifs et des entreprises de leur portefeuille exclusivement à travers leurs représentants dans les organes de gestion.

ARTICLE 8.- (1) Le suivi de la gestion et des performances des établissements publics administratifs et des entreprises du secteur public et parapublic est assuré par le Ministère chargé des finances.

(2) Les sociétés à capital public, les sociétés d'économie mixte et les établissements publics administratifs adressent au Ministère chargé des finances tous les documents et informations relatifs à la vie de l'entreprise qui doivent être tenus, en vertu du droit commun, à la disposition des actionnaires ou des administrateurs et, notamment, les rapports d'activités, les rapports des contrôleurs financiers et des agents comptables, les rapports des commissaires aux comptes, ainsi que les états financiers annuels et les comptes certifiés.

(3) Les établissements publics administratifs, les sociétés à capital public et les sociétés d'économie mixte sont tenus de publier, au moins une (1) fois par an, une note d'information présentant l'état de leurs actifs et de leurs dettes, et résumant leurs comptes dans un journal d'annonces légales et dans un organe de presse nationale.

SECTION 3

DU CONTROLE

ARTICLE 9.- Des audits externes peuvent être demandés par les organes statutaires des entreprises du secteur public et parapublic, ainsi que par le Ministre chargé des finances, sauf pour les sociétés d'économie mixte dans lesquelles l'Etat détient moins de vingt cinq pour cent *(25* %) du capital et des droits de vote.

ARTICLE 10.- Un contrôleur financier est désigné par acte du Ministre chargé des finances auprès des établissements publics administratifs.

ARTICLE 11.- (I) Un ou plusieurs commissaires aux comptes agréés à la Communauté Economique et Monétaire de l'Afrique Centrale sont désignés auprès des sociétés à capital public et des sociétés d'économie mixte.

(2) Les commissaires aux comptes des sociétés à capital public et des sociétés d'économie mixte dans lesquelles l'actionnariat public détient plus de la majorité absolue du capital sont désignés suivant les modalités fixées aux articles 30 et 33 ci-dessous.

(3) Les commissaires aux comptes ont mandat, à l'exclusion de toute immixtion dans la gestion de l'entreprise, de réviser les comptes, d'en vérifier les valeurs, afin de certifier la régularité et la sincérité des états financiers ainsi que des informations contenues dans les rapports des organes statutaires.

(4) Les commissaires aux comptes adressent à l'assemblée générale de l'entreprise concernée et au Ministre chargé des finances, au moins une (1) fois par an, un r apport général sur les comptes et un rapport spécial sur la conformité des actes de gestion.

ARTICLE 12.- A toute époque de l'exercice, le ou les commissaires aux comptes peuvent demander des explications au président du conseil d'administration sur toute négligence, toute irrégularité et, en général, sur tout fait de nature à compromettre la solvabilité et la continuité de l'entreprise, qu'ils ont relevés à l'occasion de l'exercice de leur mandat. A défaut de réponse dans le délai de deux (2) mois ou si celle-ci n'est pas satisfaisante, ils informent sans délai, par rapport spécial, les organes statutaires de l'entreprise du secteur public et parapublic concernée et le Ministre chargé des finances.

ARTICLE 13.- (I) Les fonctions de commissaire aux comptes sont incompatibles :

- avec toute activité ou tout acte de nature à porter atteinte à son indépendance ;
- avec toute autre fonction ou emploi rémunéré, même ponctuel, au sein de l'entreprise concernée.

(2) Le commissaire aux comptes ne peut être nommé administrateur, directeur général ou directeur général adjoint d'une société à capital public, d'une société d'économie mixte moins de cinq (5) années après la cessation de sa fonction auprès de la structure concernée.

ARTICLE 14.- Les rapports entre l'Etat et les collectivités territoriales décentralisées d'une part, et les entreprises de leurs portefeuilles respectifs d'autre part, peuvent faire l'objet de contrats de performance ou de toute autre convention.

SECTION 4

DU REGIME FISCAL ET DOUANIER

ARTICLE 15.- Le régime fiscal et douanier des établissements publics administratifs, des sociétés à capital public et des sociétés d'économie mixte est fixé par le code général des impôts, le code des douanes et le code de l'enregistrement, du timbre et de la curatelle.

SECTION 5

DU PERSONNEL

ARTICLE 16.- Le personnel des établissements publics administratifs, des sociétés à capital public et des sociétés d'économie mixte, fonctionnaires ou agents de l'Etat en détachement ou affectés dans une entreprise relèvent, pendant toute la durée de leur emploi, de la législation du travail, sous réserve des dispositions du statut général de la fonction publique relatives à la retraite, à l'avancement et à la fin du détachement.

ARTICLE 17.- (1) La responsabilité civile et/ou pénale du personnel des établissements publics administratifs, des sociétés à capital public et des sociétés d'économie mixte est soumise aux règles de droit commun.

(2) Les conflits entre le personnel et l'entreprise relèvent de la compétence des juridictions de droit commun.

SECTION 6

DES MESURES RESTRICTIVES ET DES INCOMPATIBILITES

ARTICLE 18.- Nommés à titre personnel en raison de leur qualité et de leur compétence, les administrateurs représentants de l'Etat ou des collectivités territoriales décentralisées dans les établissements publics administratifs et dans les entreprises du secteur public et parapublic ne peuvent déléguer leurs fonctions, sauf si les statuts en disposent autrement.

ARTICLE 19.- (1) Nul ne peut être administrateur représentant de l'Etat ou des collectivités territoriales décentralisées dans plus de deux (2) conseils d'administration d'établissements publics administratifs, de sociétés à capital public et de sociétés d'économie mixte. En outre, un administrateur représentant l'Etat ne peut exercer plus de deux (2) mandats consécutifs dans une même entreprise.

(2) Les administrateurs des établissements publics administratifs et des entreprises du secteur public et parapublic ayant au cours de leur mandat directement ou indirectement des intérêts dans une affaire en relation avec l'entreprise ou ayant un intérêt personnel dans celle-ci à l'exception d'un contrat de travail pour un administrateur représentant du personnel, sont tenus d'en informer le conseil d'administration.

ARTICLE 20.- Nul ne peut être président de plus d'un conseil d'administration d'établissement public administratif, de société à capital public et de société d'économie mixte au titre de représentant de l'Etat ou d'une collectivité territoriale décentralisée.

ARTICLE 21.- (1) Les fonctions de président du conseil d'administration d'un établissement public administratif, d'une société à capital public ou d'une société d'économie mixte, à participation publique majoritaire, sont incompatibles avec celles de membre du gouvernement, de parlementaire, de directeur général ou de directeur général adjoint des établissements publics administratifs et des entreprises du secteur public et parapublic.

(2) Les fonctions de membre du Gouvernement ou assimilé et de parlementaire sont incompatibles avec les fonctions de directeur général ou de directeur général adjoint d'un établissement public administratif et d'une entreprise du secteur public ou parapublic, ou toute autre fonction en tenant lieu.

ARTICLE 22.- Il est interdit à tout établissement public administratif et à toute entreprise du secteur public et parapublic d'accorder un prêt à titre individuel à l'un de ses administrateurs.

SECTION 7

DES MESURES CONSERVATOIRES

ARTICLE 23.- (1) Nonobstant les dispositions de la présente loi, en cas de crise grave susceptible de mettre en péril les missions d'intérêt général,. l'objet social ou les objectifs sectoriels du Gouvernement, un Administrateur Provisoire peut être désigné par acte réglementaire en lieu et place des organes dirigeants des établissements publics administratifs et des sociétés à capital public ayant l'Etat comme unique actionnaire.

(2) L'acte portant désignation de l'Administrateur Provisoire précise ses attributions et la durée de son mandat, laquelle, en tout état de cause, ne saurait excéder six (6) mois.

TITRE II

DES SOCIETES A CAPITAL PUBLIC

CHAPITRE I

DE LA CREATION

ARTICLE 24. - (1) Les sociétés à capital public ayant l'Etat comme unique actionnaire sont créées par décret du Président de la République. Leurs statuts sont approuvés dans les mêmes formes.

(2) La participation de l'Etat au capital d'une société à capital public est approuvée par décret du Président de la République.

ARTICLE 25.- La création d'une société à capital public ayant une collectivité territoriale décentralisée comme actionnaire unique est constatée par des statuts approuvés suivant les règles de délibération propres à cette collectivité.

ARTICLE 26.- La création d'une société à capital public ayant plusieurs actionnaires obéit aux règles de constitution des sociétés anonymes.

ARTICLE 27.- (1) Outre les mentions obligatoires prévues pour les statuts des sociétés anonymes, les statuts d'une société à capital public :

- précisent le montant de la participation de chacun des actionnaires publics à son capital ;
- constatent la libération par ceux-ci des trois quarts (3/4) de leur participation ;
- indiquent le délai de libération du quart (1/4) restant qui ne saurait excéder trois (3) ans, à compter de l'immatriculation au registre de commerce et du crédit mobilier, et selon les modalités définies par les statuts ou par une décision du conseil d'administration.

(2) Les actions représentant des apports en numéraire non intégralement libérées doivent rester sous la forme nominative.

(3) Tant que le capital n'est pas entièrement libéré, la société ne peut ni augmenter son capital, sauf si cette augmentation de capital est réalisée par des apports en nature, ni émettre des obligations.

ARTICLE 28.- Les sociétés à capital public sont assujetties à l'inscription au registre de commerce et du crédit mobilier.

Elles ont la capacité de transiger et de compromettre, sauf lorsque leurs statuts en disposent autrement.

CHAPITRE II

DE LA GESTION

ARTICLE 29.- Les organes de gestion de la société à capital public sont :

- l'assemblée générale des actionnaires ;
- le conseil d'administration ;
- la direction générale.

SECTION I

DE L'ASSEMBLEE GENERALE DES ACTIONNAIRES

ARTICLE 30.- (1) Lorsque l'Etat est actionnaire unique d'une société à capital public, le rôle de l'assemblée générale est dévolu à un collège de cinq (5) membres dont la composition est fixée par les statuts.

Ce collège comprend obligatoirement un représentant du Ministre chargé des finances et un représentant du Ministre chargé de la tutelle technique. Le représentant du Ministre chargé des finances assure la présidence de l'assemblée générale.

(2) Chaque administration désigne son représentant au sein de l'assemblée générale selon les modalités fixées par les statuts.

(3) L'assemblée générale ainsi constituée :

- approuve le rapport des commissaires aux comptes ;
- approuve les comptes de la société ;
- approuve la répartition du bénéfice distribuable ;
- nomme et révoque les commissaires aux comptes et fixe leur rémunération ;
- fixe le montant des indemnités de session ainsi que l'allocation mensuelle du président du conseil d'administration, sous réserve

des plafonds fixés pas la réglementation en vigueur.

(4) Les fonctions de membre du collège sont gratuites. Toutefois, le membre peut bénéficier du remboursement des dépenses occasionnées par les sessions de l'assemblée générale.

ARTICLE 31.- Lorsqu'une collectivité territoriale décentralisée est unique actionnaire, le rôle de l'assemblée générale est dévolu à un collège de cinq (5) membres désignés par son organe délibérant.

ARTICLE 32.- Lorsque la société à capital public a plusieurs actionnaires, l'assemblée générale est composée des représentants des actionnaires.

ARTICLE 33.- (1) Sous réserve des dispositions de la présente loi, l'assemblée générale des sociétés à capital public ayant plusieurs actionnaires a les mêmes pouvoirs que ceux dévolus aux assemblées générales d'actionnaires des sociétés anonymes.

A ce titre notamment :

a) L'assemblée générale ordinaire :

- approuve les rapports des Commissaires aux comptes ;
- approuve les comptes annuels et bilans, ainsi que la répartition du bénéfice distribuable ;
- nomme ou renouvelle et, éventuellement, révoque le mandat des membres du conseil d'administration ;
- fixe le montant des indemnités de session ainsi que l'allocation mensuelle du président du conseil d'administration, sous réserve des plafonds fixés par la réglementation en vigueur ;
- nomme et révoque les commissaires aux comptes et fixe leur rémunération.

b) L'assemblée générale extraordinaire peut, sur proposition du conseil d'administration, modifier les statuts de la société à capital public. Toutefois, la modification des statuts des sociétés à capital public avec unique actionnaire doit être approuvée dans les mêmes formes que leur adoption.

(2) Les convocations des assemblées générales ordinaires et extraordinaires se font par télex, télégramme ou télécopie ou par tout autre moyen laissant traces écrites, adressés aux représentants des actionnaires au moins quinze (15) jours avant la date prévue pour la réunion. Les convocations indiquent l'ordre du jour et le lieu de la réunion.

ARTICLE 34.- Les assemblées générales des sociétés à capital public avec plusieurs actionnaires ont les mêmes conditions de fonctionnement et, notamment, les mêmes règles de quorum et de majorité que celles prévues par la loi sur les sociétés anonymes.

ARTICLE 35.- Pour les sociétés à capital public ayant l'Etat ou une collectivité territoriale décentralisée comme unique actionnaire:

a) l'assemblée générale ordinaire se réunit au moins une (1) fois par an, dans les six (6) mois de la clôture de l'exercice, sur convocation du Prédisent ;

b) l'assemblée générale extraordinaire se réunit à la demande du président du conseil d'administration ou à la demande du tiers (1/3) des administrateurs, chaque fois que la situation l'exige ;

c) l'assemblée générale ordinaire et l'assemblée générale extraordinaire ne peuvent valablement siéger qu'en présence des quatre cinquièmes (4/5) de leurs membres, y compris obligatoirement les représentants de la tutelle technique et de la tutelle financière ;

d) les délibérations de l'assemblée générale ordinaire sont prises à la majorité des trois cinquièmes (3/5) des membres. Celles de l'assemblée générale extraordinaire sont prises à la majorité des quatre cinquièmes (4/5) des membres.

SECTION 2

DU CONSEIL D'ADMINISTRATION

A. Composition du conseil d'administration

ARTICLE 36.- (1) Le conseil d'administration est composé de trois (3) membres au moins et de douze (12) au plus. Il comprend obligatoirement un représentant du personnel élu.

(2) Les membres du conseil d'administration sont nommés par l'assemblée générale des actionnaires pour un mandat de trois (3) ans renouvelable une (1) fois.

(3) Pour les sociétés à capital public ayant un actionnaire unique, les statuts précisent les modalités de nomination des administrateurs.

(4) A l'exclusion du représentant du personnel, chaque actionnaire a droit à une représentation proportionnelle au nombre d'actions qu'il détient. Aux fins d'obtenir une représentation au conseil d'administration, les petits actionnaires peuvent se regrouper.

ARTICLE 37.- (1) Le conseil d'administration élit son président parmi ses membres en dehors des représentants de l'administration de tutelle, à la majorité des deux tiers (2/3) des membres présents ou représentés.

(2) Le président du conseil d'administration est élu pour un mandat de trois (3) ans renouvelable une (1) fois.

B. Mandat d'administrateur

ARTICLE 38.- Les dispositions légales relatives au dépôt par les administrateurs d'actions en garantie de la bonne exécution de leur mandat ne sont pas applicables.

ARTICLE 39.- (1) Le mandat d'administrateur prend fin :

- à l'expiration normale de sa durée, par décès ou par démission ;

- à la suite de la perte de la qualité ayant motivé la nomination ;
- par révocation à la suite d'une faute grave ou des agissements incompatibles avec la fonction d'administrateur ;
- par suite de dissolution de l'entreprise.

(2) La fin du mandat intervient dans les mêmes formes que celles applicables à sa formation.

(3) En cas de décès en cours de mandat ou dans toutes les hypothèses où un administrateur n'est plus en mesure d'exercer son mandat, l'organe qui l'a nommé désigne un autre administrateur pour la suite du mandat.

ARTICLE 40.- (1) La fonction d'administrateur est gratuite. Les administrateurs peuvent cependant bénéficier d'indemnités de session et du remboursement des dépenses occasionnées par les sessions du conseil d'administration, sur présentation des pièces justificatives.

(2) Le président du conseil d'administration peut bénéficier d'une allocation mensuelle.

C. Pouvoirs du conseil d'administration

ARTICLE 41.- (1) Le conseil d'administration a les pouvoirs les plus étendus pour agir au nom de l'entreprise, définir et orienter sa politique générale et évaluer sa gestion, dans les limites fixées par son objet social, et sous réserve des dispositions de la présente loi.

(2) En particulier, et sans que cette énumération soit limitative, le conseil d'administration a le pouvoir :

a) de fixer les objectifs et d'approuver les programmes d'action conformément aux objectifs globaux du secteur concerné ;

b) d'approuver le budget et d'arrêter de manière définitive les comptes et les états financiers annuels ;

c) d'approuver les rapports d'activités ;

d) d'adopter l'organigramme, le règlement intérieur, le barème des salaires et les avantages du personnel proposés par le directeur général ;

e) de recruter et de licencier le personnel d'encadrement, sur proposition du directeur général ;

f) de nommer, sur proposition du directeur général, aux postes de responsabilité à partir du rang de directeur-adjoint et assimilé ;

g) de nommer ou de démettre de leurs fonctions, sur proposition du directeur général, les représentants de l'entreprise aux assemblées générales et aux conseils d'administration d'autres entreprises ;

h) d'accepter tous dons, legs et subventions ;

i) d'approuver les contrats de performance ou toutes autres conventions, y compris les emprunts, préparés par le directeur général et ayant une incidence sur le budget ;

j) d'autoriser toute aliénation de biens meubles ou immeubles, corporels ou incorporels, conformément aux dispositions de l'article 4 ci-dessus et après approbation du Ministre chargé des finances, du Ministre chargé de la tutelle technique, de toute autre administration concernée, sous réserve de la législation en matière de privatisation ;

k) d'autoriser les participations dans les associations, groupements ou autres organismes, ainsi que les créations de filiales dont l'activité est nécessairement liée aux missions de l'entreprise.

(3) Le conseil d'administration peut déléguer tout ou partie de ses pouvoirs, à l'exception de ceux énumérés ci-dessus.

D. Modalités de fonctionnement du conseil d'administration

ARTICLE 42.- (1) Sur convocation de son président, le conseil d'administration se réunit au moins deux (2) fois par an en session ordinaire, dont une (i) fois pour le vote du budget et une (I) fois pour arrêter les états financiers annuels et examiner la marche des activités de l'entreprise.

Il examine toute question inscrite à l'ordre du jour soit par le président, soit à la demande de deux tiers (2/3) des administrateurs.

(2) Toutefois, à la demande d'un tiers (1/3) au moins des membres du conseil d'administration, le président est tenu de convoquer le conseil en séance extraordinaire.

(3) En cas de refus ou de silence du président, les membres concernés du conseil adressent une nouvelle demande au Ministre chargé des finances, qui procède à la convocation du conseil d'administration selon les mêmes règles de forme et de délai.

(4) Le président du conseil d'administration est défaillant lorsqu'il ne convoque pas au moins deux (2) séances du conseil par an. Dans ce cas, le tiers (1/3) au moins de ses membres ou le Ministre chargé des finances peut prendre l'initiative de convoquer le conseil d'administration en proposant un ordre du jour.

ARTICLE 43.- Les convocations sont faites par télex, télégramme, télécopie ou par tout autre moyen laissant traces écrites, adressés aux membres quinze (15) jours au moins avant la date prévue pour la réunion. Les convocations indiquent l'ordre du jour et le lieu de la réunion.

ARTICLE 44.- (1) Tout membre du Conseil d'Administration empêché peut se faire représenter aux réunions par un autre membre. Toutefois, aucun administrateur ne peut, au cours d'une même session, représenter plus d'un administrateur.

(2) Tout membre présent ou représenté à une séance du conseil d'administration et considéré comme ayant été dûment convoqué.

(3) En cas d'empêchement du président, le conseil élit en son sein un président de séance à la majorité simple des membres présents ou représentés.

ARTICLE 45.- (1) Le conseil d'administration ne peut valablement délibérer sur toute question inscrite à son ordre du jour que si les deux tiers (2/3) au moins de ses membres sont présents ou représentés. Si le quorum n'est pas atteint lors de la première convocation, il est, pour la convocation suivante, ramené à la moitié des membres présents.

(2) Chaque membre dispose d'une voix. Les décisions sont prises à la majorité simple des voix des membres présents ou représentés, sous réserve d'une majorité plus forte prévue par les statuts ou par la présente loi. En cas d'égalité de voix, celle du président est prépondérante.

ARTICLE 46.- (1) Le secrétariat du conseil d'administration est assuré par la direction générale.

(2) Les procès-verbaux des séances sont consignés dans un registre spécial tenu au siège et sont signés par le président et le secrétaire de séance. Ils font mention des membres présents ou représentés. Ils sont lus et approuvés par le conseil d'administration lors de sa réunion suivante.

SECTION 3

DE LA DIRECTION GENERALE

A. Statut du directeur général

ARTICLE 47.- (1) Le directeur général, et s'il y a lieu, le directeur général adjoint, sont nommés à la majorité des deux (2/3) par le conseil d'administration sur proposition de l'actionnaire majoritaire ou unique, pour une durée de trois (3) ans renouvelable deux (2) fois.

(2) La rémunération et les avantages du directeur général et du directeur général adjoint sont fixés à la majorité des deux tiers (2/3) par le conseil d'administration, sous réserve des plafonds fixés par la réglementaire en vigueur.

ARTICLE 48.- Les fonctions de directeur général prennent fin :

- par révocation ;
- par non renouvellement du mandat ;
- par décès ou par démission ;
- du fait de la dissolution de l'entreprise.

ARTICLE 49.- (1) Le directeur général est responsable devant le conseil d'administration qui peut le sanctionner en cas de faute grave de gestion ou de comportement susceptible de nuire à la bonne marche ou à l'image de l'entreprise.

A cet effet, le président du conseil d'administration est tenu de convoquer une session extraordinaire au cours de laquelle le directeur général est entendu. Le conseil d'administration peut prononcer à son encontre l'une des sanctions suivantes :

- la suspension de certains de ses pouvoirs ;
- la suspension de ses fonctions, avec effet immédiat pour une durée limitée ;
- la révocation.

(2) La session extraordinaire ne peut valablement siéger qu'en présence de deux tiers (2/3) au moins des membres du conseil d'administration. La représentation n'est pas admise dans ce cas.

Les décisions sont prises :

- à l'unanimité des membres présents en cas de révocation ;
- à la majorité des deux tiers (2/3) pour les autres sanctions.

(3) En cas de suspension des fonctions, le conseil d'administration prend les dispositions nécessaires pour assurer la bonne marche de l'entreprise.

(4) Les décisions sont transmises pour information au Ministre de tutelle technique et au Ministre chargé des finances par le président du conseil d'administration.

Article 50.- (1) En cas d'empêchement temporaire du directeur général, pour une période allant jusqu'à six (6) mois, te conseil d'administration désigne le directeur général adjoint pour assurer l'intérim.

Au cas où le poste de directeur général adjoint n'est pas pourvu, ou en cas d'empêchement de ce dernier, le conseil d'administration désigne un haut responsable de l'entreprise pour assurer l'intérim.

(2) En cas d'empêchement définitif du directeur général et, quelle qu'en soit la cause, le conseil d'administration pourvoit immédiatement à son remplacement dans un délai qui ne saurait excéder un (1) mois.

B. Pouvoirs du directeur général

ARTICLE 51.- (1) Le directeur général est chargé de la gestion et de l'exécution de la politique générale de l'entreprise sous le contrôle du conseil d'administration à qui il rend compte de sa gestion.

A ce titre, et sans que cette énumération soit limitative, le directeur général est chargé :

- de préparer le budget, les états financiers annuels et les rapports d'activités ;
- de préparer les délibérations du conseil d'administration, d'assister avec voix consultative à ses réunions et d'exécuter ses décisions ;
- d'assurer la direction technique et administrative de l'entreprise ;
- de recruter, nommer, noter et licencier le personnel, sous réserve des dispositions de l'article 41 ci-dessus, de *fixer* leurs rémunérations et avantages dans le respect des lois et règlements en vigueur et du règlement intérieur, des prévisions budgétaires et des délibérations du conseil d'administration ;
- de gérer les biens meubles et immeubles, corporels ou incorporels de la société, dans le respect de son objet social et des dispositions de l'article 41 j) ci-dessus ;
- de prendre, dans les cas d'urgence, toute mesure conservatoire nécessaire à la bonne marche de l'entreprise, à charge pour lui d'en rendre compte au conseil d'administration ;
- de représenter l'entreprise dans tous les actes de la vie civile et en justice.

(2) Le conseil d'administration peut, en outre, lui déléguer certaines de ses attributions.

3) Le directeur général peut aussi déléguer une partie de ses pouvoirs.

CHAPITRE III

DU BUDGET ET DES COMPTES

ARTICLE *52*.- Le projet de budget des sociétés à capital public est préparé par le directeur général et approuvé par le conseil d'administration avant le début de l'exercice.

Le budget ainsi approuvé est transmis pour information au Ministre chargé des finances et, selon le cas, au Ministre de tutelle technique ou à l'organe délibérant de la collectivité territoriale décentralisée.

ARTICLE 53.- Chaque année, le directeur général soumet à l'approbation du conseil d'administration le projet de budget et un programme d'action spécifiant les objectifs et les résultats à atteindre au cours de l'exercice. Ces documents sont transmis pour information au Ministre chargé des finances et, selon le cas, au Ministre de tutelle technique ou à l'organe délibérant de la collectivité territoriale décentralisée.

ARTICLE 54.- (1) Les sociétés à capital public sont gérées selon les règles de la comptabilité privée.

(2) Les comptes et bilans annuels sont arrêtés par le conseil d'administration, vérifiés par le ou les commissaires aux comptes et approuvés définitivement par l'assemblée générale, dans les six (6) mois de la clôture de l'exercice.

Ils sont transmis, pour information au Ministre chargé des finances et, selon le cas, au Ministre de tutelle technique ou à l'organe délibérant de la collectivité territoriale décentralisée, assortis du rapport de gestion du conseil d'administration à l'assemblée générale et du rapport des commissaires aux comptes.

ARTICLE 55.- (1) Le conseil d'administration soumet pour approbation à l'assemblée générale des actionnaires la répartition du bénéfice distribuable.

2) Le bénéfice distribuable est constitué par le bénéfice de l'exercice, diminué des pertes antérieures, ainsi que des sommes à porter en réserve, en application des dispositions de l'article 56 ci-dessous ou des statuts, et

augmenté du report à nouveau.

(3) La répartition du bénéfice distribuable doit être conforme aux dispositions des statuts relatives aux dividendes statutaires.

ARTICLE 56.- A peine de nullité de toute délibération contraire, il est fait sur le bénéfice net de l'exercice un prélèvement de dix pour cent (10%) au moins affecté à la formation d'un fonds de réserve légale. Ce prélèvement cesse d'être opéré lorsque la réserve atteint les quinze pour cent (15%) du capital social.

ARTICLE 57. - Les commissaires aux comptes désignés selon les dispositions de l'article 11 ci-dessus ont un mandat de trois (3) ans renouvelable une (1) fois.

ARTICLE 58.- (1) Le directeur général et le cas échéant, le directeur général adjoint, ainsi que les travailleurs des sociétés à capital public peuvent, selon les modalités prévues par voie réglementaire, être intéressés aux performances de l'entreprise sur la base d'une quotité de dix pour cent (10 %) au plus du bénéfice net réalisé au cours de chaque exercice.

(2) L'assemblée générale ordinaire peut allouer aux administrateurs, en rémunération de leur activité et en fonction des performances de l'entreprise, une indemnité fixe annuelle qu'elle détermine souverainement.

TITRE III

DES ETABLISSEMENTS PUBLICS ADMINISTRATIFS

CHAPITRE I

DE LA CREATION

ARTICLE 59.- (1) Les établissements publics administratifs appartenant à l'Etat sont créés par décret du Président de la République.

(2) Les établissements publies administratifs appartenant à une collectivité territoriale décentralisée sont créés par décision de son organe

délibérant.

ARTICLE 60.- (1) L'acte de création d'un établissement public administratif appartenant à l'Etat précise notamment :

- ses missions, le patrimoine d'affectation, ainsi que le Ministère de tutelle technique ;
- les organes chargés de sa gestion, leur domaine de compétence et les modalités de désignation des personnes qui en ont la charge, ainsi que les règles de fonctionnement de ces organes.

(2) Les établissements publics administratifs n'ont pas la qualité de commerçant.

(3) Le domaine privé d'un établissement public administratif comprend :

- les biens acquis par celui-ci ;
- les biens du domaine privé de l'Etat transférés en propriété et qui sont intégrés définitivement dans son patrimoine ;
- les biens du domaine public et national, ainsi que les biens du domaine privé de l'Etat transférés en jouissance, conformément à la législation domaniale, et qui conservent leur statut d'origine.

(4) Les biens faisant partie du domaine privé des établissements publics administratifs sont gérés conformément au droit commun, sous réserve des dispositions de l'article 4 de la présente loi.

CHAPITRE II

DE LA GESTION

ARTICLE 61.- Les organes de gestion d'un établissement public administratif sont :

- le conseil d'administration ou tout autre organe en tenant lieu ;
- la direction générale.

SECTION I

DU CONSEIL D'ADMINISTRATION

A. Composition et fonctionnement du conseil d'administration

ARTICLE 62.- (1) Le conseil d'administration d'un établissement public administratif ou tout autre organe prévu par les statuts, est composé de cinq (5) membres au minimum et douze (12) au maximum.

(2) L'acte de création de l'établissement public administratif précise le nombre des membres du conseil d'administration ainsi que les modalités de leur désignation.

ARTICLE 63.- Le conseil d'administration est composé de représentants des administrations concernées par l'exécution des missions assignées à l'établissement public administratif.

Il comprend obligatoirement :

- un représentant du Ministre de tutelle technique ;
- un représentant du Ministère chargé des finances ;
- un représentant des usagers ou des bénéficiaires des services ;
- un représentant du personnel.

ARTICLE 64.- (1) La présidence du conseil d'administration d'un établissement public administratif appartement à l'Etat est assurée par une personnalité nommée par décret du Président de la République.

(2) Le président du conseil d'administration convoque et préside les sessions du conseil. Il veille à l'application des résolutions du conseil.

B. Mandat d'administrateur

ARTICLE 65.- (1) Les membres du conseil d'administration sont nommés par acte réglementaire pour un mandat de trois (3) ans renouvelable une (1) fois.

(2) Leur mandat prend fin dans les conditions prévues à l'article 39 ci-dessus.

ARTICLE 66.- (1) La fonction de membre du conseil d'administration est gratuite. Toutefois, les administrateurs peuvent bénéficier d'indemnités de session et prétendre au remboursement des dépenses occasionnées par les sessions, sur présentation des pièces justificatives.

(2) Le président du conseil d'administration bénéficie d'une allocation mensuelle.

(3) Le taux de l'indemnité de session, ainsi que l'allocation mensuelle du président sont fixés par le conseil d'administration, dans les limites des plafonds prévus par la réglementation en vigueur.

C. Pouvoirs du conseil d'administration

ARTICLE 67.- (1) Le conseil d'administration a les pouvoirs les plus étendus pour :

- agir au nom de l'établissement public administratif ;
- définir et orienter la politique générale dudit établissement et évaluer sa gestion, dans les limites fixées par son objet, sous réserve des dispositions de la présente loi.

(2) Les règles visées aux articles 41 à 46 de la présente loi sont applicables aux conseils d'administration des établissements publics administratifs.

SECTION 2

DE LA DIRECTION GENERALE

A. Généralités

ARTICLE 68.- Le directeur général est nommé par décret du Président de la République pour une durée de trois (3) ans renouvelable deux (2) fois.

ARTICLE 69.- (1) Le directeur général est responsable devant le Conseil d'administration, qui peut le sanctionner en cas de faute grave ou de comportement susceptible de nuire à la bonne marche ou à l'image de l'établissement, conformément aux règles fixées à l'article 49 ci-dessus, sauf dispositions contraires du présent article.

(2) Le directeur général encourt les sanctions suivantes :

- la suspension de certains de ses pouvoirs ;
- la suspension de ses fonctions, pour une durée limitée, avec effet immédiat ;
- la suspension de ses fonctions, avec effet immédiat assortie d'une demande de révocation à l'autorité qui l'a nommé.

(2) Les décisions sont prises à la majorité des deux (2/3) des membres du conseil d'administration.

ARTICLE 70.- (1) En cas d'empêchement temporaire du directeur général pour une période n'excédant pas deux (2) mois, celui-ci prend toutes les dispositions pour assurer la bonne marche du service.

(2) En cas de vacance du poste de directeur général pour cause de décès, de démission ou d'empêchement définitif, et en attendant la nomination d'un nouveau directeur général par l'autorité compétente, le conseil d'administration prend toutes les dispositions nécessaires pour assurer la bonne marche de l'établissement public administratif concerné.

B. Des Pouvoirs du directeur

ARTICLE 71.- (1) Le directeur général est chargé de la gestion et de l'application de la politique générale de l'établissement public administratif, sous le contrôle du conseil d'administration à qui il rend compte de sa gestion.

(2) Pour l'accomplissement de ses missions, le directeur général de l'établissement public administratif, jouit des mêmes prérogatives que le directeur général de la société à capital public, telles que prévues à l'article 51 ci-dessus.

(3) Le conseil d'administration peut, en outre, lui déléguer certaines de

ses attributions.

CHAPITRE III

DU BUDGET ET DES COMPTES

ARTICLE 72.- Les établissements publics administratifs appartenant à l'Etat sont gérés selon les règles prévues par le régime financier de l'Etat.

ARTICLE 73.- Le directeur général est l'ordonnateur principal du budget de l'établissement administratif. Sur proposition du directeur général, des ordonnateurs secondaires peuvent être institués par le conseil d'administration.

ARTICLE 74.- (1) Un agent comptable est nommé par acte du Ministre chargé des finances auprès des établissements publics administratifs.

(2) L'agent comptable enregistre toutes les recettes et toutes les dépenses de l'établissement public administratif. Il contrôle la régularité des autorisations de l'établissement public administratif.

(3) Le paiement des dépenses autorisées s'effectue uniquement auprès de l'agent comptable de l'établissement public administratif.

ARTICLE 75.- (1) Le projet de budget annuel, y compris les plans d'investissements des établissements publics administratifs appartenant à l 'Etat, est préparé par le directeur général, adopté par le conseil d'administration et transmis pour approbation au Ministre de tutelle technique et au Ministre chargé des finances avant le début de l'exercice budgétaire suivant.

(2) Le projet de budget annuel des établissements publics administratifs n'appartenant pas à l'Etat est préparé par le directeur général et transmis pour approbation à l'organe délibérant de la collectivité territoriale décentralisée avant le début de l'exercice budgétaire suivant.

ARTICLE 76.- (1) Le budget des établissements publics administratifs doit être équilibré.

(2) Toutes les recettes et toutes les dépenses des établissements publics

administratifs sont inscrites dans le budget adopté par le conseil d'administration.

(3) Les sommes indispensables à la couverture des dépenses de fonctionnement arrêtées par le conseil d'administration peuvent être déposées dans un compte bancaire. Toutefois, l'engagement, la liquidation, le mandatement et le paiement des sommes déposées dans ce compte s'effectuent conformément aux règles de la comptabilité publique.

ARTICLE 77.- (1) Le directeur général présente au conseil d'administration et, selon le cas, au Ministre chargé des finances et au Ministre de tutelle technique, des situations périodiques et un rapport annuel d'activités.

(2) Il leur présente également, dans les six (6) mois de la clôture de l'exercice, les états financiers annuels et le rapport d'exécution du budget de l'exercice écoulé.

(3) Le contrôleur financier et l'agent comptable présentent au conseil d'administration leurs rapports sur l'exécution du budget de l'établissement public administratif.

(4) Les copies de ces rapports sont transmises au Ministre chargé des finances, au Ministre de la tutelle technique et au directeur général de l'établissement administratif.

TITRE IV

DE LA DISSOLUTION ET DE LA LIOUIDATION

CHAPITRE I

GENERALITES

ARTICLE. 78.- Les dispositions du présent titre s'appliquent aux établissements publics administratifs, aux sociétés à capital public et aux sociétés d'économie mixte dans lesquelles l'actionnariat public détient plus de la moitié du capital et des droits de vote.

Les dispositions du présent titre ne s'appliquent pas aux établissements de crédit.

SECTION 1

DE LA DISSOLUTION ET DE L'OUVERTURE

DE LA LIOUIDATION

ARTICLE 79.- (1) La dissolution d'un établissement public administratif appartenant à l'Etat est prononcée par décret du Président de la République sur proposition conjointe du Ministre chargé des finances et du Ministre chargé de la tutelle technique.

(2) Lorsque l'entreprise est une société à capital public ayant l'Etat comme actionnaire unique, sa dissolution est prononcée par décret du Président de la République sur proposition conjointe du Ministre chargé des finances et du Ministre chargé de la tutelle technique et sur recommandation du collège visé à l'article 30 ci-dessus.

(3) La dissolution d'un établissement public administratif appartenant à une collectivité territoriale décentralisée ou d'une société à capital public avec une collectivité territoriale décentralisée pour unique actionnaire est prononcée par son organe délibérant.

(4) La dissolution des sociétés à capital public avec plusieurs actionnaires et des sociétés d'économie mixte est prononcée sur décision de l'assemblée générale extraordinaire des actionnaires et conformément aux dispositions statutaires en la matière.

(5) Dans les huit (8) jours francs de la décision de dissolution, celle-ci fait l'objet de publicité dans un journal d'annonces légales et dans un organe de presse nationale. La date de publication ouvre la période de liquidation.

A compter de cette date et sauf clause contraire de l'acte prononçant la dissolution :

- le conseil d'administration et la direction générale sont dessaisis de leurs fonctions, sans préjudice des dispositions de l'article 90 ci-après ;

- tous les contrats en cours sont interrompus sous réserve de la poursuite de certains contrats conformément à l'article 91 ci-dessous.

ARTICLE 80.- (1) La dissolution des établissements publics administratifs intervient en cas d'extinction de leur mission ou pour toutes autres causes prévues dans leur acte constitutif. L'Etat, ou la collectivité territoriale décentralisée selon le cas, est responsable du passif des établissements publics administratifs.

(2) La dissolution des sociétés à capital public et des sociétés d'économie mixte est prononcée pour les causes prévues dans leurs statuts ou dans la loi régissant les sociétés anonymes.

(3) Si du fait des pertes constatées dans les documents comptables, les capitaux propres de l'entreprise sont inférieurs à la moitié du capital social, les administrateurs sont tenus de provoquer la tenue d'une assemblée générale extraordinaire au plus tard dans les six (6) mois suivant le constat des pertes, à l'effet de statuer sur les mesures de régularisation à prendre, ou à défaut, sur la dissolution anticipée.

(4) Dans tous les cas, la dissolution anticipée est prononcée à la clôture du deuxième exercice suivant celui au cours duquel la constatation des pertes est intervenue, à défaut de régularisation. Le ou les commissaires aux comptes sont tenues d'avertir le Ministre chargé des finances dès la clôture de l'exercice au cours duquel les pertes ont été enregistrées.

ARTICLE 81.- L'acte prononçant la dissolution de l'entreprise spécifie s'il y a ou non continuation de l'activité pendant la période de liquidation.

ARTICLE 82.- (1) La liquidation des entreprises visées à l'article 79 ci-dessus s'effectue exclusivement dans le cadre amiable selon les dispositions de la présente loi.

(2) La publication de l'acte prononçant la dissolution de l'entreprise suspend ou interdit toutes poursuites par voie principale ou reconventionnelle, par voie de référé ou par toute voie gracieuse, toute action en cours à son encontre, ainsi que toutes les voies d'exécution sur son patrimoine.

(3) Toutefois, les créanciers titulaires d'une sûreté ou d'un privilège spécial peuvent, dès lors qu'ils ont déclaré leurs créances, exercer leur droit de poursuites individuelles, Si le liquidateur n'a pas entrepris la liquidation des biens grevés dans le délai de six (6) mois à compter de son entrée en fonction.

(4) A la clôture de la liquidation, les créanciers recouvrent leur droit de poursuites individuelles dans les limites fixées par l'article 107 ci-dessous.

ARTICLE 83.- (1) Les dettes et les créances de l'entreprise dissoute deviennent exigibles, le cas échéant par déchéance du terme, dès la publication de l'acte prononçant la dissolution de l'entreprise.

(2) La dissolution arrête à l'égard des créanciers de l'entreprise le cours des intérêts légaux et conventionnels, ainsi que tous intérêts de retard et majorations.

(3) La publication emporte de droit l'interdiction, à peine de nullité, de payer toute créance née antérieurement à la publication de l'acte portant dissolution de l'entreprise. Toutefois, le liquidateur peut payer des créances antérieures pour retirer le gage ou une chose légitimement retenue, lorsque ce retrait est justifié pour la poursuite des activités de liquidation.

(4) Les sûretés et privilèges, ainsi que les actes et décisions judiciaires translatifs ou constitutifs de droits réels, ne peuvent plus être inscrits postérieurement à la publication de l'acte portant dissolution de l'entreprise.

ARTICLE 84.- (I) Les entreprises en liquidation sont dispensées de toute consignation auprès des greffes des cours et tribunaux.

(2) Les décisions rendues à leur encontre dans le cadre de la procédure de contestation des créances sont enregistrées gratis.

(3) Les décisions rendues en leur faveur sont enregistrées en débet.

SECTION 2

DES ORGANES DE LIQUIDATION

ARTICLE 85.- (1) Sur décision du Ministre chargé des finances pour ce qui concerne les établissements publics administratifs et les entreprises visés à l'article 79 alinéas (1) et (2), et dans les mêmes formes que fixées à l'article 79 alinéas (3) et (4) pour la dissolution des autres, il est désigné, concomitamment à l'acte de dissolution de l'établissement public administratif ou de l'entreprise, un liquidateur qui peut être une commission ou une personne physique ou morale, sans préjudice des incompatibilités éventuelles.

(2) Lors qu'une personne morale est désignée en qualité de liquidateur, il est indiqué le nom de son représentant.

(3) L'acte de nomination du liquidateur, quelque soit sa forme, est publié dans le délai d'un (1) mois à compter de la nomination, dans un journal habilité à recevoir les annonces légales.

(4) Le liquidateur peut faire appel, dans l'exécution de son mandat, à toute personne en raison de ses compétences.

(5) Le plafond des indemnités ou honoraires mensuels du liquidateur est, selon le cas, fixé par décision du Ministre chargé des finances ou par l'assemblée générale de la société d'économie mixte, ou par l'organe délibérant de la collectivité territoriale décentralisée.

ARTICLE 86.- (1) Le liquidateur est nommé pour une durée maximale d'un (1) an renouvelable. Toutefois, la période de liquidation ne devra pas excéder trois (3) ans. L'acte portant nomination du liquidateur fixe ses attributions, l'étendue de son mandat et la date à laquelle il doit prendre ses fonctions.

(2) Les fonctions de liquidateur prennent fin notamment par non renouvellement de mandat ou par révocation pour juste motif. Son remplacement intervient dans les mêmes conditions que celles qui ont présidé à sa nomination.

ARTICLE 87.- (1) Sous réserve du respect de la réglementation en matière de privatisation et des dispositions de la présente loi, le liquidateur a les pouvoirs les plus larges pour la réalisation des éléments d'actif, le règlement du passif de l'entreprise dissoute et pour procéder, le cas échéant, au partage entre les associés de l'actif net subsistant ou de le reverser au trésor public, selon le cas.

(2) Toutefois, certains actes de disposition du liquidateur et la faculté de compromettre ou transiger peuvent être soumis à des autorisations spécifiques prévues dans le cadre de son mandat.

ARTICLE 88.- (1) Dès son entrée en fonction, le liquidateur établit un projet de budget et un programme d'action qu'il soumet pour approbation à l'organe qui l'a nommé. Le projet de budget comprend notamment les charges de liquidation telles que définies à l'article 104 ci-dessous.

(2) Il dresse le bilan d'ouverture de la liquidation qu'il soumet à l'organe qui l'a nommé.

(3) Une décision du Ministre chargé des finances fixe, en cas de besoin, les modalités de réalisation du budget de liquidation.

ARTICLE 89. - (1) Le liquidateur rend trimestriellement compte de son action à l'organe qui l'a nommé.

(2) Le liquidateur tient une comptabilité des opérations de liquidation. A l'achèvement des opérations de liquidation, il soumet un rapport et les comptes de clôture de la liquidation à l'organe qui l'a nommé.

L'approbation des comptes de liquidation donne décharge au liquidateur.

CHAPITRE II

DES OPERATIONS DE LIQUIDATION

SECTION 1

DES MESURES CONSERVATOIRES

ARTICLE 90.- (1) Dès son entrée en fonction, le liquidateur procède à l'inventaire physique et comptable du patrimoine de l'entreprise dissoute et dresse procès-verbal contradictoirement avec le directeur général ainsi que le personnel détenteur des biens de celle-ci, dans un délai de quinze (15) jours.

(2) Le directeur général, sous peine d'engager sa responsabilité, remet au

liquidateur les états financiers, ainsi que la liste des créanciers et le montant des dettes arrêtées à la date de l'acte prononçant la dissolution de l'entreprise.

ARTICLE 91.- (1) Dès son entrée en fonction, le liquidateur est tenu de requérir, ou selon le cas, de faire lui-même, tous actes nécessaires à la conservation des droits de l'entreprise contre ses débiteurs et à la préservation de ses actifs et, le cas échéant, à la continuation de l'activité pendant la période de liquidation.

(2) D'une façon générale, le liquidateur doit faire toute diligence pour prendre les mesures conservatoires nécessaires.

Peuvent notamment constituer des mesures conservatoires :

a) le blocage des comptes bancaires, la limitation des compétences des responsables en place, l'apposition des scellés sur les magasins ou la désignation de nouveaux responsables de garde, l'identification du personnel nécessaire au maintien en l'état du patrimoine de l'entreprise, ainsi que la limitation d'accès aux endroits sensibles ;

b) l'inscription au nom de l'entreprise de toutes sûretés ou tous privilèges qui n'auraient pas été pris ou renouvelés ;

c) la poursuite des contrats en cours ;

d) la restauration de certains actifs en vue d'une cession plus intéressante ;

e) la demande du concours des autorités pour mettre en place toutes mesures de sécurité pouvant contribuer à la sauvegarde du patrimoine de l'entreprise.

SECTION 2

DES OPERATIONS RELATIVES A L'ACTIF

ARTICLE 92.- La réalisation de l'actif s'opère par deux voies essentielles :

- le recouvrement des créances ;
- la cession des actifs.

A. Recouvrement des créances

ARTICLE 93.- (1) Le liquidateur recouvre les créances de l'entreprise par voie amiable, judiciaire ou selon la procédure du privilège du trésor public Si l'entreprise était titulaire de ce privilège avant sa liquidation.

(2) Les annonces générales de recouvrement sont faites par voie de presse.

(3) Sur la base des inventaires comptables, les annonces spécifiques peuvent être faites par voie de presse ou lettres individuelles. L'information est faite même pour les débiteurs des créances provisionnées.

(4) Les sommations et avertissements préalables aux poursuites ne sont faits qu'aux débiteurs pour qui la créance est comptablement prouvée.

(5) Le recouvrement de certaines créances peut, en raison de leur spécificité, être confié à une société de recouvrement.

B. Réalisation des actifs

ARTICLE 94.- (1) La réalisation des actifs concourt au règlement des charges de la liquidation et à l'extinction du passif.

(2) La cession des biens meubles et immeubles se fait par adjudication. Le liquidateur suscite des offres d'acquisition par publication dans un journal d'annonces légales et en fixe le délai de réception.

(3) Des unités de production composées d'une partie de l'actif immobilier peuvent faire l'objet d'une cession globale.

ARTICLE 95.- (1) Afin de déterminer la mise à prix, toutes les cessions de biens meubles ouimmeubles sont préparées par le liquidateur sur la base :

- des inventaires physiques constatant l'existence et l'état de biens ;
- des inventaires comptables déterminant la valeur d'acquisition, les amortissements et la valeur résiduelle ou valeur comptable de chaque bien.

(2) Une expertise par un expert inscrit auprès de la cour d'appel du ressort, peut également permettre de dégager une valorisation, compte tenu de l'état des biens ou de l'usage qui pourrait en être fait.

ARTICLE 96.- (1) Les biens meubles et immeubles appartenant à l'entreprise, non grevés de sûretés peuvent subir l'une des destinations suivantes

- être vendus par adjudication publique ;
- être transférés à titre onéreux ou par reprise d'un montant de passif équivalent à toute collectivité territoriale décentralisée ou personne morale investie de tout ou partie de la mission initialement dévolue à l'organisme dissout.

(2) Les biens meubles et immeubles appartenant aux établissements publics administratifs et aux sociétés à capital public appartenant à l'Etat, non grevés de sûretés, peuvent être exceptionnellement, tous les créanciers désintéressés :

- affectés à titre gracieux par arrêté du Ministre chargé des finances, après avis du Ministre de tutelle technique, à toute collectivité territoriale décentralisée ou personne morale investie de tout ou partie de la mission initialement dévolue à l'organisme dissout ;
- réintégrés dans le patrimoine de l'Etat lorsque la valeur de ces biens ne permet pas d'espérer un produit substantiel de la vente ou lorsque cela procède des motifs impératifs de la politique économique, sociale et culturelle du gouvernement.

ARTICLE 97.- (1) En cas de vente d'un bien grevé de sûretés, la quote-part du prix correspondant aux créances garanties est versée dans un compte spécial de liquidation et les créanciers sont payés sur le prix suivant l'ordre de préférence existant entre eux, conformément aux règles de droit commun. Le liquidateur obtient mainlevée des inscriptions ou assure leur radiation.

(2) Le liquidateur peut offrir l'acquisition des biens grevés de sûretés au créancier gagiste nanti ou hypothécaire, à due concurrence de sa créance. Si la valeur du bien déterminé conformément à l'article 95 ci-dessus est supérieure à la créance, le créancier devra verser une soulte; dans le cas contraire, il demeure créancier de la liquidation.

ARTICLE 98.- (1) Toute somme reçue par le liquidateur dans l'exercice de ses fonctions est versée à un compte spécial de liquidation.

(2) Est nulle de nul effet toute cession de biens composant l'actif de l'entreprise au liquidateur, à ses employés ou à leurs conjoints, ascendants ou descendants.

SECTION 3

DES OPERATIONS RELATIVES AU PASSIF

ARTICLE 99.- Le liquidateur est chargé d'inventorier, puis de classer par ordre de privilèges, les dettes exigibles en vue de leur apurement.

A. Production et vérification des créances

ARTICLE 100.- (1) A partir de la publication de l'acte de dissolution, tout créancier dont la créance a son origine antérieurement à la publication de l'ouverture de la liquidation adresse au liquidateur la déclaration de sa créance, à l'exception des salariés pour lesquels l'état des créances est dressé par le liquidateur avec communication au représentant des salariés et à l'inspection du travail.

(2) A compter de la date de publication de l'acte portant ouverture de la liquidation, les créanciers résidents au Cameroun on deux (2) mois pour produire leurs créances accompagnées des pièces justificatives et notamment des titres de créance.

(3) Si passé ce délai les créanciers connus du liquidateur ne produisent pas leurs créances, ils sont avertis par le liquidateur, par voie de presse, d'avoir à le faire dans les quinze (15) jours, sous peine de forclusion. Ce délai est augmenté de trois (3) mois pour les créanciers non-résidents qui sont informés par le liquidateur par courrier recommandé avec accusé de réception.

(4) Seules les dettes déclarées sont admises dans les répartitions, après vérification.

ARTICLE 101.- (1) Dans les quatre (4) mois qui suivent son entrée en fonction, le liquidateur dresse un état provisoire des créances après avoir vérifié le bien fondé.

(2) L'état des créances précise le rang de chaque créancier selon les règles de droit commun et sous réserve des dispositions de l'article 103 ci-dessous.

(3) L'état des créances est mis à la disposition des créanciers qui en sont avertis par voie de presse. Les créanciers non résidents sont avertis personnellement par lettre recommandée avec accusé de réception.

ARTICLE 102.- (1) Les contestations relatives aux créances sont portées à la connaissance du liquidateur par lettre recommandée avec accusé de réception dans un délais d'un (1) mois à compter de la date d'information visée à l'article précédent. Le défaut de contestation dans ce délai interdit toute contestation ultérieure de la proposition du liquidateur.

(2) Le liquidateur est tenu de se prononcer dans les dix (10) jours qui suivent la réception de la lettre recommandée visée à l'alinéa précédent. Passé ce délai, son silence vaut acquiescement.

(3) La décision du liquidateur est susceptible de recours par simple requête devant le président du tribunal de grande instance du lieu du siège de l'entreprise.

(4) Dans un délai de quinze (15) jours à compter de sa saisine et après débat contradictoire, le président du tribunal de grande instance décide par ordonnance rendue en chambre de conseil. Il statue en premier ressort uniquement sur les questions relatives aux créances sans

prorogation de compétence.

(5) L'état définitif des créanciers est transmis par le liquidateur au Ministre chargé des finances pour être vérifié, arrêté et rendu exécutoire par décision de celui-ci.

B. Apurement du passif

ARTICLE 103.- (1) Le rang de règlement des créances sur les entreprises en liquidation visées par le présent titre est le suivant :

- les créances salariales bénéficient d'un super privilège préférable à tous autres privilèges en ce qui concerne les indemnités liées à la rupture du contrat de travail et la fraction insaisissable telle que prévue par les lois et règlement en vigueur ;
- suivent les autres créances privilégiées selon l'ordre prévu par le droit commun après compensation préalable et obligatoire dans tous les cas où elle est possible, des créances croisées entre, d'une part l'Etat et l'entreprise en liquidation et, d'autres part, entre l'entreprise en liquidation et d'autres établissements publics administratifs, sociétés à capital public ou sociétés d'économie mixte dans lesquelles l'actionnariat public détient plus de la majorité absolue du capital et des droits de vote.

Le montant de l'actif restant est distribué au marc le franc de leurs créances vérifiées et admises, aux créanciers selon les règles du droit commun.

(2) Un arrêté du Ministre chargé des finances fixe les modalités de compensation des créances visées à l'alinéa précédent.

(3) le boni de liquidation, s'il y a, est versé par le liquidateur au trésor public, aux propriétaires ou aux actionnaires proportionnellement à leur apport au capital selon les cas.

C. Charges de la liquidation

ARTICLE 104.- (1) Les charges de la liquidation ou dépenses directement liées aux opérations de liquidation sont payées au fur et à mesure de l'exécution des opérations de liquidation. Elles précèdent les dépenses d'extinction du passif, quels que soient leurs privilèges.

(2) Les charges de liquidation doivent être réduites à leur plus faible valeur et doivent respecter les règles de gestion de la fortune publique.

(3) Toutes les augmentations de charges de liquidations au budget initial doivent être préalablement soumises par le liquidateur l'organe qui l'a nommé.

(4) Constituent notamment les charges de liquidation :

- les frais afférents au recouvrement des créances ;
- les honoraires ou indemnités mensuelles des liquidateurs ;
- les frais d'annonces légales ;
- les dépenses liées à la poursuite des contrats, et notamment des contrats de travail en cours après publication de l'ouverture de la liquidation ;
- les dépenses engagées dans le cadre des mesures conservatoires.

SECTION 4

DE LA CLOTURE DE LA LIQUIDATION

ARTICLE 105.- La clôture de la liquidation petit intervenir à tout moment par décision de l'organe qui a nommé le liquidateur dans les cas suivants :

- lors qu'il n'existe plus de passif exigible ;
- lorsque la poursuite des opérations de liquidation est rendue impossible en raison de l'insuffisance de l'actif.

ARTICLE 106.- (1) Préalablement à la clôture de la liquidation, le liquidateur dresse le bilan de liquidation qui est joint à son rapport définitif.

(2) Le bilan de liquidation est transmis pour approbation par le liquidateur à l'organe qui l'a nommé. Toutefois, te Ministre chargé des finances reçoit dans tous les cas, pour information, le bilan de

liquidation lorsque la clôture de la liquidation est motivée par une insuffisance d'actif.

(3) La décision de clôture de la liquidation est prise par les mêmes organes et dans les mêmes conditions, notamment de publication, que la décision d'ouverture de la liquidation.

ARTICLE 107.- (1) En cas de clôture de la liquidation pour insuffisance d'actif, les créanciers dont la créance a été vérifiée et admise, recouvrent leurs droits de poursuites individuelles en cas de fraude aux droits de créanciers à l'encontre des personnes physiques ou morales visées aux articles 108 et 109 de la présente loi.

(2) Sauf accord express de celles-ci, les personnes qui ont acquis de bonne foi, après l'ouverture et dans le cadre de la liquidation, tout ou partie des biens de l'entreprise, ne peuvent voir leur responsabilité engagée, à titre principal ou solidaire pour les dettes de quelque nature que ce soit de l'entreprise en liquidation. De la même manière, les salariés de l'entreprise en liquidation éventuellement repris par l'acquéreur desdits biens sont recrutés sur la base d'un nouveau contrat de travail.

TITRE V

DES DISPOSITIONS PENALES

ARTICLE 108.- (1) Est puni des peines prévues à l'article 184 du code pénal, tout dirigeant d'une entreprise qui :

- au moyen de bilan frauduleux, opère entre les actionnaires la répartition de dividendes fictifs;
- même en l'absence de t9ute distribution de dividendes, a sciemment publié ou présenté un bilan inexact, en vue de dissimuler la véritable situation de l'entreprise ;
- a fait- de ses pouvoirs, des biens ou du crédit de l'entreprise, un usage contraire à 1' intérêt de celle-ci dans un but personnel ou pour favoriser une autre société ou affaire dans laquelle il détient directement ou indirectement des intérêts.

(2) Les déchéances relatives aux droits civiques; professionnels et honorifiques applicables en cas de faillite en vertu de la législation et de

réglementation en vigueur sont, en outre, prononcées à l'encontre du dirigeant reconnu coupable des infractions citées à l'alinéa (1) du présent article.

(3) Les décisions des cours et tribunaux rendues à son encontre font l'objet d'une publication.

ARTICLE 109.- (1) Est puni des peines prévues à l'article 318 du code pénal, le liquidateur d'une entreprise qui, en cette qualité:

- paie ou fait payer un créancier en violation des dispositions de la présente loi relatives aux liquidations;
- détourne ou dissimule une partie des biens de l'entreprise;
- tient ou fait tenir irrégulièrement la comptabilité de la liquidation;
- utilise abusivement les sommes recouvrées à des fins autres que celles prévues pour la liquidation.

(2) Les déchéances prévues à l'article 108 alinéa (2) ci-dessus peuvent être prononcées.

ARTICLE 110.- (1) Est puni des peines prévues à l'article 313 du Code Pénal le commissaire aux comptes d'une entreprise qui a sciemment donné, certifié ou confirmé des informations mensongères sur la situation de ladite' entreprise, ou qui n'a pas porté à la connaissance des organes compétents des faits délictueux dont il a eu connaissance.

(2) Les déchéances prévues à l'article 108 alinéa (2) ci-dessus peuvent être prononcées.

TITRE VI

DISPOSITIONS DIVERSES TRANSITOIRES ET FINALES

ARTICLE 111.- (1) La classification juridique des entreprises existantes ou en cours de liquidation à la date de la publication de la présente loi, est fixée par décret.

(2) Les entreprises constituées à la date de publication de la présente loi sous la forme de société anonyme et/ou ayant le statut de société de développement, et dans lesquelles le secteur privé a une participation

inférieure à la moitié du capital, sont d'office transformées en société d'économie mixte.

Sauf dispositions contraires de la présente loi, ces entreprises demeurent régies par les règles applicables aux sociétés anonymes du lieu de leur siège social et toutes dispositions contraires de leurs statuts sont nulles de plein droit.

ARTICLE 112.- (1) Les établissements publics, les entreprises du secteur public et parapublic existants doivent, dans un délai d'un (1) an à compter de sa promulgation, se conformer aux dispositions de la présente loi.

(2) A l'issue du délai prévu à l'alinéa (1) ci-dessus, des mandataires ad hoc auprès des entreprises qui ne se sont pas conformées aux dispositions de la présente loi sont nommés pour une période ne pouvant excéder six (6) mois par décision du Ministre chargé des finances aux fins de veiller notamment l'harmonisation de leurs statuts, la production des états financiers et la nomination conforme des organes dirigeants.

(3) Les dispositions de la présente loi s'appliquent à compter de sa promulgation aux établissements publics et aux entreprises du secteur public et parapublic en cours de liquidation.

ARTICLE 113.- Les actifs des établissements publics et des entreprises du secteur public et parapublic en cours de liquidation à la date de promulgation de la présente loi, transférés à titre gratuit aux administrations ou à d'autres établissements publics et entreprises du secteur public et parapublic et non effectivement utilisés dans le cadre de leur mission, sont réintégrés d'office dans le patrimoine des entreprises en liquidation.

ARTICLE 114.- La présente loi qui abroge toutes dispositions antérieures contraires sera enregistrée et publiée suivant la procédure d'urgence, puis insérée au Journal Officiel en français et en anglais./-

YAOUNDE, Le 22 DEC. 1999

LE PRESIDENT DE LA REPUBLIQUE,

(é) PAUL BIYA

Annexe 8 – Loi portant régime financier de l'Etat (loi n° 2007 / 006 du 26 décembre 2007)

L'Assemblée Nationale a délibéré et adopté. Le
Président de la République promulgue la loi dont la teneur suit :

TITRE I
DISPOSITIONS GENERALES

ARTICLE 1er.-La présente loi, portant régime financier de l'Etat, fixe les conditions d'élaboration, de présentation, d'exécution et de contrôle de l'exécution de la loi de finances.

ARTICLE 2.- (1) La loi de finances prévoit et autorise, chaque année, l'ensemble des ressources et charges de l'État en déterminant leur nature, leur montant, leur affectation et en fixant leur équilibre, dans les conditions et sous les réserves prévues par la présente loi.
(2) Elle présente l'ensemble des programmes concourant à la réalisation des objectifs de développement économique, social et culturel du pays.

ARTICLE 3.-(1) La loi de finances présente de façon sincère l'ensemble des ressources et charges de l'Etat. Ce principe implique que les informations fournies soient claires, précises et complètes, au regard des données disponibles, au plan national et international, au moment de l'élaboration des prévisions.

(2) La loi de finances prend en compte les directives de convergence des politiques économiques et financières résultant des conventions internationales et régionales auxquelles la République du Cameroun adhère.

ARTICLE 4.-Ont le caractère de loi de finances :
- la loi de finances de l'année ;
- les lois de finances rectificatives ;
- la loi de règlement ;
- la loi prévue à l'article 41 de la présente loi.

ARTICLE 5.- (1) Le budget décrit les ressources et les charges de l'Etat autorisées par la loi de finances, sous forme de recettes et de dépenses, dans le cadre d'un exercice budgétaire.

(2) L'exercice budgétaire couvre une année civile,
(3) L'ensemble des recettes assure l'exécution de l'ensemble des dépenses,
(4) Dans le budget de l'Etat, il est fait recette du montant intégral des produits sans contraction entre les recettes et les dépenses.
(5) Toutes les recettes et toutes les dépenses sont retracées dans un document unique, intitulé budget général.
(6) Aucune recette ne peut être émise et recouvrée, aucune dépense engagée ou ordonnancée pour le compte de l'Etat, sans avoir été autorisée par une loi de finances.
(7) Le budget de l'Etat est constitué du budget général, des budgets annexes et des comptes spéciaux du Trésor.

ARTICLE 6.- Des taxes parafiscales peuvent être perçues, dans un intérêt économique ou social, au Loi n° 2007 / 006 du 26 décembre 2007 portant régime financier de l'Etat nouveau régime financier de l'Etat 3 / 23profit d'une personne morale de droit public ou privé autre que l'Etat, les collectivités territoriales décentralisées et leurs établissements publics administratifs. Elles sont expressément prévues par une loi de finances.

ARTICLE 7.- Les prélèvements effectués sur les recettes de l'Etat, notamment au bénéfice des collectivités territoriales décentralisées, résultent d'une disposition expresse de la loi de finances. Ils ne peuvent être effectués au profit des personnes morales de droit public qu'en vue de couvrir leurs charges ou pour compenser des exonérations, des réductions ou des plafonnements d'impôts établis à leur profit. Ils doivent être dans leur destination, leur objet, leur bénéficiaire et leur montant, définis et évalués de façon précise, sincère, et distincte pour que soient satisfaits les objectifs de clarté des comptes et d'efficacité du contrôle parlementaire.

ARTICLE 8.- Au sens de la présente loi, les termes ci-après sont définis comme suit :
Fonction : ensemble d'activités répondant aux besoins collectifs fondamentaux de la nation dans les différents domaines d'intervention de l'Etat.
Programme : ensemble d'actions à mettre en œuvre au sein d'une administration pour la réalisation d'un objectif déterminé dans le cadre d'une fonction.

Action : composante élémentaire d'un programme, à laquelle sont associés des objectifs précis, explicites et mesurables par des indicateurs de performance.
Objectif : résultat à atteindre dans le cadre de la réalisation d'une fonction, d'un programme ou d'une action et mesurable par des indicateurs.
Indicateur : variable qualitative ou quantitative permettant de mesurer les résultats obtenus dans la réalisation des objectifs.

ARTICLE 9.- (1) Un chapitre représente un Ministère, un organe constitutionnel, un groupe homogène de services ou d'unités administratives mettant en œuvre des programmes ou un ensemble d'opérations de nature spécifique.
Loi n° 2007 / 006 du 26 décembre 2007 portant régime financier de l'Etat nouveau régime financier de l'Etat 4 / 23
(2) Au sein de chaque chapitre, les crédits sont présentés par sections, programmes, actions, articles et paragraphes.
(3) La section est la destination fonctionnelle de la dépense.
(4) L'article détermine l'unité administrative destinataire de la recette ou de la dépense.
(5) Le paragraphe correspond à la nature économique de la recette ou de la dépense.

ARTICLE 10.-(1) Les crédits sont spécialisés par programme.
(2) Les crédits sont répartis par articles et par paragraphes. Ils sont mis à disposition par articles.

TITRE II
DU CONTENU DE LA LOI DE FINANCES

CHAPITRE I
DES RESSOURCES ET DES CHARGES BUDGETAIRES DE L'ETAT

ARTICLE 11.- Les ressources et les charges sont déterminées par la loi de finances dans les conditions et sous les réserves prévues par la présente loi.

ARTICLE 12.- (1) Les ressources budgétaires de l'Etat comprennent :
1°)- les recettes fiscales regroupées comme suit :
- les impôts et taxes sur les revenus, les bénéfices et les patrimoines ;

- les impôts et taxes sur les biens et services ;
- les droits de douane ;
- les droits d'enregistrement et de timbre ;
- les autres recettes fiscales ;
2°) - les recettes courantes non fiscales regroupées comme suit ;
- les productions et services vendus par les administrations à but non lucratif ;
- les revenus des domaines ;
- les revenus provenant des entreprises ;
- les produits financiers de l'Etat ;
- les autres recettes non fiscales ;
3°) - les transferts, cotisations, dons et legs regroupés comme suit :
- les cotisations aux caisses de retraite et aux caisses de protection sociale ;
- les dons de la coopération internationale ;
- les amendes et condamnations pécuniaires ;
- les produits et profits à caractère exceptionnel ;
Loi n° 2007 / 006 du 26 décembre 2007 portant régime financier de l'Etat nouveau régime financier de l'Etat 5 / 23
- les fonds de concours ;
- les legs ;
4°) - les recettes en capital regroupées comme suit :
- les ventes d'actifs incorporels ;
- les cessions des domaines ;
- les autres ventes de terrains ;
- les autres ventes d'actifs corporels ;
- les cessions d'actions et participations ;
5°) - les recettes sur opérations financières regroupées comme suit :
- les cessions d'obligations et autres titres financiers ;
- les remboursements des prêts et avances consentis par l'Etat ;
- les avances et prêts à court terme consentis à l'Etat ;
- les tirages sur emprunts à moyen et long terme.
- (2) Les charges budgétaires de l'Etat comprennent :
1°) - les dépenses courantes regroupées comme suit :
- les consommations de biens et services ;
- les salaires et autres dépenses de personnel ;
- les intérêts et autres charges financières ;
- les transferts courants et les subventions de fonctionnement ;
- les autres charges et opérations de répartition ;
2°) - les dépenses d'investissement regroupées comme suit :
- les immobilisations de l'Etat ;

- les subventions d'investissement ;
- les achats d'actions et prises de participations ;

3°) - les dépenses sur opérations financières regroupées comme suit :
- les souscriptions et achats d'obligations ;
- les prêts et avances ;
- les remboursements de la dette à moyen et long termes ;
- les remboursements des avances et emprunts à court terme à plus d'un an.

ARTICLE 13.- (1) Le déficit est l'excédent des charges sur les ressources pour l'ensemble des opérations du budget général, des budgets annexes et des comptes spéciaux. L'excédent ou le déficit budgétaire est déterminé par le solde de l'ensemble des ressources et des charges visées à l'article 12 ci-dessus, exception faite des tirages sur emprunts.
(2) Le Parlement détermine chaque année le niveau de déficit soutenable et autorise le Gouvernement à assurer sa couverture.
(3) Le Parlement fixe annuellement les conditions du recours à l'emprunt.

ARTICLE 14.-Les ressources des services publics et des activités industrielles et commerciales de Loi n° 2007 / 006 du 26 décembre 2007 portant régime financier de l'Etat nouveau régime financier de l'Etat 6 / 23l'Etat sont définies par la loi. Leur rémunération ou leur tarification sont fixées par voie réglementaire.

CHAPITRE II
DES AUTORISATIONS BUDGETAIRES

ARTICLE 15.- (1) Les crédits ouverts au titre des dépenses courantes hors intérêts de la dette et des dépenses d'investissement, sont constitués d'autorisations d'engagement et de crédits de paiement.
(2) Les autorisations d'engagement constituent la limite supérieure des dépenses pouvant être engagées au cours d'une période n'excédant pas trois (3) ans.
(3) Les crédits de paiement constituent la limite supérieure des dépenses pouvant être engagées et ordonnancées durant un exercice budgétaire pour la couverture des engagements contractés dans le cadre des autorisations d'engagement.
(4) Les crédits de paiement peuvent être reportés sur l'exercice suivant, dans les conditions fixées à l'article 56 de la présente loi.

(5) Le montant des autorisations d'engagement au titre des dépenses courantes hors intérêts de la dette, est égal au montant des crédits de paiement ouverts.

ARTICLE 16.- (1) Les crédits de paiement sont limitatifs, sous réserve des dispositions des articles 17et 28 de la présente loi.

(2) Les dépenses ne peuvent être engagées et ordonnancées que dans la limite des crédits de paiement ouverts.

ARTICLE 17.- (1) Ont un caractère évaluatif, les crédits relatifs aux charges et au remboursement de la dette de l'Etat, aux réparations civiles, à la mise en jeu de garanties accordées par l'Etat et aux catastrophes et calamités naturelles.

(2) Les dépenses auxquelles s'appliquent les crédits évaluatifs s'imputent, si nécessaire, au-delà de la dotation inscrite. Dans ce cas, le Gouvernement informe le Parlement des motifs du dépassement et des perspectives d'exécution pour le reste de l'année.

TITRE Ill
DE LA PRESENTATION DE LA LOI DE FINANCES

CHAPITRE I
DE LA STRUCTURE ET DES DISPOSITIONS DE LA LOI DE FINANCES

SECTION I
DE LA LOI DE FINANCES DE L'ANNEE

Loi n° 2007 / 006 du 26 décembre 2007 portant régime financier de l'Etat nouveau régime financier de l'Etat 7 / 23

ARTICLE 18.- (1) La loi de finances de l'année comprend deux (02) parties distinctes.

(2) Dans la première partie, la loi de finances de l'année :

1 °) - autorise pour l'année, la perception des ressources de l'Etat et des impositions de toute nature affectées à des personnes morales autres que l'Etat ;

2°) - comporte les dispositions relatives aux ressources de l'Etat qui affectent l'équilibre budgétaire ;

3°) - comporte toutes dispositions relatives aux affectations de recettes prévues à l'article 23 ;

4°) - comporte l'évaluation de chacune des ressources budgétaires visées à l'article 12 ;

5°) - fixe les plafonds des dépenses du budget général et de chaque budget annexe, ainsi que ceux de chaque catégorie de comptes spéciaux ;

6°) - arrête les données générales du budget, présentées dans un tableau ;
7°) - comporte les autorisations relatives aux emprunts et à la trésorerie de l'Etat ;
8°) - comporte des dispositions relatives à l'assiette, au taux et aux modalités de recouvrement des impositions de toute nature.
(3) Dans la seconde partie, la loi de finances de l'année :
1°) - fixe pour le budget général, les programmes concourant à la réalisation des objectifs assortis d'indicateurs, les montants des autorisations d'engagement et des crédits de paiement ;
2°) - fixe, pour le budget général, par chapitre et par section, le montant des autorisations d'engagement et des crédits de paiement ;
3°) - fixe, par budget annexe et par compte spécial, le montant des autorisations d'engagement et des crédits de paiement ouverts ou des découverts autorisés ;
4°) - fixe, pour le budget général, les budgets annexes et les comptes spéciaux, par section, le montant du plafond des reports prévu à l'alinéa (2) de l'article 56 ;
5°) - autorise l'octroi des garanties de l'Etat et fixe leur régime ;
6°) - autorise l'Etat à prendre en charge les dettes des tiers, dans la limite des plafonds qu'elle détermine, à constituer tout autre engagement correspondant à une reconnaissance unilatérale de dette, et fixe le régime de cette prise en charge ou de cet engagement ;
7°)-peut :
a) comporter des dispositions ayant un impact direct sur les dépenses budgétaires de l'année ;
b) approuver des conventions financières internationales;
c) comporter toutes dispositions relatives à l'information et au contrôle du Parlement sur la gestion des finances publiques. Loi n° 2007 / 006 du 26 décembre 2007 portant régime financier de l'Etat nouveau régime financier de l'Etat 8 / 23

SECTION II
DES LOIS DE FINANCES RECTIFICATIVES

ARTICLE 19.- (1) Sous réserve des exceptions prévues par la présente loi, seules les lois de finances rectificatives peuvent, en cours d'année, modifier les dispositions de la loi de finances de l'année. Elles ratifient les modifications apportées par décret aux crédits ouverts par la dernière loi de finances.

(2) Elles sont présentées dans les mêmes formes que la loi de finances. Elles traduisent obligatoirement l'incidence des modifications apportées sur l'équilibre de l'exercice en cours et le solde de la loi de finances.

SECTION III
DE LA LOI DE REGLEMENT

ARTICLE 20.- (1) La loi de règlement est la loi de constatation de la dernière loi de finances exécutée.
(2) La loi de règlement :
1 °) - ratifie les modifications apportées par décret d'avance aux crédits ouverts par la dernière loi de finances ;
2°) - arrête le montant définitif des recettes et des dépenses du budget auquel elle se rapporte ainsi que le résultat qui en découle ;
3°) - arrête le montant définitif des ressources et des charges de trésorerie ayant concouru à la réalisation de l'équilibre financier de l'année correspondante ;
4°) - constate les écarts dans la mise en œuvre des programmes sur la base des objectifs des indicateurs correspondants ;
5°) - constate le compte de résultat de l'exercice établi à partir des ressources et des charges
visées à l'article 12 ci-dessus ;
6°) - affecte le résultat comptable de l'exercice.
(3) Le cas échéant, la loi de règlement :
1°) - comporte toutes dispositions relatives à l'information et au contrôle du Parlement sur la gestion des finances publiques, à la comptabilité de l'Etat et au régime de la responsabilité pécuniaire des agents des services publics ;
2°) - arrête les soldes des comptes spéciaux non reportés à l'exercice suivant.

ARTICLE 21.- Le dépôt du projet de loi de règlement et de ses annexes doit intervenir au plus tard le30 septembre de l'année suivant celle de l'exercice auquel il se rapporte,

ARTICLE 22 - Le projet de loi de règlement est accompagné :
1) du développement des opérations budgétaires présentées par nature, en distinguant les prévisions, les recouvrements et les restes à recouvrer, les paiements

et les restes à payer ;
2) de l'état sur les dépenses par programme indiquant la dotation initiale, les modifications intervenues au cours de la gestion, les ordonnancements et les arriérés de paiement, assorti des annexes explicatives sur l'utilisation des crédits et les écarts entre estimations et réalisations ;
3) des rapports annuels de performance des administrations rédigés par les ordonnateurs principaux ;
4) des annexes explicatives par budget annexe et par compte spécial ;
5) d'un état de réalisation de tous les projets d'investissement justifiant les écarts constatés au cours de l'année concernée entre les prévisions et les réalisations, par administration et par région ;
6) du compte de résultat de l'exercice établi à partir des ressources et des charges visées à l'article 12 ci-dessus.

CHAPITRE II
DES AFFECTATIONS SPECIALES

ARTICLE 23.- Par exception au principe énoncé à l'article 5, certaines recettes peuvent être directement affectées à certaines dépenses. Ces affectations spéciales qui peuvent prendre la forme de budgets annexes, de comptes spéciaux du Trésor, de fonds de concours, sont autorisées par la loi de finances.

ARTICLE 24.- (1) Les budgets annexes retracent les seules opérations des services de l'Etat non dotés de la personnalité morale résultant de leur activité de production de biens ou de prestations de services donnant lieu à paiement de prix, quand elles sont effectuées à titre principal par ces services. La création d'un budget annexe et l'affectation d'une recette à un budget annexe ne peuvent résulter que d'une disposition de la loi de finances. L'ordonnateur est le Ministre auquel est rattaché ledit budget annexe.
(2) Les opérations des budgets annexes sont prévues, autorisées et exécutées dans les mêmes conditions que celles du budget général. Les budgets annexes sont présentés selon les normes du plan comptable général en deux parties dont l'une retrace les recettes et dépenses courantes et l'autre, les recettes et dépenses d'opérations en capital.
(3) Le solde de chaque budget annexe en fin d'exercice est reporté sur l'année suivante, sauf en cas de clôture du budget annexe ou des dispositions contraires prévues par la loi de finances.

ARTICLE 25.- (1) Les comptes spéciaux du Trésor retracent des recettes et dépenses affectées ainsi que des opérations de caractère temporaire. Ils ne peuvent être ouverts que par une disposition expresse d'une loi de finances. Les catégories de comptes spéciaux sont :
1) les comptes d'affectation spéciale ;

2) les comptes d'exploitation ;
3) les comptes d'opérations monétaires ;
Loi n° 2007 / 006 du 26 décembre 2007 portant régime financier de l'Etat nouveau régime financier de l'Etat 10 / 23
4) les comptes de règlements avec les Gouvernements étrangers ;
5) les comptes de concours financiers.
(2) L'affectation d'une ressource à un compte spécial ne peut résulter que d'une disposition d'une loi de finances.
(3) L'ordonnateur et le comptable du compte spécial sont désignés par un acte réglementaire.

ARTICLE 26.- (1) Les comptes d'affectation spéciale retracent, dans les conditions prévues parune loi de finances, des opérations budgétaires financées au moyen des recettes particulières qui sont parnature en relation directe avec les dépenses concernées.
(2) Sauf dispositions contraires prévues par une loi de finances, les comptes d'affectation spéciale ne peuvent bénéficier des subventions émanant du budget général. Cette limitation ne s'applique pas aux opérations relatives aux pensions et autres allocations accessoires.
(3) Des versements au profit du budget général, d'un budget annexe, ou d'un compte spécial peuvent être effectués à partir d'un compte d'affectation spéciale, dans les conditions prévues par la loi de finances.
ARTICLE 27.- Les comptes d'exploitation retracent les opérations à caractère industriel et commercial effectuées à titre accessoire par des services de l'Etat non dotés de la personnalité morale. Les évaluations de recettes ont un caractère indicatif. Sauf dérogation expresse prévue par une loi de finances, il est interdit d'exécuter au titre de ces comptes, des opérations d'investissement financier, de prêts, d'avances ainsi que des opérations d'emprunt.

ARTICLE 28.- Les comptes d'opérations monétaires retracent les opérations de recettes et de dépenses à caractère monétaire, notamment les charges liées à l'émission de monnaie et aux opérations de change.

Dans ce cadre, les évaluations de recettes et les prévisions de dépenses ont un caractère évaluatif conformément à l'article 17 de la présente loi.

ARTICLE 29.- Les comptes de règlement avec les Gouvernements étrangers ou autres organismes étrangers retracent des opérations faites en application d'accords internationaux approuvés par la loi. Pour ces catégories de comptes, les évaluations de recettes et les prévisions de dépenses ont un caractère évaluatif conformément à l'article 17 de la présente loi.

ARTICLE 30.- (1) Les comptes de concours financiers retracent les prêts et avances consentis par l'Etat, Un compte distinct doit être ouvert pour chaque débiteur ou catégorie de débiteurs. Les comptes de concours financiers sont dotés de crédits limitatifs.

(2) Les prêts et avances sont accordés pour une durée limitée. Ils sont assortis d'un taux d'intérêt qui ne peut être inférieur à celui des obligations du trésor de même échéance ou à défaut, d'échéance la plus proche. Toutefois, il peut être dérogé à cette disposition, par décret du Président de la République.

ARTICLE 31.- (1) Les fonds de concours sont constitués par des fonds à caractère non fiscal versés par des personnes morales ou physiques pour concourir à des dépenses d'intérêt public et parles produits des dons et legs attribués à l'Etat. Loi n° 2007 / 006 du 26 décembre 2007 portant régime financier de l'Etat nouveau régime financier de l'Etat 11 / 23

(2) Les fonds de concours sont directement portés en recettes au budget général, au budget annexe ou au compte spécial considéré. Un crédit supplémentaire de même montant est ouvert par arrêté du Ministre chargé des finances sur la section concernée. Les recettes des fonds de concours sont prévues et évaluées par la loi de finances. L'emploi des fonds doit être conforme à l'intention de la partie versante. A cette fin, un décret du Premier Ministre définit les règles d'utilisation des crédits ouverts parles fonds de concours.

ARTICLE 32.- (1) II est interdit d'imputer directement à un compte spécial, des dépenses résultant du paiement de traitements, salaires, indemnités et allocations de toute nature.

(2) Sous réserve de dispositions spéciales prévues par la présente loi, les opérations des comptes spéciaux sont prévues, autorisées et exécutées dans les mêmes conditions que celles du budget général.
(3) Sauf dispositions contraires prévues par une loi de finances, le solde de chaque compte spécial est reporté sur l'année suivante. Les résultats constatés sur chaque catégorie de comptes figurent au résultat général de l'année.

TITRE IV
DE L'ELABORATION DES LOIS DE FINANCES

ARTICLE 33.- Sous l'autorité du Président de la République, le Premier Ministre coordonne la préparation des projets de lois de finances, assurée par le Ministre chargé des finances, en concertation avec les organes constitutionnels, les Ministres ou les responsables des services concernés.

ARTICLE 34.- Le Premier Ministre notifie les arbitrages aux Ministres ou aux responsables des services concernés.

TITRE V
DE L'INFORMATION DU PARLEMENT

ARTICLE 35.- (1) Le Gouvernement fournit au Parlement, chaque année, au moment de la session budgétaire, en vue de l'examen du projet de loi de finances de l'année, des informations sur l'évolution de l'économie nationale, les orientations des finances publiques et le développement des grands projets d'investissement.
(2) L'exécution du budget de l'Etat à mi-parcours fait l'objet d'une information écrite fournie au Parlement par le Gouvernement au plus tard le 30 septembre de l'année courante.

ARTICLE 36.- Sont obligatoirement joints au projet de loi de finances de l'année ;
1 °) un rapport sur la situation et les perspectives économiques, sociales, et financières de la
Nation. Il comprend notamment la présentation des hypothèses de la loi de finances et des projections y afférentes ;
2°) une annexe présentant les perspectives d'évolution sur trois (3) ans, des dépenses publiques,

Loi n° 2007 / 006 du 26 décembre 2007 portant régime financier de l'Etat nouveau régime financier de l'Etat 12 / 23en tenant compte des projections des équilibres budgétaires;
3°) une annexe détaillant les prévisions de recettes budgétaires selon la nomenclature budgétaire des recettes, la liste et l'évaluation par catégorie de bénéficiaires des impôts et taxes affectés à des personnes morales autres que l'État ;
4°) une annexe présentant les dépenses de l'Etat par fonction, programme et objectif, avec les indicateurs de performance qui y sont associés ;
5°) une annexe explicative développant pour chaque chapitre, les dépenses
d' investissements et les dépenses courantes pour les deux années précédentes, l'année encours et l'année considérée, par programme au sein des sections fonctionnelles et, pour chacune d'entre elles, l'état de consommation des autorisations d'engagement depuis l'origine de chaque programme et les prévisions de consommation de crédits pour l'année en cours et l'année considérée par article budgétaire;
6°) une annexe présentant les dépenses des administrations par chapitre, par section et détaillée par article et paragraphe, pour l'année en cours et l'année considérée ;
7°) une annexe détaillant le montant et l'utilisation des comptes spéciaux au cours des deux années précédentes, pour l'année en cours et les deux années à venir ;
8°) une annexe détaillant les projets d'investissement ; *9°)* un état des opérations financières ;
10°) une annexe présentant les concours financiers de l'Etat aux entreprises ;
11°) une annexe présentant par Ministère, les informations relatives à l'évolution des effectifs et de la masse salariale ;
12°) une annexe présentant l'état détaillé de la dette publique.

ARTICLE 37.- En vue de l'examen de la loi de finances de l'année, chaque rapporteur mentionné à l'article 69 ci-dessous peut adresser au mois de septembre, un questionnaire sur les dépenses qui entrent dans le cadre de sa compétence. Les réponses doivent lui être fournies par l'autorité destinataire du questionnaire au plus tard huit (08) jours avant la date de dépôt du projet de loi de finances de l'année. A défaut, l'autorité destinataire peut faire l'objet d'une observation de la part de l'assemblée à laquelle appartient le rapporteur.

ARTICLE 38.- Le projet de loi de finances rectificative est obligatoirement accompagné d'un rapport présentant l'état d'exécution des recettes et des dépenses figurant dans la loi de finances initiale, l'état de réalisation des programmes affectés et, de façon détaillée et motivée, les modifications proposées.

TITRE VI
DE L'EXAMEN ET DU VOTE DE LA LOI DE FINANCES

CHAPITRE I
DE L'EXAMEN DE LA LOI DE FINANCES

ARTICLE 39.- (1) Le projet de loi de finances de l'année, y compris les annexes obligatoires prévues à l'article 36 ci-dessus, doit être déposé sur le bureau du Parlement au plus tard, quinze (15) jours avant le
Loi n° 2007 / 006 du 26 décembre 2007 portant régime financier de l'Etat nouveau régime financier de l'Etat 13 / 23début de la session.
(2) Le Parlement dispose d'un délai de vingt (20) jours, à compter de l'ouverture de la session budgétaire pour se prononcer définitivement sur la loi de finances.
(3) Toutefois, au moment du dépôt du texte, le Gouvernement peut déclarer l'urgence, et ramener ce délai à dix (10) jours. L'urgence doit être motivée par des événements à caractère exceptionnel qui ont empêché le fonctionnement normal des institutions.
(4) Si la session est suspendue, les délais visés au deuxième alinéa sont interrompus. Ils recommencent à courir huit (08) jours après la reprise de la session.

ARTICLE 40.- Les délais mentionnés à l'article 39 ci-dessus, sont applicables à l'examen d'un projet de loi de finances rectificative.
ARTICLE 41.- Si les délais prévus par l'article 39 ci-dessus, sont expirés, et si la première partie de la loi de finances a été définitivement adoptée, cette partie est promulguée.

CHAPITRE II
DU VOTE DE LA LOI DE FINANCES

ARTICLE 42.- Si la loi de finances de l'année n'est pas adoptée avant le début de l'exercice, le Président de la République peut, par voie d'ordonnance, reconduire, par douzième, le budget de l'exercice précédent, jusqu'à l'adoption du nouveau budget.

ARTICLE 43.- (1) Le vote de la loi de finances de l'année est précédé d'un débat parlementaire portant sur les catégories de ressources et charges énumérées à l'article 12 ci-dessus.
(2) La loi de finances de l'année et la loi de règlement sont votées séparément. Le vote de l'une de ces lois ne conditionne pas celui de l'autre.

(3) La première partie de la loi de finances est discutée et votée par article,
La deuxième partie de la loi de finances ne peut être discutée par le Parlement qu'après l'adoption de la première partie.

(5) Le vote des dépenses s'effectue par chapitre, après examen en deux temps : l'ensemble des programmes d'une part, les moyens détaillés par section et par paragraphe d'autre part.

(6) Les crédits des budgets annexes et des comptes spéciaux sont votés par budget annexe et par compte spécial.

ARTICLE 44.- Aucune proposition d'amendement à une loi de finances ne peut être présentée par un parlementaire si elle a pour effet, soit une diminution des ressources publiques, soit l'aggravation des charges publiques sans réduction à due concurrence d'autres dépenses ou création de recettes nouvelles d'égale importance.

TITRE VII
DE L'EXECUTION DE LA LOI DE FINANCES
CHAPITRE DES OPERATIONS D'EXECUTION DU BUDGET

Loi n° 2007 / 006 du 26 décembre 2007 portant régime financier de l'Etat nouveau régime financier de l'Etat 14 / 23

ARTICLE 45.- Le Ministre chargé des finances veille à la bonne exécution des lois de finances.

ARTICLE 46.- (1) Les opérations d'exécution du budget de l'Etat incombent aux ordonnateurs et aux comptables publics, dans les conditions définies par voie réglementaire et notamment le décret portant règlement de la comptabilité publique. Ces opérations concernent l'exécution des programmes, des recettes et des dépenses, la gestion de la trésorerie.
(2) Les fonctions d'ordonnateur et de comptable public sont et demeurent séparées et incompatibles tant pour ce qui concerne l'exécution des recettes que l'exécution des dépenses.

ARTICLE 47.- (1) La procédure d'exécution de la dépense comprend les phases d'engagement, de liquidation et d'ordonnancement, qui relèvent de l'ordonnateur, et la phase de paiement, qui relève du comptable.
(2) La procédure d'exécution des recettes comprend la phase d'émission d'un titre exécutoire, qui relève de l'ordonnateur, et la phase de recouvrement, qui relève du comptable. Pour les recettes encaissées sur versements spontanés, les titres sont émis en régularisation.
ARTICLE 48.- Dans les conditions fixées par arrêté du Ministre chargé des finances, peuvent donner lieu à rétablissement de crédits :
1) la restitution au Trésor de sommes payées indûment ou à titre provisoire sur crédits budgétaires ;
2) les recettes consécutives à des cessions entre services de l'Etat ayant donné lieu à paiement sur crédits budgétaires.
ARTICLE 49.- Sous l'autorité du Premier Ministre, le Ministre en charge du budget assure la régulation budgétaire des dépenses, au niveau de la mise à disposition des autorisations de dépenses et des engagements.

ARTICLE 50.- (1) Les opérations d'engagement sur le budget de l'Etat au titre d'un exercice budgétaire sont arrêtées au plus tard le 30 novembre.
(2) Les opérations d'ordonnancement au titre d'un exercice budgétaire sont arrêtées le
31 décembre de la même année.

CHAPITRE II
DE L'ORDONNATEUR

ARTICLE 51.- (1) L'ordonnateur a la responsabilité de la bonne exécution des programmes. Il prescrit l'exécution des recettes et des dépenses. En matière de recettes, il émet les titres de recettes. En matière

de dépenses, il juge de l'opportunité des dépenses de l'Etat qu'il engage, liquide et ordonnance.
(2) L'ordonnateur est astreint à la production d'un compte administratif annuel retraçant ses actes de gestion et d'un rapport de performance sur les programmes dont il a la charge.
(3) En matière de recettes, il existe deux (02) catégories d'ordonnateurs : l'ordonnateur principal et les ordonnateurs délégués.
1°) - Est ordonnateur principal, le Ministre chargé des finances.
Loi n° 2007 / 006 du 26 décembre 2007 portant régime financier de l'Etat nouveau régime financier de l'Etat 15 / 23
2°) - Sont ordonnateurs délégués, les chefs de département ministériel ou assimilés, pour les recettes produites par leurs administrations, ainsi que les responsables des administrations fiscales.
3°) - Les chefs de département ministériel peuvent constituer, sous leur propre responsabilité, des régisseurs de recettes.
(4) En matière de dépenses, il existe trois (03) catégories d'ordonnateurs : les ordonnateurs principaux, les ordonnateurs secondaires et les ordonnateurs délégués.
1°) - Sont ordonnateurs principaux, les Chefs de départements ministériels ou assimilés et les Présidents des organes constitutionnels ;
2°) - Sont ordonnateurs secondaires, les responsables des services déconcentrés de l'Etat qui reçoivent les autorisations de dépenses des ordonnateurs principaux.
3°) - Sont ordonnateurs délégués, les responsables désignés par les ordonnateurs principaux ou secondaires pour des matières expressément définies. Cette délégation prend la forme d'un acte administratif de l'ordonnateur principal ou secondaire,
(4) L'ordonnateur désigne un ou plusieurs agents pour les opérations de comptabilité matières. Ceux-ci sont astreints, sous l'autorité de l'ordonnateur, à la production d'un compte en matières.

CHAPITRE III
DE LA SANCTION DE L'ORDONNATEUR

ARTICLE 52.- (1) Les ordonnateurs principaux du budget de l'Etat sont, à raison de leurs attributions, responsables aux plans pénal et civil.
(2) Les autres catégories d'ordonnateurs, dans la limite de leurs délégations, sont responsables aux plans pénal, civil et disciplinaire.
(3) Les ordonnateurs sont justiciables devant l'organe chargé de la discipline budgétaire et financière dont l'organisation et le fonctionnement sont fixés par un texte particulier.

CHAPITRE IV
DE LA MODIFICATION DES CREDITS OUVERTS

ARTICLE 53.- (1) Des virements de crédit peuvent être effectués de chapitre à chapitre, par décret du Premier Ministre.
(2) Des virements de crédits peuvent être effectués à l'intérieur d'un même chapitre, d'une section à une autre, d'un programme à un autre, par arrêté du Ministre chargé des
Loi n° 2007 / 006 du 26 décembre 2007 portant régime financier de l'Etat nouveau régime financier de l'Etat 16 / 23finances, sur proposition de l'ordonnateur.
(3) Des virements de crédits peuvent être effectués à l'intérieur des programmes par arrêté du Ministre intéressé, dans la limite de 15 % de la dotation initiale.
(4) Le montant cumulé, au cours d'une même année, des crédits ayant fait l'objet de
virements, ne doit pas dépasser 5% des crédits ouverts par la loi de finances de l'année pour chacune des sections.
(5) A peine de nullité, aucun mouvement de crédits ne peut être effectué sans que le Ministre en charge des finances en soit préalablement informé.
(6) Sauf disposition d'une loi de finances, aucun mouvement de crédits ne peut être effectué à partir des dépenses de personnel au profit d'une dépense d'une autre nature,

ARTICLE 54.- (1) En cas d'urgence, des décrets d'avance peuvent ouvrir des crédits supplémentaires sans modifier l'équilibre budgétaire arrêté par la dernière loi de finances, en annulant des crédits ou en constatant de nouvelles recettes.
(2) Ces décrets d'avance sont pris dans le cadre d'un plafond cumulé des crédits ouverts qui ne peut excéder 5 % des crédits ouverts par la loi de finances de l'année.
(3) Le Parlement doit ratifier les modifications ainsi apportées aux crédits, dans le prochain projet de loi de finances afférent à l'année concernée.

ARTICLE 55.- (1) Un crédit peut être annulé par décret pris sur le rapport du Ministre chargé des finances, afin de préserver l'équilibre budgétaire tel que, défini par la dernière loi de finances afférente à l'année concernée, ou parce qu'il est devenu sans objet.

(2) Tout décret d'annulation est transmis, pour information, au Parlement dès sa signature,

(3) Le montant total des crédits annulés au titre du présent article et de l'article précédent, ne peut dépasser 5 % des crédits ouverts par l'ensemble des lois de finances de l'année.

ARTICLE 56.- (1) Sous réserve des dispositions concernant les autorisations d'engagement, les crédits ouverts au titre d'une année ne créent aucun droit au titre des années suivantes.

(2) Les autorisations d'engagement disponibles en fin de période sur un programme ne peuvent être reportées. Toutefois, les opérations pertinentes non achevées en fin de période sur un programme peuvent faire l'objet d'une inscription dans le cadre d'un nouveau programme poursuivant des objectifs similaires.

(3) Les dépenses de personnel ne peuvent bénéficier de crédits reportés.

(4) Les crédits de paiement ouverts sur un programme et disponibles, à la fin de l'année sont reportés sur le même programme ou à défaut sur un programme poursuivant les mêmes objectifs. Le montant des crédits ainsi reportés s'inscrit dans le cadre d'une provision constituée à cet effet dans la loi de finances.

Loi n° 2007 / 006 du 26 décembre 2007 portant régime financier de l'Etat nouveau régime financier de l'Etat 17 / 23

(5) Les crédits ouverts sur une section au titre d'un fonds de concours et disponibles à la fin de l'année sont reportés sur la même section, par arrêté conjoint du Ministre chargé des finances et du Ministre intéressé, dans une limite égale à la différence entre les recettes et les dépenses concernées.

(6) Les reports de crédits de paiement effectués au titre d'un fonds de concours s'effectuent jusqu'à épuisement des fonds concernés.

(7) Les textes de report sur les fonds de concours sont publiés au plus tard le 31 mars de l'année suivant celle à la fin de laquelle la disponibilité des autorisations d'engagement est constatée. ARTICLE 57.- (1) Les crédits non engagés en fin d'exercice sont réputés annulés.

(2) Les crédits afférents aux dépenses liquidées non ordonnancées en fin d'exercice sont également annulés. Toutefois, les dépenses réalisées sur ces crédits donnent lieu à un nouvel engagement effectué en priorité sur les crédits de l'exercice suivant.

CHAPITRE V
DES COMPTABLES PUBLICS

ARTICLE 58.- (1) Les comptables publics sont des agents publics régulièrement préposées aux comptes et/ou chargés du recouvrement, de la garde et du maniement des fonds et valeurs.
Ils sont nommés par le Ministre en charge des finances, ou avec son agrément.
(2) Ils ont une responsabilité personnelle et pécuniaire qui porte sur :

- les deniers et les valeurs dont ils ont la charge ;
- les recouvrements des titres exécutoires pris en charge ;
- les paiements effectués ;
- l'exactitude des écritures qu'ils tiennent.

(3) La mise en jeu de cette responsabilité résulte d'un déficit ou d'un débet constaté à la suite des contrôles effectués par les organes compétents de l'Etat.

ARTICLE 59.- (1) Les catégories et les attributions des comptables publics sont celles définies par le règlement général sur la comptabilité publique.
(2) Les comptables rendent annuellement des comptes qui comprennent toutes les opérations qu'ils sont tenus par les lois et règlements de rattacher à leur gestion.
(3) La forme de ces comptes et les justifications à fournir par les comptables sont déterminées par les règlements et instructions.

CHAPITRE VI
DES PRINCIPES DE LA COMPTABILITE DE L'ETAT

ARTICLE 60.- Les comptes de l'Etat doivent être réguliers, sincères et donner une image fidèle de son patrimoine et de sa situation financière.

ARTICLE 61.- L'Etat tient trois (03) types de comptabilité :
Loi n° 2007 / 006 du 26 décembre 2007 portant régime financier de l'Etat nouveau régime financier de l'Etat 18 / 23

- une comptabilité budgétaire des recettes et des dépenses;
- une comptabilité générale ;
- une comptabilité analytique,

ARTICLE 62.- (1) La comptabilité budgétaire retrace les opérations d'exécution du budget de la phase d'engagement à la phase de paiement. Elle est tenue par l'ordonnateur et le comptable, chacun en ce qui le concerne.
(2) Dans la phase comptable :
- les recettes sont prises en compte au titre du budget de l'année au cours de laquelle elles sont encaissées par le comptable public ;
- les dépenses sont prises en compte au titre du budget de l'année au cours de laquelle elles sont prises en charge par le comptable public.

(3) Des recettes et des dépenses peuvent être comptabilisées au cours d'une période complémentaire à l'exercice, dont la date limite est fixée au 28 février de l'année suivante, dans des conditions précisées par voie réglementaire.

ARTICLE 63.- (1) La comptabilité générale de l'Etat est fondée sur le principe de la constatation des droits et obligations conformément au plan comptable général. Les opérations sont prises en compte au titre de l'exercice auquel elles se rattachent, indépendamment de leur date de paiement ou d'encaissement.
Elle est décrite dans le compte général de l'Etat.

(2) Les règles applicables à la comptabilité générale de l'Etat ne se distinguent de celles applicables aux entreprises qu'en raison des spécificités de son action.

ARTICLE 64.- La comptabilité analytique, instituée auprès des ordonnateurs, permet d'analyser les coûts détaillés des différents programmes engagés dans le cadre du budget de l'état.
ARTICLE 65.- Les modalités d'application des articles 60 à 64 sont précisées par décret portant règlement sur la comptabilité publique.

CHAPITRE VII
DES OPERATIONS DE TRESORERIE DE L'ETAT

ARTICLE 66.- Les ressources et les charges de trésorerie de l'Etat résultent des opérations suivantes :

- la gestion des titres et obligations du Trésor à moins d'un an ;
- le mouvement des disponibilités de l'Etat ;

- l'escompte, l'encaissement et les décaissements des effets de toute nature émis au profit ou à rencontre de l'Etat ;
- la gestion des fonds déposés par les correspondants ou autres tiers.

ARTICLE 67.- Les opérations prévues à l'article 66 sont effectuées conformément aux dispositions suivantes :

1°) - le placement des disponibilités de l'Etat est effectué conformément aux
Loi n° 2007 / 006 du 26 décembre 2007 portant régime financier de l'Etat nouveau régime financier de l'Etat 19 / 23 autorisations annuelles générales ou particulières données par une loi de finances ;
2°) - aucun découvert ne peut être consenti aux déposants prévus au 4e"16 tiret de l'article 66;
3°) - les fonds détenus par les Collectivités Territoriales Décentralisées et les
Etablissements Publics Administratifs ainsi que les prêts et dons destinés au financement des projets nationaux, sont des deniers publics. Ces fonds sont déposés auprès du Trésor Public.

CHAPITRE VIII
DU TRESOR PUBLIC

ARTICLE 68.- (1) Le Trésor Public exerce le monopole sur :

1 °) - le recouvrement de toutes les recettes, le paiement de toutes les dépenses et la totalité de la trésorerie de l'Etat, des Collectivités Territoriales Décentralisées et des autres personnes morales de droit public ;
2°) - le circuit des caisses publiques ;
3°) - les relations avec le système bancaire régional et international.

(2) il est le guichet unique des opérations d'encaissement et de décaissement de l'Etat.

(3) Le circuit du Trésor Public est déterminé par le principe de l'unité de caisse matérialisé par la centralisation des opérations d'encaissement et de décaissement effectuées par les comptables publics dans un compte unique à la Banque Centrale.

(4) Aucune dérogation aux dispositions de l'alinéa 1er ci-dessus n'est admise, sous peine de nullité.

TITRE VIII
DU CONTROLE

CHAPITRE I
DU CONTROLE PARLEMENTAIRE

ARTICLE 69.- La commission chargée des finances désigne chaque année, à l'ouverture de la première session ordinaire de l'année législative, un rapporteur général pour les recettes et des rapporteurs spéciaux chargés des dépenses publiques et du contrôle de l'usage des fonds publics, y compris des fonds de développement publics.

ARTICLE 70.- Sans préjudice de leurs autres pouvoirs, les rapporteurs spéciaux mentionnés à l'article 69 disposent du pouvoir de contrôle sur pièces et sur place. Aucun document ne peut leur être refusé, réserve faite des sujets à caractère secret touchant à la défense nationale, au secret de l'instruction et au secret médical,

ARTICLE 71.- (1) Le Parlement peut désigner des commissions d'enquête sur un sujet intéressant les finances publiques, pour une durée n'excédant pas six mois. Cette durée est renouvelable en tant que de Loi n° 2007 / 006 du 26 décembre 2007 portant régime financier de l'Etat nouveau régime financier de l'Etat 20 / 23 besoin.

(2) Ces commissions disposent des pouvoirs mentionnés à l'article précédent, et, dans les conditions prévues par la loi, elles peuvent se faire assister des personnes de leur choix et procéder à des auditions. A l'exception du Président de la République, les personnes dont l'audition est requise ne peuvent refuser d'y déférer. Toute entrave mise au fonctionnement d'une commission est considérée comme un obstacle à l'exécution d'une mission de service public.

(3) Les commissions sont tenues de transmettre aux autorités judiciaires, tout fait susceptible d'entraîner une sanction pénale dont elles auraient connaissance. Elles peuvent saisir l'organe chargé de la discipline budgétaire.

(4) Elles font un rapport à l'issue de leurs travaux. Ce rapport peut donner lieu à débat sans vote au Parlement.

CHAPITRE II

DU CONTROLE JURIDICTIONNEL

ARTICLE 72.- Le contrôle juridictionnel des comptes publics est exercé par la juridiction des comptes prévue dans la Constitution.

CHAPITRE III
DU CONTROLE ADMINISTRATIF

ARTICLE 73.- Un contrôle de régularité et de performance ainsi que des missions d'audit de la gestion des administrations publiques, des entreprises publiques, des établissements publics, ainsi que des entités privées ayant reçu une subvention, un aval ou une caution de l'Etat ou de toute autre personne morale de droit public, sont menés par les services spécialisés compétents de l'Exécutif.

ARTICLE 74.- Des textes réglementaires fixent les attributions, l'organisation et le fonctionnement des services spécialisés visés à l'article 73 ci-dessus, ainsi que les modalités de ce contrôle.

TITRE IX
DISPOSITIONS DIVERSES. TRANSITOIRES ET FINALES

CHAPITRE I
DU CHAMP D'APPLICATION DELA LOI
ARTICLE 75.- La présente loi s'applique aux personnes morales de droit public : Etat, Etablissements Publics et Collectivités Territoriales Décentralisées, sous réserve de leurs spécificités.

CHAPITRE II
DES DISPOSITIONS TRANSITOIRES

ARTICLE 76.- La présente loi est d'application progressive pour une période n'excédant pas cinq (05) ans, à compter du 1er janvier 2008, dans les conditions définies aux articles 77 à 80 ci-dessous.

ARTICLE 77.- Sont applicables dès la promulgation, les dispositions suivantes :
Loi n° 2007 / 006 du 26 décembre 2007 portant régime financier de l'Etat nouveau régime financier de l'Etat 21 / 23

TITRE I
DISPOSITIONS GENERALES

Les articles 1 à 10, à l'exception des alinéas traitant des programmes.

TITRE II
DU CONTENU DE LA LOI DE FINANCES

Les articles 11 à 17, sauf les alinéas (1), (2), (4) et (5) de l'article 15 traitant des autorisations d'engagement et des reports des crédits de paiement.

TITRE III
DE LA PRESENTATION DE LA LOI DE FINANCES

Le chapitre I, sauf en ce qui concerne les programmes : article 18, sauf les points 1°), 2°), 3°) et 4°) de l'alinéa (3) ; l'article 19 ; l'article 20, sauf l'alinéa (1), les points 4°) et 6°) de l'alinéa (2) et le point 2°) de l'alinéa (3) ; l'article 21 ; et l'article 22, sauf les alinéas 2), 3) et 6).

TITRE IV
DE L'ELABORATION DE LA LOI DE FINANCES

Les articles 33 et 34.

TITRE V
DE L'INFORMATION DU PARLEMENT
L'article 35 ; et l'article 36, sauf les points 2°), 4°), 5°), 7°) et 11°).

TITRE VI
DE L'EXAMEN ET DU VOTE DE LA LOI DE FINANCES
Les articles 39 à 44, sauf les alinéas (5) et (6) de l'article 43.

TITRE VII
DE L'EXECUTION DE LA LOI DE FINANCES

L'article 45 ; l'article 46, à l'exception des programmes de l'alinéa (1) ; les articles 47 à 50 ;l'article 51 sauf l'alinéa (2) sur la production des rapports de performance sur les programmes ; l'article 52; l'article 53 sauf l'alinéa (1), l'alinéa (2) sur les programmes et l'alinéa (3) ; les articles 54 et 55 ; l'article 56 sauf l'alinéa (2) sur les programmes, l'alinéa (4) sur les crédits de paiement, les alinéas (5), (6) et (7) ; les articles 57 à 59 ; l'article 60, sauf en ce qui concerne l'image fidèle du patrimoine ; l'article 62 ; et les articles 66 à 68.

TITRE VIII
DU CONTRÔLE

Les articles 69 à 73, sauf en ce qui concerne le contrôle des programmes.
TITRE IX
Loi n° 2007 / 006 du 26 décembre 2007 portant régime financier de l'Etat nouveau régime financier de l'Etat 22 / 23

DISPOSITIONS FINALES

Les articles 75 à 80.

ARTICLE 78.- Sont applicables à partir de l'exercice 2012, les dispositions suivantes :

TITRE II
DU CONTENU DE LA LOI DE FINANCES

Article 15, alinéas (1), (2), (4) et (5).

TITRE III
DE LA PRESENTATION DE LA LOI DE FINANCES

Article 18 : joindre au projet de loi de finances pour l'exercice 2012 un document présentant à titre expérimental, les crédits du budget général selon les principes de présentation retenus par la présente loi et la mise en œuvre des autorisations d'engagement et des crédits de paiement.

TITRE V
DE L'INFORMATION DU PARLEMENT

Les points 2°), 4°) et 5°) de l'article 36 relatif aux documents annexes de présentation (perspective d'évolution des dépenses sur 3 ans, annexes explicatives par fonctions et par programmes, objectifs et indicateurs performance).

TITRE VII
DE L'EXECUTION DE LA LOI DE FINANCES
Article 63.

ARTICLE 79.- La présente loi entre en vigueur dans son intégralité le 1erjanvier 2013, date à laquelle est abrogée l'ordonnance n°62/OF/4 du 07 février 1962.

ARTICLE 80.- La présente loi sera enregistrée et publiée suivant la procédure d'urgence, puis insérée au Journal Officiel en français et en anglais./-

Yaoundé, le *2* 6 DEC 2007
LA REPUBLIQUE.

Annexe 9 –Loi portant régime financier des Collectivités territoriales décentralisées (loi n° 99/011 du 10 juillet 2009)

L'Assemblée Nationale a délibéré et adopté, le Président de la République promulgue la loi dont la teneur suit :

TITRE PREMIER
DISPOSITIONS GENERALES

ARTICLE 1er : (1) La présente loi porte régime financier des collectivités territoriales décentralisées, ci-après désignées les « collectivités territoriales ».

(2) A ce titre, elle fixe les conditions d'élaboration, de présentation, d'exécution et de contrôle de l'exécution des budgets des collectivités territoriales.

(3) Elle s'applique aux régions, aux communes, aux communautés urbaines, aux syndicats de communes, aux établissements publies communaux et à toute autre collectivité territoriale créée par la loi.

ARTICLE 2.- Les collectivités territoriales sont des personnes morales de droit public. Elles jouissent de la personnalité juridique et de l'autonomie administrative et financière pour la gestion des intérêts régionaux ou locaux. Elles gèrent librement leurs recettes et leurs dépenses, dans le cadre des budgets votés par les organes délibérants.

ARTICLE 3.- Le budget est l'acte juridique par lequel soin prévues et autorisées les recettes et les dépenses d une collectivité territoriale.

ARTICLE 4.- (1) Le budget présente l'ensemble des programmes concourant au développement économique, social, sanitaire, éducatif, culturel et sportif de la collectivité territoriale.

(2) Le budget et les programmes de la collectivité territoriale doivent être en cohérence avec les objectifs économiques et financiers de l'Etat.

(3) Les services compétents de l'Etat sont tenus de fournir aux collectivités territoriales les informations nécessaires à l'établissement de leurs budgets.

ARTICLE 5.- (1) L'Etat veille au développement harmonieux de toutes les collectivités territoriales sur la base de la solidarité nationale, des potentialités régionales et communales et de l'équilibre inter-régional et inter-communal.

(2) A cet effet, des organismes peuvent être créés, en tant que de besoin, par décret du président de la République.

ARTICLE 6.- Le régime financier de l'Etat s'applique aux collectivités territoriales, sous réserve des dérogations ou spécificités prévues par la présente loi.

TITRE II

DU CONTENU DU BUDGET DES COLLECTIVITES TERRITORIALES

ARTICLE 7.-

(1) Le budget comprend deux (02) parties : la première partie est consacrée aux recettes et la deuxième partie aux dépenses.

(2) Les recettes et les dépenses sont classées en deux (2)sections : « fonctionnement » et « investissement ».

- Les opérations de la section fonctionnement sont annuelles et ont vocation à se renouveler.
- Les opérations de la section investissement sont celles qui ont un impact sur le patrimoine de la collectivité territoriale.

CHAPITRE I
DES RECETTES

ARTICLE 8.- Les recettes des collectivités territoriales, décrites suivant leur nature, comprennent : les recettes de fonctionnement et les recettes d'investissement.

ARTICLE 9.- Les recettes de fonctionnement sont celles qui se renouvellent.

ARTICLE 10.- Les recettes d'investissement ont un caractère ponctuel.

SECTION I
DES RECETTES DE FONCTIONNEMENT

Sous-section 1
Des recettes fiscales

ARTICLE 11.- Une collectivité territoriale ne peut effectuer un prélèvement sous forme d'impôt ou de taxe que s'il est prévu par la loi, voté par l'organe délibérant et approuvé par l'autorité de tutelle compétente.

ARTICLE 12.- Les recettes fiscales des collectivités territoriales comprennent:

- Les impôts directs locaux ;
- Les centimes additionnels sur les impôts et taxes de l'Etat ;
- Les prélèvements effectués sur les recettes fiscales de l'Etat ;
- Les taxes directes et indirectes ;
- Tout autre prélèvement fiscal prévu par la loi.

ARTICLE 13.- Les modalités d'assiette, d'émission, de recouvrement et de reversement des impôts et taxes destinés aux collectivités territoriales sont fixées par la loi.

Sous-section 2
Du produit de l'exploitation du domaine et des services

ARTICLE 14.- Le produit de l'exploitation du domaine et des services régionaux ou communaux comprend :

- Les revenus du domaine public régional ou communal ;
- Les revenus du domaine privé régional ou communal ;
- Les revenus tirés des prestations de services.

Sous-section 3
Des dotations et des subventions

ARTICLE 15.- Les collectivités territoriales perçoivent de l'Etat des dotations et des subventions pour l'accomplissement de leur mission.

ARTICLE 16.- (1) La dotation générale de fonctionnement allouée aux communes d'arrondissement constitue une dépense obligatoire pour les communautés urbaines.

(2)Elle est indexée sur certaines recettes de la communauté urbaine.

(3) Les modalités de reversement de la dotation générale de fonctionnement prévue à l'alinéa

(1) ci-dessus ainsi que de l'indexation prévue à l'alinéa (2) sont fixées par voie réglementaire.

ARTICLE 17.- (1) La dotation générale de la décentralisation est destinée au financement partiel de la décentralisation. La loi de finances fixe chaque année, sur proposition du gouvernement, la fraction des recettes de l'Etat à affecta à la dotation générale de décentralisation.

(3) Les modalités de réparation et de reversement de la dotation générale des décentralisations sont fixées par un texte réglementaire.

ARTICLE 18.- Les collectivités territoriales peuvent prendre des participations dans les entreprises publiques, para -publiques et privées dans les conditions prévues par la loi.

ARTICLE 19.- Les collectivités territoriales peuvent bénéficier des subventions des organismes publics habilités.

Sous-section 4
Des autres recettes de fonctionnement

ARTICLE 20.- Les autres recettes de la section fonctionnement comprennent notamment :

- Les réserves affectées pour le fonctionnement ;
- Les dotations du budget de l'Etat pour le fonctionnement ;
- Les ristournes et redevances consenties par l'Etat ;
- Les subventions de fonctionnement reçues ;
- Les transferts reçus ;
- Les autres produits et profits divers ;
- Les reprises sur amortissement.

SECTION II
DES RECETTES D'INVESTISSEMENT

ARTICLE 21. Les recettes de la section investissement comprennent :

- Les fonds de dotation reçus au titre de l'investissement ;
- Les fonds de concours ;
- Les dons et legs assortis de charges d'investissement ;
- Le produit delà, vente des biens et de l'aliénation d'immeubles ;
- Le produit de la vente des animaux ou matériels mis en fourrière et non réclamés dans les délais réglementaires ;
- Les plus values sur cessions d'éléments d'actifs immobilisés ;
- Les réserves affectées pour investissement ;
- Les restes à recouvrer des exercices précédents jugés recouvrables ;
- Les subventions d'équipement et d'investissement reçues ;
- Les réserves non affectées, mais maintenues en quasi-monnaie à l'actif ;
- La production d'immobilisation par la collectivité territoriale pour elle-même ou en auto-équipement ;
- Les dividendes et autres produits sur retour d'investissement ;
- Toute ressource provenant de la coopération internationale ou décentralisée.

ARTICLE 22.- (1) Les emprunts intérieurs sont autorisés par délibération de l'organe délibérant, soumise à l'approbation de l'autorité de tutelle compétente. Ils sont destinés en priorité au financement des investissements. La délibération y afférente fixe le montant de l'emprunt.

(2) Sont interdits, les emprunts contractés auprès des personnes physiques ou morales ayant un lien direct ou indirect avec la collectivité territoriale.

(3) Les emprunts extérieurs, autorises par délibération de l'organe délibérant, soumise à l'approbation de l'autorité de tutelle compétente, sont garantis par l'Etat.

ARTICLE 23.- (1) L'acceptation des dons et legs se fait sur délibération de l'organe délibérant approuvée par l'autorité de tutelle compétente.

(2) Nonobstant les dispositions de l'alinéa (1) ci-dessus, l'organe exécutif peut, à titre conservatoire, accepter des dons et legs. II soumet la délibération y afférente à l'organe délibérant lors de la prochaine session du conseil.

CHAPITRE II
DES DEPENSES

ARTICLE 24.- Les dépenses des collectivités territoriales comprennent les dépenses de fonctionnement et les dépenses d'investissement. Elles sont présentées par chapitre, article et paragraphe.

SECTION I
DES DEPENSES DE FONCTIONNEMENT ET D'INVESTISSEMENT

ARTICLE 25.- Les dépenses de fonctionnement sont celles liées au fonctionnement des services, et qui se renouvellent. Elles permettent à la collectivité territoriale de faire face à ses charges et obligations courantes. Elles sont obligatoires ou facultatives.

ARTICLE 26.- Les dépenses d'investissement sont celles qui permettent la réalisation des équipements, bâtiments et infrastructures, ainsi que l'acquisition des matériels relatifs à ces travaux. Eues ont une incidence sur le patrimoine de la collectivité territoriale.

SECTION II
DES DEPENSES OBLIGATOIRES, FACULTATIVES OU INTERDITES

ARTICLE 27.- Les dépenses obligatoires sont celles qui sont imposées par la loi. Elles sont nécessaires au fonctionnement optimal de la collectivité territoriale en raison de l'intérêt particulier qu'elles présentent. A ce titre, elles doivent impérativement figurer au budget.

ARTICLE 28.- (1) Sont obligatoires, les dépenses ci-après :

- les traitements et salaires ;
- les indemnités et autres avantages prévus par les textes en vigueur ;

- les cotisations sociales ;
- Les impôts et taxes à reverser ;
- les charges incompressibles liées au fonctionnement des services ;
- les dettes exigibles ;
- les contributions aux organismes d'appui aux collectivités territoriales prévues par la réglementation ;
- les dépenses résultant de l'exécution des décisions de justice passées en force de chose jugée;
- les contributions aux regroupements ou associations dont la collectivité territoriale est membre ;
- les dépensés nécessaires à la réalisation des programmes d'investissement et des projets adoptés par l'organe délibérant ;
- les dépenses relatives aux fonds de contrepartie ;
- les dépenses de transfert.

(2) Est obligatoire pour la communauté urbaine la dotation générale de fonctionnement allouées aux communes d arrondissement.

ARTICLE 29.- Les dépenses facultatives sont celles qui ne figurent pas parmi les dépenses obligatoires prévues à l'article 28 ci-dessus. Elles peuvent être momentanément suspendues lorsque les moyens financiers de la collectivité territoriale s'avèrent insuffisants.

ARTICLE 30.- (1) Les dépenses i qui sont formellement prohibées par tes lois et tes règlements en vigueur.

(2) Sont notamment interdits:

- les prêts consentis par une collectivité territoriale à une personne privée ;
- les subventions aux associations non déclarées et autres structures non agréées ;
- les subventions aux associations et aux congrégations religieuses ;
- les subventions aux partis politiques.

TITRE III
DE LA PRESENTATION DU BUDGET DES COLLECTIVITES TERRITORIALES
CHAPITRE I
DES PRINCIPES BUDGETAIRES

ARTICLE 31.- (1) L'exercice budgétaire couvre une année civile.
(2) Toutefois, une période complémentaire allant du 1er au 31janvier de l'année suivante est accordée aux collectivités territoriales pour le règlement des opérations d'ordre à la clôture d'exercice.

ARTICLE 32.- Le budget d'une collectivité territoriale est voté et approuvé avant le début de l'exercice budgétaire.

ARTICLE 33.- (1) Toutes les recettes et toutes les dépenses sont retracées dans un document unique. Cependant, sur délibération approuvée par l'autorité de tutelle compétente, une collectivité territoriale peut voter des budgets annexes dans les conditions prévues à l'article 51 ci-dessous.

(2) La nomenclature du budget des collectivités territoriales est fixée par un texte réglementaire.

ARTICLE 34.- (1) Le montant intégral des recettes attendues et des dépenses à effectuer doit être inscrit au budget.

(2) Est proscrite toute contraction entre les recettes et les dépenses.

(4) Aucune recette précise ne peut être affectée à une dépense particulière, sauf en ce qui concerne certaines ressources affectées comme telles.

ARTICLE 35.- Le budget est voté en équilibre en recettes et en dépenses.

ARTICLE 36.- Aucune recette ne peut être émise et recouvrée, aucune dépense engagée ou ordonnancées pour le compte d'une collectivité territoriale sans avoir été prévue et autorisée par le budget.

ARTICLE 37.- (1) Un crédit voté pour une dépense déterminée et qui fait l'objet d'une imputation budgétaire précise, ne peut être utilisé que pour les besoins correspondant à cette imputation.

(2) Par dérogation à l'alinéa (1) ci-dessus, les virements de crédits peuvent être opérés de chapitre à chapitre, sur délibération de l'organe délibérant approuvée par l'autorité de tutelle compétente.

(3) Les virements de crédit d'article à article et de paragraphe à paragraphe sont opérés par décision du chef de l'exécutif.

(4) Les virements de crédits de la section investissement à la section de fonctionnement sont interdits.
(5) Au cours d'un même exercice, le montant cumulé des crédits ayant fait l'objet de virements ne doit pas dépasser 5% des crédits votés.

CHAPITRE II
DE L'ELABORATION DU BUDGET

SECTION I
DE LA PREPARATION DU BUDGET

ARTICLE 38.- (1) Le budget est préparé par le chef de l'exécutif.
(2) Les prévisions budgétaires doivent être sincères et réalistes.
ARTICLE 39.- Les budgets des collectivités territoriales sont élaborés dans le respect des ratios ci-après :

- les prévisions des dépenses d'investissement doivent être fixées à un taux minimum de 40 % des dépenses totales ;
- les prévisions des dépenses de fonctionnement ne doivent pas excéder le taux de 60 % des dépenses totales ;
- les dépenses de personnel ne doivent pas excéder 35% des dépenses de fonctionnement.

ARTICLE 40. - (1) Lorsque le chef de l'exécutif n'a pas présenté te budget avant le 30 novembre, il peut être suspendu pour une période n'excédant pas trois mois.

(2) En cas de suspension du maire ou du président du conseil régional, son remplaçant dans l'ordre de préséance, exerce la plénitude de ses fonctions. Il est tenu de présenter le budget dans un délai de trente jours.

SECTION II
DU VOTE DU BUDGET

ARTICLE 41.- (1) Le budget des collectivités territoriales est voté par l'organe délibérant au plus tard, le 15 novembre de chaque année.

(2) L'organe délibérant doit être convoqué au moins quinze jours avant la tenue de la session budgétaire. Ce délai peut être ramené à trois jours en cas d'urgence.

(3) Faute pour l'exécutif de convoquer la session dans les délais susvisés, l'autorité de tutelle compétente prescrit la convocation sans délai.

ARTICLE 42.- (1) Lorsque l'organe délibérant voter le budget, le chef de l'exécutif saisit l'autorité de tutelle compétente pour arbitrage. En cas d'arbitrage infructueux, l'organe délibérant peut sur proposition motivée de l'autorité de tutelle, être suspendu pouf une période n'excédant pas deux (2)mois.

(2) Au terme de la suspension, un nouveau délai de quinze(15) jours est accordé à l'organe délibérant pour le vote du budget.

(3) En cas de persistance du refus, l'organe délibérant peut être dissous.
(4) Pendant la suspension ou la durée de la dissolution, suivant le cas, l'autorité de tutelle compétente reconduit le budget par douzièmes provisoires. Le budget ainsi reconduit est exécuté par une délégation spéciale, jusqu'à la mise en place d'un nouvel organe délibérant.

ARTICLE 43.- Sont obligatoirement annexées au projet de budget, les pièces suivantes :

- l'état du personnel ;
- l'état des véhicules et engins ;
- l'état des immeubles en propriété ou en location ;
- le projet de délibération portant vote du budget ;
- les délibérations à caractère financier ;
- les résultats du dernier compte administratif approuvé ;
- la situation des recettes et des dépenses de l'exercice en cours à la date de tenue de la séance;

- la liste des projets à réaliser au cours de l'exercice : celle-ci est adoptée par délibération de l'organe délibérant qui détermine l'ordre de priorité des travaux suivant leur caractère d'urgence et de nécessité ;
- toutes autres pièces utiles.

ARTICLE 44.- L'organe délibérant peut amender le projet de budget présenté par l'exécutif dans le respect des lois et règlement en vigueur.

ARTICLE 45.- Le chef de l'exécutif dispose d'un délai de sept (07) jours pour transmettre à l'autorité de tutelle compétente le budget voté, ses pièces annexes, ainsi que le procès-verbal de séance.

SECTION III
DE L'APPROBATION DU BUDGET

ARTICLE 46.- Le budget de la collectivité territoriale est approuvé par arrêté de l'autorité de tutelle compétente dans le délai de quinze (15) jours suivant la date formellement justifiée de son dépôt. Cette approbation lui confère le caractère exécutoire.

ARTICLE 47.- (1) L'autorité de tutelle compétente qui approuve le budget de la collectivité territoriale peut, après une mise en demeure restée sans effet, le modifier d'office lorsque :

- ledit budget n'est pas vote en équilibre ;
- les crédits inscrits pour couvrir les dépenses obligatoirement sont insuffisants ;
- les ratios prévus à l'article 39 ci-dessus ne sont pas respectés.

(2) L'autorité de tutelle qui modifie d'office le budget ne peut ni augmenter les dépenses, ni en inscrire de nouvelles que pour autant qu'elles sont obligatoires.

ARTICLE 48.- (1) Lorsque le budget n'a pas été voté avant le début de l'exercice, l'autorité de tutelle compétente met immédiatement en demeure par tout moyen laissant trace écrite, la collectivité territoriale concernée d'y remédier sous quinze (15) jours.

(2) Jusqu'au vote et à l'approbation du budget, l'autorité de tutelle reconduit le budget de l'exercice par douzièmes provisoires.

ARTICLE 49.- Le budget approuvé sa déposé au siège de la collectivité territoriale où il peut être consulté par tout habitant ou contribuable de ladite collectivité territoriale.

ARTICLE 50.- Les autorisations spéciales de recettes et de dépenses sont votées et approuvées dans les mêmes formes que le budget.

SECTION IV
DES BUDGETS ANNEXES ET DES BUDGETS
DES SYNDICATS DE COMMUNES

Sous-section 1
Des budgets annexes des services publics régionaux ou communaux

ARTICLE 51.- (1) Des budgets annexes sont établis pour les services publics régionaux ou communaux dotés de l'autonomie financière, mais sans personnalité morale.

(2) Les budgets annexes retracent les opérations résultant de leurs activités de production de biens ou de prestation de services donnant lieu à paiement d'un prix.

(3)Les budgets annexes sont votés dans les mêmes conditions que le budget principal et approuvés par l'autorité de tutelle compétente.

(4)Les opérations des budgets annexes sont prévues, autorisées et exécutées dans les mêmes conditions que le budget principal.

Sous-section 2
Du budget des syndicats de communes

ARTICLE 52.- (1) Les communes d'un même département ou d'une même région peuvent se regrouper en syndicats dans les conditions prévues par la loi.

(2) Le syndicat de communes est un établissement public intercommunal doté de la personnalité juridique et de l'autonomie administrative et financière.

ARTICLE 53.- Le budget des syndicats de communes est préparé, voté et approuvé conformément à la convention de création, et dans les mêmes formes que le budget de la commune.

TITRE IV
DE L'EXECUTION DU BUDGET
DES COLLECTIVITES TERRITORIALES

CHAPITRE I
DES GENERALITES

ARTICLE 54.- Le président du conseil régional, le délégué du gouvernement, le maire ou le président du syndicat de communes est l'ordonnateur du budget de la région, de la communauté urbaine, de la commune pu du syndicat de communes, respectivement.

ARTICLE 55.- Les opérations d'exécution du budget incombent aux ordonnateurs et aux comptables dans les conditions définies par un texte particulier ponant règlement de la comptabilité des collectivités territoriales.

ARTICLE 56.- (1) Les collectivités territoriales sont dotées de postes comptables autonomes créés par arrêté du ministre chargé des finances.

(2) L'organisation et le fonctionnement des postes comptables des collectivités territoriales sont fixés par un texte particulier.

ARTICLE 57.- (1) Le recouvrement des recettes et le paiement des dépenses locales sont effectués par les comptables des collectivités territoriales dénommés « receveurs municipaux» ou « receveurs régionaux ».

(2) A défaut, les fonctions de receveur sont de droit exercées par le comptable du Trésor le plus proche du siège de la collectivité territoriale.

ARTICLE 58.- (1) Les receveurs municipaux et les receveurs régionaux sont nommés parmi les personnels des collectivités territoriales ou, le cas échéant, parmi les personnels des services civils et financiers de l'Etat, par arrêté conjoint du ministre chargé des collectivités territoriales et du ministre chargé des finances.

(2) Le statut et les attributions des comptables des collectivités territoriales sont fixés par un texte réglementaire.

ARTICLE 59.- Il est interdit aux conseillers régionaux, aux membres des exécutifs régionaux, aux conseillers municipaux, aux exécutifs municipaux, aux receveurs régionaux et municipaux ainsi qu'à leurs conjoints et autres ayants droits, de fournir des biens ou prestations à la collectivité territoriale dans laquelle ils exercent ou à laquelle ils appartiennent.

ARTICLE 60.- (1) Les fonctions d'ordonnateur et de comptable de la collectivité territoriale sont et demeurent séparées tant en ce qui concerne l'exécution des recettes que des dépenses.

(2) Toutefois, l'ordonnateur et le comptable exercent leurs attributions respectives en étroite collaboration.

CHAPITRE II
DES OPERATIONS DE RECETTES

ARTICLE 61.- La procédure d'exécution des recettes comprend la phase d'émission d'un titre exécutoire qui relève de l'ordonnateur et de la phase de recouvrement qui relève du comptable. Pour les recettes encaissées directement par le comptable, les titres sont émis en régularisation.

ARTICLE 62.- A l'initiative du comptable, l'ordonnateur peut, sur délibération approuvée par l'autorité de tutelle, procéder à l'admission en non valeur des créances jugées irrécouvrables, dans le respect de la réglementation en
vigueur.

ARTICLE 63.- Les réclamations, annulations et poursuites relatives aux créances des collectivités territoriales obéissent aux mêmes règles et procédures que celles de l'Etat.

CHAPITRE III
DES OPERATIONS DE DEPENSES

ARTICLE 64.- L'ordonnateur du budget d'une collectivité territoriale ne peut exécuter une dépense qu'après s'être assuré que :

- elle correspond à l'imputation budgétaire correcte ;
- son montant entre dans la limite des crédits votés ;
- elle peut être couverte par les fonds disponibles ;
- les pièces justificatives sont complètes ;
- le service ou la fourniture a été fait(e) ;
- les formalités requises par les lois et règlements en vigueur ont été préalablement respectées.

ARTICLE 65.- La procédure d'exécution des dépenses comprend deux (2) phases :

- la phase administrative qui relève de l'ordonnateur comporte l'engagement, la liquidation et l'ordonnancement ;
- la phase comptable qui relève du comptable de la collectivité territoriale est le paiement de la dépense.

ARTICLE 66.- L'exécution des dépenses des collectivités territoriales obéit aux dispositions du code des marchés publics.

ARTICLE 67.- (1) Par dérogation aux dispositions de l'article 66 ci-dessus, l'ordonnateur peut, par délibération approuvée par l'autorité de tutelle compétente, créer une caisse d'avance pour le paiement des dépenses courantes de fonctionnement. La délibération portant création de la caisse d'avance fixe le plafond de l'encaisse en fonction du niveau de ressources financières et de la nature des dépenses à régler.

(2) Un arrêté du ministre chargé des finances fixe les modalités d'ouverture et de gestion des caisses d'avance.

(3) Le régisseur d'avance est désigné par l'ordonnateur.

ARTICLE 68.- (1) Certaines dépenses peuvent, à titre exceptionnel, être engagées suivant une procédure simplifiée, notamment par décision de l'ordonnateur. Il en est ainsi des dépenses qui n'obéissent ni au régime de la caisse d'avance, ni à la procédure ordinaire d'engagement des dépenses.

(2) Un arrêté du ministre chargé des collectivités territoriales précise les conditions et les modalités d'usage de la procédure simplifiée d'engagement des dépenses.

ARTICLE 69.- Le comptable de la collectivité territoriale contrôle la régularité de la dépense. Il ne peut en aucun cas en juger de l'opportunité.

ARTICLE 70.- Le règlement des dépenses locales se fait par bon de caisse,
virement ou par chèque ou par opération d'ordre, suivant les modalités fixées par la réglementation en vigueur.

ARTICLE 71.- Le chef de l'exécutif ne peut contraindre le receveur de la collectivité territoriale à viser ou à payer des dépenses en violation des prescriptions prévues par la loi. Toute contestation y relative est préalablement soumise à l'autorité de tutelle compétente.

ARTICLE 72.- (1) Les opérations d'engagement sur le budget de la collectivité territoriale au titre de l'année budgétaire sont arrêtées au 30 novembre.

(2) Les opérations d'ordonnancement au titre d'une année budgétaire sont arrêtées au 31 décembre.

ARTICLE 72.- (1) Les crédits de fonctionnement non engagés en fin d'exercice sont réputés annulés. Quant aux crédits d'investissement, ils sont reportés au budget suivant.

(2) Les dépenses liquidées non ordonnancées en fin d'exercice sont transmises par l'ordonnateur au comptable pour prise en charge.

(3) Les crédits de paiement ouverts sur un programme disponibles à la fin de l'année sont reportés sur le même programme ou à défaut sur un programme poursuivant les mêmes objectifs. Le montait des crédits ainsi reportés s'inscrit dans le cadre d'une provision constituée à cet effet dans le budget.

CHAPITRE IV
DES OPERATIONS DE TRESORERIE

ARTICLE 74.- (1) : Sont définies comme opérations de trésorerie :

- tous tes mouvements de numéraires, de valeurs mobilisables, de comptes de dépôts et de comptes courants ;

- les opérations concernant les comptes de créances et de dettes.

(2) Les opérations de trésorerie sont exécutées par les comptables des collectivités territoriales, sous l'autorité de l'ordonnateur.

(3) Les opérations de trésorerie sont décrites par nature par les comptables des collectivités; territoriales pour leur totalité et sans contraction entre elles.

(4) Les charges et tes produits résultant de l'exécution des opérations de trésorerie sont imputés aux comptes budgétaires.

ARTICLE 75.- Les pièces justificatives des opérations de trésorerie sont présentées au juge des comptes. Elles sont conservées dans le poste comptable et ne peuvent être détruites avant le délai fixé par la loi.

ARTICLE 76.- (1) Les fonds des collectivités territoriales sont déposés à la recette régionale, à la recette municipale ou dans la caisse de dépôt et consignation.

(2) Les fonds centralisés ou faisant l'objet d'une péréquation ainsi que les fonds d'emprunt dont la gestion est confiée aux organismes visés à l'article 5 alinéa 2 ci-dessus, peuvent être déposés dans un compte ouvert à la banque centrale ou à la caisse de dépôt et consignation.

ARTICLE 77.- (1) : Le receveur municipal ou régional assure la garde et la gestion des fonds et valeurs de la collectivité territoriale concernée.

(2) Toute personne qui sans autorisation légale, s'immisce dans le maniement des deniers publics, est assimilée à un comptable de fait.

(3) Les fonds des collectivités territoriales sont des deniers publics.

ARTICLE 78.- (1) A la fin de chaque journée, le receveur est tenu d'adresser à l'ordonnateur l'état de sa trésorerie.

(2) Dans la collectivité territoriale où un comptable du trésor exerce de droit les fonctions du receveur, les liquidités de la collectivité territoriale doivent servir exclusivement à la couverture de ses dépenses.

ARTICLE 79.- Sur leur demande, l'Etat peut accorder aux collectivités territoriales une avance de trésorerie sur les recettes escomptées, après avis motivé du ministre chargé des collectivités territoriales.

ARTICLE 80.- Les créances non réclamées sont réputées prescrites dans un délai de quatre (4) ans à partir de l'exercice auquel elles sont rattachées et définitivement éteintes au profit de la collectivité territoriale.

CHAPITRE V
DES MODES DE GESTION DES SERVICES PUBLICS LOCAUX
SECTION I
DE LA GESTION DIRECTE

ARTICLE 81.- La gestion directe consiste pour une collectivité territoriale à gérer directement le service dans le cadre fixé par la réglementation.

SECTION II
DE LA GESTION DELEGUEE

ARTICLE 82.- (1) La gestion déléguée consiste pour une collectivité territoriale à confier la gestion d'un service public à une autre personne morale.

(2) Les différents modes de gestion déléguée sont :

- la concession ;
- l'affermage ;
- la régie intéressée ;
- la gérance ;
- les sociétés d'économie mixte.

ARTICLE 83.- Les services publics régionaux ou communaux qui relèvent des prérogatives de puissance publique ne peuvent faire l'objet d'une gestion déléguée.

ARTICLE 84.- La définition et les modalités de gestion des différents modes de gestion des services publics régionaux ou communaux sont fixées par voie réglementaire.

TITRE V
DELA COMPTABILITE DES COLLECTIVITES TERRITORIALES
CHAPITRE I
DES PRINCIPES DE LA COMPTABILITE
DES COLLECTIVITES TERRITORIALES

ARTICLE 85.- Les comptes des collectivités territoriales doivent être réguliers et sincères. Ils doivent donner une image fidèle de leur situation financière et patrimoniale.

ARTICLE 86.- Les collectivités territoriales tiennent trois (3) types de comptabilité :

- une comptabilité budgétaire des recettes et dépenses ;
- une comptabilité générale ;
- une comptabilité analytique.

ARTICLE 87.- La comptabilité budgétaire retrace les opérations d'exécution du budget en recettes et en dépenses. Elle est tenue par l'ordonnateur et par le comptable.

ARTICLE 88.- (1) La comptabilité générale retrace les opérations budgétaires, les opérations de trésorerie, les opérations faites avec les tiers, les mouvements du patrimoine et des valeurs d'exploitation.

(2) La comptabilité générale des collectivités territoriales est fondée sur le principe de la constatation des droits et obligations. Les opérations sont prises en compte au titre de l'exercice auquel elles se rattachent, nonobstant la date de paiement ou d'encaissement.

(3) La comptabilité générale est tenue selon le système de la partie double. Les principes comptables sont déterminés par le plan comptable sectoriel des collectivités territoriales, établi par voie réglementaire.

ARTICLE 89.- La comptabilité analytique, instituée auprès des ordonnateurs, permet d'analyser les coûts détaillés des services rendus ou des différents programmes et projets engagés dans le cadre du budget de la collectivité territoriale.

CHAPITRE II
DE LA COMPTABILITE DE L'ORDONNATEUR

ARTICLE 90.- Les ordonnateurs sont tenus de rendre compte de l'exécution des programmes et projets. Ils prescrivent l'exécution du budget. A ce titre, ils :

- constatent les droits et liquident les recettes ;
- engagent et liquident tes dépenses.
-

ARTICLE 91.- Les ordonnateurs sont astreints à la production d'un compte administratif retraçant les actes de leur gestion et d'un rapport de performance sur les programmes et projets.

ARTICLE 92.- (1) Le compte administratif est adopte par l'organe délibérant au plus tard le 31 mars de l'année suivant l'exercice budgétaire auquel il se rattache. Il est approuvé au plus tard le 30 avril.

(2) Le compte administratif et le budget ne peuvent être votés au cours de la même session.

(3) La forme du compte administratif visé à l'alinéa (1) ci- dessus est déterminée par voie règlementaire.

ARTICLE 93.- (1) Au cours de la session consacrée à l'adoption du compte administratif, l'organe délibérant élit un président de séance. Les membres de l'exécutif assistent au débat, mais se retire au moment du vote.

(2) Est nulle et de nul effet, toute délibération portant adoption du compte administratif, pris en violation des dispositions prévues à l'alinéa 1ci-dessus.

ARTICLE 94.- L'organe délibérant ne peut modifier le; chiffres du compte administratif. En cas d'irrégularité de gestion constatée, le compte administratif est rejeté. Un rapport circonstancié est adresse par le président de séance à l'autorité de tutelle, pour saisine des services compétents de l'Etat dans un délai de soixante douze (72) heures.

ARTICLE 95.- (1) Le compte administratif adopté par l'organe délibérant est accompagné des pièces annexes suivantes ;

- le procès-verbal de séance ;
- la délibération portant vote du compte administratif ;
- l'état des restes à recouvrer ;
- l'état des restes à payer ;
- l'état des dépenses engagées non liquidées ;
- le rapport d'exécution des projets ;
- l'état du matériel et immeubles acquis au cours de l'exécution du budget correspondant ;
- le compte de gestion patrimoniale de l'ordonnateur-matière.

(2) Il est approuvé par l'autorité de tutelle compétente et déposé au siège de la collectivité territoriale.

(3) Tout habitant on contribuable de la collectivité territoriale concernée peut à ses fiais, demander communication ou obtenir copie totales ou partielles du compte administratif et de ses pièces annexes.

(4) En cas de silence dans un délai de dix (10) jours, tout requérant peut saisir l'autorité de tutelle qui doit lui donner suite dans un délai de soixante douze (72) heures.

ARTICLE 96.- Les ordonnateurs des collectivités territoriales sont soumis au même régime de responsabilité que les ordonnateurs du budget de l'Etat.

CHAPITRE III
DE LA COMPTABILITE DU COMPTABLE

ARTICLE 97.- (1) Les comptables des collectivités territoriales sont des agents publics régulièrement préposés aux comptes et/ou chargés de la garde et du maniement des fonds et valeurs.

(2) Ils rendent compte annuellement des opérations rattachées à leur gestion conformément aux lois et les règlements en vigueur.

(3) La forme des comptes visés à l'alinéa (1) ci-dessus et les justificatifs y relatifs sont déterminés par voie réglementaire.

ARTICLE 98.- (1) Les comptables des collectivités territoriales sont des comptables principaux, astreints à la reddition d'un compte de gestion.

(2) Le compte de gestion est soumis à l'organe délibérant en même temps que le compte administratif. Les deux (2) comptes doivent être concordants.

ARTICLE 99.- (1) Les comptables des collectivités territoriales sont personnellement et pécuniairement responsables :

- des deniers et valeurs dont ils ont la charge ;
- du recouvrement des titres de perception pris en charge;
- des paiements effectifs ;
- de l'exactitude de leurs écritures.

(2) Les comptes des comptables des collectivités territoriales décentralisées sont jugés par la juridiction des comptes.

ARTICLE 100.- En cas de mutation en cours d'année, le compte est produit par le receveur sortant sur sa période de gestion,

CHAPITRE IV
DE LA COMPTABILITE-MATIERES

ARTICLE 101.- (1) Le chef de l'exécutif est l'ordonnateur-matières de la collectivité territoriale.

(2) II désigne un comptable-matières parmi les agents publics ayant les compétences requises.

ARTICLE 102.- (1) Le comptable-matières est responsable de la régularité des écritures de prise en charge.

(2) II assure la garde et la conservation du mobilier et du matériel de la collectivité territoriale.

(3) II tient pour le compte de l'ordonnateur une comptabilité matières, dans les conditions fixées par la réglementation en vigueur.

ARTICLE 103.- Les règles régissant la comptabilité-matières de l'Etat sont applicables à la comptabilité-matières des collectivités territoriales.

TITRE VI
DU CONTROLE DU BUDGET ET DE LA GESTION DES COLLECTIVITES TERRITORIALES

CHAPITRE I
DU CONTROLE PAR L'ORGANE DELIBERANT

ARTICLE 104.- Lors de l'examen du budget ou du compte administratif, l'organe délibérant exerce un contrôle sur l'exécution du budget ainsi que des programmes et projets y afférents.

ARTICLE 105.- (1) L'organe délibérant peut constituer des commissions ad hoc sur des sujets intéressant la gestion financière de la collectivité territoriale.
Les rapports de ces commissions sont soumis à l'appréciation de l'organe délibérant.

(2) L'organe délibérant peut saisir l'autorité de tutelle ou tout autre service compétent des faits répréhensibles constatés.

CHAPITRE II
DU CONTROLE ADMINISTRATIF

ARTICLE 106.- Un contrôle de régularité et de performance de la gestion des collectivités territoriales et des établissements publics locaux ainsi que des entités privées ayant reçu une subvention, un aval ou une caution de la collectivité territoriale, peut être menée par les services spécialisés de l'Etat, conformément aux lois et règlements en vigueur.

CHAPITRE III
DU CONTROLE JURIDICTIONNEL

ARTICLE 107.- Le contrôle juridictionnel des comptes 'des collectivités territoriales décentralisées est exercé par la juridiction des comptes.

CHAPITRE IV
DES AUDITS INDEPENDANTS

ARTICLE 108.- Des audits indépendants peuvent être effectués à la demande de l'autorité de tutelle, de l'organe délibérant ou de l'exécutif.

TITRE VII
DISPOSITIONS DIVERSES, TRANSITOIRES ET FINALES

ARTICLE 109.- (1) Il est créé un Comité National des finances locales chargé notamment de la mobilisation optimale des recettes des collectivités territoriales ainsi que de la bonne gestion des finances locales.
(2) L'organisation et le fonctionnement du Comité National des Finances Locales sont fixés par un texte réglementaire.

ARTICLE 110.- Les dispositions de l'article 39 ci-dessus sont d'application progressive pour une période n'excédant par cinq (5) ans, à compter du 1er
janvier 2010.

ARTICLE 111.- Des textes réglementaires préciseront, en tant que de besoin, les modalités d'application de la présente toi.

ARTICLE 112.- Sont abrogées toutes dispositions antérieures contraires à la présente loi.

ARTICLE 111.- La présente loi sera enregistrée, publiée suivant la procédure
d'urgence, puis insérée au Journal Officiel en français et en anglais./-

Yaoundé, le 10 Juillet 2009

LE PRESIDENT DE LA REPUBLIQUE
Paul BIYA

INDEX LEXICAL

TABLE DES MATIERES

Le Cameroun aux éditions L'Harmattan

Dernières parutions

INTELLIGENCE (L') ÉCONOMIQUE CAMEROUNAISE (IEC)
Azeumo Steve William - Préface de Francis Moaty et Olivier Cardini - Postface d'Abdoulaye Ndaw
L'intelligence économique intervient aujourd'hui comme un outil efficace pour analyser le développement de l'Afrique, dans la mesure où elle intègre les facteurs culturels et environnementaux liés à chaque pays. L'auteur s'est penché sur le cas du Cameroun, afin de promouvoir auprès des gouvernements, des institutions, des entreprises, la prise en considération de l'intelligence économique dans l'élaboration de leurs différentes politiques économiques et stratégies de développement.
(Coll. Harmattan Cameroun, 12.00 euros, 94 p.)
ISBN : 978-2-343-01199-8, ISBN EBOOK : 978-2-296-53932-7

REPÈRES (LES) CLÉS DE LA GESTION D'UNE ENTREPRISE EN AFRIQUE
Structures organisationnelles et établissements de microfinance
Pony Lucas
Ce livre cerne avec clarté les repères clés de la gestion d'une entreprise, qui diffèrent des repères classiques liés aux états financiers qualifiés de bilan, livre journal, balance et autres. Il centre ainsi la préoccupation sur les structures organisationnelles telles que l'organigramme, les structures divisionnelles, la structure fonctionnelle, comme éléments pouvant permettre de prévoir les signes de faillite d'une entreprise.
(Coll. Harmattan Cameroun, 16.50 euros, 158 p.)
ISBN : 978-2-343-00886-8, ISBN EBOOK : 978-2-296-53946-4

CHIMIE (LA) DANS LES GRANDES ÉCOLES ET CLASSES SCIENTIFIQUES PRÉPARATOIRES
Chimie générale, chimie minérale et mathématiques
Mbang Théophile, Ndem Mbang Thierry Stéphane, Onaina Mbang Didier Arnaud
Cet ouvrage est conçu pour guider l'étudiant dans son apprentissage de la chimie. Il y trouvera de nombreuses bases de chimie générale, de chimie minérale et des mathématiques appliquées à la chimie. De nombreux exercices corrigés et commentés illustrent le cours et permettent l'assimilation des notions et des différents raisonnements exigés en fin de premier cycle. Le cours, simple, complet et très clair, est illustré de nombreux exemples.
(Coll. Harmattan Cameroun, 26.00 euros, 250 p.)
ISBN : 978-2-343-00717-5, ISBN EBOOK : 978-2-296-53823-8

LANGAGE, LITTÉRATURE ET ÉDUCATION AU CAMEROUN – Language, Literature and Education in Cameroun
Sous la direction de Clément Dili Palaï et Michael Etuge Apuge
Cet ouvrage réactive le débat relatif aux bases éducatives fondées sur les connaissances endogènes, devant la multitude de pistes de réflexion qui s'offrent à nous en ce début de troisième millénaire. La douzaine de contributions réunies convergent autour du déploiement linguistique, de la dynamique littéraire et des projections didactiques et pédagogiques devant l'actualité des NTIC. Il s'agit de lectures nouvelles des dialogues culturels et interculturels dans le contexte négro-africain en pleine métamorphose.
(24.00 euros, 232 p.)
ISBN : 978-2-343-00136-4, ISBN EBOOK : 978-2-296-53852-8

CAMEROON RADIO TELEVISION, UN GRAND MALADE ?
Diagnostic fonctionnel de l'audiovisuel public
Minlo Raoul Simplice - Préface de Florent Etoga Eily
Voici grandement ouvertes les portes de la cuisine CRTV. Dans cet environnement obsolescent, fait de menaces, de tabous, de lignes de conduite, de vérités et de paupérisation de ses membres, les journalistes, à leur corps défendant, fabriquent des informations prédigérées à servir au bon peuple, sous les regards inquisiteurs des tenants du pouvoir. Dogme des journalistes, extrême inféodation au gouvernement... Nombreux sont les dysfonctionnements qui font de cet organisme un grand malade.
(Coll. Harmattan Cameroun, 21.00 euros, 212 p.)
ISBN : 978-2-336-30091-7, ISBN EBOOK : 978-2-296-53662-3

CULTURE (LA) À L'ÉCOLE PRIMAIRE CAMEROUNAISE
L'enseignement dans les sociétés plurilingues
Ndibnu-Messina Ethe Julia
Préface d'Edmond Biloa - Postface de Jean-Claude Mbarga
Comment enseigner des langues et des cultures dans des sociétés plurilingues ? Quelles insertions pour les langues et les cultures minoritaires dans le système scolaire ? Quelle est l'influence des parents et de l'école sur l'acquisition/apprentissage des langues et cultures africaines par l'enfant ? Quelles sont les évolutions des approches didactiques en la matière, notamment l'interculturalité, l'audiovisuel ? L'approche par compétences et par l'action ?
(Coll. Harmattan Cameroun, 23.00 euros, 224 p.)
ISBN : 978-2-343-00600-0, ISBN EBOOK : 978-2-296-53599-2

KAMÉ SAMUEL AUX FONDEMENTS DU RÉGIME POLITIQUE CAMEROUNAIS
Bouopda Pierre Kamé
Kamé Samuel a été l'un des plus proches collaborateurs du président Ahmadou Ahidjo durant toute la durée de sa présence à la tête du Cameroun (1958-1982). Ce livre est consacré à l'analyse des convictions et de l'œuvre politiques de Kamé Samuel, lesquelles ont incontestablement contribué, pour une part non négligeable, à façonner le régime politique camerounais.
(Coll. Etudes africaines, 26.00 euros, 250 p.)
ISBN : 978-2-343-00723-6, ISBN EBOOK : 978-2-296-53582-4

ÊTRE ENSEIGNANT EN AFRIQUE AUJOURD'HUI
Héritage, défis, perspectives
Mvondo Mvondo Fleur Nadine - Préface d'Alain Capo Chichi
Etre enseignant ne fait plus rêver. Elle est loin, l'époque où l'enseignant était adulé, craint et respecté. Qu'en est-il de la réalité ? Tout le monde peut-il, du jour au lendemain, devenir «éducateur» ? Pourquoi tant de malaise dans un corps qui ne demande qu'à redorer son blason ? Enseigner est le plus beau métier du monde, mais on entend au loin les cris des enseignants. Quelle est la cause de leur chagrin et d'où viendra leur salut ?
(Coll. Harmattan Cameroun, 20.00 euros, 198 p.)
ISBN : 978-2-343-00272-9, ISBN EBOOK : 978-2-296-53493-3

URBANISATION ET DÉCENTRALISATION AU CAMEROUN
Essai d'analyse historique de la gestion urbaine (1900-2012)
Tassou André - Préface du Pr Daniel Abwa
Depuis le milieu des années 1990, la décentralisation est devenue une réalité dans nombre de pays africains au sud du Sahara. L'auteur propose une mise en perspective des temporalités, des modalités et des rationalités qui préparent la mise en acte institutionnel de la décentralisation au Cameroun. Plusieurs villes sont étudiées : Maroua, Ngaoundéré, Foumban, Douala, Yaoundé, afin de disséquer le phénomène de décentralisation qui n'a pas atteint sa phase de maturation au Cameroun.
(Coll. Etudes africaines, 23.00 euros, 220 p.)
ISBN : 978-2-343-00365-8, ISBN EBOOK : 978-2-296-53396-7

DÉCENTRALISATION ET CENTRALISATION AU CAMEROUN
La répartition des compétences entre l'État et les collectivités locales
Kouomegne Noubissi Hilaire - Préface de Maurice Kamto et Michel Verpeaux
La décentralisation est au cœur des mutations juridiques et institutionnelles en cours dans les États africains depuis plus de deux décennies. Selon l'auteur, sous la décentralisation camerounaise, perce un centralisme administratif dont les origines ne sont pas récentes. Loin d'amplifier le projet nouveau de décentralisation affirmé par les pouvoirs publics, le dispositif normatif de la répartition des compétences reflète plutôt une organisation administrative dont la centralisation est une empreinte persistante.
(Coll. Études africaines, 48.00 euros, 502 p.)
ISBN : 978-2-336-00946-9, ISBN EBOOK : 978-2-296-53232-8

POUVOIR MONARCHIQUE ET CHANGEMENTS POLITIQUES DANS LE NOUN (CAMEROUN)
Njoya Oumarou
Dans la société bamoun de l'oralité, les mots ont un pouvoir. Les classes dominantes ont compris que la suprématie durable repose sur le pouvoir magique des mots, tandis que les classes dominées ont puisé dans leur tréfonds culturel des stratégies multiples pour promouvoir la culture du débat contradictoire en pays bamoun. Cette dynamique de lutte des gouvernés a entraîné des bouleversements sociaux, des mutations précises et des altérations de comportement.
(Coll. Harmattan Cameroun, 34.00 euros, 530 p.)
ISBN : 978-2-336-00935-3, ISBN EBOOK : 978-2-296-53098-0

RIVALITÉS ETHNIQUES MIMÉTIQUES EN AFRIQUE
Déficit démocratique et sous-développement au Cameroun
Toko Jérémie
L'Afrique est le terrain d'une double rivalité destructrice : celle des rivalités ethniques mimétiques et celle des rivalités théoriques mimétiques. Les rivalités ethniques mimétiques, issues d'un état d'esprit de repli identitaire et d'un désir d'infliger en retour le mal reçu, conduisent à des explosions de violence. Les rivalités entretiennent les divisions et bloquent le développement. Or la société a besoin du préalable de la confiance pour se développer, afin qu'émerge un *leadership* du rassemblement.
(Coll. Études africaines, 29.00 euros, 276 p.)
ISBN : 978-2-336-29748-4, ISBN EBOOK : 978-2-296-53113-0

URBANISATION ET ESPACES PÉRIURBAINS EN AFRIQUE SUBSAHARIENNE
Pratiques à l'Ouest-Cameroun
Yemmafouo Aristide
Cet ouvrage est une invitation au débat sur les espaces périurbains en Afrique, à partir du cas du Cameroun. Le périurbain est désormais un tiers espace intercalé entre le rural et l'urbain ; il est indispensable de lui accorder plus d'attention si l'on ne veut pas rater le tournant de l'urbanisation du XXIe siècle. Il y a une réelle nécessité pour les États de l'institutionnaliser et d'y instruire des projets de territoires.
(Coll. Harmattan Cameroun, 28.00 euros, 270 p.)
ISBN : 978-2-336-00925-4, ISBN EBOOK : 978-2-296-53213-7

HYDROCARBURES (LES) DANS LE MONDE, EN AFRIQUE ET AU CAMEROUN
Nguini Effa Jean-Baptiste
Cet ouvrage offre un accès singulier à la compréhension des mécanismes de commercialisation et d'évolution des prix et à l'appréhension des termes et techniques du raffinage et de la pétrochimie. Il propose également une réflexion poussée sur le fonctionnement des marchés et les enjeux de l'après-pétrole. Voici une sorte de bible des hydrocarbures !
(Coll. Défense, Stratégie et Relations Internationales, 46.50 euros, 472 p.)
ISBN : 978-2-336-29277-9, ISBN EBOOK : 978-2-296-53038-6

INGÉNIERIE (L') PROCRÉATIQUE ET L'ÉMERGENCE D'UNE GÉNÉRATION BÂTARDE DES DROITS DE L'HOMME
Tsala Mbani Andre Liboire
La génération émergente des droits de l'homme, notamment celle qui est induite par la dynamique biomédicale, n'est fondée ni sur la raison ni sur le droit naturel : elle est donc bâtarde. Il en est ainsi du droit de manipuler génétiquement un embryon humain revendiqué par les partisans de l'ingénierie de la procréatique. Contre ce « biojuridisme nihiliste «, une thérapie éthique de choc s'impose.
(Coll. Harmattan Cameroun, 19.50 euros, 198 p.)
ISBN : 978-2-343-00049-7, ISBN EBOOK : 978-2-296-51605-2

CAMEROUN (LE) FACE AU DÉFI DU DÉVELOPPEMENT
Atouts, obstacles et voie à suivre
Fodouop Kengne - Préface de Jean-Louis Chaleard - Postface de Benjamin Steck
Le Cameroun est un pays doté de multiples atouts favorables à son développement. Exploités à bon escient, ils en feraient un pays qui pourrait garantir à ses habitants de meilleures conditions de vie. Mais le Cameroun accédera à un véritable développement si ses dirigeants politiques et ses citoyens renoncent au tribalisme et privilégient l'intérêt général, si l'État applique les règles de droit et de justice, si les intellectuels camerounais s'impliquent dans la lutte.
(Coll. Racines du Présent, 35.00 euros, 360 p.)
ISBN : 978-2-336-00545-4, ISBN EBOOK : 978-2-296-51288-7

CAMEROUN, LE TEMPS DES INCERTITUDES
Espace de risque et dynamique de populations
Mbiaga Cyrille
Le Cameroun est en crise depuis son indépendance, et cette crise a conduit à l'émergence de grandes injustices. Le Cameroun subit des influences externes et souffre de ses influences internes. La dynamique des populations camerounaises montre une aspiration au bien-être et au progrès social dans un environnement tapi de risques et d'incertitudes. Ce livre décrit les déterminants qui accélèrent ou qui freinent le développement.
(Coll. Points de vue, 21.00 euros, 218 p.)
ISBN : 978-2-296-99825-4, ISBN EBOOK : 978-2-296-51457-7

JEUNESSE AFRICAINE ET DYNAMIQUE DES MODÈLES DE LA RÉUSSITE SOCIALE
L'exemple du Cameroun
Manga Jean-Marcellin
Voici une lecture des imaginaires de la réussite sociale de la jeunesse urbaine camerounaise contemporaine. Quelles sont les voies et les figures les plus significatives de la promotion sociale pour les jeunes de la capitale camerounaise ?
(Coll. Sociétés africaines et diaspora, 24.00 euros, 244 p.)
ISBN : 978-2-336-00188-3, ISBN EBOOK : 978-2-296-51333-4

PENSÉE POLITIQUE DE PAUL BIYA
Amougou Bernard - Préface de Jacques Fame Ndongo
Ce livre tente de clarifier et d'expliquer la pensée politique de Paul Biya. L'auteur cible bon nombre d'idées structurantes du «Renouveau» et aborde les idées que sont : le libéralisme communautaire, la moralisation, la liberté d'entreprendre, le devoir de solidarité, la démocratie, les droits de l'homme, les devoirs du citoyen, l'intégration nationale, l'État fort, la justice sociale, la nation, le spiritualisme culturel, la diplomatie et la croissance.
(Coll. Harmattan Cameroun, 15.50 euros, 148 p.)
ISBN : 978-2-336-00038-1, ISBN EBOOK : 978-2-296-51329-7

L'HARMATTAN ITALIA
Via Degli Artisti 15; 10124 Torino

L'HARMATTAN HONGRIE
Könyvesbolt ; Kossuth L. u. 14-16
1053 Budapest

L'HARMATTAN KINSHASA
185, avenue Nyangwe
Commune de Lingwala
Kinshasa, R.D. Congo
(00243) 998697603 ou (00243) 999229662

L'HARMATTAN CONGO
67, av. E. P. Lumumba
Bât. – Congo Pharmacie (Bib. Nat.)
BP2874 Brazzaville
harmattan.congo@yahoo.fr

L'HARMATTAN GUINÉE
Almamya Rue KA 028, en face du restaurant Le Cèdre
OKB agency BP 3470 Conakry
(00224) 60 20 85 08
harmattanguinee@yahoo.fr

L'HARMATTAN CAMEROUN
BP 11486
Face à la SNI, immeuble Don Bosco
Yaoundé
(00237) 99 76 61 66
harmattancam@yahoo.fr

L'HARMATTAN CÔTE D'IVOIRE
Résidence Karl / cité des arts
Abidjan-Cocody 03 BP 1588 Abidjan 03
(00225) 05 77 87 31
etien_nda@yahoo.fr

L'HARMATTAN MAURITANIE
Espace El Kettab du livre francophone
N° 472 avenue du Palais des Congrès
BP 316 Nouakchott
(00222) 63 25 980

L'HARMATTAN SÉNÉGAL
« Villa Rose », rue de Diourbel X G, Point E
BP 45034 Dakar FANN
(00221) 33 825 98 58 / 77 242 25 08
senharmattan@gmail.com

L'HARMATTAN TOGO
1771, Bd du 13 janvier
BP 414 Lomé
Tél : 00 228 2201792
gerry@taama.net

www.ingramcontent.com/pod-product-compliance
Lightning Source LLC
LaVergne TN
LVHW021130061026
849535LV00002B/198
* 9 7 8 2 3 4 3 0 2 7 8 1 4 *